PREFACE 머리말

처음부터 꼼꼼하게 배우는 한식의 기초

오늘날은 경제 성장과 기술 발달로 직업의 세분화가 급격하게 이루어지고 있습니다. 외식업계 역시 많은 영향을 받고 있으며, 그로 인해 다양한 부류의 직업들이 생겨나고 있습니다. 특히 삶의 질이 높아지면서 식문화에 대한 관심도 커지고 있으며, 이러한 추세와 더불어 외식산업의 수준도 날로 발전하고 있습니다. 그러므로 현재 외식산업에 종사하는 사람과 새롭게 이 분야에 도전하려는 사람들 모두 다양한 경쟁력을 확보해야 할 때입니다.

최근 우리나라의 음식문화는 전 세계인의 관심과 사랑을 받고 있습니다. 'K-Food', 'K-Cafe'와 같은 트렌트까지 생기면서 어디서나 각광받고 있습니다. 이렇듯 급변하는 시대에서 옛것을 보전하며 지키는 일은 그리 쉽지가 않습니다. 하지만 저는 우리 고유의 맛과 향수를 보존하는 것이 한식의 미래 경쟁력 강화에 가장 중요한 요소라고 생각합니다. 쉽지 않은 길이지만 꼭 가야 할 길이라고 믿습니다.

이 목표를 이루기 위한 첫 번째 경쟁력 중 하나가 바로 한식조리기능사 취득이 아닐까요? 그래서인지 외식산업 분야로 취업하고자 하는 이들뿐 아니라, 기존의 외식산업 종사자들까지 한식에 대한 경쟁력을 갖추기 위해 한식조리기능사 자격증 취득에 도전하고 있습니다. 이러한 분들에게 도움을 주고자 이 책을 쓰게 되었습니다.

본 책은 최대한 효과적으로 시험에 대비할 수 있도록 핵심적인 내용만을 선별해서 정리했으며, 가독성을 높이기 위한 구성에도 많은 노력을 기울였습니다. 특히 최신 출제기준과 NCS 학습모듈에 기반해서 내용을 구성했습니다. 이 책이 시험 합격뿐 아니라, 실생활에도 도움이 되는 다양한 조리상식까지 익힐 수 있는 길잡이가 되길 바랍니다. 여러분들의 시험 합격을 진심으로 기원합니다. 그리고 언제나 응원하겠습니다!

저자 안정은, 신훈희

GUIDE 한식조리기능사 시험정보

▎한식조리기능사란?

- **자격명:** 한식조리기능사
- **영문명:** Craftsman Cook, Korean Food
- **관련부처:** 식품의약품안전처
- **시행기관:** 한국산업인력공단
- **직무내용:** 한식 메뉴 계획에 따라 식재료를 선정·구매·검수·보관 및 저장하며, 맛과 영양을 고려하여 안전하고 위생적으로 음식을 조리하고 조리기구와 시설관리를 수행하는 직무

▎한식조리기능사 시험과목

구분		내용
시험과목	필기	한식 재료관리, 음식조리 및 위생관리
	실기	조리작업

▎한식조리기능사 시험방법 및 합격기준

구분		내용
검정방법	필기	객관식 4지 택일형, 60문항(60분)
	실기	작업형(70분 정도)
합격기준	필기	100점을 만점으로 하여 60점 이상
	실기	100점을 만점으로 하여 60점 이상

한식조리기능사 합격률

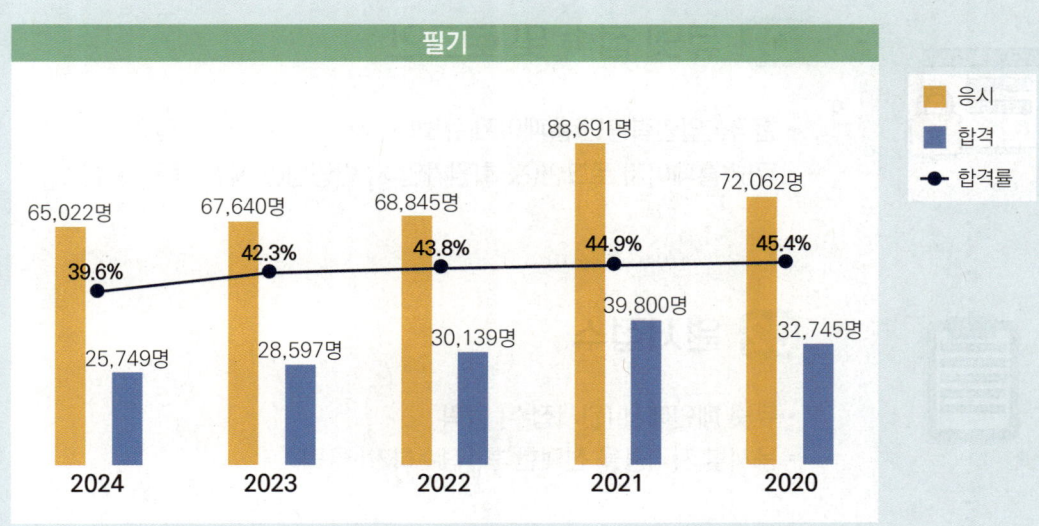

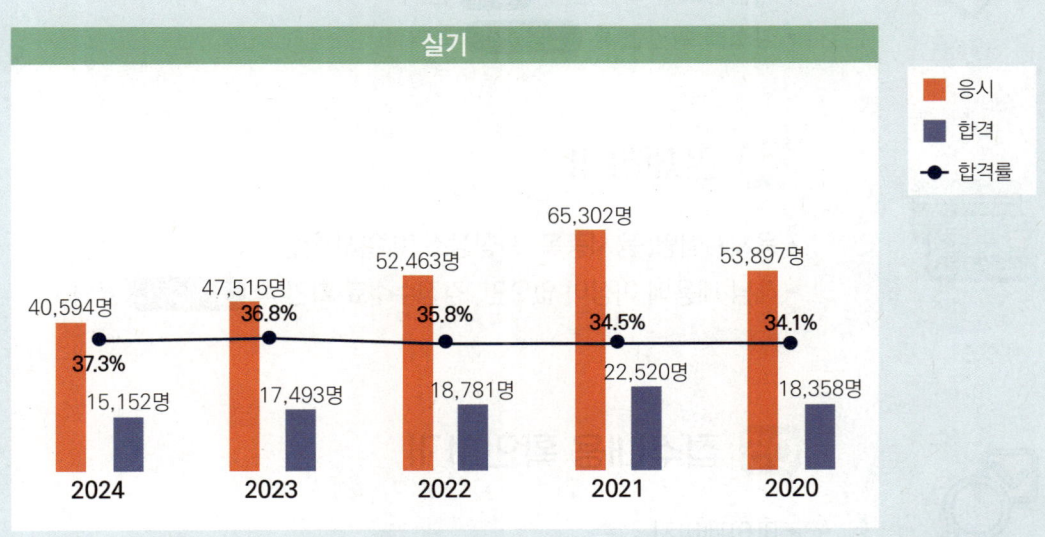

GUIDE 한식조리기능사 필기 접수절차

01 큐넷 접속 및 로그인

- 한국산업인력공단 홈페이지 큐넷(www.q-net.or.kr) 접속
- 큐넷 홈페이지 로그인(※ 회원가입 시 반명함판 사진 등록 필수)

02 원서접수

- 큐넷 메인에서 [원서접수] 클릭
- 응시할 자격증을 선택한 후 [접수하기] 클릭

03 장소선택

- 응시할 지역을 선택한 후 [조회] 클릭
- 시험장소를 확인한 후 [선택] 클릭
- 장소를 확인한 후 [접수하기] 클릭

04 결제하기

- 응시시험명, 응시종목, 시험장소 및 일시 확인
- 해당 내용에 이상이 없으면, 검정수수료 확인 후 [결제하기] 클릭

05 접수내용 확인하기

- 마이페이지 접속
- 원서접수관리 탭에서 [원서접수내역] 클릭 후 확인

GUIDE 한식조리기능사 필기 CBT 자격시험

01 CBT 시험 웹체험 서비스 접속하기

❶ 한국산업인력공단 홈페이지 큐넷(www.q-net.or.kr)에 접속하여 로그인 후 오른쪽 하단 CBT 체험하기를 클릭합니다.

  ※ 큐넷에 가입되어 있지 않으면 회원가입을 진행해야 하며, 회원가입 시 반명함판 크기의 사진 파일이 필요합니다.

❷ 튜토리얼을 따라서 안내사항과 유의사항 등을 확인합니다.

  ※ 튜토리얼 내용 확인을 하지 않으려면 '튜토리얼 나가기'를 클릭한 다음 '시험 바로가기'를 클릭하여 시험을 시작할 수 있습니다.

02 CBT 시험 웹체험하기

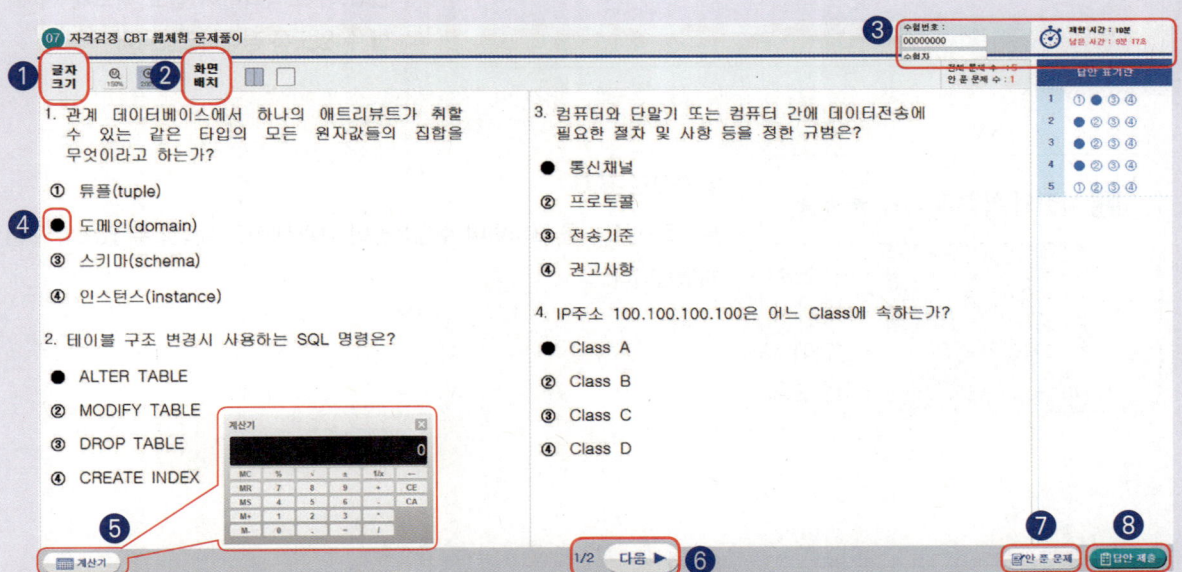

❶ 글자 크기 조정 : 화면의 글자 크기를 변경할 수 있습니다.

❷ 화면 배치 변경 : 한 화면에 문제 배열을 2문제/ 2단 /1문제로 조정할 수 있습니다.

❸ 시험 정보 확인 : 본인의 [수험번호]와 [수험자명]을 확인할 수 있으며, 문제를 푸는 도중에 [안 푼 문제 수]와 [남은 시간]을 확인하며 시간을 적절하게 분배할 수 있습니다.

❹ 정답 체크 : 문제 번호에 정답을 체크하거나 [답안표기란]의 각 문제 번호에 정답을 체크합니다.

❺ 계산기 : 계산이 필요한 문제가 나올 때 사용할 수 있습니다.

❻ 다음 ▶ : 다음 화면의 문제로 넘어갈 때 사용합니다.

❼ 안 푼 문제 : ❸의 [안 푼 문제 수]를 확인하여 해당 버튼을 클릭하고, 풀지 않은 문제 번호를 누르면 해당 문제로 이동합니다.

❽ 답안 제출 : 문제를 모두 푼 다음 '답안 제출' 버튼을 눌러 답안을 제출하고, 합격 여부를 바로 확인합니다.

GUIDE 구성과 특징

✅ 이론 본문 구성

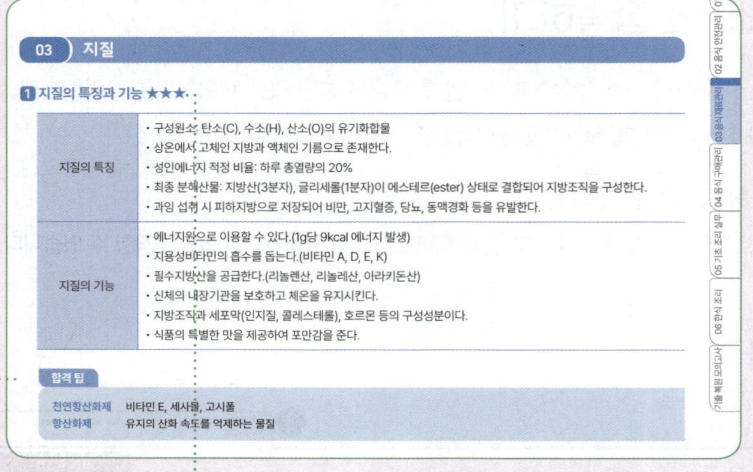

▌핵심이론
시험에 나오는 핵심만 쏙! 쏙!
최신 출제 경향에 맞는 핵심적인 내용을 엄선하였습니다. 복잡하고 어려운 이론을 간략화, 도식화하여 쉽고 빠르게 이해할 수 있도록 정리하였습니다.

▌중요도 표시
별표로 중요도를 표시하여 수험생들이 효과적으로 학습할 수 있도록 구성하였습니다.

▌합격 팁
시험에 자주 출제되는 이론과 함께 공부하면 도움이 되는 합격 팁을 수록하였습니다.

✅ 단원 문제

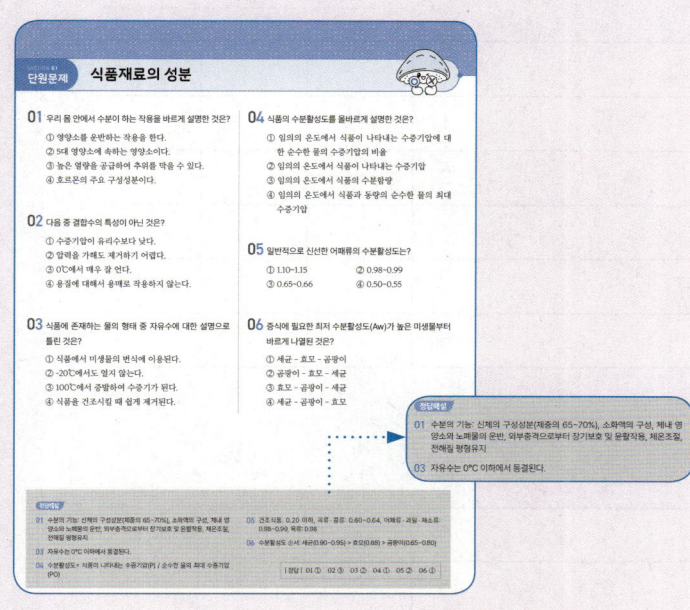

단원 확인 문제

이론이 끝나는 부분에 예상문제를 수록하여 이론과 연계된 문제를 바로 풀어볼 수 있도록 하였습니다. 예상문제 풀이를 통해 이론을 잘 학습하였는지 수험생 스스로 점검할 수 있습니다.

자세한 해설

맞춤형 해설로 문제와 답을 쉽게 이해할 수 있으며, 부족한 부분이 무엇인지 확인할 수 있습니다.

✅ 부록 구성

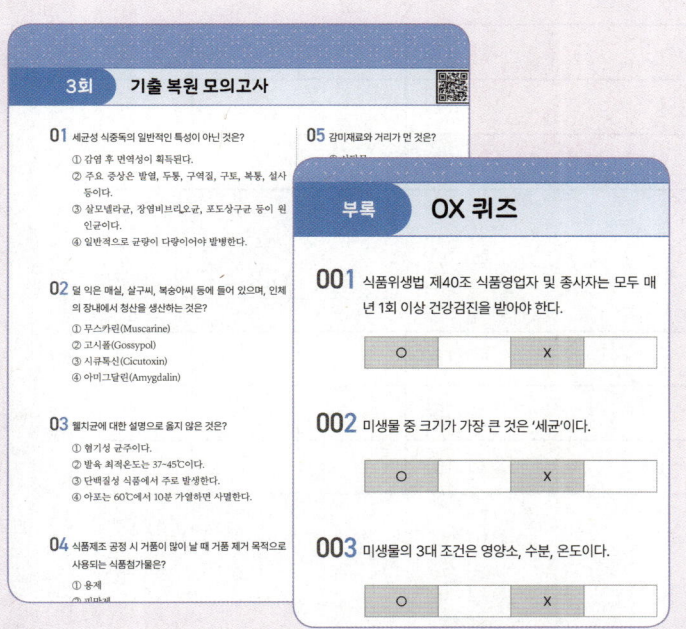

기출 복원 모의고사

출제기준에 맞게 구성한 모의고사로 최신기출유형을 파악하며 실전 시험에 대비할 수 있게 하였습니다.

OX 퀴즈

핵심 내용만 엄선하여 최종적으로 실력 점검을 할 수 있게 하였습니다.

CONTENTS 목차

Study check 표 활용법
스스로 학습 계획을 세워서 체크하는 과정을 통해 학습자의 학습능률을 향상시키기 위해 구성하였습니다. 각 단원의 학습을 완료할 때마다 날짜를 기입하고 체크하여, 자신만의 3회독 플래너를 완성시켜보세요.

Chapter 01 음식 위생관리

			Study Day		
			1st	2nd	3rd
01	개인 위생관리	12			
02	식품 위생관리	17			
03	작업장 위생관리	37			
04	식중독 관리	42			
05	식품위생법 및 관계법규	54			
06	공중보건	69			

Chapter 02 음식 안전관리

			Study Day		
			1st	2nd	3rd
01	개인 안전관리	98			
02	장비·도구 안전작업	103			
03	작업환경 안전관리	106			

Chapter 03 음식 재료관리

			Study Day		
			1st	2nd	3rd
01	식품재료의 성분	112			
02	효소	141			
03	식품과 영양	144			

Chapter 04 음식 구매관리

			Study Day		
			1st	2nd	3rd
01	시장조사 및 구매관리	150			
02	검수관리	156			
03	원가	162			

				Study Day		
				1st	2nd	3rd
Chapter 05 **기초 조리실무**	01	조리준비	170			
	02	식품의 조리원리	185			
	03	식생활 문화	221			

				Study Day		
				1st	2nd	3rd
Chapter 06 **한식 조리**	01	한식 밥 조리	238			
	02	한식 죽 조리	241			
	03	한식 국·탕 조리	245			
	04	한식 찌개 조리	250			
	05	한식 전·적 조리	252			
	06	한식 생채·회 조리	255			
	07	한식 조림·초 조리	259			
	08	한식 구이 조리	263			
	09	한식 숙채 조리	268			
	10	한식 볶음 조리	272			
	11	한식 김치 조리	274			

				Study Day		
				1st	2nd	3rd
기출 복원 모의고사	01	기출 복원 모의고사 1회	280			
	02	기출 복원 모의고사 2회	287			
	03	기출 복원 모의고사 3회	294			
	04	기출 복원 모의고사 4회	302			
	05	기출 복원 모의고사 5회	309			

부록	01	OX 퀴즈	316
	02	기출 복원 모의고사 정답과 해설	330

기출분석

- 개인 위생관리 방법에 대해 숙지해야 하며, 위생관리의 정의와 필요성에 대해 암기하도록 한다.
- 미생물들의 특징을 구분하여 암기해야 하며, 식품첨가물의 종류와 특징 및 각각의 사항에 대해 학습하도록 한다.
- HACCP의 필요성과 12절차에 대해 익히도록 한다.
- 세균성 식중독, 자연독 식중독 그리고 곰팡이 독소에 대한 각각의 사항과 감염경로 및 예방대책에 대해 구분하여 암기한다.
- 조리사와 영양사의 면허와 관련된 사항에 대해 학습한다.
- 공중보건의 개념과 평가지표에 대해 숙지하며 각 환경위생에 대한 종류와 기준에 대해 학습한다. 상·하수도의 개념과 오염도의 측정 방법을 숙지하며, 직업병의 종류와 각 원인별 특징에 대해 학습한다.

필기 출제비율

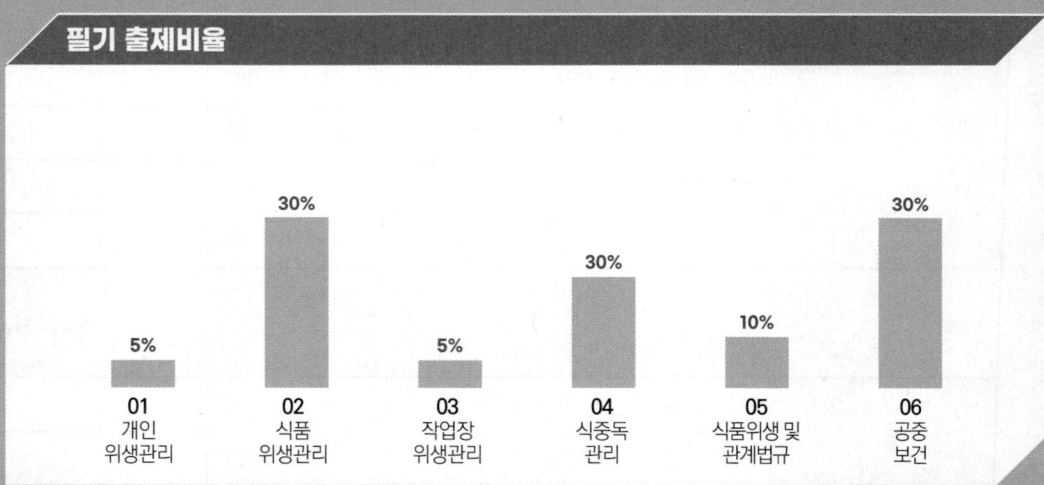

01 개인 위생관리	02 식품 위생관리	03 작업장 위생관리	04 식중독 관리	05 식품위생 및 관계법규	06 공중보건
5%	30%	5%	30%	10%	30%

CHAPTER 01

음식 위생관리

SECTION 01 개인 위생관리
SECTION 02 식품 위생관리
SECTION 03 작업장 위생관리
SECTION 04 식중독 관리
SECTION 05 식품위생법 및 관계법규
SECTION 06 공중보건

SECTION 01 개인 위생관리

01 위생관리의 정의와 필요성

1 위생관리의 정의

음료수·쓰레기·분뇨·하수·폐기물 처리, 공중위생·접객업소·공중이용시설 및 위생용품의 위생관리, 조리·식품 및 식품첨가물과 이에 관련된 기구와 용기 등 포장의 제조와 가공에 관한 위생 관련 업무를 말한다.

2 위생관리의 필요성 ★★

① 식중독 위생사고 예방
②「식품위생법」및 행정처분 강화
③ 안전한 먹거리 제공으로 식품의 가치 상승
④ 청결한 이미지로 점포의 이미지 개선
⑤ 고객만족을 통한 매출 증진
⑥ 대외적인 브랜드 이미지 관리

02 개인 위생관리 기준

1 개인 위생관리 ★★★

① 건강진단의 의무화	「식품위생법」제40조 식품영업자 및 종사자 모두 매년 1회 이상 건강검진을 받아야 함.
② 음식조리를 하면 안 되거나, 식품영업일을 하면 안 되는 경우	콜레라, 장티푸스, 파라티푸스, 세균성이질, 장출혈성대장균감염증, A형간염 등에 걸린 경우
	결핵 확진자(비감염성인 경우는 제외)
	피부병 또는 화농성 질환자
	후천성면역결핍증(「감염병 예방 및 관리 법률」에 의해 성매개감염병에 관한 건강진단을 받아야 하는 영업종사자에 해당)
	음식물을 통해 전염 가능한 병원균 보균자
	설사, 구토 등의 증상이 있는 경우

> **합격 팁**
> 콜레라, 장티푸스, 파라티푸스, 세균성이질, 장출혈성대장균감염증, A형간염은 소화기계 감염병으로 깨끗한 환경위생관리로 예방이 가능하다.

2 손 위생관리

(1) <u>손을 반드시 씻어야 하는 경우</u> ★★
① 음식 조리하기 전
② 신체의 일부를 만졌거나, 입에 손을 대고 기침을 한 경우
③ 식품을 취급하기 전, 식재료 중 날것을 만지고 난 후
④ 쓰레기나 오물 등을 만지고 난 후
⑤ 식품취급 외 다른 작업 및 다른 물건을 취급했을 경우

(2) <u>올바른 손 씻기 8단계</u>

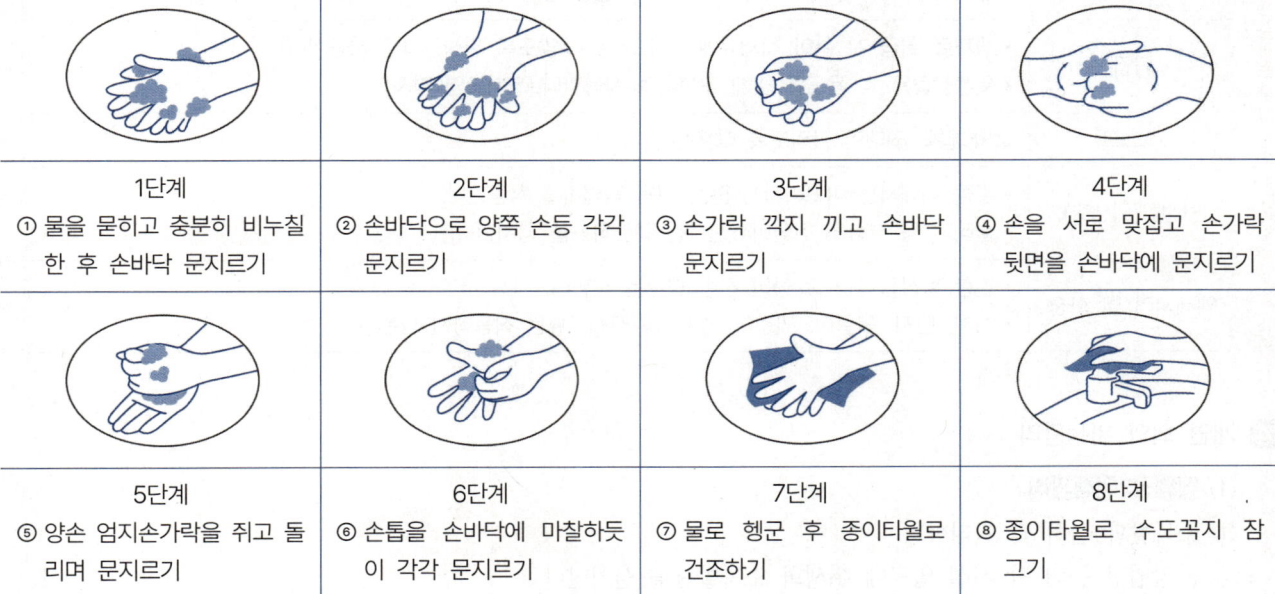

1단계	2단계	3단계	4단계
① 물을 묻히고 충분히 비누칠한 후 손바닥 문지르기	② 손바닥으로 양쪽 손등 각각 문지르기	③ 손가락 깍지 끼고 손바닥 문지르기	④ 손을 서로 맞잡고 손가락 뒷면을 손바닥에 문지르기

5단계	6단계	7단계	8단계
⑤ 양손 엄지손가락을 쥐고 돌리며 문지르기	⑥ 손톱을 손바닥에 마찰하듯이 각각 문지르기	⑦ 물로 헹군 후 종이타월로 건조하기	⑧ 종이타월로 수도꼭지 잠그기

* 손 씻는 시간(①~⑥ 각 5회씩): 비누 40~60초, 손 소독젤 20~30초
* 오염물질이 묻었을 때: 먼저 비누로 세척한 후 손 소독제로 소독하기

(3) <u>식품취급자의 손 씻기 방법</u>
① 손 씻기를 철저히 하면 질병의 60%까지는 예방이 가능하다.
② 흐르는 물에 비눗물을 충분히 씻는다.
③ 충분한 양의 비누를 사용한다.
④ 팔꿈치 부위까지 세척한다.

> **합격 팁**
> 식품종사자의 가장 적절한 손 씻기 방법은 비누로 세척한 후 역성비누를 사용하는 것이다. 비누는 살균작용이 아닌 더러운 먼지 등을 제거하는 역할을 하고, 역성비누는 세척력은 약하나 살균력이 강하다.

3 개인복장 위생관리 ★★★

두발 (위생모)	• 조리실 내에서는 반드시 위생모(조리모 또는 두건)를 착용하고, 머리카락이 위생모 밖으로 나오지 않도록 유의한다. • 머리카락과 머리의 분비물로 인한 음식오염에 유의한다.
개인위생	손톱은 짧게 잘라서 이물질이 손톱에 끼지 않도록 청결하게 유지한다.
위생복 (유니폼)	• 항상 청결한 위생복을 착용한다. • 바지는 줄을 세워 입고 긴바지를 착용한다. • 이물질로 오염될 수 있으므로 여벌의 위생복을 준비해놓는다. • 앞치마는 용도에 맞게 구분하여 교차오염을 방지해주고, 더러워지면 바로 교체하여 사용한다.
장갑	• 식재료 취급 시 손이 식재료에 그대로 닿지 않도록 위생장갑을 사용한다. • 위생장갑은 각 용도에 맞게 구분하여 사용한다.(교차오염 방지)
마스크	코와 입을 최대한 가리도록 착용한다.
안전화(위생화)	• 주방 내에서는 미끄러지지 않는 전용 작업화를 착용한다. • 슬리퍼 등 부상의 위험이 있는 신발은 착용을 금지한다.
액세서리 및 화장	• 진한 화장을 삼가고 향이 진한 향수는 피한다. • 시계, 반지, 목걸이, 귀걸이, 팔찌 등 장신구류는 착용하지 않는다.

4 개인 외의 위생관리

(1) 작업장 위생관리

① 소독발판 설치 및 관리방법
 - 작업장 등의 각 시설 입구에 위생화 소독발판을 설치한다.
 - 부적합한 청결 상태일 경우에는 즉시 소독약품을 교체한다.
 - 1일 2회 이상 소독발판의 청결 및 소독약품의 상태를 확인한다.

SECTION 01 단원문제 개인 위생관리

01 위생관리의 필요성으로 올바르지 않은 것은?
① 점포의 이미지 개선
② 매출 증진
③ 질병의 예방 및 치료
④ 식중독 위생사고 예방

02 식품위생법 제40조 건강검진의 의무화에 따른 식품영업자 및 종사자의 건강진단 검진 주기는?
① 3개월
② 6개월
③ 1년
④ 2년

03 식품위생법상 식품영업에 종사하지 못하는 질병의 종류가 아닌 것은?
① 비감염성 결핵
② 장티푸스
③ A간염
④ 피부병 및 고름성(화농성)질환자

04 환경위생을 철저히 함으로써 예방이 가능한 감염병은?
① 풍진
② 콜레라
③ 백일해
④ 홍역

05 환경위생의 개선으로 예방되는 감염병과 거리가 먼 것은?
① 장티푸스
② 콜레라
③ 세균성이질
④ 홍역

06 식품 취급자의 손 씻는 방법으로 적절하지 않은 것은?
① 팔꿈치에서 손까지 깨끗하게 씻는다.
② 비눗물은 흐르는 물에 충분히 씻는다.
③ 역성비누 원액을 몇 방울 손에 받아 30초 이상 문지르고 흐르는 물에 씻는다.
④ 역성비누와 일반비누를 함께 섞어 사용한다.

정답해설

01 위생관리를 통해 질병을 예방할 수는 있으나 치료는 불가능하다.
02 식품위생법 제40조 총리령으로 건강진단 검진은 매년 1회 이상 받아야 한다.
03 비감염성 결핵은 조리작업을 해도 무관하다. 감염성 결핵인 경우만 해당된다.
04, 05
  - 소화기계 감염병(경구감염병): 콜레라, 장티푸스, 파라티푸스, 세균성이질, 장출혈성대장균감염증, A형간염: 환경위생관리로 예방이 가능함
  - 풍진, 백일해, 홍역: 호흡기계 감염병은 환경위생과는 관계없음
06 일반비누로 세척 후 역성비누를 이용하여 살균한다.

| 정답 | 01 ③ 02 ③ 03 ① 04 ② 05 ④ 06 ④ |

07 역성비누를 일반비누와 함께 사용할 때 올바른 방법은?

① 일반비누와 역성비누를 섞어서 사용한다.
② 일반비누로 먼저 먼지(때) 등을 씻어낸 후 역성비누를 사용한다.
③ 역성비누를 먼저 사용하고 일반비누를 사용한다.
④ 역성비누와 일반비누의 사용 순서는 상관없다.

08 조리장 내 복장에 대한 설명으로 틀린 것은?

① 머리카락이 나오지 않도록 위생모를 사용한다.
② 음식을 조리하거나 서빙할 때 위생마스크를 착용한다.
③ 비용절감을 위해 1회용 위생장갑은 세척하여 사용한다.
④ 조리 중 반지, 시계 등의 액세서리는 착용하지 않는다.

09 개인복장의 위생관리에 대한 설명으로 올바르지 않은 것은?

① 진한 화장과 향수 사용은 하지 않는다.
② 조리시간의 정확한 확인을 위해 손목시계 착용은 가능하다.
③ 손에 상처가 있으면 밴드를 붙인다.
④ 근무 중에는 반드시 위생모를 착용한다.

10 위생복장을 착용할 때 머리카락과 머리의 분비물들로 인한 오염을 방지하고, 위생적인 작업 진행을 위해 착용해야 하는 것은?

① 안전화
② 위생복
③ 앞치마
④ 위생모

정답해설

07 역성비누는 세척력이 약하고 살균력이 강하므로 식품 취급자는 일반비누로 세척 후, 역성비누를 사용하는 것이 효과적이다.
08 위생장갑은 교차오염의 방지를 위해 사용 후 교체하여 사용한다.
09 귀걸이, 손목시계, 반지, 목걸이 등은 착용하지 않는다.

| 정답 | 07 ② 08 ③ 09 ② 10 ④ |

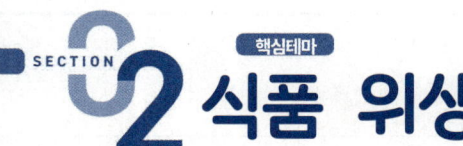

SECTION 02 식품 위생관리

01 식품위생의 정의 및 목적

1 식품위생의 정의
식품·식품첨가물·기구 또는 용기·포장 등 음식에 관한 전반적인 것을 말한다.

2 식품위생의 목적
① 식품으로 인해 발생되는 위생상의 위해를 방지하며 안정성을 확보한다.
② 식품에 관한 올바른 정보를 제공한다.
③ 식품영양의 질적 향상을 도모한다.
④ 국민보건의 향상과 증진에 이바지한다.

02 미생물의 종류와 특성 ★★

1 미생물의 구분

종류	형태	특징
곰팡이 (Mold)	• 진균류 • 균사체를 가진 다세포 미생물	• 포자법으로 번식한다. • 미생물 중 크기가 가장 크다. • 건조한 상태에서 증식이 가능하다.
효모 (Yeast)	구형, 타원형, 균사형, 난형 등	• 출아법으로 증식한다. • 곰팡이와 세균의 중간 크기이다. • 통성혐기성균이다.(산소의 유무에 관계없이 증식)
스피로헤타 (Spirochaeta)	• 나선형 • 단세포생물과 다세포생물의 중간 형태	감염균으로 매독균과 회귀열이 있다.
세균 (Bacteria)	구균, 간균, 나선균	• 2분법으로 증식한다. • 수분의 영향을 많이 받는다.
리케차 (Rickettsia)	원형, 타원형	• 2분법으로 증식한다. • 세균과 바이러스의 중간 크기이다. • 살아있는 세포 속에서만 증식한다. • 발진티푸스, 큐열, 양충병을 일으킨다.
바이러스 (Virus)	세균여과기를 통과하는 여과성병원체로 현미경으로 관찰이 가능하다.	• 미생물 중 가장 크기가 작다. • 살아있는 세포 속에만 증식한다. • 천연두, 인플루엔자, 일본뇌염 등이 있다.

2 미생물의 생육조건 ★★★

영양소		탄소원(당질), 무기염류, 질소원(아미노산, 무기질소), 비타민 등이 필요하다.	
수분		• 미생물의 몸체를 구성하고, 생리기능을 조절하는 데 필요하다. • 미생물의 발육·증식에는 보통 40% 이상의 수분이 필요하다. • 수분함량 15% 이하에서는 세균의 발육이 억제된다. • 수분함량 13% 이하에서는 곰팡이의 발육이 억제된다. • 수분활성도: 미생물이 이용 가능한 수분의 비율 • 수분활성도 순서: 세균(0.90~0.95) > 효모(0.88) > 곰팡이(0.65~0.80)	
온도		균의 종류에 따라 발육 온도가 다르며, 0°C 이하 80°C 이상에서는 대부분의 미생물이 발육하지 못한다. 온도에 따라 미생물은 세 가지로 분류된다.	
	저온균	저온에서 보존식품에 부패를 일으키는 세균(15~20°C)	
	중온균	대부분이 병원균으로 질병을 일으키는 세균(25~37°C)	
	고온균	온천수에서 서식하는 세균(55~60°C)	
수소 이온농도	곰팡이·효모	pH 4.0~6.0의 약산성 상태에서 가장 발육이 활발하다.	
	세균	pH 6.5~7.5의 중성 혹은 약알칼리성 상태에서 가장 발육이 활발하다.	
산소	산소에 따른 구분	정의	관련 미생물
	호기성 미생물	산소를 필요로 하는 균	곰팡이, 효모, 식초산균, 바실러스 등
	혐기성 미생물	산소를 필요로 하지 않는 균	낙산균, 클로스트리디움
		산소의 유무와 관계없이 발육하는 균	효모, 젖산균, 포도상구균 대장균 등
		산소를 절대적으로 기피하는 균	보툴리누스균, 웰치균 등

합격 팁

- **미생물의 크기**: 곰팡이 > 효모 > 스피로헤타 > 세균 > 리케차 > 바이러스
- **미생물 생육의 3대 조건**: 영양소, 수분, 온도
- **미생물 증식의 5대 조건**: 영양소, 수분, 온도, pH, 산소
- **수분활성도 순서**: 세균(0.90~0.95) > 효모(0.88) > 곰팡이(0.65~0.80)
- **병원성 미생물**: 사람에게 병을 일으키는 미생물
- **비병원성 미생물**: 사람에게 병을 일으키지 않는 미생물
- **유해한 미생물**: 식물의 부패나 변패의 원인이 되는 미생물
- **유익한 미생물**: 양조(주류) 제조 또는 장류(발효) 제조 등에 유익하게 이용되는 미생물

3 미생물에 의한 식품의 변질

① 식품의 변질: 적절하게 보관되지 않은 식품이 여러 가지 환경요인으로 인해 성분이 변화되어 영양소가 파괴되거나, 향기나 맛이 손상되어 식품 본래의 특성을 잃게 되는 상태를 말한다.

② 변질의 종류 ★★★

부패	단백질을 주성분으로 하는 식품이 혐기성 미생물에 의해 분해되어 인체에 유해한 성분(트리메틸아민, 암모니아 등)이 생성되는 현상
변패	단백질 이외의 식품(당질, 지질 등)이 미생물에 의해 변질되는 현상
산패	지방(유지) 성분이 공기 중에 방치되었을 때 산소, 일광, 금속 등에 의해 산화되어 불쾌한 냄새가 나며 변질되는 현상
발효	탄수화물이 미생물의 분해작용에 인해 유기산 혹은 알코올 등을 생성하여 인체에 유익한 물질을 만들어내는 현상
후란	단백질 식품이 호기성 미생물에 의해 변질되는 현상

③ 식품의 부패 판정

관능검사	시각, 촉각, 미각, 후각을 이용해 식품의 부패 상태를 판정한다.
생균수검사	식품 1g당 $10^7 \sim 10^8$일 때 초기부패로 판정한다.
수소이온농도(pH)	pH 6.0~6.2일 때 초기부패로 판정한다.
트리메틸아민(TMA)	어류의 부패 판정척도로 100g당 3~4mg%이면 초기부패로 판정한다.
휘발성염기질소(VBN)	어육의 신선도 검사로 100g당 30~40mg%이면 초기부패로 판정한다.
히스타민(Histamine)	단백질 분해산물인 히스티딘에서 생성되며 히스타민의 함량이 낮을수록 신선하다.

> **합격 팁**
>
> **부패 시 생성되는 물질**
> 암모니아, 황화수소, 아민류, 인돌 등으로 인해 악취가 발생한다.

4 미생물의 관리

(1) 물리적 방법

① 건조법: 수분함량 15% 이하에서 세균이 번식할 수 없는 성질을 이용한 방법

구분	내용	종류
일광건조법	햇빛에 말리는 방법으로 변색이 쉽다는 단점이 있다.	농산물, 김, 곡류, 건어물
직화건조법(배건법)	직접 불에 건조시키는 방법으로 식품의 향미를 증가시킨다.	보리차, 홍차, 담배, 찻잎
열풍건조법	공기를 가열시켜 건조시키는 방법으로 품질의 변화가 적다.	육류, 어류
자연동건법	낮에는 해동 및 건조, 밤에는 동결시키는 과정을 반복하며 건조하는 방법	한천, 당면, 북어
분무건조법	액체를 분무하여 열풍에 건조시키는 방법	분유, 분말주스, 액상식품 건조

② 냉각법

구분	내용	종류
냉장법	0~4°C의 저온에서 저장하는 방법	과일, 채소
냉동법	-40°C에서 급속동결 후 -20°C에 저장하는 방법	육류, 어패류
냉동건조법	-30°C 이하로 냉동시켜 저온에서 건조시키는 방법	당면, 한천, 건조두부
움저장법	땅 속에 움을 만들어 10°C 정도에서 저장하는 방법	감자, 고구마, 김치

③ 가열살균법 ★★★

구분	내용	종류
저온살균법(LTLT)	61~65°C에서 약 30분 가열살균 후 냉각	우유, 주스
고온단시간살균법(HTST)	70~75°C에서 15~30초 가열살균 후 냉각	우유, 과즙
고온장시간살균법(HTLT)	90~120°C에서 약 60분 가열살균(냉각처리 ×)	통조림
초고온순간살균법(UHT)	130~140°C에서 1~2초 가열살균 후 냉각	우유, 과즙

④ 조사살균법: 방사선 또는 자외선을 이용해 미생물을 사멸시키는 방법

구분	내용	종류
방사선살균법	방사선을 방출해 식품에 조사하는 방법으로, 감자나 양파 등에 뿌리나 싹이 나는 것을 억제	곡류, 청과물, 축산물
자외선살균법	2,500~2,500Å(자외선)의 파장으로 살균하는 방법	기구, 음료, 식품 표면

(2) 화학적 살균법

구분	내용	종류
염장법	소금에 절여 부패를 막는 방법(소금농도 10% 이상)	해산물, 채소류, 육류
당장법	설탕의 삼투압을 이용하여 세균을 억제하는 방법(설탕농도 50%)	잼, 젤리, 가당연유
산저장법	초산·젖산·구연산을 사용하여 식품을 저장하는 방법(초산농도 3~4% 이상)	피클, 장아찌

(3) 발효처리에 의한 방법

구분	내용	종류
세균과 효모 이용	식품에 유용한 미생물을 번식시켜 유해한 미생물을 억제시키는 방법	치즈, 김치, 요구르트
곰팡이 이용	식품 자체의 성분을 적당히 변화시켜 식품으로 만드는 방법	• 콩 → 간장, 된장 • 우유 → 치즈

(4) 복합적 처리 방법

구분	내용	종류
훈연법	수지가 적은 나무(참나무, 벚나무 등)를 불완전 연소시켜서 발생하는 연기를 육류나 어류에 그을려 저장하는 방법	햄, 베이컨, 소시지, 훈제식품
염건법	소금을 첨가한 후 건조시켜 저장하는 방법	어패류(조기, 굴비)
밀봉법	밀봉용기에 식품을 넣어 수분의 증발 및 흡수, 해충의 침범, 산소의 통과를 막아 보존하는 방법	통조림, 진공포장 레트로트 파우치
CA저장법 (가스저장법)	이산화탄소의 농도를 높이거나 산소의 농도를 낮추는 식으로 대기의 가스 조성을 인공적으로 조절해서 식품의 성분 변화를 방지하는 방법(질소, 이산화탄소 이용)	과일, 채소, 달걀, 곡류

03 식품과 기생충병

1 매개체별 기생충의 분류

① 채소류를 통해 감염되는 기생충(중간숙주 ×): 분변을 비료로 사용하여 생긴 기생충 알이 부착된 야채를 생식함으로 써 감염된다. ★★★

구분	감염형태	특징
회충	경구감염	감염률이 가장 높고, 소장에 기생하며, 소독저항성이 강하다.
요충	경구감염, 집단감염	항문 주위에 기생하여 산란한다.
편충, 동양모양선충	경구감염	자각증상이 없다.
구충(십이지장충)	경구감염, 경피감염	소장에 기생하며, 구제가 잘 되지 않는다.

② 육류를 통해 감염되는 기생충(중간숙주 1개)

기생충	중간숙주
무구조충(민촌충)	소
유구조충(갈고리촌충)	돼지
선모충	돼지, 개
톡소플라스마	돼지, 개, 고양이
만손열두조충(만소니열두조충)	뱀, 개구리

③ 어패류를 통해 감염되는 기생충(중간숙주 2개) ★★★

구분	1중간숙주	2중간숙주
간흡충(간디스토마)	왜우렁이	민물고기(붕어, 잉어)
폐흡충(폐디스토마)	다슬기류	민물게, 가재
요코가와흡충(횡천흡충)	다슬기류	민물고기(은어, 붕어, 잉어)
고래회충(아니사키스충)	바다새우류	해산어류, 오징어, 문어 → 고래, 돌고래, 물개
광절열두조충(긴촌충)	물벼룩	민물고기(송어, 연어, 숭어)
유극악구충	물벼룩	가물치, 메기, 뱀장어, 양서류 등

2 기생충 예방법

① 육류나 어패류를 날것으로 섭취하지 않고 익혀서 먹는다.
② 분변은 위생적으로 처리하고 비료로 사용하지 않으며, 안전한 화학비료를 사용한다.
③ 개인위생을 철저히 관리하고, 조리기구를 자주 소독한다.
④ 야채류는 흐르는 중성세제에 세척한 후, 흐르는 물에 수차례 세척한다.
⑤ 구충제를 정기적으로 복용한다.
⑥ 중간숙주나 매개체를 박멸한다.

> **합격 팁**
>
> 식품의 오염지표 검사   대장균검사(분변오염의 지표균)
> 장구균검사   분변오염과 냉동식품의 오염 여부 판정

3 위생동물별 질병

파리, 바퀴벌레	장티푸스, 파라티푸스, 세균성이질, 세균성식중독, 소아마비, 결핵, 콜레라(세균성 소화기감염증)
쥐	세균성식중독, 페스트, 유행성출혈열, 쯔쯔가무시증(양충병), 살모넬라증, 발진열
진드기	유행성출혈열, 재귀열, 쯔즈가무시증
벼룩	페스트, 발진열, 재귀열
이	발진티푸스, 재귀열, 참호열
모기	말라리아, 일본뇌염, 황열, 사상충증, 뎅기열

> **합격 팁**
>
> 인간이 중간숙주인 기생충은 말라리아다.

04 살균 및 소독의 종류와 방법

1 살균·소독의 정의

살균	미생물의 생활력을 파괴하여 세포를 사멸시키는 것
소독	병원성 미생물의 생활을 약화시켜 감염력을 없애는 것
멸균	병원균, 비병원균 등의 미생물을 아포까지 사멸시켜 무균 상태로 만든 것
방부	미생물의 증식을 억제하여 부패를 방지하는 것

> **합격 팁**
>
> 소독력의 크기 멸균 > 살균 > 소독 > 방부

2 살균·소독의 종류와 방법

(1) 물리적 소독법

① 무가열 처리법(비열처리법)

자외선살균(멸균)법	자외선소독으로 실내소독에 이용한다.
방사선살균법	코발트 60 등에서 발생하는 방사선으로 살균하는 방법으로, 주로 포장상품 살균에 쓰이며, 양파·감자 등의 식물에 뿌리가 나고 싹이 트는 것을 억제한다.

② 가열 처리법

자비소독법(열탕소독)	끓는 물(100°C)에서 30분간 처리하는 방법(식기류 및 행주 등의 소독에 이용)	
화염멸균법	불꽃 속에서 20초 이상 가열하는 방법(금속, 도자기류, 유리 등의 소독에 이용)	
건열멸균법	건열멸균기를 이용하여 160~180°C에서 30분 이상 가열하는 방법(주사바늘, 유리기구, 금속 등의 소독에 이용)	
고압증기멸균법	고압증기멸균기를 이용하여 121°C에서 15~20분간 소독하는 방법으로, 아포를 형성하는 균까지 사멸시킨다.(통조림, 거즈 등의 소독에 이용)	
유통증기소독법	100°C의 유통증기에서 30~60분간 가열하는 방법으로 아포형성균 사멸은 불가능하다.	
간헐멸균법	100°C의 유통증기에서 20~30분간 1일 1회로 3회 반복하는 방법으로 아포형성균까지 사멸할 수 있다.	
우유살균법	저온살균법(LTLT법)	61~65°C에서 30분간 가열하는 방법
	고온단시간살균법(HTST법)	70~75°C에서 15~30초간 가열하는 방법
	초고온순간살균법(UHT법)	130°C~140°C에서 1~2초간 가열하는 방법

> **합격 팁**
>
> 우유살균법 3가지 저온살균법(LTLT법), 고온단시간살균법(HTST법), 초고온순간살균법(UHT법)

(2) 화학적 소독법

역성비누 (양성비누)	• 원액(10%)을 200~400배 희석해서 0.01~0.1% 농도로 사용한다. • 과일, 야채, 과일, 식기 등의 소독에 사용한다. • 일반 비누와 같이 사용하거나 유기물 존재 시 소독력이 떨어지므로 세제로 씻은 후 사용한다. • 강한 살균력으로 손 소독에 사용한다.
석탄산(3%)	• 소독약의 살균력을 나타내는 지표이다. • 하수도, 화장실(분뇨), 진개 등의 오물 소독에 사용한다. • 독성이 강하고 냄새가 독하며, 금속부식이 있고 피부점막에 자극을 준다. • 석탄산 계수가 낮으면 살균력도 떨어진다. $$\text{석탄산 계수} = \frac{\text{소독제의 희석배수}}{\text{석탄산의 희석배수}}$$
크레졸비누액	• 화장실(분뇨), 하수도 등 오물 소독에 사용한다. • 손 소독에 사용한다. • 피부자극은 약하지만 석탄산보다 소독력이 2배 강하다.
생석회	• 화장실(분변), 하수도, 진개 등의 오물 소독에 사용한다. • 우물의 소독에 사용한다.
포르말린	• 포름알데히드를 35~38%로 물에 녹인 액체다. • 화장실(분뇨), 하수도, 오물 소독에 사용한다.
과산화수소(3%)	자극성이 적어 피부 및 상처의 소독에 사용한다.
승홍수(0.1%)	• 주로 손과 피부의 소독에 사용한다. • 금속부식성이 있어 비금속기구의 소독에도 사용한다.
에틸알코올(70%)	금속기구, 초자기구, 손 소독에 사용한다.
염소, 차아염소산나트륨	채소, 과일, 음료수, 식기 등의 소독에 사용한다.
에틸렌옥사이드(기체)	의약품 소독에 사용한다.
과망간산칼륨(과망가니즈산칼륨)	산화작용을 이용해 소독한다.

합격 팁

소독약의 구비조건
- 살균력과 침투력이 강할 것
- 경제적이고 사용하기 편하며, 안전성이 있을 것
- 금속부식성, 표백성이 없을 것
- 용해성이 높을 것
- 냄새가 없을 것

05 식품의 위생적 취급기준

1 주방 항목별 세척방법

항목	세척방법
남은 채소	채소를 담는 용기는 매일 세척하며, 그날 사용하고 남은 채소는 폐기한다.
조리대와 작업대 청소	세제를 사용하여 매일 세척하고 반드시 건조한다.
바닥청소	• 1일 2회 물을 뿌려 청소한다. • 기름때가 있을 경우에는 가성소다를 묻혀 1시간가량 두었다가 청소용 솔로 물청소를 해주며, 바닥은 건조된 상태를 유지한다.
칼	• 조리 도중에는 갈지 않고 조리가 종료된 후 매일 간다. • 칼 전용소독기 등에 넣어 물기가 없도록 보관한다.
도마	• 조리할 때마다 물로 씻어 사용하며, 조리 종료 후에는 중성세제로 씻은 후 살균 및 소독(열탕소독 포함)을 철저히 한다. • 소독기 등 지정된 장소에 보관한다.
식품	양과 신선도를 체크하고, 균에 오염되지 않도록 바닥에 두지 않는다.
식기	• 중성세제를 사용해 세척한다. • 세정 후 오염을 막기 위해 지정된 장소에 보관한다.
음식보관	• 외부공기가 들어가지 않도록 한다. • 유통기한이 표시된 스티커를 활용하고, 냉장 또는 냉동보관한다.

06 식품첨가물과 유해물질

1 식품첨가물의 정의

식품의 제조·가공·조리 또는 보전하는 과정(감미, 착색, 표백, 산화방지 등)에서 필요에 의해 첨가·혼합·침윤하거나, 그밖의 방법으로 식품에 사용되는 물질을 의미한다.

2 식품첨가물의 사용 목적

① 보존성 향상
② 영양 강화
③ 기호도 및 관능 만족
④ 품질 향상 및 품질 개량

3 식품의 부패 및 변질을 방지하는 식품첨가물

① 보존료(방부제): 미생물의 증식을 억제하여 보존성을 높이는 첨가물

안식향산(나트륨)	간장, 청량음료, 과실, 식초
데히드로초산	치즈, 마가린, 버터
소르빈산	육제품, 절임식품, 어육연제품, 케첩
프로피온산	빵, 과자, 케이크류

② 살균제(소독제): 부패원인균, 전염병원균을 사멸시키기 위한 첨가물

차아염소산나트륨, 표백분, 고도표백분	음료수, 식기소독, 과일 및 채소류의 살균에 사용한다.

③ 산화방지제(항산화제): 식품의 산화에 의한 변질현상을 방지하기 위한 첨가물

비타민 C(아스크로빈산), 비타민 E(토코페롤)	천연 항산화제로 영양 강화 용도로 사용한다.
부틸히드록시아니솔(BHA)	지용성 항산화제로 식용유, 버터 등 유지의 산화 방지에 사용한다.
몰식자산프로필	식용 유지류, 버터류에 한정해서 사용한다.
에리소르빈산	채소와 과일류의 산화 방지와 맥주의 산화로 인한 혼탁 방지에 사용한다.

합격 팁

비타민 E
비타민 중 열에 가장 강함. 천연항산화제로 노화 및 산화 방지효과가 있으며, 식물성오일(참기름, 올리브오일)에 많이 함유되어 있다.

4 기호성 향상 및 관능을 만족시키는 식품첨가물

조미료(MSG)	• 식품에 감칠맛을 부여하기 위해 사용하는 첨가물로, 첨가물 중 가장 많이 사용한다. • 글루타민산나트륨(다시마, 된장, 간장), 이노신산(가다랑어포, 소고기), 호박산(조개), 구아닐산(표고버섯)
감미료	• 식품에 단맛을 부여하는 첨가물 • 사카린나트륨, D-소르비톨, 자일리톨, 아스파탐, 스테비오사이드, 만니톨
산미료	• 식품에 신맛을 부여하는 첨가물 • 구연산(감귤, 딸기 등의 신맛), 주석산(포도의 신맛), 젖산, 초산(살균 역할), 푸마르산
발색제 (색소고정제)	• 무색이지만, 식품 중의 색소성분과 반응하여 식품의 색을 보존하거나 선명하게 하는 데 사용한다. • 육류 발색제: 아질산나트륨, 질산나트륨, 질산칼륨(식육제품, 어육, 햄, 소시지 등에 사용) • 식물 발색제: 황산 제1·2철(과일류, 채소류에 사용)
착색료	• 가공과정 중 상실된 색을 복원 및 색을 부여하는 데 사용한다. • 식용색소(녹색 제3호, 황색 제2호)
착향료	• 식품 자체의 냄새를 없애거나, 향을 부여 및 강화하기 위해 사용한다. • 멘톨(박하향), 바닐린(바닐라향), 에스테르류, 알코올류, 인공향료
표백제	• 식품 제조 중 식품의 갈변을 억제하기 위해 사용한다. • 과산화수소, 차아염소산나트륨, 아황산나트륨

5 품질유지 및 개량을 위한 식품첨가물

유화제 (계면활성제)	물과 기름처럼 잘 섞이지 않는 두 종류의 액체를 균일한 혼합물로 만들기 위해 사용한다.
	종류: 난황(노른자)과 대두인지질의 레시틴, 글리세린지방산에스테르
밀가루 개량제 (소맥분 개량제)	• 밀가루의 장기 저장 시 품질저하 및 변색을 방지하고, 색의 보존 및 숙성의 지연을 위해 사용한다. • 품질을 향상시키기 위해 사용한다.
	종류: 과산화벤조일, 과황산암모늄, 이산화염소
호료 (증점제, 안정제)	식품의 형태 변화 방지와 점착성 증가(걸쭉하게 만듦)를 위해 사용한다.
	종류: 젤라틴, 알긴산나트륨, 카제인, 한천, 글루텐
피막제	과실류와 채소류의 표면에 피막을 만들어 호흡작용을 제한하고, 수분 증발을 막아 신선도를 유지하기 위해 사용한다.
	종류: 초산비닐수지, 몰포린지방산염
품질 개량제	• 식품의 결착성을 향상시킨다. • 식품의 보수성, 팽창성 증대를 목적으로 사용한다.
	종류: 인산염류
이형제	빵을 구울 때 빵틀로부터 형태를 유지하며 쉽게 분리되도록 하기 위해 사용하는 천연첨가물
	종류: 유동파라핀

6 식품 제조 및 가공을 위한 식품첨가물

팽창제	• 빵이나 과자 제조 시 부풀게 하여 조직을 연하게 하고, 기호성을 향상시키기 위해 사용한다. • 종류: 효모(이스트), 탄산수소나트륨, 탄산암모늄, 탄산수소암모늄
소포제	• 식품 제조 공정 중 생기는 거품을 소멸하거나 감소시키기 위해 사용한다. • 종류: 규소수지
껌 기초제	• 껌의 탄력성과 적당한 점성을 갖게 하여 풍미를 유지시키는 데 사용한다. • 종류: 초산비닐수지, 에스테르검
용제	• 천연물의 성분이나 식품첨가물 등이 식품에 균일하게 혼합되도록 적절한 용매에 용해시켜 첨가한다. • 종류: 글리세린, 글리세린지방산에스테르, 헥산, 프로필렌글리콜
방충제	• 곡류를 저장할 때 곤충의 서식을 방지하기 위해 사용한다. • 종류: 피페로닐부톡사이드(곡류 외 사용금지)

7 조리 및 가공에서 생기는 유해첨가물

유해 감미료	둘신(설탕의 250배, 혈액독 유발), 사이클라메이트(설탕의 50배, 발암), 페릴라틴
유해 착색제	아우라민(단무지), 로다민B(케첩, 어묵)
유해 보존제	포름알데히드, 붕산, 불소화합물, 승홍
유해 표백제	롱가릿, 형광표백제, 삼염화질소
유해 발색제	아질산나트륨, 아질산칼륨, 삼염화질소

8 조리 및 가공에서 생기는 유해물질

메탄올 (메틸알코올)	• 주류의 발효과정 중 펙틴이 존재할 경우에 생성된다. • 두통, 구토, 설사, 심한 경우에는 실명 및 호흡곤란으로 인한 사망
N-니트로사민	육가공품의 발색제 사용으로 인한 아질산과 아민의 결합반응으로 생성되는 발암물질
다환방향족 탄화수소	훈제식품, 숯불로 인한 연기, 태운 고기에서 발생되는 발암물질(벤조피렌)
아크릴아미드	전분식품을 가열할 때 아미노산과 당이 열에 의해 결합반응해서 생성된 물질
아크롤레인	식용유 등의 유지를 발열점 이상으로 가열할 때 발생되는 발암성 물질

9 유해 중금속 ★★★

카드뮴	이타이이타이병(골연화증)
수은	미나마타병(강력한 신경독, 전신경련 등)
납	• 인쇄 및 유약 바른 도자기를 통해 노출된다. • 구토, 복통, 설사, 소변에서 코프로포르피린이 검출된다.
주석	• 통조림 내부 도장을 통해 노출된다. • 구토, 복통, 설사 등
불소	반상치, 골경화증, 체중감소 등
PCB 중독	• 미강유 중독(가네미유 중독) • 피부병, 간질환, 신경장애 등

SECTION 02 식품 위생관리

단원문제

01 식품위생의 목적으로 가장 적합한 것은?
① 식품제조의 방법 개발
② 식품의 생산량 증대
③ 식품의 안전성 확보
④ 식품의 맛 향상

02 다음 중 식품위생과 관련된 미생물이 아닌 것은?
① 세균 ② 곰팡이
③ 효모 ④ 기생충

03 미생물 종류 중 크기가 가장 작은 것은?
① 바이러스 ② 세균
③ 곰팡이 ④ 효모

04 미생물 생육에 필요한 수분활성도 크기로 옳은 것은?
① 곰팡이 > 세균 > 효모
② 세균 > 효모 > 곰팡이
③ 효모 > 곰팡이 > 세균
④ 세균 > 곰팡이 > 효모

05 미생물이 자라는 데 필요한 조건이 아닌 것은?
① 온도 ② 햇빛
③ 수분 ④ 영양소

06 식품이 분변에 오염되었는지 여부를 판별할 때 이용하는 지표균은?
① 살모넬라균 ② 장티푸스균
③ 이질균 ④ 대장균

07 어육의 초기부패 시에 나타나는 휘발성염기질소의 양은? (식품 100g당 기준)
① 5~10mg%
② 15~25mg%
③ 30~40mg%
④ 50mg% 이상

08 식품의 부패란 주로 무엇이 변질된 것인가?
① 무기질 ② 포도당
③ 단백질 ④ 비타민

정답해설

01 식품위생의 목적: 식품의 안전성 확보, 식품에 관한 올바른 정보 제공, 식품영양의 질적 향상 도모, 국민보건의 향상과 증진에 이바지
02 기생충은 다른 생물체의 몸속에 기생하는 해충으로 식품위생과는 관련이 없다.
03 미생물의 크기: 곰팡이 > 효모 > 스피로헤타 > 세균 > 리케차 > 바이러스
04 세균(0.90~0.95) > 효모(0.88) > 곰팡이(0.65~0.80)
05 미생물 생육의 3대 조건: 영양소, 수분, 온도
06 식품의 오염지표 검사: 대장균은 분변오염의 지표균
07 어육의 초기부패를 판정하는 휘발성염기질소의 양: 식품 100g당 30~40mg%
08 부패란 단백질 식품이 혐기성 미생물에 의해 변질되는 현상이다.

| 정답 | 01 ③ 02 ④ 03 ① 04 ② 05 ② 06 ④ 07 ③ 08 ③

09 식품의 변질현상에 대한 설명 중 틀린 것은?
① 산패: 유지식품이 지방질 산화된 상태
② 발효: 화학물질에 의한 유기 화합물의 분해
③ 변질: 식품의 품질이 저하된 상태
④ 부패: 단백질과 유기물이 부패 미생물에 의해 분해된 상태

10 중온균 증식의 최적 온도는?
① 10~12℃   ② 25~37℃
③ 55~60℃   ④ 65~75℃

11 곡물 저장 시 수분의 함량에 따라 미생물의 발육 정도가 달라진다. 미생물에 의한 변패를 억제하기 위해 수분함량을 몇 %로 저장해야 하는가?
① 13% 이하   ② 18% 이하
③ 25% 이하   ④ 40% 이하

12 식품의 부패 정도를 측정하는 지표로 가장 거리가 먼 것은?
① 휘발성염기질소   ② 트리메탈아민
③ 수소이온농도   ④ 총질소

13 식품의 부패 시 생성되는 물질과 거리가 먼 것은?
① 암모니아   ② 트리메틸아민
③ 글리코겐   ④ 아민

14 우유의 살균처리방법 중 다음과 같은 살균처리 방법은?

> 70~75℃로 15~30초간 가열처리하는 방법

① 저온살균법   ② 초저온살균법
③ 고온단시간살균법   ④ 초고온살균법

15 감자, 고구마, 양파 같은 식품에 뿌리가 나고 싹이 트는 것을 억제하는 효과가 있는 살균방법은?
① 자외선살균법   ② 적외선살균법
③ 일광소독법   ④ 방사선살균법

16 음식물 섭취와 관계가 없는 기생충은?
① 회충   ② 사상충
③ 광절열두조충   ④ 요충

정답해설

09 발효는 탄수화물이 미생물의 분해작용에 의해 알코올과 각종 유기산 등이 생성되는 현상으로 우리 몸에 좋은 현상이다.
10 중온균(병원균) 발육의 최적온도: 25~37℃
11 곰팡이의 발육은 수분함량 13% 이하에서 억제된다.
12 총질소는 수질오염의 측정지표로 사용된다.
13 글리코겐은 동물체에 저장되는 탄수화물의 종류이다.
14 - 저온살균법: 61~65℃ 30분간
- 고온장시간살균법: 95~120℃ 60분간
- 초고온살균법: 130~140℃ 1~2초
15 방사선살균법은 방사선을 방출하여 살균하는 방법으로 곡류, 청과물, 축산물의 살균처리 시 이용된다.
16 사상충은 모기에 의해 전염되는 질병이다.

| 정답 | 09 ② | 10 ② | 11 ① | 12 ④ | 13 ③ | 14 ③ | 15 ④ | 16 ② |

17 다음 중 보존성을 높이기 위한 저장방법과 이에 적합한 식품의 연결이 틀린 것은?
① 밀봉법 – 통조림, 진공포장, 레트로트 파우치
② 훈연법 – 햄, 베이컨, 소시지
③ CA 저장법 – 채소, 과일, 달걀, 곡류
④ 염건법 – 잼, 젤리

18 집단감염이 잘되며, 항문 주위나 회음부에 소양증이 생기는 기생충은?
① 회충 ② 편충
③ 요충 ④ 흡충

19 오염된 토양에서 맨발로 작업할 경우 감염될 수 있는 기생충은?
① 회충 ② 간흡충
③ 폐흡충 ④ 구충

20 기생충 감염의 중간숙주 연결이 바르지 못한 것은?
① 십이지장충 – 모기
② 말라리아 – 사람
③ 폐흡충 – 가재, 게
④ 무구조충 – 소

21 채소로 감염되는 기생충으로 짝지어진 것은?
① 편충, 동양모양선충
② 폐흡충, 회충
③ 구충, 선모충
④ 회충, 무구조충

22 기생충과 인체 감염원인 식품의 연결이 틀린 것은?
① 유구조충 – 돼지고기
② 무구조충 – 민물고기
③ 동양모양선충 – 채소류
④ 아니사키스 – 바다생선

23 다음 중 중간숙주의 단계가 하나인 기생충은?
① 간디스토마 ② 폐디스토마
③ 무구조충 ④ 광절열두조충

24 폐흡충의 제1, 2중간숙주가 순서대로 올바르게 나열된 것은?
① 왜우렁이, 붕어 ② 다슬기, 참게
③ 물벼룩, 가물치 ④ 왜우렁, 송어

정답해설

17 염건법은 소금을 첨가하여 건조하는 방법으로 굴비 등이 있다. 잼, 젤리는 당장법에 해당되는 식품이다.
18 요충은 항문에 기생하며 산란한다.
19 구충은 분변을 비료로 사용하여 오염된 토양이나 하수로부터 경구감염 및 경피감염되므로 맨발 작업을 금지한다.
20 십이지장충은 음식을 통해 감염되며 중간숙주가 없다.
21 채소로 인해 감염되는 기생충: 회충, 요충, 편충, 동양모양선충, 구충(십이지장충)
22 무구조충의 중간숙주: 소
23 무구조충은 소를 중간숙주로 하며 단계는 하나이다.
24 ① 간흡충
③ 유극악구충
④ 간흡충의 1, 2 중간숙주이다.

| 정답 | 17 ④ | 18 ③ | 19 ④ | 20 ① | 21 ① | 22 ② | 23 ③ | 24 ② |

25 기생충과 중간숙주의 연결이 틀린 것은?

① 간흡충 – 쇠우렁, 참붕어
② 요꼬가와흡충 – 다슬기, 은어
③ 폐흡충 – 다슬기, 게
④ 광절열두조충 – 돼지고기, 소고기

26 다음 기생충 중 돌고래의 기생충인 것은?

① 유극악구충 ② 유구조충
③ 아니사키스충 ④ 선모충

27 위생동물을 매개로 간접 전파되는 감염병과 거리가 먼 것은?

① 재귀열 ② 말라리아
③ 인플루엔자 ④ 쯔쯔가무시증

28 용어에 대한 설명으로 올바르지 않은 것은?

① 소독: 병원성 세균을 제거하거나 감염력을 없애는 것
② 멸균: 모든 세균을 제거하는 것
③ 방부: 모든 세균을 완전히 제거하여 부패를 방지하는 것
④ 자외선 살균: 살균력이 가장 큰 자외선파장을 사용해 미생물을 제거하는 것

29 다음 중 미생물에 작용하는 소독력의 강도 순서로 옳은 것은?

① 방부 > 소독 > 살균 > 멸균
② 멸균 > 살균 > 소독 > 방부
③ 살균 > 소독 > 멸균 > 방부
④ 소독 > 방부 > 멸균 > 살균

30 우유의 초고온순간살균법에 가장 적합한 온도와 시간은?

① 200℃ 10초간 ② 162℃ 5초간
③ 150℃ 10초간 ④ 132℃ 2초간

31 소독의 지표가 되는 소독제는?

① 석탄산 ② 크레졸
③ 과산화수소 ④ 포르말린

32 과실류, 채소류 등 식품의 살균 목적으로 사용되는 것은?

① 초산비닐수지
② 이산화염소
③ 규소수지
④ 차아염소산나트륨

> **정답해설**
>
> **25** 광절열두조충은 제1중간숙주인 물벼룩, 제2숙주인 연어, 송어 등에 의해 발생한다.
> **26** 아니사키스충은 제1중간숙주인 바다새우류, 제2중간숙주인 고래, 돌고래, 물개 등에 의해 발생한다.
> **27** 인플루엔자: 기침이나 재채기 등으로 감염되는 비말감염
> **28** 방부: 미생물의 증식을 억제하여 부패를 방지하는 것
> **29** 미생물에 작용하는 소독력의 크기: 멸균 > 살균 > 소독 > 방부 순이다.
> **30** 초고온순간살균법: 130~140℃에서 1~2초간 가열
> **31** 석탄산은 소독약의 살균력을 나타내는 지표로 사용된다.
> **32** 차아염소산나트륨은 과일, 채소, 음료수, 식기 등의 살균에 이용된다.
>
> | 정답 | 25 ④ 26 ③ 27 ③ 28 ③ 29 ② 30 ④ 31 ① 32 ④ |

33 분변소독에 가장 적합한 것은?
① 생석회　　　② 약용비누
③ 과산화수소　④ 표백분

34 식품첨가물의 사용 목적이 아닌 것은?
① 변질, 부패 방지　② 관능 개선
③ 질병 예방　　　　④ 품질개량, 유지

35 식품첨가물 중 보존료의 목적은?
① 산도 조절
② 미생물에 의한 부패 방지
③ 산화에 의한 변패 방지
④ 가공과정에서 파괴되는 영양소 보충

36 다음 중 과일이나 채소의 살균 목적으로 적합한 살균제는?
① 차아염소산나트륨
② 에리소르빈산
③ 몰식자산프로필
④ 디부틸히드록시톨루엔

37 식품첨가물의 사용 목적과 이에 따른 첨가물의 종류가 바르게 연결된 것은?
① 식품의 영양강화를 위한 것 – 착색료
② 식품의 관능을 만족시키기 위한 것 – 조미료
③ 식품의 변질이나 변패를 방지하기 위한 것 – 감미료
④ 식품의 품질을 개량하거나 유지하기 위한 것 – 산미료

38 다음 중 국내에서 허가된 인공감미료는?
① 둘신
② 사카린나트륨
③ 사이클라민산나트륨
④ 에틸렌글리콜

39 다음 중 육류 발색제가 아닌 것은?
① 아질산나트륨
② 질산나트륨
③ 황산제1철
④ 질산칼륨

정답해설

33 생석회는 화장실(분변), 하수도, 진개 등의 오물소독에 사용된다.
34 식품첨가물은 질병을 예방하거나 치료의 목적으로는 사용되지 않는다.
35 ① 산미료, ③ 산화방지제, ④ 영양강화제
36 ②, ③, ④는 산화방지제
37 ① 식품의 영양강화를 위한 것은 영양강화제, ③ 식품의 변질이나 변패를 방지하기 위한 것은 보존료(방부제), ④ 식품의 품질을 개량하거나 유지하기 위한 것은 품질개량제
38 사카린나트륨: 김치류, 음료류 등에 사용이 가능하도록 허가된 인공감미료
39 황산제1철: 식물 발색제

| 정답 | 33 ① | 34 ③ | 35 ② | 36 ① | 37 ② | 38 ② | 39 ③ |

40 껌 기초제로 사용되며 피막제로도 사용되는 식품첨가물은?

① 초산비닐수지
② 에스테르검
③ 폴리이소부틸렌
④ 폴리소르베이트

41 과실류, 채소류의 표면에 피막을 형성하여 외관 유지, 호흡작용 제한, 신선도 유지, 광택 부여 등을 하기 위해 사용하는 식품첨가물은?

① 유화제
② 피막제
③ 팽창제
④ 소포제

42 사용이 허가된 산미료는?

① 구연산
② 계피산
③ 말톨
④ 초산에틸

43 식품의 조리 가공 시 거품이 발생하여 작업에 지장을 주는 경우 사용하는 식품첨가물은?

① 규소수지
② n-헥산
③ 유동파라핀
④ 몰포린지방산염

44 유해 감미료에 속하는 것은?

① 둘신
② D-소르비톨
③ 자일리톨
④ 아스파탐

45 미생물의 발육을 억제하여 식품의 부패나 변질을 방지할 목적으로 사용되는 것은?

① 안식향산나트륨
② 호박산나트륨
③ 글루타민산나트륨
④ 유동파라핀

정답해설

40 - 껌 기초제: 초산비닐수지, 에스테르검
   - 피막제: 초산비닐수지, 몰포린지방산염

41 ① 유화제: 잘 섞이지 않는 두 액체를 분리되지 않게 하는 식품첨가물
   ③ 팽창제: 빵, 과자 등의 식품을 부풀게 하여 조직을 연하게 하는 식품첨가물
   ④ 소포제: 식품제조 시 거품생성을 방지하기 위해 첨가하는 식품첨가물

42 식용산미료에는 식초, 구연산, 빙초산, 사과산, 주석산, 젖산, 초산, 푸마르산 등이 있다.

43 식품제조 시 거품생성을 억제 혹은 방지시키는 식품첨가물은 소포제로, 소포제의 종류에는 규소수지가 있다.

44 유해 감미료의 종류로는 둘신, 사이클라메이트, 페릴라틴 등이 있다.

45 식품의 부패 및 변질을 방지하는 식품첨가물의 종류로는 안식향산나트륨, 데히드로초산, 소르빈산, 프로피온산 등이 있다.

| 정답 | 40 ① | 41 ② | 42 ① | 43 ① | 44 ① | 45 ① |

SECTION 03 작업장 위생관리

01 주방위생 위해요소

1 주방위생 및 조리기구의 관리

① 조리장의 출입구에 신발소독 시설 구비하기
② 손소독기 구비하기
③ 음식물과 음식물 찌꺼기 방치하지 않기
④ 조리장 내부 및 시설은 1일 1회 이상 청소해서 청결 유지하기
⑤ 환기 자주 시키기
⑥ 칼, 도마, 조리도구, 행주 등은 수시로 세척 및 소독하기

2 조리기구의 위생관리

칼	• 사용할 때마다 깨끗이 세척한 후 건조시켜 보관한다. • 조리 도중에 칼을 갈지 않는다. • 재료에 따라 사용되는 칼을 구분하여 사용한다.(육류, 어패류, 채소류 등) • 1일 1회 이상 소독제를 사용해 소독 및 세척한다.
도마	• 사용 후 세제로 씻어 살균 및 소독하여 보관한다.(살균기를 사용하면 좋음) • 1일 1회 이상 소독제로 세척 후, 살균하여 일광에서 건조시킨다.(염소소독, 열탕소독, 자외선소독, 일광소독) • 육류용, 어패류용, 채소용으로 구분하여 사용한다.
식기	• 식기의 세제는 중성세제를 사용한다. • 세척 후 오염을 막기 위해 지정된 장소에 보관한다. • 1일 1회 이상 세제로 씻은 후 충분히 건조시켜서 사용한다.
행주	• 교차오염 방지를 위해 행주를 넉넉히 준비하여 사용한다. • 1일 1회 이상 100°C 이상에서 삶거나 염소소독 후, 일광에 건조시켜 사용한다.(열탕소독, 염소소독, 자외선소독, 일광소독) • 마른 행주와 젖은 행주를 구분하여 사용한다.

02 HACCP(식품안전관리인증기준)

1 HACCP의 정의 ★★★

위해요소 분석(Hazard Analysis)과 중요관리점(Critical Control Point)의 영문약자로, 식품안전관리인증의 기준을 지칭한다. 식품의 원재료, 제조, 가공, 보존, 유통, 조리 단계의 모든 과정에서 위해요소를 규명한 기준이다. 또한 위해물질이 식품에 혼입되거나 오염되는 것을 사전에 방지하기 위해 중요관리점을 결정하여 식품의 안정성을 확보하기 위한 과학적인 위생관리기준이다.

2 HACCP 준비단계 5절차

절차 1	HACCP 팀 구성
절차 2	제품설명서 작성
절차 3	제품의 용도 확인
절차 4	공정 흐름도 작성
절차 5	공정 흐름도 현장 확인

3 HACCP 기본단계 7원칙 ★★★

원칙 1(절차 6)	식품의 위해요소 분석
원칙 2(절차 7)	중요관리점(CCP) 결정
원칙 3(절차 8)	중요관리점에 대한 한계기준 설정
원칙 4(절차 9)	중요관리점 모니터링 체계 확립
원칙 5(절차 10)	개선 조치 방법 수립
원칙 6(절차 11)	검증 절차 및 방법 수립
원칙 7(절차 12)	기록의 보관유지 방법 및 문서화 절차 확립

4 HACCP 대상 식품 13종(「식품위생법 시행규칙」 제62조)

① 수산가공식품류의 어육가공품류 중 어묵 및 어육소시지
② 기타수산물가공품 중 냉동 어류·연체류·조미가공품
③ 냉동식품 중 피자류·만두류·면류
④ 과자류, 빵류 또는 떡류 중 과자·캔디류·빵류·떡류
⑤ 빙과류 중 빙과
⑥ 음료류(다류 및 커피류는 제외)
⑦ 레토르트식품
⑧ 절임류 또는 조림류의 김치류 중 김치
⑨ 코코아가공품 또는 초콜릿류 중 초콜릿
⑩ 면류 중 유탕면 또는 곡분, 전분, 전분질 원료 등을 주원료로 반죽하여 손이나 기계 따위로 면을 뽑아내거나 자른 국수로서 생면·숙면·건면
⑪ 특수용도식품
⑫ 즉석섭취·편의식품류 중 즉석섭취식품(즉석섭취·편의식품류 중 순대 포함)
⑬ 식품제조·가공업의 영업소 중 전년도 총 매출액이 100억 원 이상인 영업소에서 제조·가공하는 식품

5 HACCP의 필요성

① 미생물과 화학물질 등의 제어에 대한 중요성이 대두되고 있으며, 국제기구(CODEX, WHO)에서도 HACCP 적용을 권장하고 있다.
② 환경오염에 의한 원료의 오염이 늘어나고 있다.
③ 새로운 유해 미생물이 출현하였다.
④ 국제화 기준에 대응한 식품의 안전대책 및 사후관리의 중요성이 강화되고 있다.
⑤ 안전한 식품의 공급처가 필요하다.

6 HACCP 도입의 효과

식품업체 측면	소비자 측면
• 체계적인 위생관리 체계의 구축 • 위생적이고 안전한 식품의 제조 • 위생관리 집중화 및 효율성 도모 • 경제적 이익 도모 • 회사의 이미지 제고와 신뢰성 향상	• 안전한 식품을 소비자에게 제공 • 식품 선택의 기회 제공

03 작업장 교차오염 발생요소

1 교차오염의 정의

오염되지 않은 식재료나 음식에 오염된 식재료, 기구, 종사자로 인해 미생물이 혼입되어 오염되는 것

2 교차오염 발생원인

① 비위생적인 손에 의한 발생(작업 후 손을 씻지 않거나 맨손으로 식품을 취급할 경우)
② 칼, 도마의 무분별한 사용에 의한 발생(용도별로 구분하여 사용하지 않을 경우)

3 교차오염 예방법 ★★★

① 작업구역을 구분(일반구역, 청결작업구역)하여 전처리, 조리, 기구세척 등을 구역별로 이행한다.
 - 일반구역: 검수구역, 전처리구역, 식재료 저장구역, 세정구역
 - 청결작업구역: 조리구역, 배선구역, 식기보관구역
② 칼, 도마, 앞치마, 장갑 등의 기구나 용기는 용도별로 구분하여 사용한다.
③ 주기적으로 손을 세척하고 소독한다.(위생용품 세척 및 소독)
④ 식품과 식재료를 분리해서 보관한다.
⑤ 식품 취급 등의 작업은 바닥으로부터 60cm 이상 떨어진 상태에서 오염된 물이 튀지 않도록 실시한다.

SECTION 03 단원문제 | 작업장 위생관리

01 식품의 위생적인 준비를 위한 조리장의 관리 방법으로 부적합한 것은?

① 조리장의 위생해충은 약제를 1회만 사용하면 영구적으로 박멸된다.
② 조리장에 음식물과 음식물 찌꺼기를 함부로 방치하지 않는다.
③ 조리장의 출입구에 신발을 소독할 수 있는 시설을 갖춘다.
④ 조리사의 손을 소독할 수 있도록 손소독기를 갖춘다.

02 조리기구의 위생관리 방법으로 잘못된 것은?

① 식품절단기는 위험하므로 분해하지 않고 세척한다.
② 칼은 사용 후 흐르는 물로 깨끗하게 세척하고 건조시켜 보관한다.
③ 식기는 중성세제로 세척한다.
④ 행주는 마른 행주와 젖은 행주를 구분하여 사용한다.

03 살균소독제를 사용하여 조리기구를 소독한 후 처리 방법으로 옳은 것은?

① 마른 타월을 사용하여 닦아낸다.
② 자연 건조시킨다.
③ 표면의 수분이 완전히 마르지 않게 한다.
④ 최종 세척 시 음용수로 헹구지 않고 세제를 탄 물로 헹군다.

04 다음의 정의에 해당하는 것은?

> 식품의 원료 관리, 제조·조리·유통의 모든 과정에서 위해한 물질이 식품에 섞이거나 식품이 오염되는 것을 방지하기 위하여 각 과정을 중점적으로 관리하는 기준

① 식품안전관리인증기준(HACCP)
② 식품 Recall 제도
③ 식품 CODEX 기준
④ ISO 인증제도

05 HACCP의 기본단계 7원칙에 해당되지 않는 것은?

① 위해요소 분석
② 중요관리점(CCP) 결정
③ 개선조치 방법 수립
④ 회수명령의 기준 설정

정답해설

01 위생해충은 영구적 박멸이 어려우므로 정기적으로 약제를 사용하여 구제해야 한다.
03 살균소독제로 소독한 조리기구는 바람이 잘 통하고 햇볕이 드는 곳에서 건조시킨 후 사용한다.
05 회수명령의 기준 설정은 7원칙에 해당되지 않는다.

|정답| 01 ① 02 ① 03 ② 04 ① 05 ④

06 HACCP의 기본단계 7원칙 중 4단계에 해당되는 것은?
① 모니터링 방법의 설정
② 중요관리점 확인
③ 위해분석
④ 기록유지 설정

07 HACCP의 의무적용 대상식품에 해당하지 않는 것은?
① 빙과류　　② 비가열음료
③ 껌류　　　④ 레트로트식품

08 교차오염을 예방하는 방법으로 올바르지 않은 것은?
① 도마는 용도별로 색을 구분하여 사용한다.
② 식품을 손질하기 전 반드시 손을 씻는다.
③ 날 음식과 익은 음식을 분리하여 보관한다.
④ 해동하는 육류는 빠른 해동을 위해 냉장고 중간칸에 보관한다.

09 교차오염이 발생하는 경우가 아닌 것은?
① 흙이 묻은 식재료를 손질한 후 흐르는 물로만 세척하고 조리한 경우
② 식품을 조리하다 식품에 기침을 한 경우
③ 도마를 색으로 구분하여 사용한 경우
④ 화장실에 안전화를 신고 다녀온 후 식품을 취급한 경우

10 주방의 청결작업구역이 아닌 것은?
① 전처리구역
② 조리구역
③ 배선구역
④ 식기보관구역

정답해설

06 HACCP의 7가지 원칙
- 원칙 1: 식품의 위해요소 분석
- 원칙 2: 중점관리점(CCP) 결정
- 원칙 3: 중요관리점에 대한 한계기준 설정
- 원칙 4: 중요관리점 모니터링 체계 확립
- 원칙 5: 개선조치 방법 수립
- 원칙 6: 검증절차 설정 및 방법 수립
- 원칙 7: 기록의 보관유지 방법 및 문서화 절차 확립

07 껌류는 HACCP 대상식품에 포함되지 않는다.

08 해동하는 육류는 핏물이 떨어질 수 있으며, 다른 식품의 오염을 방지하기 위해 맨 아래 칸에서 해동 및 보관한다.

09 도마는 육류, 어패류, 채소류 등 색으로 구분하여 사용한다.

10 청결작업구역은 조리구역, 배선구역, 식기보관구역으로 구분한다.

| 정답 | 06 ① | 07 ③ | 08 ④ | 09 ③ | 10 ① |

SECTION 04 식중독 관리

01 식중독의 정의 및 신고

1 식중독의 정의

음식물에 함유된 유독·유해한 물질 또는 병원미생물을 섭취하여 급성위장염 증상을 발생시키는 증후군으로, 원인에 따라 세균성, 자연독, 화학적, 곰팡이, 노로바이러스 식중독으로 나뉜다.(더운 여름철인 6~9월에 많이 발생함)

2 식중독 발생 시 신고(「식품위생법」 제86조)

① 신고 절차: 24시간 내 즉시 신고

집단급식소·의사 → 시장·군수·구청장 → 식품의약품안전처장, 시·도지사

② 발생보고 절차

보건소(감염부서) → 시·군·구(위생부서) → 시·도, 식품의약품안전처

02 세균성 식중독

1 감염형 세균성 식중독

① 살모넬라 식중독

원인균	살모넬라균, 그람음성간균
원인 식품	육류·난류·어패류 및 그 가공품, 유제품, 채소 등
감염원	쥐, 바퀴벌레, 파리, 닭, 오리 등의 가축
잠복기	12~24시간(평균 18시간)
증상	38~40°C의 급격한 발열을 동반한 급성위장염, 구토, 설사
예방 대책	방충, 방서, 가열 조리 후 섭취(60°C 이상에서 30분 이상)

② 장염비브리오 식중독

원인균	비브리오균, 호염성균(3~4%의 식염 농도에서도 생존)
원인 식품	어패류·해조류 및 그 가공품
감염원	어패류의 생식, 오염된 조리기구를 통한 2차감염
잠복기	10~18시간(평균 12시간)
증상	급성위장염, 복통, 구토, 설사
예방 대책	여름철 어패류의 생식금지, 가열 후 음식 섭취(60°C에서 5분간 처리 시 사멸)

③ 병원성대장균 식중독

원인균	병원성대장균
원인 식품	우유, 햄, 마요네즈, 채소(샐러드) 등
감염원	환자 및 보균자의 분변, 흙과 물속에 존재
잠복기	10~30시간(평균 13시간)
증상	두통, 복통, 구토, 설사(혈변), 급성대장염
예방 대책	가열 조리 후 섭취, 분변의 오염 방지

합격 팁

병원성대장균의 대표균은 O157이다.

④ 클로스트리디움 퍼프리젠스 식중독(웰치균 식중독)

원인균	웰치균(원인균은 A형), 편성혐기성균
원인 식품	단백질성 식품, 육류·어패류 및 그 가공품
감염원	사람·동물의 분변, 식품의 오염 증식
잠복기	8~22시간(평균 12시간)
증상	설사, 구토, 복통, 발열
예방 대책	분변의 오염 방지, 조리 후 저온·냉동 보관

합격 팁

웰치균은 A, B, C, D, E, F 유형으로 나뉜다. A, C는 감염형이며 B, D, E, F는 독소형이다.

2 독소형 세균성 식중독

① (황색)포도상구균 식중독

원인균	(황색)포도상구균
원인 독소	엔테로톡신(장독소)
원인 식품	유가공품(우유, 버터, 치즈, 크림), 전분질식품(김밥, 떡, 도시락, 빵)
잠복기	1~6시간(평균 3시간, 잠복기가 가장 짧음)
증상	구토, 설사, 복통 및 급성위장염
감염 경로	화농성 질환자의 식품취급
예방 대책	화농소가 있는 사람의 식품취급 금지

> **합격 팁**
>
> 엔테로톡신(장독소)은 열에 강해서 100℃로 장시간 가열해도 파괴되지 않는다. 그러므로 균이 발생하는 것을 사전에 예방하는 것이 중요하다.

② 클로스트리디움 보툴리눔 식중독

원인균	보툴리누스균(A, B, E형이 원인균)
원인 독소	뉴로톡신(신경독소)
원인 식품	살균이 불충분한 통조림, 병조림, 부패된 햄, 소시지
잠복기	12~36시간(잠복기가 가장 길다)
증상	신경마비(사시, 동공확대, 운동장애, 언어장애)
감염 경로	세균이 분비하는 신경독소(뉴로톡신)에 의해 발생
예방 대책	통조림, 햄 등의 위생적 가공(멸균처리), 100℃ 이상 가열 조리 후 섭취

> **합격 팁**
>
> 뉴로톡신(신경독소)은 열에 약해서 가열하면 파괴된다.

03 자연독 식중독 ★★★

구분	식품	원인 독소 및 특징
동물성 식중독	복어	• 테트로도톡신: 열에 의해 파괴되지 않으며 치사율이 높다. • 독소량 순서: 난소 > 간 > 피부 > 내장
	모시조개, 바지락, 굴	베네루핀: 열에 의해 파괴되지 않는다.
	섭조개(홍합), 대합	삭시톡신: 열에 의해 파괴되지 않는다.
	소라, 고동	테트라민
식물성 식중독	독버섯	무스카린, 뉴린, 콜린, 아마니타톡신, 무스카리딘
	감자	• 솔라닌: 감자의 발아 부위(녹색) • 셉신: 감자의 썩은 부위
	청매(덜 익은 매실), 살구씨, 복숭아씨	아미그달린
	독미나리	시큐톡신
	피마자	리신
	목화	고시폴
	독보리(독맥)	테무린
	대두	사포닌
	미치광이풀	아트로핀
	시금치	수산(옥살산)

04 화학적 식중독

1 중금속 유해물질에 의한 식중독

유해물질	중독 경로 및 증상
카드뮴(Cd)	• 공장폐수에 오염된 어패류 및 농작물의 섭취 • 이타이이타이병(골연화증, 골다공증)
수은(Hg)	• 공장폐수에 오염된 어패류, 농약, 보존료 등으로 처리된 식품의 섭취 • 미나마타병(지각이상, 언어장애, 전신경련)

납(Pb)	• 유약을 바른 도자기, 통조림의 땜납, 인쇄 • 구토, 복통, 설사, 빈혈	
주석(Sn)	• 주석도금한 통조림 • 구토, 설사, 복통	
크롬(Cr)	• 화학공장폐기물, 작업장의 분진 • 비중격천공, 비점막궤양, 비염	
비소(As)	• 농약, 유약을 바른 도자기 • 피부 이상(흑피증), 설사, 구토, 위장장애	

2 농약에 의한 식중독

유기인제	• 파라티온, 말라티온, 다이아지논 등의 농약 • 신경독 증상, 혈압상승, 근력감퇴
유기염소제	• BHC, DDT 등의 농약 • 복통, 설사, 구토, 두통, 시력감퇴, 신경계 이상
비소화합물	• 비산칼슘 등의 농약 • 식도의 수축, 위통, 설사, 구토, 소변량 감소, 흑피증

3 알레르기성 식중독

원인균	모르가넬라 모르가니, 프로테우스 모르가니
원인 독소	히스타민(아민류)
원인 식품	꽁치, 고등어 등 붉은살 생선 및 그 가공품
증상	두드러기, 염증
예방 대책	항히스타민제 투여

4 메탄올(메틸알코올) 식중독 ★★★

① 생성 원인: 공업용제로 사용되는 유기용매로, 주류의 발효 시 펙틴으로부터 생성된다.
② 증상
  - 10~15mL 섭취 시: 두통, 구토, 복통, 설사, 시신경염증(실명)
  - 30~100mL 섭취 시: 호흡곤란, 마비, 심하면 사망

5 유해첨가물에 의한 식중독 ★★★

유해 감미료	둘신(설탕의 250배, 혈액독 유발), 사이클라메이트(설탕의 50배, 발암물질), 페릴라틴(설탕의 2,000배)
유해 착색제	아우라민(단무지), 로다민B(케첩, 어묵, 붉은생강)
유해 보존제	포름알데히드, 붕산(체내 축적), 불소화합물, 승홍
유해 표백제	롱가릿, 형광표백제

05 곰팡이 독소(마이코톡신) ★★★

구분	종류	특징 및 증상
아플라톡신 (곡류, 견과류 등)	아플라톡신(간장독)	• 아스퍼질러스 플라버스 곰팡이가 식품에 증식하여 생성된다. • 간암 유발
맥각독 (보리, 호밀)	에르고톡신(신경독)	• 맥간균이 보리나 호밀에 번식하여 생성된다. • 구토, 복통, 설사
황변미독 (저장미)	• 시트리닌(신장독) • 시트레오비리딘(신경독)	• 페니실리움 속 푸른곰팡이가 저장미에 증식하여 생성된다.(쌀이 누렇게 변함) • 신경마비, 호흡장애

06 노로바이러스 식중독

감염 경로	경구감염	오염된 물로 재배된 채소 등, 오염식수
	접촉감염	감염환자 가검물의 비위생적 처리, 조리도구의 오염
	비말감염	기침, 재채기, 대화를 통해 감염
특징	미량으로도 발병하며, 별도의 치료법 없이 자연치유된다.	
증상	24~48시간 내에 구토, 설사, 복통 유발	
예방 대책	손 씻기, 가열 후 음식 섭취(85°C에서 1분 이상 가열)	

SECTION 04 단원문제 — 식중독 관리

01 식중독 발생 시 가장 먼저 취해야 할 행정적 조치는 무엇인가?
① 식중독 발생 신고
② 원인 식품의 폐기
③ 소독
④ 역학조사

02 식중독 사고가 가장 많이 발생되는 계절은?
① 봄
② 여름
③ 가을
④ 겨울

03 집단 식중독 발생 시 처치사항으로 잘못된 것은?
① 원인식을 조사한다.
② 구토물 등은 원인균 검출에 필요하므로 버리지 않는다.
③ 해당기관에 즉시 신고한다.
④ 소화제를 복용시킨다.

04 호염성 세균이 원인균으로 작용하는 식중독은?
① 장염비브리오 식중독
② 병원성 대장균 식중독
③ 살모넬라 식중독
④ 포도상구균 식중독

05 감염형 세균성 식중독의 원인균이 아닌 것은?
① 살모넬라균
② 장염비브리오균
③ 병원성 대장균
④ 포도상구균

06 세균성 식중독의 가장 대표적인 증상은?
① 요통
② 두통
③ 시력장애
④ 급성위장염

정답해설

01 식중독 발생 시 신고를 먼저 하는 것이 가장 중요하다.
02 습하고 더운 날씨에 곰팡이 및 바이러스 등의 미생물 증식이 많아진다.
03 소화제 등을 복용하면 역학조사가 어려울 수 있으므로 복용하지 않는다.
04 호염성균은 3~4% 식염농도에서도 생존하므로, 어패류 등의 섭취로 감염 시 장염비브리오 식중독이 발생한다.
05 포도상구균은 독소형 세균성 식중독의 원인균이다.
06 세균성 식중독의 대표적인 증상은 급성위장염이다.

| 정답 | 01 ① | 02 ② | 03 ④ | 04 ① | 05 ④ | 06 ④ |

07 감염형 세균성 식중독에 해당하는 것은?
① 살모넬라 식중독
② 수은 식중독
③ 보툴리눔 식중독
④ 아플라톡신 식중독

08 독소형 식중독으로 짝지어진 것은?
① 살모넬라, 장염비브리오
② 리스테리아, 복어독
③ 황색포도상구균, 보툴리눔
④ 맥각독, 콜리균

09 식품접객업소의 조리 판매 등에 대한 기준 및 규격에 의한 조리용 칼, 도마, 식기류의 미생물 규격은? (단, 사용 중의 것은 제외)
① 살모넬라 음성, 대장균 양성
② 살모넬라 음성, 대장균 음성
③ 황색포도상구균 양성, 대장균 음성
④ 황색포도상구균 음성, 대장균 양성

10 다음 중 살모넬라에 오염되기 쉬운 대표적인 식품은?
① 과실류
② 해초류
③ 난류
④ 통조림

11 웰치균(클로스트리디움 퍼프리젠스)에 대한 설명으로 옳은 것은?
① 아포는 60℃에서 10분 가열하면 사멸한다.
② 혐기성 균주이다.
③ 냉장온도에서 잘 발육한다.
④ 당질식품에서 주로 발생한다.

12 다음 세균성 식중독 중 독소형 식중독은?
① 살모넬라 식중독
② 장염비브리오 식중독
③ 알레르기성 식중독
④ 포도상구균 식중독

정답해설

07 - 수은 식중독: 화학적 식중독
 - 보툴리눔 식중독: 독소형 세균성 식중독
 - 아플라톡신 식중독: 곰팡이 독소

08, 12 독소형 식중독은 세균이 생성한 독소가 식품을 오염시킴으로써 발생하는 식중독으로, 포도상구균 · 클로스트리디움 보툴리눔 식중독이 있다.

09 미생물 규격은 살모넬라와 대장균 모두 음성이어야 한다.

10 살모넬라의 대표 원인식품에는 난류, 어패류, 육류, 우유 등이 있다.

11 웰치균은 가열 시 잘 사멸되지 않으며 냉장온도에서 발육하지 못한다. 주로 육류, 어패류와 그 가공품에서 발생하는 편성혐기성균이다.

| 정답 | 07 ① | 08 ③ | 09 ② | 10 ③ | 11 ② | 12 ④ |

13 다음 중 잠복기가 가장 짧은 식중독은?

① 포도상구균 식중독
② 살모넬라균 식중독
③ 장염비브리오 식중독
④ 장구균 식중독

14 세균의 장독소에 의해 유발되는 식중독은?

① 포도상구균 식중독
② 살모넬라 식중독
③ 복어 식중독
④ 장염비브리오 식중독

15 일반 가열 조리법으로 예방하기 가장 어려운 식중독은?

① 살모넬라
② 웰치균
③ 포도상구균
④ 병원성 대장균

16 햄이나 소시지 등의 진공포장된 식품이 주된 원인식품이며, 시력저하·운동장애·언어장애 등의 신경증상을 일으키는 식중독은?

① 포도상구균
② 클로스트리디움 보툴리눔
③ 살모넬라
④ 장염비브리오

17 밀폐된 포장식품 중에서 식중독이 발생했다면 주로 어떤 균에 의해서인가?

① 살모넬라균
② 대장균
③ 아리조나균
④ 클로스트리디움 보툴리눔

18 식중독에 관한 설명으로 틀린 것은?

① 자연독이나 유해물질이 함유된 음식물을 섭취함으로써 생긴다.
② 발열, 구역질, 구토, 설사, 복통 등의 증세가 나타난다.
③ 세균, 곰팡이, 화학물질 등이 원인물질이다.
④ 대표적인 식중독은 콜레라, 세균성이질, 장티푸스 등이 있다.

> **정답해설**
>
> **13** ① 포도상구균 평균 3시간
>   ② 살모넬라균 10~24시간
>   ③ 장염비브리오 8~24시간
>   ④ 장구균 12~24시간
> **14** 포도상구균은 장독소(엔테로톡신)에 의해 발생된다.
> **15** 포도상구균의 장독소인 엔토로톡신은 100℃에서 장시간 가열해도 파괴되지 않는다.
> **16** 클로스트리디움 보툴리눔 식중독은 뉴로톡신(신경독소)에 의해 발생한다. 시력저하·운동장애·언어장애 등의 신경장애를 일으키며, 원인식품으로는 살균이 불충분한 통조림·햄·소시지 등이다.
> **17** 클로스트리디움 보툴리눔 식중독은 주로 진공포장된 햄이나 소시지 등에서 발생된다.
> **18** 콜레라, 세균성이질, 장티푸스는 경구감염병(소화기계 감염병)으로 식중독과는 무관한 전염병이다.
>
> |정답| 13 ① 14 ① 15 ③ 16 ② 17 ④ 18 ④

19 경구전염병과 비교하여 세균성 식중독이 가지는 일반적인 특성은?

① 소량의 균으로도 발병한다.
② 잠복기가 짧다.
③ 2차 발병률이 매우 높다.
④ 감염환이 성립한다.

20 복어 중독을 일으키는 독성분은?

① 테트로도톡신
② 솔라닌
③ 베네루핀
④ 무스카린

21 다음 중 복어 중독의 독성분이 가장 많이 들어 있는 부분은?

① 껍질
② 난소
③ 지느러미
④ 근육

22 굴을 먹고 식중독에 걸렸을 때 관계되는 독성물질은?

① 시큐톡신
② 베네루핀
③ 테트라민
④ 테무린

23 섭조개 속에 들어 있으며 특히 신경계통의 마비증상을 일으키는 독성분은?

① 무스카린
② 시큐톡신
③ 베네루핀
④ 삭시톡신

24 식품과 자연독 성분이 잘못 연결된 것은?

① 섭조개 – 삭시톡신
② 바지락 – 베네루핀
③ 피마자 – 리신
④ 청매 – 시구아톡신

정답해설

19 식중독은 다량의 균으로 발생되며 2차 발병률이 없고, 감염환이 성립하지 않는 종말감염이다.

20 – 솔라닌: 감자의 발아 부위(녹색 부위)
　　– 베네루핀: 모시조개, 굴, 바지락
　　– 무스카린: 독버섯

21 복어독 함량: 난소 > 간 > 내장 > 피부

22 – 시큐톡신: 독미나리
　　– 테트라민: 고둥, 소라
　　– 테무린: 독보리

23 – 무스카린: 독버섯
　　– 시큐톡신: 독미나리
　　– 베네루핀: 모시조개, 굴, 바지락

24 청매(매실): 아미그달린

| 정답 | 19 ② | 20 ① | 21 ② | 22 ② | 23 ④ | 24 ④ |

25 은행, 살구씨 등에 함유된 물질로 청산 중독을 유발할 수 있는 것은?
① 리신
② 솔라닌
③ 아미그달린
④ 고시폴

26 감자의 발아 부위와 녹색 부위에 있는 자연독은?
① 에르고톡신
② 무스카린
③ 테트로도톡신
④ 솔라닌

27 주로 부패한 감자에 생성되어 중독을 일으키는 물질은?
① 셉신
② 아미그날린
③ 시큐톡신
④ 솔라닌

28 목화씨로 조제한 면실유를 식용한 후 식중독이 발생했다면 그 원인물질은?
① 솔라닌
② 리신
③ 아미그달린
④ 고시폴

29 미나마타병의 원인이 되는 오염 유형과 물질의 연결이 옳은 것은?
① 수질오염 - 수은
② 수질오염 - 카드뮴
③ 방사능오염 - 구리
④ 방사능오염 - 아연

30 골연화증, 골다공증을 유발하는 유해금속은?
① 카드뮴
② 철
③ 수은
④ 주석

31 다음 중 곰팡이 독소가 아닌 것은?
① 아플라톡신
② 시트리닌
③ 삭시톡신
④ 에르고톡신

32 곰팡이 독소와 독성을 나타내는 곳을 잘못 연결한 것은?
① 오크라톡신 - 간장독
② 아플라톡신 - 신경독
③ 시트리닌 - 신장독
④ 스테리그마토시스틴 - 간장독

정답해설

25 - 리신: 피마자
- 솔라닌: 감자
- 고시폴: 목화씨(면실유)

26 - 에르고톡신: 맥각중독
- 무스카린: 독버섯
- 테트로도톡신: 복어

27 - 아미그날린: 청매(매실)
- 시큐톡신: 섭조개
- 솔라닌: 감자의 발아 부위, 녹색 부위

28 목화씨(면실유)의 독소: 고시폴

29 미나마타병은 수은 중독으로 인해 발생하는 다양한 신경학적 증상을 특징으로 하는 증후군이다. 지각이상 · 언어장애 · 전신경련의 증상이 일어난다.

30 카드뮴 중독에 발생된 이타이이타이병은 골연화증, 골다공증을 유발한다.

31 삭시톡신은 섭조개, 대합 등의 독성분이다.

32 아플라톡신: 간장독

| 정답 | 25 ③ 26 ④ 27 ① 28 ④ 29 ① 30 ① 31 ③ 32 ② |

33 단백질이 탈탄산반응에 의해 생성되어 알레르기성 식중독의 원인이 되는 물질은?

① 암모니아
② 아민류
③ 지방산
④ 알코올류

34 신선도가 저하된 꽁치, 고등어 등의 섭취로 인한 알레르기성 식중독의 원인 성분은?

① 트리메틸아민
② 히스타민
③ 엔테로톡신
④ 시큐톡신

35 황변미 중독은 14~15% 이상의 수분을 함유하는 저장미에서 발생하기 쉬운데 그 원인 미생물은?

① 곰팡이
② 세균
③ 효모
④ 바이러스

36 노로바이러스에 대한 설명으로 틀린 것은?

① 발병 후 자연치유되지 않는다.
② 크기가 매우 작고 구형이다.
③ 급성위장염을 일으키는 식중독 원인체이다.
④ 감염되면 설사, 복통, 구토 등의 증상이 나타난다.

37 노로바이러스 식중독의 예방 및 확산 방지 방법으로 틀린 것은?

① 오염지역에서 채취한 어패류는 85℃에서 1분 이상 가열하여 섭취한다.
② 항바이러스 백신을 접종한다.
③ 오염이 의심되는 지하수의 사용을 자제한다.
④ 가열 조리한 음식물은 맨 손으로 만지지 않도록 한다.

정답해설

33, 34 알레르기성 식중독은 아미노산인 히스티딘이 프로테우스 모르가니의 증식으로 인해 분해되어 생성된 히스타민과 아민류를 섭취하여 발생한다.

35 황변미 중독은 페니실리움 속 푸른곰팡이가 저장미에 번식하여 발생한다.

36 노로바이러스 식중독은 바이러스에 의한 식중독으로 우리나라에서는 특히 겨울철에 많이 발생한다. 대부분 2~3일 정도면 자연치유된다.

37 노로바이러스는 현재까지 특별한 치료법이 없다.

|정답| 33 ② 34 ② 35 ① 36 ① 37 ②

SECTION 05 식품위생법 및 관계법규

01 식품위생법

1 「식품위생법」의 목적(「식품위생법」 제1조) ★★★

① 식품으로 인해 생기는 위생상의 위해를 방지한다.
② 식품영양의 질적 향상을 도모한다.
③ 식품에 관한 올바른 정보를 제공한다.
④ 국민 건강의 보호 및 증진에 이바지한다.

2 용어의 정의(「식품위생법」 제2조)

식품	의약으로 섭취하는 것을 제외한 모든 음식물
식품첨가물	• 식품의 제조 · 가공 · 조리 또는 보전하는 과정(감미 · 착색 · 표백 · 산화방지 등)에서 필요에 의해 첨가하는 물질 • 기구 · 용기 · 포장을 살균 및 소독하는 데 사용되어 간접적으로 식품으로 옮아갈 수 있는 물질을 포함
화학적 합성품	화학적 수단으로 원소 또는 화합물에 분해반응 외의 화학반응을 일으켜서 얻은 물질
기구	식품 또는 식품첨가물에 직접 닿는 기계 · 기구나 그 밖의 물건(농업과 수산업에서 식품을 채취하는 데 쓰는 기계 및 기구 등은 제외)
용기 · 포장	• 식품 또는 식품첨가물을 넣거나 싸는 물품 • 기준과 규격을 정하는 기관: 식품의약품안전처
표시	식품, 식품첨가물, 기구 또는 용기 · 포장에 적는 문자, 숫자 또는 도형
집단급식소	• 영리를 목적으로 하지 않으면서 특정 다수인에게 계속 음식물을 공급하는 급식시설 • 1회 50인 이상에게 식사를 제공하는 급식소(기숙사, 학교, 유치원, 어린이집, 병원, 사회복지시설 등) • 조리한 식품의 매회 1인 분량 보관시간: 144시간 이상
공유주방	식품의 제조 · 가공 · 조리 · 저장 · 소분 · 운반에 필요한 시설 또는 기계 · 기구를 함께 사용할 수 있도록 갖춰진 공간
영업자	영업허가를 받은 자나 영업신고를 한 자 또는 영업등록을 한 자

3 식품 등의 취급(「식품위생법」 제3조)

① 누구든지 판매를 목적으로 식품 또는 식품첨가물을 채취 · 제조 · 가공 · 사용 · 조리 저장 · 소분 · 운반 또는 진열을 할 때에는 깨끗하고 위생적으로 해야 한다.
② 영업에 사용하는 기구 및 용기 · 포장은 깨끗하고 위생적으로 다루어야 한다.
③ 식품, 식품첨가물, 기구 또는 용기 · 포장의 위생적인 취급에 관한 기준은 총리령으로 정한다.

4 병든 동물 고기 등의 판매 등 금지(「식품위생법」 제5조)

누구든지 총리령으로 정하는 질병에 걸렸거나 걸렸을 염려가 있는 동물이나 그 질병에 걸려 죽은 동물의 고기·뼈·젖·장기 또는 혈액을 식품으로 판매하거나, 판매할 목적으로 채취·수입·가공·사용·조리·저장·소분 또는 운반하거나 진열하여서는 아니 된다.

5 총리령으로 정하는 질병의 종류

① 「축산물 위생관리법 시행규칙」에 따라 도축이 금지되는 가축전염병
② 리스테리아병, 살모넬라병, 파스튜렐라병 및 선모충증

6 식품위생감시원의 직무(「식품위생법 시행령」 제17조) ★★★

① 식품 등의 위생적인 취급에 관한 기준의 이행 지도
② 수입·판매 또는 사용 등이 금지된 식품 등의 취급 여부에 관한 단속
③ 표기기준 또는 과대광고 금지 위반 여부에 관한 단속
④ 출입·검사에 필요한 식품 등의 수거
⑤ 시설기준의 적합 여부 확인 검사
⑥ 영업자 및 종업원의 건강진단 및 위생교육의 이행 여부에 관한 확인 및 지도
⑦ 조리사 및 영양사의 법령준수사항 이행 여부의 확인 및 지도
⑧ 행정처분의 이행 여부 확인
⑨ 식품 등의 압류 및 폐기
⑩ 영업소의 폐쇄를 위한 간판 제거 등의 조치
⑪ 그밖에 영업자의 법령이행 여부의 확인 및 지도

7 영업의 종류(「식품위생법 시행령」 제21조)

① 식품제조·가공업
② 즉석판매제조·가공업
③ 식품첨가물 제조업
④ 식품운반업
⑤ 식품소분·판매업
⑥ 식품보존업
⑦ 용기·포장류 제조업
⑧ 식품접객업
⑨ 공유주방 운영업

> **합격 팁**
>
> 소분 판매할 수 있는 식품의 종류 벌꿀, 빵가루 등

8 식품 등의 공전(「식품위생법」 제14조)

식품의약품안전처장은 다음의 기준을 실은 식품의 공전을 작성·보급하여야 한다.
① 식품 또는 식품첨가물의 기준과 규격
② 기구 및 용기·포장의 기준과 규격

> **합격 팁**
>
> **식품공전상 온도** 표준온도 20℃, 상온 15~25℃, 실온 1~35℃, 미온 30~40℃

9 식품접객업의 종류(「식품위생법 시행령」 제21조)

휴게음식점영업	차, 아이스크림류 등을 조리·판매하거나, 패스트푸드와 분식점 형태로 음주행위는 허용되지 아니하는 영업
일반음식점영업	음식류를 조리·판매하는 영업으로, 식사와 함께 부수적으로 음주행위가 허용되는 영업
단란주점영업	주로 주류를 조리·판매하는 영업으로, 손님이 노래를 부르는 행위가 허용되는 영업
유흥주점영업	주로 주류를 조리·판매하는 영업으로, 유흥종사자를 두거나 유흥시설을 설치할 수 있고 손님이 노래를 부르거나 춤을 추는 행위가 허용되는 영업
위탁급식영업	집단급식소를 설치·운영하는 자와의 계약에 따라 그 집단급식소에서 음식류를 조리하여 제공하는 영업
제과점영업	주로 빵, 떡, 과자 등을 제조·판매하는 영업으로, 음주행위가 허용되지 아니하는 영업

10 영업허가 등(「식품위생법」 제37조)

(1) 영업허가 업종(「식품위생법 시행령」 제23조)

업종	허가 관청
식품조사처리업	식품의약품안전처장
단란주점영업, 유흥주점영업	특별자치시장, 특별자치도지사 또는 시장·군수·구청장

(2) 영업신고 업종(「식품위생법 시행령」 제25조)

특별자치시장, 특별자치도지사 또는 시장·군수·구청장에게 신고해야 하는 업종
① 즉석판매제조·가공업
② 식품운반업
③ 식품소분·판매업
④ 식품냉동·냉장업
⑤ 용기·포장류제조업
⑥ 휴게음식점영업, 일반음식점영업, 위탁급식영업, 제과점영업

(3) 영업신고를 하지 않아도 되는 업종(「식품위생법 시행령」 제25조)
① 양곡가공업 중 도정업을 하는 경우
② 수산물가공업의 신고를 하고 해당 영업을 하는 경우
③ 축산물가공업의 허가를 받아 해당 영업을 하거나, 식육즉석판매가공업 신고를 하고 해당 영업을 하는 경우
④ 건강기능식품제조업 및 건강기능식품판매업의 영업허가를 받거나, 영업신고를 하고 해당 영업을 하는 경우
⑤ 식품첨가물이나 다른 원료를 사용하지 아니하고 농산물·임산물·수산물을 단순히 자르거나, 껍질을 벗기거나, 말리거나, 소금에 절이거나, 숙성하거나, 가열하는 등의 가공과정 중 위생상 위해가 발생할 우려가 없고 식품의 상태를 관능검사로 확인할 수 있도록 가공하는 경우

11 위생등급(「식품위생법」 제47조, 시행규칙 제61조)

특별자치시장·특별자치도지사 또는 시장·군수·구청장은 총리령으로 정하는 위생등급 기준에 따라 위생관리 상태 등이 우수한 식품 등의 제조·가공업소, 식품접객업소 또는 집단급식소를 우수업소 또는 모범업소로 지정할 수 있다.

우수업소의 지정 권한	특별자치시장·특별자치도지사 또는 시장·군수·구청장
모범업소의 지정 권한	특별자치시장·특별자치도지사 또는 시장·군수·구청장

12 건강진단(「식품위생법」 제40조) ★★★

동일한 건강진단을 받은 경우 법에 따라 건강진단을 받은 것으로 본다.

건강진단의 의무화	「식품위생법」 제40조 식품영업자 및 종사자 모두 매년 1회 이상 건강검진을 받아야 한다.
식품영업에 종사하면 안 되거나, 일을 하면 안 되는 경우	콜레라, 장티푸스, 파라티푸스, 세균성이질, 출혈성대장균, A형간염에 걸린 경우 등
	결핵을 확진받은 자(비감염성인 경우는 제외)
	피부병 또는 고름성(화농성) 질환자
	후천성면역결핍증 환자(「감염병 예방 및 관리 법률」에 의해 성매개감염병에 관한 건강진단을 받아야 하는 영업에 종사하는 자에 해당)
	음식물을 통해 전염 가능한 병원균 보균자
	설사, 구토 등의 증상이 있는 경우

13 식품위생교육(「식품위생법」 제41조, 시행규칙 제52조)

영업자 및 유흥종사자를 둘 수 있는 식품접객업 영업자의 종업원은 매년 1회 정기적으로 식품위생에 관한 교육을 받아야 한다.

구분	교육시간
식품제조 · 가공업, 즉석판매제조 · 가공업, 식품첨가물제조업	8시간
식품운반업, 식품소분 · 판매업, 식품보존업, 용기 · 포장류제조업	4시간
식품접객업, 집단급식소를 설치 · 운영하려는 자	6시간

> **합격 팁**
>
> **교육시간 3시간** 영업자(식용얼음판매업자와 식품자동판매기영업자는 제외), 집단급식소의 종업원
> **교육시간 2시간** 유흥주점의 유흥종사자

14 조리사 및 영양사

(1) 조리사를 꼭 두어야 하는 업종(「식품위생법」 제51조, 시행령 제36조) ★★★

① 집단급식소
② 복어를 조리 · 판매하는 영업을 하는 식품접객업

> **합격 팁**
>
> **복어조리사** 자격증을 반드시 취득해야 함

(2) 영양사를 꼭 두어야 하는 업종(「식품위생법」 제52조)

집단급식소

(3) 집단급식소에 근무하는 영양사의 수행직무(「식품위생법」 제52조 제2항)

① 집단급식소의 식단 작성, 검식 및 배식 관리
② 구매식품의 검수 및 관리
③ 급식시설의 위생적 관리
④ 집단급식소의 운영일지 작성
⑤ 종업원에 대한 영양 지도 및 식품위생 교육

(4) 조리사의 결격사유(「식품위생법」 제54조) ★★★

① 정신질환자(단, 전문의가 조리사로서 적합하다고 인정하는 자는 허용)
② 감염병환자(단, B형간염환자는 제외)
③ 마약이나 약물 중독자
④ 조리사 면허의 취소 처분을 받고 취소된 날로부터 1년이 지나지 않은 자

(5) 조리사 면허증의 재발급 등

① 조리사는 면허증을 잃어버렸거나 헐어서 못 쓰게 된 경우, 조리사 면허증 발급 및 재발급 신청서를 특별자치시장 · 특별자치도지사 · 시장 · 군수 · 구청장에게 제출해야 한다.
② 조리사는 면허증의 기재사항에 변경이 있는 경우, 조리사 면허증 기재사항 변경신청서에 면허증과 그 변경을 증명하는 서류를 첨부하여 특별자치시장 · 특별자치도지사 · 시장 · 군수 · 구청장에게 제출해야 한다.

(6) 조리사 면허증의 반납
조리사는 그 면허의 취소처분을 받은 경우, 지체 없이 면허증을 특별자치시장·특별자치도지사·시장·군수·구청장에게 반납해야 한다.

(7) 조리사교육
식품의약품안전처장은 식품위생 수준 및 자질의 향상을 위하여 필요한 경우 조리사와 영양사에게 교육받을 것을 명할 수 있다. 다만, 집단급식소에 종사하는 조리사와 영양사는 1년마다 교육을 받아야 한다.

15 조리사의 행정처분(「식품위생법 시행규칙」 별표 23) ★★★

위반사항	행정처분		
	1차 위반	2차 위반	3차 위반
법 제54조에 따라 조리사의 결격사유에 해당되는 경우	면허취소	-	-
법 제56조에 따라 교육을 받지 않은 경우	시정명령	업무정지 15일	업무정지 1개월
식중독 등 위생과 관련한 중대한 사고발생의 책임이 있는 경우	업무정지 1개월	업무정지 2개월	면허취소
면허를 타인에게 대여한 경우	업무정지 2개월	업무정지 3개월	면허취소
업무정지 기간 중에 조리사의 업무를 하는 경우	면허취소	-	-

02 농수산물의 원산지 표시 등에 관한 법률(원산지표시법)

1 용어의 정의(「농수산물의 원산지 표시 등에 관한 법률」 제2조)

농산물	농작물의 재배 등 각종 농업활동으로 생산되는 산물
수산물	수산동식물을 포획, 채취하는 등 수산업 활동으로 생산되는 산물
농수산물	농산물과 수산물
원산지	농산물이나 수산물이 생산·채취·포획된 국가 또는 지역이나 해역

2 원산지 표시대상(「농수산물의 원산지 표시 등에 관한 법률 시행령」 제3조)

① 휴게음식점영업
② 일반음식점영업
③ 위탁급식영업 또는 집단급식소
④ 농산물이나 그 가공품을 조리하여 판매·제공하는 경우(통신 및 배달판매 포함)
⑤ 판매·제공할 목적으로 보관 진열하는 경우

3 원산지 표시 식품

농축산물 (9개 품목)	① 소고기 ② 돼지고기 ③ 닭고기 ④ 오리고기 ⑤ 양고기 ⑥ 염소고기(유산양 포함) ⑦ 배추김치(원료인 배추와 고춧가루 포함) ⑧ 쌀(밥, 죽, 누룽지) ⑨ 콩(두부류, 콩국수, 콩비지)
수산물 (20개 품목)	① 넙치 ② 조피볼락 ③ 참돔 ④ 미꾸라지 ⑤ 뱀장어 ⑥ 낙지 ⑦ 명태(황태, 북어 등 건조한 것은 제외) ⑧ 고등어 ⑨ 갈치 ⑩ 오징어 ⑪ 꽃게 ⑫ 참조기 ⑬ 다랑어 ⑭ 아귀 ⑮ 쭈꾸미 ⑯ 가리비 ⑰ 방어 ⑱ 부세 ⑲ 전복 ⑳ 멍게 이외 수족관 속 살아 있는 모든 수산물

4 원산지 표시의 일반원칙

① 원산지: 국가명, 국가명 산 또는 국가명 제(국산, 국내산, 중국제 등)
② Made in 국가명 또는 Product of 국가명
③ Made by 물품 제조자의 회사명, 주소, 국가명
④ Country of Origin 국가명
⑤ 원산지 표시를 거짓으로 하거나 이를 혼동하게 할 우려가 있는 표시를 하지 않는다.
⑥ 원산지 표시를 혼동하게 할 목적으로 그 표시를 손상 또는 변경하는 행위를 금한다.
⑦ 원산지를 위장하여 판매하거나, 원산지 표시를 한 농산물에 다른 농산물이나 가공품을 혼합하여 판매하거나 판매할 목적으로 보관이나 진열하는 행위를 금한다.

5 원산지 표시 대상별 표시방법(「농수산물의 원산지 표시 등에 관한 법률 시행규칙」 별표 1)

소고기	• 국산의 경우 '국산'이나 '국내산'으로 표시한다. • 한우, 젖소, 육우로 구분하여 표시한다. • 수입한 소를 국내에서 6개월 이상 사육 후 유통하는 경우 '국산'으로 표시하되, 괄호 안에 식육의 종류 및 출생국가명을 함께 표시한다. • 외국산의 경우 해당 국가명을 표시한다.
돼지고기, 닭고기, 오리고기, 양고기	• 국산의 경우 '국산'이나 '국내산'으로 표시한다. • 수입한 돼지 또는 양을 국내에서 2개월 이상 사육 후 유통하는 경우 '국산'으로 유통하되, 괄호 안에 출생국가명을 함께 표시한다. • 수입한 닭 또는 오리를 1개월 이상 사육 후 유통하는 경우 '국산'으로 유통하되, 괄호 안에 출생국가명을 함께 표시한다. • 외국산의 경우 해당 국가명을 표시한다.
쌀	• 국내산의 경우 밥과 누룽지는 '(쌀: 국내산)'으로 표시한다. • 외국산의 경우 생산한 해당 국가명을 표시한다.

03 식품 등의 표시·광고에 관한 법률(식품표시광고법)

1 용어의 정의(「식품 등의 표시·광고에 관한 법률」 제2조)

표시	식품, 식품첨가물, 기구, 용기·포장, 건강기능식품, 축산물 및 이를 넣거나 싸는 것에 적는 문자·숫자 또는 도형
영양표시	식품, 식품첨가물, 건강기능식품, 축산물에 들어있는 영양성분의 양 등 영양에 관한 정보를 표시하는 것
광고	라디오·텔레비전·신문·잡지·인터넷·인쇄물·간판 또는 그밖의 매체를 통하여 음성·음향·영상 등의 방법으로 식품에 관한 정보를 나타내거나 알리는 행위
소비기한	식품 등에 표시된 보관방법을 준수할 경우 섭취하여도 안전에 이상이 없는 기한
건강기능식품	인체에 유용한 기능성을 가진 원료나 성분을 사용하여 식품을 제조한 것
나트륨 함량 비교표시	식품의 나트륨 함량을 소비자가 알아보기 쉽게 색상과 모양을 이용하여 표시하는 것

2 영양표시 사항(식품 등의 표시·광고에 관한 법률 시행규칙」 제6조)

① 탄수화물
② 단백질
③ 지방
④ 열량
⑤ 당류
⑥ 나트륨
⑦ 트랜스지방
⑧ 포화지방
⑨ 콜레스테롤

04 제조물 책임법

1 제조물 책임법의 정의

제조물의 결함으로 발생한 손해에 대한 피해자의 보호를 위해 제정된 법률로, 제조물의 결함으로 인한 생명, 신체 또는 재산상의 손해에 대해 제조업자 등이 무과실책임의 원칙에 따라 손해배상책임을 지도록 하는 규정을 말한다.

2 제조물 책임법의 목적

제조물의 결함으로 발생한 손해에 대한 제조업자 등의 손해배상책임을 규정함으로써 피해자 보호를 도모하고, 국민생활의 안전향상과 국민경제의 건전한 발전에 이바지함을 목적으로 한다.

3 용어의 정의(「제조물 책임법」 제2조)

① 제조물: 제조되거나 가공된 동산(다른 동산이나 부동산의 일부를 구성하는 경우를 포함)을 말한다.
② 결함: 해당 제조물에 제조상·설계상의 결함이 있거나, 그 밖에 통상적으로 기대할 수 있는 안전성이 결여되어 있는 것을 말한다.
③ 제조업자: 가공 또는 수입을 업으로 하는 자, 상호·상표 또는 그 밖에 식별 가능한 기호 등을 사용하여 자신을 위 내용의 자로 표시한 자 또는 위 내용의 자로 오인하게 할 수 있도록 표시한 자를 말한다.

05 수입식품안전관리 특별법(수입식품법)

1 수입신고 등(「수입식품안전관리 특별법」 제20조)

영업자가 판매를 목적으로 하거나 영업상 사용할 목적으로 수입식품 등을 수입하려면, 해당 수입식품 등을 식품의약안전처장에게 수입신고를 해야 한다.

2 표시의 기준

식품 등에는 다음의 구분에 따른 사항을 표시해야 한다. 다만, 총리령으로 정하는 경우에는 그 일부만 표시할 수 있다.

구분	표시사항
식품, 식품첨가물, 축산물	• 제품명, 내용량 및 원재료명 • 영업소 명칭 및 소재지 • 제조연월일, 소비기한 또는 품질유지기한 • 그 밖에 소비자에게 해당 식품, 식품첨가물 또는 축산물에 관한 정보를 제공하기 위해 필요한 사항. 총리령으로 정한다.
기구 또는 용기·포장	• 재질 • 영업소 명칭 및 소재지 • 소비자안전을 위한 주의사항 • 그 밖에 소비자에게 해당 기구 또는 용기·포장에 관한 정보를 제공하기 위해 필요한 사항. 총리령으로 정한다.
건강기능식품	• 제품명, 내용량, 원재료명 • 영업소 명칭 및 소재지 • 소비기한 및 보관방법 • 섭취량, 섭취방법 및 섭취 시 주의사항 • 건강기능식품이라는 문자 또는 건강기능식품임을 나타내는 도안 • 질병의 예방 및 치료를 위한 의약품이 아니라는 내용의 표현 • 기능성에 관한 정보 및 원료 중에 해당 기능성을 나타내는 성분의 함유량 • 그 밖에 소비자에게 해당 건강기능식품에 관한 정보를 제공하기 위해 필요한 사항. 총리령으로 정한다.

3 수입식품 등의 검사방법(「수입식품안전관리 특별법 시행규칙」별표 9)

서류검사	신고 서류의 검토로 그 적합 여부를 판단한다.
현장검사	• 제품의 성질·상태·맛·냄새·표시·포장상태 및 정밀검사 이력 등의 내용을 종합적으로 판단한다. • 별도로 정해진 기준과 방법에 따른 관능검사
정밀검사	물리적, 화학적 또는 미생물학적 방법에 따라 실시하는 검사
무작위표본검사	표본추출계획에 따라 물리적, 화학적 또는 미생물학적 방법으로 실시하는 검사

4 부적합한 수입식품에 대한 조치(「수입식품안전관리 특별법 시행규칙」제34조) ★★★

① 수출국으로의 반송 또는 다른 나라로의 반출
② 농림축산식품부장관의 승인을 받은 후 사료로의 용도 전환
③ 중앙 행정기관 또는 지방자치단체가 식용 외의 공적 목적으로 사용할 수 있도록 제공
④ 폐기

> **합격 팁**
>
> **영양표시 대상 제외 식품**
> • 즉석판매제조 및 가공업 영업자가 총리령으로 정하는 식품을 제조·가공하거나 덜어서 판매하는 식품
> • 식육즉석판매가공업 영업자가 만들거나 다시 나누어 판매하는 식육가공품
> • 식품, 축산물 및 건강기능식품의 원료로 사용되어 그 자체로는 최종 소비자에게 제공되지 않는 식품·축산물 및 건강기능식품
> • 농산물, 임산물, 수산물, 식육 및 알류

SECTION 05 단원문제 | 식품위생법 및 관계법규

01 다음 중 「식품위생법」에 명시된 목적이 아닌 것은?
① 위생상의 위해 방지
② 건전한 유통 판매 도모
③ 식품영양의 질적 향상 도모
④ 식품에 관한 올바른 정보 제공

02 「식품위생법」으로 정의한 '식품'이란?
① 모든 음식물
② 의약품을 제외한 모든 음식물
③ 담배 등의 기호품과 모든 음식물
④ 포장·용기와 모든 음식물

03 「식품위생법」상의 각 용어에 대한 정의로 옳은 것은?
① 기구: 식품 또는 식품첨가물을 넣거나 싸는 물품
② 식품첨가물: 화학적 수단으로, 원소 또는 화합물에 분해반응 외의 화학반응을 일으켜 얻는 물질
③ 표시: 식품, 식품첨가물, 기구 또는 용기·포장에 적는 문자, 숫자 또는 도형
④ 집단급식소: 영리를 목적으로 불특정 다수인에게 음식물을 공급하는 대형음식점

04 「식품위생법」상 집단급식소는 상시 1회 몇 인 이상에게 식사를 제공하는 급식소를 의미하는가?
① 20인
② 30인
③ 40인
④ 50인 이상

05 식품 등의 위생적 취급에 관한 기준이 아닌 것은?
① 식품 등을 취급하는 원료보관실, 제조가공실, 포장실 등의 내부는 항상 청결하게 관리한다.
② 식품 등의 원료 및 제품 중 부패 및 변질되기 쉬운 것은 냉동 및 냉장시설에 보관 관리한다.
③ 유통기한이 경과된 식품 등을 판매하거나 판매의 목적으로 진열 보관하여서는 안 된다.
④ 모든 식품 및 원료는 냉장 및 냉동시설에 보관 관리한다.

06 「식품위생법」상 식품, 식품첨가물, 기구 또는 용기·포장에 기재하는 표시의 범위는?
① 문자
② 문자, 숫자
③ 문자, 숫자, 도형
④ 문자, 숫자, 도형, 음향

> **정답해설**

01 「식품위생법」의 목적
- 식품으로 인해 생기는 위생상의 위해 방지
- 식품 영양의 질적 향상 도모
- 식품에 관한 올바른 정보 제공
- 국민보건의 증진에 이바지

02 식품이란 의약으로 섭취하는 것을 제외한 모든 음식물을 말한다.

03 ① 용기·포장의 정의
② 화학적 합성품의 정의
③ 집단급식소는 영리를 목적으로 하지 않음

04 집단급식소: 영리를 목적으로 하지 아니하면서 특정 다수인에게 계속하여 음식물을 공급하는 급식시설. 1회 50인 이상에게 식사를 제공하는 급식소(기숙사, 학교, 유치원, 어린이집, 병원, 사회복지시설 등)

05 원료 및 제품 중 부패, 변질이 되기 쉬운 것만 냉장 또는 냉동시설에 보관한다.

06 「식품위생법」상 식품, 식품첨가물, 기구 또는 용기·포장에 기재하는 표시는 문자, 숫자 또는 도형을 말한다.

| 정답 | 01 ② 02 ② 03 ③ 04 ④ 05 ④ 06 ③ |

07 「식품위생법」 정의에 따라 기구에 해당하지 않는 것은?
① 식품 섭취에 사용되는 기구
② 식품 또는 식품첨가물에 직접 닿는 기구
③ 농산물 채취에 사용되는 기구
④ 식품 운반에 사용되는 기구

08 식품, 식품첨가물, 기구 또는 용기·포장의 위생적 취급에 관한 기준을 정하는 것은?
① 총리령
② 농림수산식품부령
③ 고용노동부령
④ 식품의약처안전처

09 「식품위생법」상 식품위생감시원의 직무로 적합하지 않은 것은?
① 영업자 및 종업원의 건강진단, 위생교육의 이행 여부에 관한 확인 및 지도
② 조리사 및 영양사의 법령 준수사항 이행 여부의 확인 및 지도
③ 영업소의 폐쇄를 위한 간판 제거 등의 조치
④ 영업의 건전한 발전과 공동의 이익을 도모하는 조직

10 식품 등의 표시기준을 수록한 식품 등의 공전을 작성, 보급해야 하는 자는?
① 식품의약품안전처장
② 보건소장
③ 시장 및 도지사
④ 식품위생감시원

11 질병으로 인하여 죽은 동물의 고기·뼈·젖·장기 또는 혈액을 식품으로 판매하거나, 판매할 목적으로 채취·수입·가공·사용·조리·저장 또는 운반하거나 진열하지 못하는 질병과 관련이 없는 것은?
① 리스테리아병   ② 살모넬라병
③ 선모충증   ④ 아니사키스

12 다음 중 농수산물이나 그 가공품을 조리하여 판매·제공하는 경우 원산지 표시를 하지 않아도 되는 것은?
① 소고기, 돼지고기
② 오리고기, 닭고기
③ 밥, 죽, 누룽지에 이용되는 쌀
④ 음료 및 주류

정답해설

07 「식품위생법」상 '기구'는 농업과 수산업에서 식품을 채취하는 데 쓰이는 기계, 기구 및 그밖의 물건은 제외한다.
08 식품, 식품첨가물, 기구 또는 용기·포장의 위생적 취급에 관한 기준은 총리령으로 정한다.
09 식품위생감시원은 식품 등의 위생에 관련된 업무를 하므로, ④는 식품위생감시원의 업무로 적합하지 않다.
10 식품의약품안전처장은 식품 또는 식품첨가물, 기구 및 용기·포장의 기준과 규격 등의 공전을 작성·보급해야 한다.
11 아니사키스는 고래에서 발견되는 기생충이다.
12 음료 및 주류는 원산지 표시를 하지 않아도 된다.

| 정답 | 07 ③　08 ①　09 ④　10 ①　11 ④　12 ④ |

13 「식품위생법」상 건강진단을 받아야 하는 대상이 아닌 자는?

① 영업자
② 종업원
③ 타인에게 위해를 끼칠 우려가 있는 질병이 있다고 인정된 자
④ 동일한 건강진단을 받은 자

14 「식품위생법」상 조리사를 두어야 하는 영업점은?

① 유흥주점
② 단란주점
③ 일반레스토랑
④ 복어조리점

15 식품 등의 표시기준에 의해 표시해야 하는 대상성분이 아닌 것은?

① 나트륨
② 칼슘
③ 지방
④ 열량

16 식품위생법규상 수입식품 검사 결과, 부적합한 식품 등에 대하여 취해지는 조치가 아닌 것은?

① 수출국으로의 반송
② 식용 외의 다른 용도로의 전환
③ 관할 보건소에서 재검사 실시
④ 다른 나라로의 반출

17 식품위생법령상에 명시된 식품위생감시원의 직무가 아닌 것은?

① 과대광고 금지 위반 여부에 관한 단속
② 조리사 및 영양사의 법령 준수사항 이행 여부의 확인 및 지도
③ 생산 및 품질관리 일지의 작성 및 비치
④ 시설기준의 적합 여부 확인 및 검사

18 식품접객업 중 음주행위가 허용되지 않는 영업은?

① 일반음식점　② 단란주점
③ 유흥주점　　④ 휴게음식점

정답해설

13 동일한 건강진단을 받은 자는 건강진단을 받은 것으로 본다.

14 조리사를 반드시 두어야 하는 영업장은 복어조리 및 판매영업자 그리고 집단급식소 운영자이다.

15 영양표시 사항: 탄수화물, 단백질, 지방, 열량, 당류, 나트륨, 트랜스지방, 포화지방, 콜레스테롤

16 부적합한 수입식품에 대해서는 수출국으로 반송하기, 농림축산식품부장관의 승인 후 사료로 용도 전환하기, 폐기 조치를 내린다.

17 식품위생감시원의 직무
　- 식품 등의 위생적인 취급에 관한 기준 이행 지도
　- 수입, 판매 또는 사용 등이 금지된 식품 등의 취급 여부 단속
　- 표시기준 또는 과대광고 금지 위반 여부 단속
　- 출입, 검사에 필요한 식품 등 수거
　- 시설기준의 적합 여부 확인 및 검사
　- 영업자 및 종업원의 건강진단 및 위생교육의 이행 여부 확인 및 지도
　- 조리사 및 영양사의 법령 준수사항 이행 여부 확인 및 지도
　- 행정처분의 이행 여부 확인
　- 식품 등의 압류 및 폐기

18 휴게음식점은 차, 아이스크림, 패스트푸드, 분식 등을 조리 및 판매하는 영업으로 음주행위는 허용되지 아니한다.

| 정답 | 13 ④　14 ④　15 ②　16 ③　17 ③　18 ④ |

19 일반음식점의 영업신고는 누구에게 해야 하는가?
① 동사무소장
② 식품의약안전처장
③ 시장, 군수, 구청장
④ 보건소장

20 「식품위생법」상 영업신고를 하지 않는 업종은?
① 「양곡관리법」에 따른 양곡가공업 중 도정업
② 식품운반업
③ 식품소분, 판매업
④ 즉석판매제조, 가공업

21 위생관리 상태 등이 우수한 식품접객업소를 선정하여 모범업소로 지정할 수 있는 자는?
① 보건복지부장관
② 시장, 군수, 구청장
③ 식품의약품안전처장
④ 농림축산식품부장관

22 면허취소 처분을 받은 조리사는 취소된 날부터 기간이 얼마나 경과되어야 면허를 받을 자격이 있는가?
① 3개월
② 6개월
③ 1년
④ 2년

23 「식품위생법」상 식품위생 수준의 향상을 위하여 필요한 경우 조리사에게 교육을 명할 수 있는 자는?
① 관할 시장
② 보건복지부장관
③ 관할 보건소장
④ 식품의약품안전처장

24 조리사가 타인에게 면허를 대여해 사용하게 한 경우 1차 위반 시 행정처분 기준은?
① 업무정지 2개월
② 업무정지 3개월
③ 업무정지 4개월
④ 면허취소

정답해설

19 일반음식점의 영업신고는 특별자치시장, 특별자치도지사, 시장, 군수, 구청장에게 해야 한다.

20 영업신고를 해야 하는 업종: 즉석판매제조·가공업, 식품운반업, 식품소분·판매업, 식품냉동·냉장업, 용기·포장류제조업, 휴게음식점영업, 일반음식점영업, 위탁급식영업, 제과점영업

22 조리사의 결격사유: 조리사 면허의 취소 처분을 받고, 취소된 날로부터 1년이 지나지 않은 자

23 조리사, 영양사의 교육을 명할 수 있는 권한을 가진 자: 식품의약품안전처장

24 1차 위반은 업무정지 2개월, 2차 위반은 업무정지 3개월, 3차 위반은 면허취소

| 정답 | 19 ③　20 ①　21 ②　22 ③　23 ④　24 ① |

25 「식품위생법」상 조리사 면허를 받을 수 없는 사람은?

① 미성년자
② 마약중독자
③ B형간염환자
④ 조리사 면허의 취소 처분을 받고, 그날로부터 1년이 지난 자

26 소분판매를 할 수 있는 식품은?

① 빵가루
② 식용유지
③ 식초
④ 전분

27 「식품위생법」상 식품접객업 영업을 하려는 자는 몇 시간의 식품위생교육을 미리 받아야 하는가?

① 2시간　　　② 4시간
③ 6시간　　　④ 8시간

28 「식품위생법」상 조리사가 식중독이나 그 밖에 위생과 관련한 중대한 사고 발생의 직무상 책임에 대한 1차 위반 시 행정처분 기준은?

① 시정명령　　　② 업무정지 1개월
③ 업무정지 2개월　　　④ 면허취소

29 집단급식소에서 근무하는 영양사가 수행하는 직무가 아닌 것은?

① 식단에 따른 조리
② 식단 작성
③ 구매 식품의 검수 및 관리
④ 집단급식소의 운영일지 작성

30 「식품위생법」상의 식품이 아닌 것은?

① 비타민 C 약제
② 식용얼음
③ 유산균음료
④ 채종유

정답해설

25 조리사의 결격사유
- 정신질환자(단, 전문의가 조리사로서 적합하다고 인정하는 자는 허용)
- 감염병환자(단, B형간염환자는 제외)
- 마약이나 약물 중독자
- 조리사 면허취소 처분을 받고, 취소된 날로부터 1년이 지나지 않은 자

26 소분판매를 할 수 있는 식품은 빵가루, 벌꿀 등이다.

27 - 식품접객업, 집단급식소 설치·운영을 하려는 자 교육시간: 6시간
- 식품제조·가공업, 즉석판매제조·가공업, 식품첨가물제조업자 교육시간: 8시간
- 식품운반업, 식품소분·판매업, 식품보존업, 용기·포장류 제조업자 교육시간: 4시간

28 1차 위반은 업무정지 1개월, 2차 위반은 업무정지 2개월, 3차 위반은 면허취소

29 영양사의 수행직무
- 집단급식소의 식단 작성, 검식 및 배식관리
- 구매 식품의 검수 및 관리
- 급식시설의 위생적 관리
- 집단급식소의 운영일지 작성
- 종업원에 대한 영양 지도 및 식품위생 교육

30 식품이란 의약으로 섭취하는 모든 것을 제외한 음식물을 말한다.

|정답| 25 ②　26 ①　27 ③　28 ②　29 ①　30 ①

SECTION 06 공중보건

01 공중보건의 개념

1 공중보건의 정의

① 세계보건기구(WHO)가 규정한 정의: 질병을 예방하고 건강을 유지·증진시킴으로써 육체적·정신적 능력을 발휘할 수 있게 하기 위한 과학적 지식을 사회의 조직적 노력으로 사람들에게 적용하는 기술을 말한다.

> **합격 팁**
>
> **세계보건기구(WHO)**
> - 본부: 스위스 제네바
> - 창설: 1948년 4월 7일
> - 세부적 역할: 국제적인 보건사업의 지휘 및 조정, 회원국에 대한 기술지원 및 자료공급, 전문가 파견에 의한 기술 자문활동 등
> - 우리나라의 가입: 1949년 6월에 65번째 회원국이 됨
> - 공중보건의 3대 목적: 질병 예방, 수명 연장, 건강 증진(치료의 목적은 아님)

② 건강의 정의: 단순한 질병이나 허약의 부재 상태만을 의미하는 것이 아니라, 육체적·정신적·사회적으로 모두 안녕한 상태를 말한다. ★★★

> **합격 팁**
>
> **건강의 3요소** 환경, 유전, 개인의 행동 및 습관

③ 공중보건의 대상: 공중보건의 최소단위는 개인이나 가족이 아닌 지역사회(시, 군, 구)이며, 더 나아가 국민의 전체가 대상자이다.

④ 공중보건 수준의 평가지표: 한 나라의 보건수준을 나타내는 종합건강지표로 평균수명·조사망률·비례사망지수가 있으며, 그 외에도 영아사망률·모성사망비·사인별 사망률 등을 지표로 삼는다.

영아사망률	• 생후 1년 미만인 영아의 사망률로, 한 국가의 보건수준을 나타내는 대표적인 지표이다. • 영아사망률 = $\dfrac{\text{연간 영아 사망수}}{\text{연간 출생아 수}} \times 1,000$
평균수명	인간의 생존 기대기간
비례사망지수	• 연간 총사망자 수에 대한 50세 이상의 사망자 수의 구성비로, 지수가 낮으면 건강 수준이 낮음을 의미한다. • 비례사망지수 = $\dfrac{\text{50세 이상의 사망자 수}}{\text{연간 총사망자 수}} \times 100$

조사망률 (보통사망률)	조사망률 = $\dfrac{\text{연간 사망자 수}}{\text{그해 인구 수}} \times 1,000$
모성사망비	• 임신·분만·산욕으로 인한 합병증으로 발생한 사망률 • 모성사망비 = $\dfrac{\text{연간 모성 사망수}}{\text{연간 출생아 수}} \times 100,000$
사인별 사망률	사망원인에 따른 사망률

> **합격 팁**
>
> **신생아**   생후 28일 미만의 아기
> **영아**   생후 1년 미만의 아기
> **영아사망원인**   폐렴 및 기관지염, 장염 및 설사, 신생아 고유질환 및 사고

02 환경위생 및 환경오염 관리

1 환경위생의 정의

건강한 생활을 영위할 수 있도록 인간을 둘러싸고 있는 생활환경을 조정·개선하는 것을 말한다.

2 생활환경의 구분

자연환경	기후(기온·기습·기류), 공기, 물 등
인위적 환경	채광, 조명, 환기, 냉방, 상하수도, 오물 처리, 공해 등
사회적 환경	교통, 인구, 종교 등

3 일광

자외선	• 비타민 D의 합성으로 구루병 예방 • 적혈구 생성 촉진 및 혈압 강하 • 살균작용(식기, 물, 공기, 기생충, 결핵균, 디프테리아균 살균) • 피부의 홍반, 색소침착 유발(심할 경우 피부암) • 결막염, 설안염 등 유발		
	자외선 파장	2,000~3,100Å	미생물을 사멸한다.
		2,500~2,800Å	살균력이 가장 강해 소독에 이용한다.
		2,800~3,200Å	• 가장 강력한 반응을 일으키는 빛(건강선) • 도르노선(생명선 혹은 건강선)은 사람에게 유익한 작용을 한다.

가시광선	• 3,800~7,800Å 사이의 파장 • 색채와 명암을 구분하게 한다. • 눈에 보이는 범위의 파장을 가진다. • 조명 불충분: 시력저하, 눈의 피로 • 조명 강렬: 어두운 곳에서 암순응 능력 저하
적외선(열선)	• 가장 긴 파장(7,800Å 이상의 파장) • 닿는 곳에 열이 발생해서 기온에 영향을 미친다.(온실효과) • 과도하게 받을 경우 두통, 현기증, 열경련 등의 부작용 발생 • 심할 경우 화상, 일사병, 백내장, 중추신경 장애 유발

> **합격 팁**
>
> **파장의 단파순** 자외선 → 가시광선 → 적외선

4 온열요인

① 감각온도의 3요소

기온 (온도)	• 지상 1.5m 높이에서 측정한 건구온도 • 쾌적기온: 18±2℃ • 온열 조건에 가장 영향을 많이 미친다.
기습 (습도)	• 일정 온도의 공기 중 포함된 수분량 • 쾌적습도: 40~70% • 낮은 습도에서는 피부질환이 발생하기 쉽고, 높은 습도에서는 불쾌감을 일으킨다.
기류 (공기의 흐름)	• 대기 중 공기의 흐름 • 기압차와 기온차에 의해 발생한다. • 쾌적기류: 실외 1m/sec, 실내 0.2~0.3m/sec

> **합격 팁**
>
> **감각온도 4요소** 기온, 기습, 기류 + 복사열
> **복사열** 물체에서 방출하는 전자기파를 물체가 직접 흡수하여 변한 에너지
> **스모그** 매연성분과 안개의 혼합에 의한 대기오염

② 기온역전현상: 상부기온이 하부기온보다 높아지는 상태에서 대기가 안정화되고 공기의 수직 확산이 일어나지 않게 되는 현상을 말한다. 대표적인 예로 런던스모그(석탄배기가스로 인한)현상이 있다. ★★

③ 불쾌지수

DI 70 이상	10% 정도의 사람들이 불쾌감을 느낀다.
DI 75 이상	50% 정도의 사람들이 불쾌감을 느낀다.
DI 80 이상	거의 모든 사람들이 불쾌감을 느낀다.

④ 불감기류: 공기의 흐름이 0.2~0.5m/sec로 약하게 이동하여 사람들이 바람이 부는 것을 감지하지 못하는 것을 의미한다.

5 공기 및 대기오염

(1) 공기의 구성

질소(N)	• 공기 중 존재량 가장 많음(78%) • 고압 시(잠함병 또는 잠수병 유발), 저압 시(고산병 유발)
산소(O_2)	공기 중 존재량 21%. 산소의 양 10% 이하에서는 호흡곤란 유발
아르곤(Ar)	공기 중 존재량 0.9%
이산화탄소(CO_2)	공기 중 존재량 0.03%(허용 한계: 0.1%)
기타	공기 중 존재량 0.07%(수소, 오존 등)

> **합격 팁**
>
> 공기조성 질소 > 산소 > 아르곤 > 이산화탄소 > 기타(수소 및 오존 등)

(2) 대기오염 물질

① 오염물질(가스)

일산화탄소 (CO)	• 불완전 연소 시 주로 발생하는 무색, 무취, 무미의 기체로 맹독성을 지닌다. • 혈액 속 헤모글로빈과의 친화력이 산소보다 강해 산소결핍증을 초래한다. • 8시간 기준 허용한계: 0.01%(100ppm) • 4시간 기준 허용한계: 0.04%(400ppm)
아황산가스 (SO_2)	• 실외공기 오염(대기오염)의 지표, 자동차 배기가스가 대표적이다. • 호흡곤란, 호흡기계 점막의 염증, 식물의 황사 및 고사현상 등이 발생한다. • 금속을 부식시킨다.
기타	황화수소, 불화수소 등

> **합격 팁**
>
> | | |
> |---|---|
> | 실내공기의 오염지표 | 이산화탄소(CO_2) |
> | 실외공기의 오염지표 | 아황산가스(SO_2) |
> | 대기오염의 1차 오염물질 | 먼지(분진), 매연(연기), 황산화물, 질소산화물, 탄화수소 등 |
> | 대기오염의 2차 오염물질 | 오존, 알데히드, 스모그, 과산화수소 등 |
> | ppm | 1/1,000,000을 나타내는 약호(100만분의 1) |
> | ppm과 %의 단위 변환 | 1%=10,000ppm, 0.0001%=1ppm |

(3) 군집독 ★★★

① 정의: 많은 사람이 장시간 밀집된 실내에서 공기가 물리적·화학적 조성의 변화를 일으키는 현상
② 증상: 두통, 현기증, 불쾌감, 구토 등
③ 원인: 산소 부족 및 이산화탄소의 증가로 인한 실내공기 조성의 변화
④ 예방법: 환기하기

(4) 공기의 자정작용 ★★★

① 기류에 의한 공기의 희석작용
② 비 또는 눈 등의 세정작용
③ 산소, 오존, 과산화수소 등에 의한 산화작용
④ 자외선에 의한 살균작용
⑤ 식물의 탄소동화작용

6 물 및 수질오염

(1) 인체 속의 물

① 인체의 약 60~70%(인체의 2/3)가 물로 이루어짐
② 하루 필요 권장량: 2~3L
③ 인체 내 수분의 10% 상실 시에는 신체기능의 이상신호 발생, 20% 상실 시에는 생명의 위협 발생
④ 주요기능: 소화작용, 체온조절, 신진대사, 영양소 및 산소운반, 노폐물 배출 등

(2) 물의 소독

물리적 소독	가열법(열처리법), 자외선소독법, 오존소독법
화학적 소독	염소소독법(수도), 표백분소독법(우물)

> **합격 팁**
>
> | | |
> |---|---|
> | 우물 | 화장실로부터 20m 이상, 하수관이나 배수로 등으로부터 3m 이상 떨어져 있어야 함 |
> | 염소소독의 장점 | 소독력이 강함, 잔류효과가 큼, 조작이 간편함, 경제적임 |
> | 염소소독의 단점 | 냄새가 나며 독성이 있음 |
> | 염소소독으로 사멸되지 않는 감염병 | 유행성 간염, 뇌염, 홍역 등의 바이러스성 감염병 |

(3) 물의 오염에 의한 질병

수인성 감염병	• 물을 통해 전염되는 질병(소화기계 전염병) • 장티푸스, 파라티푸스, 세균성이질, 콜레라, 아메바성이질, 유행성 간염
우치(충치)	불소 함량이 낮은 물을 장기 음용 시 발생
반상치	불소 함량이 높은 물을 장기 음용 시 발생
청색증	질산염이 다량 함유된 물을 장기 음용 시 발생
설사	황산마그네슘($MgSO_4$)이 다량 함유된 물을 음용한 경우
기생충 질병	간디스토마, 폐디스토마, 회충, 편충, 구충, 광절열두조충 등
중금속 오염	카드뮴(이타이이타이병), 수은(미나마타병) 등

> **합격 팁**
>
> **수인성 감염병의 특징**
> - 환자가 집단적, 폭발적으로 발생함
> - 음용수 사용지역과 유행지역이 동일함
> - 잠복기가 짧고 치사율이 낮으며, 2차 감염율이 거의 없음
> - 계절에 관계없이 발생되며 주로 여름에 발생함
> - 성별, 나이, 직업, 생활수준에 관계없이 발생함

7 물의 자정작용

물리적 작용	희석 작용, 확산 작용, 침전 작용
화학적 작용	자외선(일광)에 의한 살균 작용, 산화 작용, 중화 작용
생물학적 작용	미생물 및 수중생물(이끼 등)에 의한 분해 작용

8 물(음료)의 판정기준

① 무색투명하고, 색도는 5도, 탁도는 1도 이하일 것
② 소독으로 인한 맛과 냄새가 없을 것
③ 수소이온농도(pH): 5.8~8.5 사이일 것
④ 대장균 수질기준: 100mL에서 검출되지 않을 것
⑤ 일반 세균 수: 1mL 중 100CFU 이하일 것

9 인위적 환경

(1) 조명: 인공광을 이용하는 인공조명을 말한다.

① 부적당한 조명에 의한 피해

안구진탕증	안구가 좌우상하로 흔들리는 현상(대표적인 조명피해)
안정피로	조도가 부족하거나 눈부심이 심한 경우 발생
가성근시	조도가 낮거나 모양근이 피로한 경우 발생
백내장, 전광성 안염	순간적으로 과도한 조명을 받은 경우(용접 등) 발생

> **합격 팁**
>
> **조리장의 적정조명** 220Lux 이상

(2) 채광: 태양광선을 이용한 자연조명을 말한다.

① 창의 방향: 남향
② 창의 높이: 높을수록 밝다.
③ 조리장 창의 면적: 바닥면적의 1/7~1/5

(3) 환기

자연환기	• 특별한 장치 없이 환기에 의해 이루어지는 환기법(출입문, 창문 틈새 등) • 실내외의 온도차가 5°C 이상일 때 환기가 잘 된다.
인공환기	• 기계 동력을 이용한 환기법(환풍기, 후드장치 등) • 조리장 환기: 1시간에 2~3회 정도 환기, 환기창은 벽의 5% 이상으로 내는 것이 좋다.

> **합격 팁**
>
> **중성대**
> 실내온도가 실외온도보다 높으면 아래쪽으로 외부공기가 유입되고 위쪽으로 공기가 나가는데, 이때 형성되는 압력이 Zero(제로)인 지대를 말한다. 중성대가 위쪽에 형성될수록 환기량이 커지므로 방의 천장 가까이에 있는 것이 좋다.

(4) 냉·난방

쾌적한 실내온도	일반적으로 실내온도 18±2°C(16~20°C), 습도 40~70% 정도일 때 쾌적함을 느낀다.
냉방	• 냉방이 필요한 경우: 실내온도 28°C 이상일 때 • 실내와 실외의 온도차: 5~8°C로 유지
난방	• 난방이 필요할 때: 실내온도가 10°C 이하일 때 • 실내 상부와 하부의 온도차: 2~3°C로 유지

10 상하수도

(1) 상수도
① 정의: 중앙급수에 의해 일정한 인구집단에 보건상 양질의 물을 공급하는 설비를 말한다.

상수도 정수 과정	취수 → 침사 → 침전 → 여과 → 소독 → 송소 → 배수 → 급수
상수도 소독 (염류소독법)	종류: 차아염소산나트륨, 이산화염소, 표백분
	• 잔류염소량: 0.2ppm(감염병 발생 시) • 제방용수 및 수영장: 0.4ppm
	장점: 높은 잔류효과, 간단한 조작, 경제적, 강한 소독력
	단점: 냄새 및 독성이 있음

(2) 하수도
① 정의: 하수는 천수(비, 눈 등)와 인간의 생활에서 배출되는 오수를 의미하며, 하수도는 오수를 처리하기 위한 시설이다. 합류식, 분류식, 혼합식으로 구분한다.
② 하수 처리과정: 예비처리 → 본처리 → 오니처리

예비처리	하수구 유입구에 제진망이나 침사지(물속 모래가 도수관 내에 침전되는 것을 막기 위해 설치하는 시설)를 설치하여 부유물과 고형물을 제거하고, 모래를 침전시키는 방법	
본처리	호기성 분해처리	• 호기성 미생물 이용 • 활성오니법(활성슬러지법): 가장 진보적임 • 살수여과법, 산화지법 등이 있음
	혐기성 분해처리	• 혐기성 미생물 이용 • 부패조법, 임호프탱크법 이용 • 부산물로 인해 메탄가스의 발생이 많음
오니처리	• 본처리에서 생기는 슬러지를 탈수·소각하는 과정 • 소화법(가장 진보된 방법), 사상건조법, 퇴비법 등이 있음	

③ 하수의 위생검사

용존산소량 (DO)	• 물(하수)에 녹아 있는 산소량 • 수치가 낮을수록 오염도가 높음 • 용존산소량은 4~5ppm 이상이어야 함(DO가 높을수록 좋은 물)
생화학적 산소요구량(BOD)	• 하수의 오염도를 나타냄 • 20°C에서 5일간 유기물 분해에 의한 용존산소량의 손실량을 측정한 것임 • 20ppm 이하여야 하며, 수치가 높을수록 오염도가 높음(BOD가 낮을수록 좋은 물)
화학적 산소 요구량(COD)	• 유기물질이 산화제에 의해 산화될 때 소모되는 산소량 • 5ppm 이하여야 하며, 수치가 높을수록 오염도가 높음(COD 낮을수록 좋은 물)

> **합격 팁**
> 좋은 물   DO 높음, BOD 낮음, COD 낮음
> 오염된 물 DO 낮음, BOD 높음, COD 높음

11 오물 처리

(1) 분뇨 처리
① 화장실, 운반, 종말 처리로 나눈다.
② 퇴비로 사용할 경우 부숙기간을 거쳐야 한다.
③ 분뇨 처리법: 화학적 처리법, 소화 처리법, 비료화법, 습식산화법 등

(2) 진개(쓰레기) 처리
① 진개의 분류

주개	가정(주방)에서 나오는 동식물성 유기물(가장 많은 부분을 차지)
잡개	가연성 진개와 불연성 진개로 구분

② 진개 처리법

매립법	• 땅속에 진개를 묻는 방법으로 처리비용 절감됨 • 적당한 진개의 두께: 2m 이하 • 적당한 복토의 두께: 60cm~1m 정도
소각법	• 가장 위생적임 • 대기오염의 원인이 됨(다이옥신 발생)
비료화법(퇴비법)	유기물이 많은 쓰레기를 발효시켜 비료로 이용하는 방법

12 구충·구서(해충 및 쥐의 구제) ★★★

(1) 구충·구서의 일반적인 원칙
① 가장 근본적인 대책: 발생 원인이나 서식처 제거
② 발생 초기에 광범위하게 동시에 실시
③ 대상 동물의 생태나 습성에 따라 실시

(2) 위생해충 및 쥐의 구제 방법

파리	• 질병: 장티푸스, 파라티푸스, 이질, 콜레라, 식중독 • 구제법: 진개 및 오물의 완전 처리, 화장실의 개량 및 소독, 살충제 살포, 훈증소독법
모기	• 질병: 말라리아, 일본뇌염, 사상충, 이질, 황열 • 구제법: 발생지 제거, 고인물의 정체 방지, 살충제 살포

이, 벼룩	• 질병: 페스트, 발진티푸스 • 구제법: 신체·의복·침실의 청결 유지, 침구류 소독, 살충제 살포, 훈증소독법
바퀴벌레	• 질병: 장티푸스, 콜레라, 이질, 살모넬라 등 • 구제법: 청결 유지, 살충제 및 붕산에 의한 독이법
진드기	• 질병: 양충병, 쯔쯔가무시증, 큐열 • 구제법: 밀봉, 냉장 및 냉동, 70°C 이상의 열처리, 방습, 살충제
쥐	• 질병: 페스트, 살모넬라, 발진열(리케차), 유행성출혈열(바이러스) • 구제법: 창문 및 하수구 등에 방충·방서시설 설치, 서식처 제거, 음식물 찌꺼기 제거, 살서제, 훈증법

13 공해

(1) 소음

① 측정단위: 데시벨(dB)
② 음압(음의 크기): 폰(phon)
③ 허용기준: 1일 8시간 기준 90dB을 넘어서는 안 됨
④ 소음장애: 수면방해, 불안증, 두통, 작업능률 저하, 불쾌감 등

> **합격 팁**
>
> **데시벨(dB)**
> 사람이 들을 수 있는 음(소리)의 강도(음압)를 나타내는 단위

(2) 대기오염 ★★★

대기오염원	공장 매연, 자동차 배기가스, 분진(먼지) 등
대기오염 물질	• 아황산가스(SO_2): 실외공기의 오염지표 • 일산화탄소(CO), 질소산화물, 옥시던트(스모그현상)
대기오염 피해	• 호흡기계 질병 • 식물의 황사 및 고사(유황산화물) • 스모그: 매연성분과 안개의 혼합에 의한 대기오염(런던스모그) • 자연환경의 악화 • 물질의 변질과 부식
대기오염 대책	공공기관: 도시계획의 합리화, 대기오염의 실태 파악과 방지
법적 규제와 방지, 기술개발	공장: 입지 대책 및 연료 배출 대책 수립

(3) 수질오염 ★★★

수질오염원	농업, 공업, 광업, 도시하수 등
수질오염 물질	카드뮴, 수은, 시안, 농약, PCB
수질오염 피해	• 카드뮴(이타이이타이병) • 수은(미나마타병) • PCB(미강유증) • 농작물의 고사, 어류의 사멸, 상수원 오염, 악취 등

03 역학

1 역학의 정의
인간 집단에서 발생하고 존재하는 질병의 분포를 관찰하고, 그와 관련된 원인을 규명하여 질병의 관리와 예방을 목적으로 하는 과학이자 학문이다.

2 역학의 목적
① 질병 예방을 목적으로 발생의 병인과 요인을 규명
② 질병의 유행 발생 감시 및 질병의 측정
③ 질병의 자연사 연구
④ 임상연구의 활용
⑤ 보건의료의 기획과 평가를 위한 자료 제공

04 산업보건

1 산업보건의 정의
① 산업보건의 정의: 모든 직업의 근로자들의 신체적·정신적·사회적 건강을 유지·증진시키는 것을 말한다.
② 직업병의 정의: 어떤 직업이 가지고 있는 특수한 요인(상황)에 의해 그 직업에 종사하는 사람에게만 발생하는 특정 질환을 말한다.
③ 원인별 직업병의 종류 ★★★

원인	질병
고열환경(이상고온)	열중증(열경련, 열허탈증, 열사병, 열쇠약증)
저온환경(이상저온)	참호족염, 동상, 동창

고압환경(이상고기압)	잠함병(잠수병)	
저압환경(이상저기압)	고산병, 항공병	
금속 중독	카드뮴	이타이이타이병(골연화증, 골다공증)
	수은	미나마타병(언어장애, 지각이상, 보행곤란)
	납	소변에서 코프로포르피린 검출, 요독증
	크롬(크로뮴)	비염, 인두염, 기관지염, 비중격천공
분진	규폐증(유리규산), 석면폐증(석면), 활석폐정(활석), 진폐증(먼지)	
조명 불량	안구진탕증, 근시, 안정피로	
소음	작업성 난청(방지법: 귀마개, 방음벽 설치, 작업방법 개선), 두통, 불면증 등	
자외선	화상, 피부암, 눈의 결막(각막) 손상 등	
적외선	일사병, 백내장, 피부홍반 등	
방사선	조혈기능 장애, 백혈병, 피부점막의 궤양과 암 형성, 백내장	
진동	레이노드병(손가락의 말초혈관 운동장애)	

> **합격 팁**
>
> **잠함병**
> 수압이 높은 물(바다)속에 들어갔다가 수면 위로 올라왔을 때, 체내에 녹아있던 질소가 갑작스럽게 기포를 만들면서 혈액 속을 돌아다녀 통증을 유발하는 증상이다.

05 감염병

1 감염병 발생의 3요소 ★★★

감염원 (병원체, 병원소)	• 병원체가 증식 및 생활하면서 다른 숙주에 전파될 가능성을 가지고 저장되어 있는 장소이자 질병을 일으키는 원인 • 환자, 보균자, 매개동물, 오염토양, 오염식품, 오염식기구 등
감염경로(환경)	병원체에 감염될 수 있는 환경조건과 전파 과정(직·간접 감염, 공기 감염, 절지동물 감염 등)
숙주 감수성	• 숙주: 항 생물체가 다른 생물체의 침범을 받아 영양물질의 탈취 및 조직 손상 등을 당하는 생물체 • 감수성: 침입한 병원체가 정착·발병하여 질병에 쉽게 걸리는 상태로, 면역성(저항성)과 반대 개념

> **합격 팁**
>
> **감수성 지수(접촉감염지수)**
> 두창, 홍역(95%) > 백일해(60%) > 성홍열(40%) > 디프테리아(10%) > 폴리오(0.1%)

2 감염병의 분류

① 병원체에 따른 분류

바이러스	호흡기계 침입	홍역, 유행성이하선염, 인플루엔자
	소화기계 침입	폴리오(소아마비), 유행성간염
	피부점막 침입	일본뇌염, 광견병(공수병), 후천성면역결핍증(AIDS)
세균	호흡기계 침임	디프테리아, 백일해, 결핵, 폐렴, 성홍열, 한센병
	소화기계 침입	장티푸스, 콜레라, 파라티푸스, 세균성이질
	피부점막 침입	파상풍, 페스트
리케차		발진티푸스, 발진열, 쯔쯔가무시증(양충병)
스피로헤타		매독, 서교증, 와일씨병
원충		말라리아, 아메바성 이질, 톡소플라즈마, 트리파노소마(아프리카 수면병)

② 인체 침입구에 따른 분류 ★★★

구분	특징	종류
호흡기계 침입	환자의 기침, 대화 등을 통해 전파되어 호흡기로 감염	디프테리아, 홍역, 백일해, 유행성이하선염, 천연두(두창), 성홍열, 결핵, 인플루엔자 등
소화기계 침입	물, 식품의 섭취를 통해 감염	콜레라, 장티푸스, 파라티푸스, 세균성이질, 유행성감염, 식중독, 폴리오(소아마비)
경피 침입	신체의 일부가 토양에 직접 접촉하거나 상처를 통해 감염	파상풍, 매독, 일본뇌염, 한센병(나병)

③ 기타 감염 경로에 따른 분류

직접 전파	• 신체접촉: 매독, 임질, 성병 • 토양감염: 파상풍, 탄저 등
간접 전파	• 비말감염(기침, 대화): 홍역, 인플루엔자, 폴리오(소아마비) • 진애감염(먼지): 결핵, 천연두, 디프테리아
공기 전파	• 기침 및 대화로 병원체가 대기 중에 부유하여 감염 • 큐열, 결핵, 브루셀라 등

절족동물 매개 감염병	말라리아(모기), 일본뇌염(모기), 황열(모기), 발진티푸스(이), 양충병(진드기), 유행성출혈열(진드기), 페스트(벼룩), 발진열(벼룩)
수인성 감염	• 물을 통해 전염되는 질병(소화기계 전염병) • 장티푸스, 콜레라, 세균성이질, 파라티푸스
식품(음식물)으로 감염	장티푸스, 콜레라, 이질, 폴리오(소아마비), 유행성감염
개달물로 감염	• 의복, 침구, 서적, 완구 등으로 감염 • 결핵, 천연두, 트라코마
토양으로 감염	파상충, 구충(십이지장충)

④ 위생 해충에 의한 감염

파리, 바퀴벌레	장티푸스, 파라티푸스, 세균성이질, 세균성 식중독, 소아마비, 결핵, 콜레라(세균성 소화기감염증)
쥐	세균성식중독, 페스트, 유행성출혈열, 쯔쯔가무시증, 살모넬라, 발진열
진드기	유행성출혈열, 재귀열, 쯔쯔가무시증
벼룩	페스트, 발진열, 재귀열
이	발진티푸스, 재귀열, 참호열
모기	말라리아, 일본뇌염, 황열, 사상충증, 뎅기열

3 감염병의 잠복기

1주일 이내	콜레라, 이질, 성홍열, 파라티푸스, 디프테리아, 뇌염, 인플루엔자, 황열
1~3주일	발진티푸스, 두창, 홍역, 백일해, 급성회백수염, 장티푸스, 수두, 유행성이하선염, 풍진
잠복기가 긴 것	나병(9개월~20년), 결핵(1년), 후천성면역결핍증(20주~3년), 광견병(20~80일)

4 경구감염병(소화기계 감염병)과 세균성 식중독의 차이점

구분	경구감염병(소화기계 감염병)	세균성 식중독
감염원	감염균에 오염된 식품과 음용수 섭취에 의해 감염	식중독균에 오염된 식품 섭취에 의해 감염
감염균의 양	적은 양의 균으로도 감염	많은 양의 균과 독소로 감염
잠복기	상대적으로 길다.(2~7일)	짧다.(12~24시간)
2차 감염	있음	없음

면역성	있음		없음
독성	강함		약함
예방	예방접종되는 경우도 있지만 대부분 불가능함		식품 중 균의 증식을 억제하여 예방이 가능함

5 인수공통감염병(인수공통전염병) ★★★

① 인수공통감염병의 정의: 사람과 동물 간에 서로 전파되는 병원체에 의해 발생되는 감염병
② 인수공통감염병의 종류

탄저	소, 말, 양, 염소	광견병	개
결핵	소	큐열	소, 양, 쥐
파상열(브루셀라증)	소, 돼지, 염소	돈단독	돼지가 대표적
야토병	산토끼, 쥐	구제역	소, 돼지
조류인플루엔자	닭, 칠면조, 야생조류	광우병	소
렙토스피라증	쥐	페스트	쥐

6 법정감염병

구분	특징	질병
제1급 감염병 (17종)	• 생물테러감염병 또는 치명률이 높거나 집단 발생의 우려가 커서 발생 또는 유행 즉시 신고해야 한다. • 음압격리와 같은 높은 수준의 격리가 필요하다.	에볼라바이러스병, 마버그열, 라싸열, 크리미안콩고출혈열, 남아메리카출혈열, 리프트밸리열, 두창, 페스트, 탄저, 보툴리눔독소증, 야토병, 신종감염병증후군, 중증급성호흡기증후군, 중동호흡기증후군, 동물인플루엔자인체감염증, 신종인플루엔자, 디프테리아
제2급 감염병 (21종)	전파 가능성을 고려하여 발생 또는 유행 시 24시간 이내에 신고해야 하고, 격리가 필요하다.	결핵, 수두, 홍역, 콜레라, 장티푸스, 파라티푸스, 세균성이질, 장출혈성대장균감염증, A형간염, 백일해, 유행성이하선염, 풍진, 폴리오, 수막구균감염증, b형헤모필루스인플루엔자, 폐렴구균감염증, 한센병, 성홍열, 반코마이신내성황색포도알균감염증, 카바페넴내성장내세균속균종감염증, E형간염
제3급 감염병 (27종)	계속 발생을 감시할 필요가 있어 발생 또는 유행 시 24시간 이내에 신고해야 한다.	파상풍, B형간염, 일본뇌염, C형간염, 말라리아, 레지오넬라증, 비브리오패혈증, 발진티푸스, 발진열, 쯔쯔가무시증, 브루셀라증, 공수병, 신증후군출혈열, 후천성면역결핍증(AIDS), 크로이츠펠트-야콥병, 황열, 뎅기열, 큐열, 웨스트나일열, 라임병, 진드기매개뇌염, 유비저, 치쿤구니야열, 중증열성혈소판감소증후군, 지카바이러스감염증, 렙토스피라증, 매독

제4급 감염병 (22종)	제1급 감염병부터 제3급 감염병까지의 감염병 외에 유행 여부를 조사하기 위해 표본감시활동이 필요한 감염병을 말한다.	인플루엔자, 회충증, 편충증, 요충증, 간흡충증, 폐흡충증, 장흡충증, 수족구병, 임질, 클라미디아감염증, 연성하감, 성기단순포진, 첨규콘딜롬, 반코마이신내성장알균감염증, 메티실린내성황색포도알균감염증, 다제내성녹농균감염증, 다제내성아시네토박터바우마니균감염증, 장관감염증, 해외유입기생충감염증, 엔토로바이러스감염증, 사람유두종바이러스감염증

7 감염병 예방대책

감염원 대책	환자에 대한 대책	환자의 조기발견, 격리 및 감시와 치료, 법정감염병 환자는 신고한다.
	보균자에 대한 대책	보균자 조기발견으로 감염병의 전파를 막는다.
	외래 감염병에 대한 대책	병에 걸린 동물을 신속히 없앤다.
	감염경로에 대한 대책	손, 식기, 용기, 행주 등을 철저히 소독한다.
	역학조사	집단검진 등을 통해 감염원을 조사하고, 대책을 세운다.
감수성 대책	저항력의 증진	체력증진
	예방접종	• BCG(결핵) 예방접종 • DPT(디프테리아, 백일해, 파상풍) 예방접종

합격 팁

보균자의 종류
- 건강보균자: 병원체를 몸에 지니고 있으나 증상이 나타나지 않는 사람으로, 감염병 관리가 어렵다.
- 잠복기보균자: 병원체에 감염되어 있지만 임상증상이 나타나지 않은 상태의 사람으로, 전염성을 가진다.
- 회복기보균자: 질병의 임상증상이 회복되는 시기에도 여전히 병원체를 지닌 사람이다.

8 면역의 종류와 특징

선천적 면역		• 체내에 자연적으로 형성된 면역 • 종속면역, 인종면역, 개인면역 등
후천적 면역	능동면역	자연능동면역: 질병감염 후 형성되는 면역
		• 인공능동면역: 예방접종으로 생성되는 면역 • 인공능동면역을 위한 백신: 생균백신, 사균백신, 순화독소 • 순화독소로 영구면역을 획득하는 질병: 파상풍, 디프테리아
	수동면역	자연수동면역: 모체로부터 얻은 면역
		인공수동면역: 면역이 생긴 혈청 등을 접종하여 생긴 면역
영구면역이 잘 되는 질병		홍역, 수두, 풍진, 백일해, 폴리오, 천연두
면역이 약간만 형성되는 질병		인플루엔자, 디프테리아
면역이 되지 않는 질병		매독, 이질, 말라리아

> **합격 팁**
>
> **능동면역** 숙주 스스로 면역체를 만들어 가진 것
> **수동면역** 다른 숙주가 만든 면역체를 받아서 면역력을 가진 것

06 인구와 보건

1 인구의 구성 형태

피라미드형	인구 증가형, 후진국형, 자연 증감
종형	인구 정체형, 가장 이상적인 인구 구성형태, 자연 증감
항아리형	인구 감소형, 방추형, 선진국형, 자연 증감
별형	인구 유입형, 도시형, 사회 증감
호로형	인구 유출형, 표주박형, 농촌형, 사회 증감

SECTION 06 단원문제: 공중보건

01 세계보건기구(WHO) 보건헌장에 의한 건강의 의미로 가장 적합한 것은?
① 질병과 허약의 부재 상태를 포함한 육체적으로 완전무결한 상태
② 육체적으로 완전하며 사회적 안녕이 유지되는 상태
③ 단순한 질병이나 허약의 부재 상태를 포함한 육체적·정신적·사회적으로 완전히 안녕한 상태
④ 각 개인의 건강을 제외한 사회적 안녕이 유지되는 상태

02 공중보건 사업의 최소단위는?
① 가정
② 개인
③ 지역사회(시, 군, 구)
④ 국가

03 공중보건 사업과 거리가 먼 것은?
① 보건교육　② 인구보건
③ 감염병 치료　④ 보건행정

04 국가의 보건수준이나 생활수준을 나타내는 데 가장 많이 이용되는 지표는?
① 영아사망률
② 병상이용률
③ 건강보험 수혜자수
④ 조출생률

05 자외선에 대한 설명으로 틀린 것은?
① 가시광선보다 짧은 파장이다.
② 피부의 홍반 및 색소 침착을 일으킨다.
③ 인체 내 비타민 D를 형성해서 구루병을 예방한다.
④ 고열물체의 복사열을 운반해서 열선이라고도 하며, 피부온도를 상승시킨다.

06 세계보건기구(WHO)의 주요 기능이 아닌 것은?
① 국제적인 보건사업의 지휘 및 조정
② 회원국에 대한 기술지원 및 자료공급
③ 개인의 정신질환 치료 및 정신보건 향상
④ 전문가 파견에 의한 기술자문 활동

정답해설

01 세계보건기구의 헌장에 따른 건강이란 육체적·정신적·사회적으로 완전히 안녕한 상태를 말한다.
02 공중보건의 대상은 개인이 아닌 지역사회(시, 군, 구)가 최소단위이며, 더 나아가 국민 전체를 대상으로 한다.
03 감염병 치료는 임상의학으로 공중보건의 범위에 해당하지 않는다.(질병의 치료는 해당하지 않는다.)
04 영아사망률은 국가의 보건수준 또는 생활수준을 나타내는 지표로 사용된다.
05 고열물체의 복사열을 운반해서 열선이라고도 불리는 것은 적외선이다.
06 세계보건기구의 활동은 개인의 질병 및 치료의 목적과는 관련이 없다.

| 정답 | 01 ③　02 ③　03 ③　04 ①　05 ④　06 ③ |

07 미생물에 대한 살균력이 가장 큰 것은?
① 적외선 ② 가시광선
③ 자외선 ④ 라디오파

08 복사선의 파장이 가장 크며, 열선이라고 불리는 것은?
① 자외선 ② 가시광선
③ 적외선 ④ 도르노선

09 감각온도 3요소에 속하지 않는 것은?
① 기압 ② 기온
③ 기습 ④ 기류

10 기온역전현상의 발생 조건은?
① 상부기온이 하부기온보다 낮을 때
② 상부기온이 하부기온보다 높을 때
③ 상부기온과 하부기온이 같을 때
④ 안개와 매연이 심할 때

11 실내 공기오염의 지표로 이용되는 기체는?
① 산소
② 이산화탄소
③ 일산화탄소
④ 질소

12 이산화탄소를 실내공기의 오탁지표로 사용하는 가장 주된 이유는?
① 유독성이 강하므로
② 실내 공기 조성의 전반적인 상태를 알 수 있으므로
③ 일산화탄소로 변화되므로
④ 항상 산소량과 반비례하므로

13 대기오염 물질로 산성비의 원인이 되며 달걀이 썩는 자극성 냄새가 나는 기체는?
① 일산화탄소
② 아황산가스(이산화황)
③ 이산화질소
④ 이산화탄소

정답해설

07 자외선은 일광의 3분류 중 파장이 가장 짧고 가장 강한 살균력을 보여 살균 및 소독에 이용한다. 살균력이 가장 높은 자외선 파장은 2,500~2,800Å이다.

08 적외선은 일광의 3분류 중 파장이 가장 길며 '열선'이라고도 한다.

09 감각온도 3요소: 기온, 기습, 기류

10 기온역전현상은 상부기온이 하부기온보다 높아지는 현상이다. 대표적으로 LA스모그, 런던스모그가 있다.

12 이산화탄소는 무색 무취한 비독성의 가스로, 실내공기 조성의 전반적인 상태를 알 수 있어 실내공기의 오염지표로 사용한다.

13 아황산가스(이산화황)는 실외공기 오염의 지표로 사용되며 산성비의 원인이 된다.

| 정답 | 07 ③ 08 ③ 09 ① 10 ② 11 ② 12 ② 13 ② |

14 다수인이 밀집한 장소에서 발생하며 화학적 조성이나 물리적 조성의 큰 변화를 일으켜 불쾌감, 두통, 권태, 현기증, 구토 등의 생리적 이상을 일으키는 현상은?

① 군집독
② 빈혈
③ 분압현상
④ 일산화탄소 중독

15 물의 자정작용에 해당되지 않는 것은?

① 희석작용　　② 침전작용
③ 소독작용　　④ 산화작용

16 눈 보호를 위해 가장 좋은 인공조명 방식은?

① 직접조명　　② 간접조명
③ 반직접조명　　④ 전반확산조명

17 실내 자연환기의 근본 원인이 되는 것은?

① 기온의 차이　　② 채광의 차이
③ 동력의 차이　　④ 조명의 차이

18 일산화탄소(CO)에 대한 설명으로 틀린 것은?

① 무색, 무취이다.
② 물체의 불완전 연소 시 발생한다.
③ 자극성이 없는 기체이다.
④ 이상 고기압에서 발생하는 잠함병과 관련이 있다.

19 각 환경요소에 대한 연결이 잘못된 것은?

① 이산화탄소(CO_2)의 서한량 : 5%
② 실내의 쾌감습도 : 40~70%
③ 일산화탄소(CO)의 서한량 : 0.01%
④ 실내 쾌감기류 : 0.2~0.3m/sec

20 다음의 상수 처리과정 중 가장 마지막 단계는?

① 급수　　② 취수
③ 정수　　④ 도수

21 예비처리 - 본처리 - 오니처리 순으로 진행되는 것은?

① 쓰레기 처리　　② 지하수 처리
③ 상수도 처리　　④ 하수 처리

> **정답해설**
>
> **14** 군집독은 다수인이 장시간 밀집한 상태일 때 발생하며, 두통·현기증·불쾌감·구토 등의 증상을 일으킨다.
> **15** 공기의 자정작용: 기류에 의한 공기의 희석작용, 비와 눈 등의 세정작용, 산소·오존·과산화수소 등에 의한 산화작용, 자외선에 의한 살균작용, 식물의 탄소동화작용
> **16** 눈 보호에 가장 좋은 조명은 간접조명이다.
> **17** 자연환기는 특별한 장치 없이 이루어지는 환기로 실내외의 온도차, 기체의 확산, 실외의 바람에 의해 발생된다.
> **18** 이상 고기압에서 발생하는 잠함병과 관련이 있는 것은 질소(N)이다.
> **19** 이산화탄소의 서한량은 0.1%이다.
> **20** 상수 처리과정: 취수 → 침사 → 정수(침전 → 여과 → 소독) → 송수 → 배수 → 급수
> **21** 하수 처리과정: 예비처리 → 본처리 → 오니처리
>
> | 정답 | 14 ① 15 ③ 16 ② 17 ① 18 ④ 19 ① 20 ① 21 ④ |

22 하수 처리방법 중에서 처리의 부산물로 메탄가스 발생이 많은 것은?

① 활성오니법　　② 살수여상법
③ 혐기성처리법　④ 산화지법

23 하수처리 방법으로 혐기성처리 방법은?

① 살수여과법　　② 활성오니법
③ 산화지법　　　④ 임호프탱크법

24 하수오염 조사방법과 관련이 없는 것은?

① THIM의 측정　② COD의 측정
③ DO의 측정　　④ BOD의 측정

25 일반적으로 생물화학적 산소요구량(BOD)과 용존산소량(DO)은 어떤 관계가 있는가?

① BOD가 높으면 DO도 높다.
② BOD가 높으면 DO는 낮다.
③ BOD와 DO는 항상 같다.
④ BOD와 DO는 무관하다.

26 (　) 안에 차례대로 들어갈 알맞은 내용은?

> 생물화학적 산소요구량(BOD)은 일반적으로 (　)을 (　)에서 (　)간 안정화시키는 데 소비한 산소량을 말한다.

① 무기물질, 15℃, 5일
② 무기물질, 15℃, 7일
③ 유기물질, 20℃, 5일
④ 유기물질, 20℃, 7일

27 하천수에 용존산소가 적다는 것은 무엇을 의미하는가?

① 유기물 등이 잔류하여 오염도가 높다.
② 물이 비교적 깨끗하다.
③ 오염과 무관하다.
④ 호기성 미생물과 어패류의 생존에 좋은 환경이다.

28 생활쓰레기 분류 중 부엌에서 나오는 동식물성 유기물은?

① 주개
② 가연성 진개
③ 불연성 진개
④ 재활용성 진개

정답해설

22 하수 처리과정 중 부산물로 메탄가스의 발생이 많은 것은 혐기성처리법이다.
23 혐기성분해처리 방법에는 부패조법, 임호프탱크법이 있다.
24 THIM(트리할로메탄)은 물의 염소소독 과정에서 발생하는 발암물질로, 하수오염 조사방법과는 관련이 없다.
25 일반적으로 서로 반비례하며, 오염된 물의 경우 BOD가 높고 DO는 낮다.
26 생화학적 산소요구량(BOD) 검사: 20℃에서 5일간 유기물 분해에 의한 용존산소량의 손실량을 측정한다.
27 용존산소량의 수치가 낮을수록 오염도는 높다.
28 주개란 가정(주방)에서 나오는 동식물성 유기물을 말한다.

|정답| 22 ③　23 ④　24 ①　25 ②　26 ③　27 ①　28 ①

29 진개(쓰레기)처리법과 가장 거리가 먼 것은?
① 위생적 매립법　② 소각법
③ 비료화법　④ 활성슬러지법

30 쓰레기 처리방법 중 미생물까지 사멸할 수 있으나, 대기오염을 유발할 수 있는 것은?
① 소각법　② 투기법
③ 매립법　④ 재활용법

31 폐기물 소각 처리 시 가장 큰 문제점은?
① 악취가 발생되며 수질이 오염된다.
② 다이옥신이 발생된다.
③ 처리방법이 불쾌하다.
④ 지반이 약화되어 균열이 생길 수 있다.

32 구충·구서의 일반 원칙과 가장 거리가 먼 것은?
① 구제대상 동물의 발생원을 제거한다.
② 대상동물의 생태, 습성에 따라 실시한다.
③ 광범위하게 동시에 실시한다.
④ 성충시기에 구제한다.

33 소음에 있어서 음의 크기를 측정하는 단위는?
① 데시벨(dB)　② 폰(Phon)
③ 실(SIL)　④ 주파수(Hz)

34 소음의 측정단위인 데시벨은 무엇을 나타내는 단위인가?
① 음의 강도　② 음의 질
③ 음의 파장　④ 음의 전파

35 고열장해로 인한 직업병이 아닌 것은?
① 열경련　② 일사병
③ 열쇠약　④ 참호족

36 잠함병의 발생과 가장 밀접한 관계를 갖고 있는 환경요소는?
① 고압과 질소
② 저압과 산소
③ 고온과 이산화탄소
④ 저온과 일산화탄소

정답해설

29 활성슬러지법은 하수 처리과정 중 호기성 분해처리법이다.
30, 31 소각법은 가장 위생적이나 대기오염의 원인이 된다.(다이옥신 발생)
32 성충시기에 구제하지 않고 발생 초기에 실시한다.
33 소음의 측정단위는 데시벨(dB)을 사용한다.
34 데시벨은 사람이 들을 수 있는 음(소리)의 강도를 나타내는 단위이다.
35 참호족은 저온에서 오는 저온장해이다.
36 질소(N)는 고기압 상태에서 잠함병을, 저기압 상태에서는 고산병을 일으킨다.

| 정답 | 29 ④ | 30 ① | 31 ② | 32 ④ | 33 ① | 34 ① | 35 ④ | 36 ① |

37 작업환경 조건에 따른 질병의 연결이 맞는 것은?

① 고기압 – 고산병
② 저기압 – 잠함병
③ 조리장 – 열쇠약
④ 채석장 – 소화불량

38 규폐증에 관한 설명으로 틀린 것은?

① 대표적인 진폐증이다.
② 먼지 입자의 크기가 0.5~5.0μm일 때 잘 발생한다.
③ 납중독, 벤젠중독과 함께 3대 직업병으로도 불린다.
④ 위험요인에 노출된 근무경력이 1년이 지난 후에 잘 발생된다.

39 진동이 심한 작업을 하는 사람이 국소진동 장애로 인해 겪는 직업병은?

① 진폐증
② 파킨슨씨병
③ 잠함병
④ 레이노드병

40 작업장의 조명 불량으로 발생될 수 있는 질환이 아닌 것은?

① 안구진탕증
② 안정피로
③ 결막염
④ 근시

41 수인성 감염병의 역학적 유행 특성이 아닌 것은?

① 환자 발생이 폭발적이다.
② 잠복기가 짧고 치명률이 높다.
③ 성별과 나이에 무관하게 발생한다.
④ 급수지역과 발병지역이 거의 일치한다.

42 감수성지수(접촉감염지수)가 가장 높은 감염병은?

① 폴리오
② 홍역
③ 백일해
④ 디프테리아

43 다음 중 병원체가 세균인 질병은?

① 폴리오
② 백일해
③ 발진티푸스
④ 홍역

정답해설

37 고기압 – 잠함병, 저기압 – 고산병, 채석장 – 진폐증
38 규폐증은 위험요인에 노출된 근무경력이 15~20년 이후에 잘 발생된다.
39 레이노드병은 착암작업 등 진동이 심한 작업을 하는 사람에게 발생할 수 있는 직업병이다.
40 결막염은 세균 또는 바이러스, 열성질환 등이 원인이다.
41 수인성 감염병은 병원성 미생물에 오염된 물을 섭취하여 발생하는 질병으로 잠복기가 짧고 치명률이 낮다.
42 감수성지수란, 감염되지 않은 자에게 병원체가 침입했을 때 발병하는 비율로, 두창, 홍역(95%), 백일해(60~80%), 성홍열(40%), 디프테리아(10%), 폴리오(0.1%) 순이다.
43 폴리오 – 바이러스
   발진티푸스 – 리케차
   홍역 – 바이러스

| 정답 | 37 ③ | 38 ④ | 39 ④ | 40 ③ | 41 ② | 42 ② | 43 ② |

44 바이러스의 감염에 의하여 일어나는 감염병은?
① 폴리오
② 세균성이질
③ 장티푸스
④ 파라티푸스

45 리케차에 의해 발생되는 감염병은?
① 세균성이질
② 파라티푸스
③ 발진티푸스
④ 디프테리아

46 심한 설사로 인하여 탈수증상을 보이는 전염병은?
① 콜레라
② 백일해
③ 결핵
④ 홍역

47 환자나 보균자의 분뇨에 의해서 감염될 수 있는 경구 감염병은?
① 장티푸스
② 결핵
③ 인플루엔자
④ 디프테리아

48 환경위생의 개선으로 발생이 감소되는 감염병과 가장 거리가 먼 것은?
① 장티푸스
② 콜레라
③ 이질
④ 홍역

49 감염병과 주요한 감염경로의 연결이 틀린 것은?
① 공기감염 - 폴리오
② 직접 접촉감염 - 성병
③ 비말감염 - 홍역
④ 절지동물 매개 - 황열

50 우리나라에서 발생하는 장티푸스를 관리하는 가장 효과적인 방법은?
① 환경위생 철저
② 공기정화
③ 순화독소 접종
④ 농약 사용 자제

> 정답해설

44 - 세균성이질: 세균
   - 장티푸스: 세균
   - 파라티푸스: 세균
45 파라티푸스와 디프테리아는 세균에 의해 발생된다.
46 콜레라는 병원체가 세균인 소화기계 감염병으로, 위장장애·구토·설사·탈수 등을 일으킨다.
47 장티푸스는 물이나 음식물의 섭취를 통해 감염되는 소화기계 감염병(경구감염병)이다. 결핵, 인플루엔자, 디프테리아는 호흡기계 감염병이다.
48 소화기계 감염병은 환경위생 개선으로 예방할 수 있다. 홍역은 호흡기계 감염병이다.
49 폴리오는 물이나 음식물의 섭취를 통해 감염되는 소화기계 감염병(경구감염병)이다.
50 소화기계 전염병인 장티푸스는 철저한 환경위생을 통해 예방할 수 있다.

| 정답 | 44 ① | 45 ③ | 46 ① | 47 ① | 48 ④ | 49 ① | 50 ① |

51 감염병과 발생원인의 연결이 틀린 것은?
① 장티푸스 - 파리
② 일본뇌염 - 큐렉스속 모기
③ 임질 - 직접감염
④ 유행성출혈열 - 중국얼룩날개모기

52 위생해충과 이들이 전파하는 질병과의 관계가 잘못 연결된 것은?
① 바퀴벌레 - 사상충
② 모기 - 말라리아
③ 쥐 - 유행성출혈열
④ 파리 - 장티푸스

53 곤충을 매개로 간접 전파되는 감염병과 가장 거리가 먼 것은?
① 재귀열
② 말라리아
③ 인플루엔자
④ 쯔쯔가무시병

54 쥐와 가장 관계가 적은 감염병은?
① 페스트
② 유행성출혈열
③ 발진티푸스
④ 렙토스피라증

55 다음 중 법정 전염병 제1군에 속하는 것은?
① 일본뇌염
② 성홍열
③ 장티푸스
④ 성병

56 일반적인 인수공통감염병에 속하지 않는 것은?
① 탄저
② 고병원성조류인플루엔자
③ 홍역
④ 광견병

57 감염병의 예방대책 중 특히 감염경로에 대한 대책은?
① 환자를 치료한다.
② 예방주사를 접종한다.
③ 면역혈청을 주사한다.
④ 손을 소독한다.

정답해설

51 유행성출혈열의 발생원인은 쥐다.
52 사상충은 모기에 의해 전파되는 질병이다.
53 재귀열: 진드기·이·쥐, 말라리아: 모기, 쯔쯔가무시병: 진드기
54 발진티푸스: 이
55 일본뇌염: 제2군, 성홍열: 제3군, 성병: 제3군
56 인수공통감염병의 종류: 탄저, 광견병, 결핵, Q열, 조류인플루엔자, 구제역, 페스트, 렙토스피라증 등
57 감염경로에 대한 대책은 손, 식기, 용기, 행주 등을 철저히 소독하는 것이다.

| 정답 | 51 ④ | 52 ① | 53 ③ | 54 ③ | 55 ③ | 56 ③ | 57 ④ |

58 인수공통감염병으로 그 병원체가 바이러스인 것은?
① 발진열
② 탄저
③ 광견병
④ 결핵

59 사람이 예방접종을 통해 얻는 면역은?
① 선천면역
② 자연수동면역
③ 자연능동면역
④ 인공능동면역

60 생균을 사용하는 예방접종으로 면역이 되는 질병은?
① 파상풍
② 콜레라
③ 폴리오
④ 말라리아

61 순화독소(toxoid)를 사용하는 예방접종으로 면역이 되는 질병은?
① 파상풍
② 콜레라
③ 폴리오
④ 백일해

62 우리나라에서 출생 후 가장 먼저 하는 인공능동면역은?
① 파상풍
② 결핵
③ 백일해
④ 홍역

63 다음 중 DPT 예방접종과 관계가 없는 질병은?
① 페스트
② 디프테리아
③ 백일해
④ 파상풍

64 가장 이상적인 인구 구성형태로 출생률과 사망률이 모두 낮은 인구 형태는?
① 피라미드형
② 종형
③ 항아리형
④ 별형

정답해설

58 발진열: 리케차, 탄저: 세균, 결핵: 세균
59 예방접종을 통해 생기는 후천적 면역은 인공능동면역이다.
60 생균백신으로 영구면역이 되는 질병으로는 홍역, 수두, 풍진, 백일해, 폴리오, 천연두가 있다.
61 순화독소로 영구면역을 획득하는 질병은 파상풍, 디프테리아가 있다.
62 아기가 태어나서 가장 먼저 하는 예방접종은 BCG(결핵)이다.
63 DPT 예방접종: 디프테리아, 백일해, 파상풍
64 피라미드형: 인구 증가형으로 후진국형, 항아리형: 인구 감소형으로 선진국형, 별형: 인구 유입형으로 도시형

| 정답 | 58 ③ | 59 ④ | 60 ③ | 61 ① | 62 ② | 63 ① | 64 ② |

MEMO

기출분석

- 안전관리 대책과 안전교육의 목적을 학습한다.
- 주방에서 사용하는 장비 및 도구의 사용방법과 안전관리 지침을 숙지하고 사고 예방법에 대해 학습한다.
- 작업환경 안전관리 중 특히 작업장 내 안전수칙을 중점적으로 학습한다.

필기 출제비율

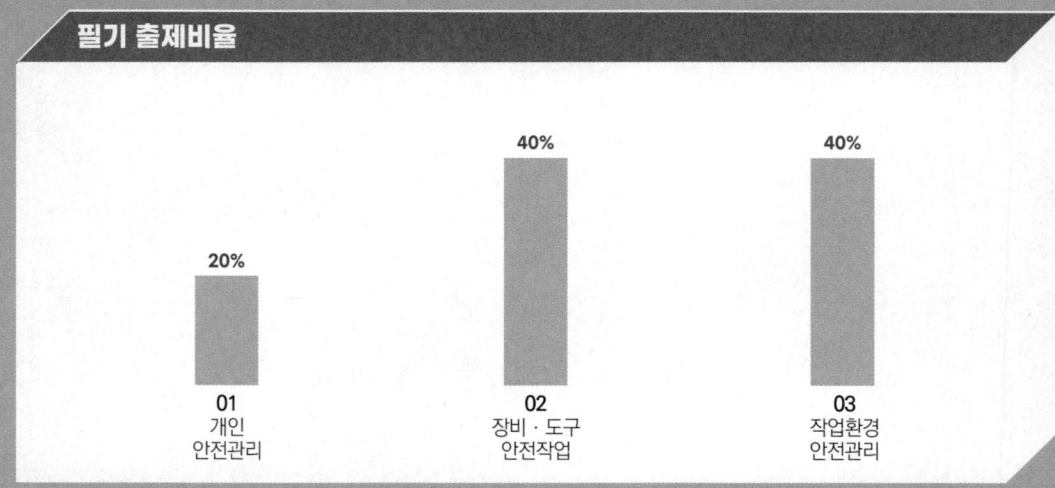

CHAPTER 02
음식 안전관리

SECTION 01 개인 안전관리
SECTION 02 장비·도구 안전작업
SECTION 03 작업환경 안전관리

SECTION 01 개인 안전관리

01 개인 안전사고 예방 및 사후조치

1 안전사고 예방을 위한 개인 안전관리 대책

(1) 위험도 경감의 원칙
① 목적: 사고 발생의 예방과 피해 심각도의 억제
② 핵심요소: 위험요인 제거, 위험발생 경감, 사고피해 경감
③ 고려사항: 사람, 절차, 장비의 3가지 시스템 구성요소를 고려하여 다양한 위험도 경감 접근법을 검토한다.

(2) 안전사고 예방 과정
위험요인 제거 → 위험요인 차단(안전방벽 설치) → 위험사건을 초래할 수 있는 인적·기술적·조직적 오류의 예방 및 교정 → 심각도 제한 → 위험사건 발생 이후 재발 방지를 위한 대응 및 개선 조치

(3) 개인 안전관리 점검표

인간	심리적 원인	망각, 걱정, 무의식적 행동, 위험감각 등
	생리적 원인	피로, 수면 부족, 신체기능, 질병, 알코올 등
	작업환경적 원인	직장 내 인간관계, 리더십, 팀워크 등
기계		기계설비의 설계상 결함, 방호장치의 불량, 안전의식의 부족, 표준화의 부족, 점검 장비의 부족 등
매체		부적절한 작업 정보 및 방법, 작업 자세 및 작업 동작의 결함, 작업 공간 및 환경의 불량 등
관리		관리조직의 결함, 불명확 또는 불철저한 규정과 매뉴얼, 부족한 교육 훈련, 안전관리 계획의 불량, 불충분한 적성 배치, 부하에 대한 지도 및 감독 부족 등

2 재난·재해 요인

(1) 재난의 4요소
인간, 기계, 매체, 관리

(2) 재해 발생의 원인
① 부적합한 지식
② 부적절한 태도와 습관
③ 불완전한 행동
④ 불완전한 기술
⑤ 위험한 환경

(3) 불안전한 행동의 분류

기계·기구의 잘못된 사용	• 잘못된(준비가 덜 된) 기계·기구의 사용 • 필요한 기구의 미사용
운전 중인 기계장치 손질	• 운전 중인 기계장치 및 전기장치의 주유, 수리, 용접, 점검 및 청소 등
불안전한 속도 조작	• 기계장치의 과속 및 저속 • 불필요한 조작
유해·위험물 취급 부주의	• 화기, 가연물, 폭발물, 압력용기 등 취급 시 안전조치 미비
불안전한 상태 방치	• 운전 중인 기계장치 등의 방치 • 적재, 청소 등 정리정돈 불량
불안전한 자세 방치	• 불안전한 자세(달림, 던짐, 뛰어내림, 뛰어오름 등) • 불필요한 동작(장난, 잡담, 잔소리, 싸움 등)
감독 및 연락 불충분	• 감독 부재 및 불충분한 작업 지시 • 경보 오인 • 연락 미비

3 안전교육의 목적 ★★★

① 사망 및 상해 또는 재산 피해를 일으키는 여러 가지 불의의 사고를 예방한다.
② 일상생활에 필요한 안전에 대한 지식, 기능, 태도 등을 이해시킨다.
③ 생명을 존중하며 안전한 생활을 영위할 수 있는 습관을 형성시킨다.
④ 인간 생명의 존엄성을 인식시킨다.
⑤ 개인과 집단의 안정성을 최고로 향상시킨다.

4 응급처치

(1) 응급처치의 목적 ★★★

① 상태가 악화되지 않도록 방지 또는 지연시킨다.
② 부상 또는 질병을 의학적 처치 없이도 회복될 수 있도록 도와준다.
③ 전문 의료진이 도착하기 전까지 생명을 유지시킨다.

(2) 응급처치 시 지켜야 할 사항

① 현장에서 자신의 안전을 확보한다.
② 환자에게 자신의 신분을 밝힌다.
③ 응급처치 시행 전 환자의 생사유무를 판정하지 않는다.
④ 전문 의료진이 도착할 때까지의 행동으로, 원칙적으로 의약품을 사용하지 않는다.
⑤ 응급상황 시 행동단계: 현장조사(Check) → 119신고(Call) → 처치 및 도움(Care)

02 작업 안전관리

1 주방 내 재해 유형 ★★★

재해 유형	원인	예방
절단, 찔림, 베임	• 주방에서 가장 많이 발생하는 사고 • 칼, 금속기, 유리파편	• 조리도구의 올바른 사용법 숙지하기 • 작업대 정리정돈하기 등
화상 및 데임	• 화염 및 뜨거운 액체(기름 등) • 오븐, 뜨거운 솥 등(주방기계) • 데치기, 끓이기 등	• 고온 인식하기 • 작업에 맞는 보호구 사용하기 등
미끄러짐, 넘어짐	• 미끄러운 바닥 및 부적절한 조리화 • 정리가 안 된 호스 등에 발이 걸림	• 바닥청소 및 조리화 착용하기 • 정리정돈 철저히 하기 • 장애물 정리하기 등
끼임	• 물건 이동 시 • 믹서기 등의 주방기기 사용 시 등	• 야채가공기계, 분쇄기 등 사용 시 투입봉 등 기구 사용하기 • 분쇄기 청소 시 반드시 전원 차단하기
전기감전, 누전	• 부적절한 전자제품이나 조리기구 사용 시 • 전자제품의 물청소 시	• 누전 차단기 사용하기 • 절연 상태 수시 확인하기
유해화합물로 인한 피부질환	• 고온접촉 또는 찰과상 • 부적절한 식품첨가물, 합성세제 등	화학물질의 올바른 취급방법 확인 후 사용하기
화재발생 위험	• 가스버너 및 끓는 기름 취급 시 • 전기용 조리기구의 사용 시 • 누전, 합선 등	소화기 비치 및 정기점검하기(초기 진압)
근골격계 질환 (목, 어깨, 허리, 손목 등)	• 장시간 한곳에서 반복적으로 움직일 때 • 불편한 자세 유지 시 • 과도한 적재 및 무거운 물건 취급 시	• 안전한 자세로 조리하기 • 작업 전후 스트레칭하기 등

2 칼 사용과 안전

칼 사용 시	정신을 집중하고 안정된 자세로 작업에 임한다.
	본래의 목적 이외에 사용하지 않는다.(캔을 따는 행위 등 금지)
	칼을 떨어트렸을 경우 잡으려 하지 않고 뒤로 물러선다.
칼 이동 시	칼끝을 정면으로 두지 않으며 지면을 향하게 하고 칼날을 뒤로 가게 한다.
칼 보관 시	칼을 보이지 않는 곳에 두거나, 물이 든 싱크대 등에 담가놓지 않는다.
	칼을 사용하지 않을 때는 안전함에 넣어서 보관한다.

개인 안전관리

SECTION 01 단원문제

01 위험도 경감의 원칙으로 옳지 않은 것은?
① 위험요인 제거
② 위험발생 경감
③ 사고피해 경감
④ 재발 경감

02 위험도 경감의 3가지 시스템 구성요소가 아닌 것은?
① 사람　　② 절차
③ 장비　　④ 기술

03 안전교육의 목적으로 옳지 않은 것은?
① 불의의 사고를 빨리 해결한다.
② 일상생활에서 필요한 개인 및 집단의 안전에 필요한 지식, 기능, 태도 등을 이해시킨다.
③ 안전한 생활을 위한 습관을 형성시킨다.
④ 인간 생명의 존엄성을 인식시킨다.

04 재해발생의 원인과 거리가 먼 것은?
① 부적합한 지식
② 부적합한 기구
③ 위험한 환경
④ 불완전한 행동

05 응급처치의 목적으로 알맞지 않은 것은?
① 생명을 유지시키고 더 이상의 상태 악화를 방지
② 사고발생 예방과 피해 심각도를 억제하기 위한 조치
③ 다친 사람이나 급성질환자를 대상으로 사고현장에서 즉시 취하는 조치
④ 건강이 위독한 환자에게 전문적인 의료가 실시되기 전에 긴급히 실시

정답해설

01 위험도 경감의 원칙: 위험요인 제거, 위험발생 경감, 사고피해 경감
02 위험도 경감의 3가지 시스템: 사람, 절차, 장비
03 안전교육은 불의의 사고를 예방하기 위한 방법 중 하나다.
04 재해발생의 원인: 부적합한 지식, 부적합한 태도와 습관, 불완전한 행동, 불완전한 기술, 위험한 환경
05 응급처치는 재해가 발생한 후 취하는 행동으로, 사고발생 예방과는 무관하다.

| 정답 | 01 ④　02 ④　03 ①　04 ②　05 ② |

06 작업장에서 안전사고가 발생했을 때 가장 먼저 해야 하는 것은?

① 사고원인 물질 및 도구 회수
② 역학조사
③ 사고발생 관리자 보고
④ 모든 작업자 대피

07 재해에 대한 설명으로 틀린 것은?

① 불완전한 행동과 기술에 의해 발생한다.
② 구성요소의 연쇄반응으로 일어난다.
③ 환경이나 작업조건으로 인해 자신만 상처를 입은 경우를 말한다.
④ 재해발생 비율을 줄이기 위해 안전관리가 집중적으로 필요하다.

08 작업 시 근골격계 질환을 예방하는 방법으로 알맞은 것은?

① 작업 전 간단한 체조로 신체 긴장완화
② 작업대 정리정돈
③ 작업보호구 착용
④ 조리기구의 올바른 사용방법 숙지

09 미끄러짐, 넘어짐을 예방하기 위한 방법으로 옳지 않은 것은?

① 바닥청소 및 조리화 착용
② 정리정돈 철저
③ 장애물 정리
④ 보호구 착용

10 주방에서 가장 많이 일어나는 사고 유형은?

① 절단, 찔림과 베임
② 화상과 데임
③ 미끄러짐
④ 끼임

정답해설

06 작업장에서 안전사고가 발생하면 작업을 중단하고 즉시 관리자에게 보고한다.
07 재해란 환경이나 작업조건으로 인해 자신이나 타인에게 상해가 발생된 것을 말한다.
08 근골격계 질환을 예방하기 위해서는 안전한 자세로 조리하고, 작업 전 간단한 체조로 긴장을 완화하는 것이 좋다.
10 절단, 찔림과 베임은 주방에서 가장 많이 일어나는 사고이다.

| 정답 | 06 ③ | 07 ③ | 08 ① | 09 ④ | 10 ① |

SECTION 02 장비·도구 안전작업

01 조리장비·도구 안전관리 지침

1 조리장비·도구의 관리원칙

① 사용방법과 기능을 숙지하고 전문가의 지시에 따라 정확하게 사용한다.
② 사용용도 이외에는 사용하지 않는다.
③ 장비나 도구에 이상 발생 시 사용을 즉각 중지하고 적절한 조치를 취한다.
④ 전기를 사용하는 장비나 도구의 경우 사용법과 사용량을 확인 후 정확하게 사용한다.
⑤ 장비나 도구에 무리가 가지 않도록 유의한다.

2 조리도구의 분류

조리도구	준비도구	• 재료 손질 및 조리 준비에 필요한 용품 • 앞치마, 두건, 야채바구니, 가위 등
	조리기구	• 준비된 재료를 조리하는 과정에 필요한 용품 • 솥, 냄비, 후라이팬 등
보조도구		• 준비된 재료를 조리하는 과정에 필요한 용품 • 주걱, 국자, 집게 등
식사도구		• 먹기 위해 사용하는 용품 • 그릇(용기), 쟁반류, 상류, 수저 및 젓가락 등
정리도구		• 식사 후 정리를 위해 사용하는 용품 • 수세미, 행주, 식기건조대 등

3 조리장비·도구의 안전점검

일상점검		• 주방관리자가 매일 육안으로 확인한다. • 조리도구 및 기구, 전기, 가스 등의 이상 여부를 확인 후 그 결과를 기록·유지한다.
정기점검		• 안전관리책임자가 매년 1회 이상 정기적으로 점검한다. • 조리도구 및 기구, 전기, 가스 등의 성능 여부를 확인 후 기록·유지한다.
긴급점검	손상점검	재해나 사고로 인한 구조적 손상 등에 의해 긴급히 시행한다.
	특별점검	결함이 의심되거나 사용 제한 중인 시설물의 사용 여부를 확인하고자 할 때 시행한다.

4 조리장비·도구의 상태 평가기준

A등급	안전한 시설, 정기점검 필요
B등급	경미한 손상이 있지만 양호한 상태, 간단한 보수정비 필요
C등급	보조 부재에 손상이 있는 보통의 상태, 조속한 보강 및 일부 시설 대체 필요
D등급	주요 부재에 노후화 또는 구조적 결함 상태, 긴급한 보수 및 사용제한 여부 판단 필요
E등급	주요 부재에 진전된 노후화 및 단면 손실, 안전성에 위험이 있는 상태로 사용금지 및 개축 필요

5 조리장비·도구의 사고 예방법 ★★★

조리용 칼	• 적합한 작업 용도로 사용한다. • 이동 및 사용 후 칼집에 넣는다. • 칼의 방향은 몸 반대쪽으로 한다.
절단기 (야채, 육류 등)	• 재료를 넣을 때는 도구를 사용한다.(누름봉 등) • 작업 전에 칼날의 상태와 이물질 등이 없는지 확인한다. • 청소 후 반드시 전원을 차단한다.
튀김기	• 적정량의 기름을 사용한다. • 기름탱크에는 조리 시 물이 튀지 않도록 주의한다. • 세척 후 물기를 완전히 제거한다. • 기름 교환 시 기름온도를 체크한다.
가스레인지	• 정기적으로 가스관을 점검한다. • 가스레인지 주변의 작업공간을 충분히 확보한다. • 사용 후 즉시 가스밸브를 잠근다. • 가스관은 작업에 지장을 주지 않은 곳에 설치한다.

SECTION 02 단원문제 — 장비·도구 안전작업

01 주방에서 조리장비류를 취급할 때 결함이 의심되거나, 시설제한 중인 시설물의 사용 여부를 판단하기 위해 실시하는 점검은?

① 정기점검 ② 일상점검
③ 긴급점검 ④ 특별점검

02 조리장비 및 도구의 상태를 평가하는 기준 중 주요 부재의 진전된 노후화, 단면 손실, 안전성에 위험이 있는 상태로 사용금지 및 개축을 필요로 하는 등급은?

① A등급 ② B등급
③ D등급 ④ E등급

03 조리도구를 선택할 때 고려할 사항으로 가장 적합하지 않은 것은?

① 필요성 ② 성능
③ 안전성 ④ 디자인

04 얼음을 만들어내는 기계인 제빙기의 점검 및 세척 방법으로 옳지 않은 것은?

① 전원을 차단하고 기계를 정지시킨 후 점검을 시작한다.
② 제빙기 내부의 얼음이 저절로 녹을 때까지 기다린 후 세척한다.
③ 중성세제로 세척한다.
④ 마른 행주로 닦고 20분 정도 지난 후 작동시킨다.

05 조리장비와 도구에 대한 설명으로 옳지 않은 것은?

① 공인된 기구가 인정하는 장비가 아니더라도 안전성을 확보한 장비라면 사용해도 된다.
② 작업의 질을 개선시킬 수 있어야 한다.
③ 투자에 따른 장비의 성능이 효율적이어야 한다.
④ 조작이 간편해야 한다.

정답해설

01 특별점검: 결함이 의심되어 사용제한 중인 시설물의 사용 여부 판단을 위해 시행하는 점검

03 조리도구를 선택 및 사용할 때는 필요성, 성능, 요구에 따른 만족도, 안전성, 위생을 고려해야 한다.

04 제빙기는 더운물로 얼음을 녹이거나 꺼내어 버린 후 중성세제로 세척한다.

05 공인된 기구가 인정하는 안전성과 효과성을 확보한 장비를 선택해 사용해야 한다.

| 정답 | 01 ④ | 02 ④ | 03 ④ | 04 ② | 05 ① |

SECTION 03 작업환경 안전관리

01 작업장(주방) 환경 및 안전관리

1 작업장 환경요소 ★★★
작업장 내의 온도, 습도, 조명, 색, 소음, 환기 등을 의미한다.

2 작업장 내 안전사고 발생원인

인적 요인	• 안전교육 미흡으로 인한 안전지식 및 기능의 결여 • 미숙한 작업 방법
물적 요인	• 부적합한 기구 및 장치 • 불량 자재
환경적 요인	• 고온 다습한 환경 • 노후된 시설

3 작업장 안전관리 방법

안전관리 지침서 작성	• 직접적 대책: 작업환경의 개선, 설비의 개선, 작업방법의 개선 • 간접적 대책: 관리기준의 개선, 교육 실시, 건강유지 증진
정리정돈 점검	• 사용한 장비·도구는 제자리에 정리한다. • 작업장 내부와 주변 통로 등은 항상 청소한다. • 굴러다니기 쉬운 물건은 받침대를 사용한다. • 적재물은 사용 시기와 용도별로 정리한다. • 부식 및 발화 가연제 또는 위험물질은 별도로 구분하여 보관한다.
작업장의 온도 및 습도관리	• 적정온도: 겨울철(18~21°C), 여름철(25~26°C) • 적정습도: 40~60%
조명관리	• 전처리실 및 조리작업대 권장조도: 220Lux 이상 • 식재료 및 물품 검수 장소 권장조도: 540Lux 이상

4 작업장의 안전수칙

조리장비 안전수칙	• 조리장비의 사용과 작동법을 숙지한다. • 가스밸브는 사용 전후 확인한다. • 냉장·냉동실의 잠금장치 상태를 확인한다. • 가스·오븐 등의 사용 전후 온도 및 전원 상태를 확인한다. • 전기기기나 장비 사용 시 손에 물기를 제거하고, 세척 시 플러그를 확인한다.
조리작업자의 안전수칙	• 조리작업에 편한 복장 및 조리화를 착용한다. • 안전한 자세로 조리한다. • 뜨거운 것을 만질 때는 마른 장갑 등을 착용한다. • 짐을 옮길 시 주변의 충돌을 경계한다.

02 화재 예방 및 조치 방법

1 화재의 원인 ★★★

① 전기제품의 누전 및 과열 등으로 인한 발생
② 조리기구(가스레인지 등)의 부주의한 사용 및 주변 가연물에 의한 발생
③ 식용유 사용 시 과열로 인한 발생
④ 조리 중 자리 이탈 등 부주의로 의한 발생
⑤ 기타 화기 취급 부주의로 의한 발생

2 화재의 분류

A급 화재 (일반 화재)	• 나무, 솜, 종이, 고무 등 일반 가연성 물질에 의한 화재 • 물로 소화 가능, 적용 소화기 백색 바탕에 A 표시
B급 화재 (유류가스 화재)	• 석유, 벙커C유, 타르, 페인트, 가스에 의한 화재 • 적용 소화기 황색 바탕에 B 표시
C급 화재 (전기 화재)	• 전기스파크, 단락, 과부하 등 전기에너지가 불로 전이되는 것 • 적용 소화기 청색 바탕에 C 표시
D급 화재 (금속 화재)	• 철분, 마그네슘, 칼륨, 나트륨, 지르코늄 등 금속물질에 의한 화재 • 물 사용 시 폭발 위험이 있음

3 화재의 예방 및 점검 ★★★

① 지정된 장소에 소화기를 비치하고 정기적으로 점검한다.
② 조리실 내 가연성 물질의 적재를 금지한다.
③ 뜨거운 기름과 유지를 화염원 근처에 방치하는 것을 금지한다.
④ 콘센트에 다량의 전기기구 연결을 금지한다.
⑤ 소화기 사용법의 교육을 진행한다.
⑥ 화재 위험요소가 있는 기계·기기를 수리 및 점검한다.

4 화재 시 대처 요령 ★★★

① 경보를 울리고 큰 소리로 주위에 알리며 119에 신고한다.
② 화재의 원인을 신속히 제거하고 산소를 차단한다.(가스밸브 잠금, 전기 차단 등)
③ 소화기나 소화전을 사용하여 불을 끈다.
④ 승강기 탑승을 금지한다.(계단으로 이동)
⑤ 물수건 등으로 코를 막고 몸을 낮춰 이동한다.
⑥ 문의 손잡이가 뜨거울 수 있으므로 맨손으로 잡지 않는다.

SECTION 03 작업환경 안전관리

01 작업환경 관리의 목적으로 옳지 않은 것은?
① 작업 시 발생하는 유해인자에 근로자가 얼마나 노출되는지 알 수 있다.
② 깨끗한 작업환경을 조성함으로써 근로자의 건강을 보호한다.
③ 생산성 향상에 기여한다.
④ 생산기술 향상에 기여한다.

02 튀김기에 화재가 났을 때 적합한 소화 방법은?
① 유화소화법
② 질식소화법
③ 제거소화법
④ 냉각소화법

03 주방 내 미끄럼 사고의 원인이 아닌 것은?
① 바닥이 젖은 상태
② 기름이 있는 바닥
③ 높은 조도로 인해 주방 내부가 밝은 경우
④ 노출된 전선

04 조리장비 사용 시 안전수칙으로 옳지 않은 것은?
① 전기장비 사용 시 조리작업자의 손에 물기가 없어야 한다.
② 냉장, 냉동시설의 잠금장치를 확인한다.
③ 조리장비의 사용방법을 철저히 익힌다.
④ 가스레인지 및 오븐은 사용 전에만 전원상태를 확인한다.

05 주방 내 화재 발생 시 대처요령으로 옳지 않은 것은?
① 큰 소리로 주위에 알린다.
② 화재의 원인을 제거한다.
③ 물을 사용하여 불을 끈다.
④ 화재 시 경보를 울린다.

06 화재를 사전에 예방하기 위한 방법으로 바르지 않은 것은?
① 화재발생 위험요소가 있는 기계 근처에는 가지 않는다.
② 화재 위험성이 있는 화기나 설비 주변은 정기적으로 점검한다.
③ 지속적으로 화재예방 교육을 실시한다.
④ 전기 사용지역에서는 접선이나 물의 접촉을 금지한다.

정답해설

01 작업환경 관리의 목적은 작업 시 발생하는 소음·분진·유해화학물질 등의 유해인자에 근로자가 얼마나 노출되는지를 측정 및 평가한 후, 시설과 설비 등의 적절한 개선을 통하여 깨끗한 작업환경을 조성함으로써 근로자의 건강을 보호하고 생산성을 향상시키는 데 있다.

02 - 질식소화법: 불연성 기체, 소화분말 등으로 연소물을 덮어 산소를 차단하는 방법
 - 제거소화법: 가연물을 제거하는 소화방법
 - 냉각소화법: 화점의 온도를 낮추는 소화방법

03 낮은 조도로 인해 어두운 경우 미끄럼 사고가 발생할 수 있다.
04 가스레인지 및 오븐은 사용 전후 모두 전원상태를 확인해야 한다.
05 주방 내 화재는 기름기가 있는 화재이므로 소화기를 사용하여 불을 끈다.
06 화재발생 위험요소가 있을 수 있는 기계나 기기는 수리 및 정기적인 점검을 실시하여 관리한다.

| 정답 | 01 ④ 02 ① 03 ③ 04 ④ 05 ③ 06 ① |

기출분석

- 탄수화물, 단백질, 지방(지질)의 기능, 특징, 분류에 대해 자세히 학습하며 식품이 갖고 있는 유독 성분을 연결시켜 학습한다. 또한 비타민의 결핍증상 및 질병을 연결할 수 있도록 하며 식품이 갖고 있는 색소에 대해 자세히 학습한다.
- 소화작용에 해당되는 소화효소의 종류와 특징을 중심으로 학습한다.
- 각 영양소의 구분과 칼로리에 대해 학습한다.

필기 출제비율

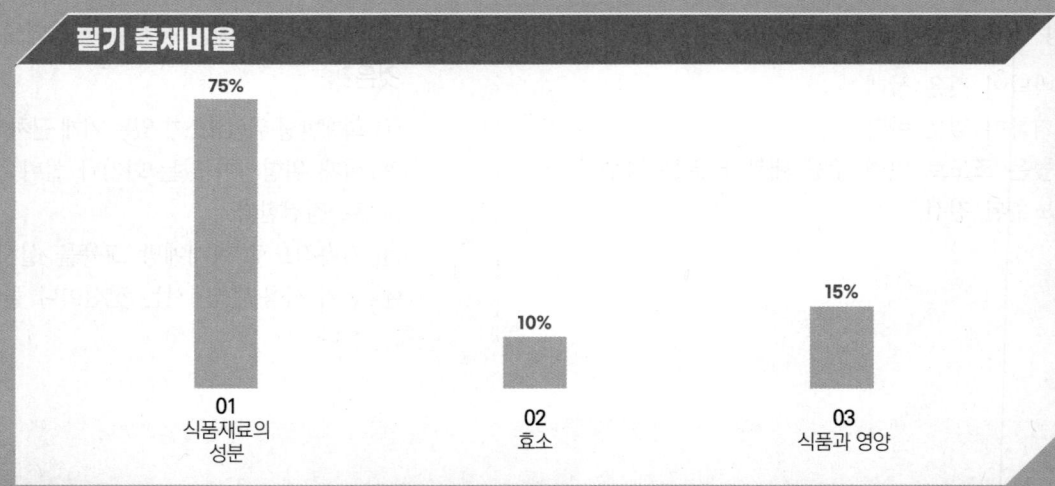

- 01 식품재료의 성분 75%
- 02 효소 10%
- 03 식품과 영양 15%

CHAPTER 03

음식 재료관리

SECTION 01 식품재료의 성분
SECTION 02 효소
SECTION 03 식품과 영양

SECTION 01 식품재료의 성분

01 수분

1 수분의 기능
① 신체의 구성성분(체중의 65~70%)이며, 소화액을 구성한다.
② 체내 영양소와 노폐물을 운반한다.
③ 외부 충격으로부터 장기를 보호하고 윤활제 역할을 한다.
④ 체온을 조절한다.
⑤ 전해질 평형을 유지한다.

2 수분의 종류

자유수(유리수)	결합수
• 식품 중에 유리 상태로 존재하는 물(보통의 물)이다. • 수용성 물질을 녹일 수 있다. • 미생물 생육이 가능하다. • 쉽게 건조된다. • 0°C 이하에서 동결되고, 100°C 이상에서 증발한다.(4°C에서 비중이 가장 큼)	• 식품 중 탄수화물이나 단백질 분자의 일부분을 형성하는 물이다. • 수용성 물질을 녹일 수 없어 용매로 작용이 불가능하다. • 미생물 생육이 불가능하다. • 쉽게 건조되지 않는다. • 0°C 이하에서도 동결되지 않는다. • 자유수보다 밀도가 크다.

3 수분활성도(Aw)

임의의 온도에서 식품 내의 물이 나타내는 수증기압을 그 온도에서 순수한 물의 최대 수증기압으로 나눈 것을 말한다.

$$\text{식품의 수분활성도(Aw)} = \frac{\text{식품이 나타내는 수증기압}}{\text{순수한 물의 수증기압}}$$

$$= \frac{\text{용질의 증기압}}{\text{용매의 증기압}} = \frac{\text{용매의 농도/분자량}}{\text{용매의 농도/분자량} + \text{용질의 농도/분자량}}$$

① 순수한 물: 수분활성도(Aw)가 1인 물이다.
② 일반식품: 일반식품의 수분활성도는 항상 1보다 작다.
③ 식품별 수분활성도(Aw): 수분활성도가 낮으면 미생물의 증식이 억제되고 보존성이 높아진다.

건조식품	0.20 이하	곡류, 콩류	0.60~0.64
어패류, 과일, 채소류	0.90~0.98	육류나 생선	0.98

④ 수분활성도 0.6 이하: 미생물의 번식 억제가 가능하다.
⑤ 수분활성도 0.8 이상: 상온의 식품에서 곰팡이가 발생한다.

> **합격 팁**
>
> **수분활성도 순서**
> 세균(0.90~0.95) > 효모(0.88) > 곰팡이(0.65~0.80)

02 탄수화물

1 탄수화물의 특징과 기능

탄수화물의 특징	• 구성원소: 탄소(C), 수소(H), 산소(O)의 복합체이다. • 소화되는 당질과 소화되지 않는 섬유소로 구분된다. • 대사과정에서 비타민 B_1(티아민)이 반드시 필요하다. • 과잉 섭취 시 간과 근육에 글리코겐으로, 나머지는 지방으로 저장된다.
탄수화물의 기능	• 에너지 공급원으로 전체 열량의 65%를 차지한다.(1g당 4kcal의 에너지 발생) • 지방의 완전연소에 반드시 필요하다.(지방대사에 관여) • 단백질의 절약 작용을 한다. • 혈당을 유지시킨다. • 식이섬유를 공급한다.(혈당 상승 및 변비 예방)

2 탄수화물의 분류(결합한 당의 수에 따라)

단당류 (6탄당)	포도당 (Glucose)	• 전분이 소화되어 가장 작은 형태로 된 것이다. • 동물의 혈액 중에 0.1% 가량 포함되어 있다.(혈당) • 식물성 식품에 광범위하게 분포되어 있다.(포도, 기타 과일)
	과당 (Fructose)	• 당류 중 가장 단맛이 강하다. • 과일, 벌꿀 등에 함유되어 있으며 물에 잘 녹는다.
	갈락토오스 (Galactose)	• 젖당의 구성성분으로 포유동물의 유즙에 존재한다. • 자연계에 단독으로 존재하지 못한다.
	만노오스 (Mannose)	• 만난, 갈락토만난과 같은 다당류의 구성성분으로 존재한다. • 곤약, 감자 등에 존재한다.

단당류 (5탄당)	아라비노스 (Arabinose)	• 동식물에 존재하며 핵산의 구성성분이다. • 아라반을 구성하는 단당류, 단백질과 결합된 상태로 존재한다.
	리보스 (Ribose)	• 식물에 존재하며, 펙틴 등의 구성성분이다. • DNA와 RNA 등의 핵산구성당이다.
	자일로스 (Xylose)	• 식물에 존재하며, 설탕의 60% 정도의 단맛을 내는 성분이다. • 에너지원으로 사용되지 않는다.
이당류	자당(설탕, 서당: Sucrose)	• 포도당과 과당이 결합된 당이다. • 160°C 이상 가열 시 캐러멜이 된다.(갈색)
	맥아당 (엿당: Maltose)	• 포도당 두 분자가 결합된 당이다. • 발아 중의 곡류나 엿기름에 많고 물엿의 주성분이다.
	젖당 (유당: Lactose)	• 포도당과 갈락토오스가 결합된 당이다. • 동물의 유즙에 함유되어 있으며, 감미가 거의 없다. • 칼슘, 단백질, 인의 흡수를 돕는다. • 정장 작용을 도와준다.
다당류	전분 (녹말: Starch)	• 포도당이 결합된 형태다. • 아밀로펙틴과 아밀로오스로 구성된다. • 곡류 및 감자류 등에 존재한다.
	글리코겐 (Glycogen)	• 동물체에 저장된 탄수화물이다. • 간, 근육에 많이 함유되어 있다.
	섬유소 (Cellulose)	• 식물의 줄기, 세포벽 등에 포함된 당이다. • 소화되지 않는 전분으로 배변운동을 돕는다.
	펙틴 (Pectin)	• 영양적 가치는 없으나 배변을 촉진한다. • 과실류나 감귤류의 껍데기 등에 많이 함유되어 있다. • 겔화하는 성질로 잼이나 젤리를 만드는 데 이용한다.
	한천 (Agar)	• 홍조류인 우뭇가사리를 동결건조하여 만들었다. • 강한 겔을 형성한다.(안정제, 젤리, 양갱) • 물 흡수 시 팽창하여 장을 자극 → 배변을 촉진한다.
	이눌린 (Inulin)	• 과당의 결합체이다. • 돼지감자, 우엉 등에 함유되어 있다.
	키틴(Chitin)	새우, 게, 가재 등의 갑각류 껍데기에 함유되어 있다.

> **합격 팁**
>
> | | |
> |---|---|
> | 찹쌀 | 아밀로펙틴 100% |
> | 멥쌀 | 아밀로펙틴 80% + 아밀로오스 20% |
> | 전화당 | 설탕을 가수분해할 때 얻어지는 것으로, 포도당과 과당이 1 : 1로 섞여 있는 동량 혼합물을 말한다.(벌꿀에 많음) |
> | 당질의 감미도 | 과당 > 전화당 > 설탕(서당) > 포도당 > 맥아당(엿당) > 갈락토오스 > 젖당 |
> | 당류 가공품 중 결정형 캔디 | 퐁당 |

03 지질

1 지질의 특징과 기능 ★★★

지질의 특징	• 구성원소: 탄소(C), 수소(H), 산소(O)의 유기화합물 • 상온에서 고체인 지방과 액체인 기름으로 존재한다. • 성인에너지 적정 비율: 하루 총열량의 20% • 최종 분해산물: 지방산(3분자), 글리세롤(1분자)이 에스테르(ester) 상태로 결합되어 지방조직을 구성한다. • 과잉 섭취 시 피하지방으로 저장되어 비만, 고지혈증, 당뇨, 동맥경화 등을 유발한다.
지질의 기능	• 에너지원으로 이용할 수 있다.(1g당 9kcal 에너지 발생) • 지용성 비타민의 흡수를 돕는다.(비타민 A, D, E, K) • 필수지방산을 공급한다.(리놀렌산, 리놀레산, 아라키돈산) • 신체의 내장기관을 보호하고 체온을 유지시킨다. • 지방조직과 세포막(인지질, 콜레스테롤), 호르몬 등의 구성성분이다. • 식품의 특별한 맛을 제공하여 포만감을 준다.

> **합격 팁**
>
> | | |
> |---|---|
> | 천연항산화제 | 비타민 E, 세사몰, 고시폴 |
> | 항산화제 | 유지의 산화 속도를 억제하는 물질 |

2 지질의 분류

단순지질	• 글리세롤과 지방산의 에스테르 결합산물 • 중성지방: 지방산+글리세롤, 왁스: 고급 지방산+고급 알코올
복합지질	• 단순지질에 당, 인, 단백질 등이 결합된 형태의 지질 • 당지질: 단순지질 + 당, 인지질: 단순지질 + 인산(레시틴), 지단백질: 지질 + 단백질
유도지질	• 단순지질과 복합지질의 가수분해 산물 중 지용성 물질 • 콜레스테롤, 에르고스테롤, 지용성 비타민, 스테로이드 등

3 지방산의 분류

포화지방산	• 탄소와 탄소 사이의 결합에 이중결합이 없는 지방산 • 융점이 높아 상온에서 고체로 존재한다. • 동물성 지방에 함유되어 있다. • 개미산, 팔미트산, 프로피온산, 스테아르산
불포화지방산	• 탄소와 탄소 사이의 결합에 1개 이상의 이중결합이 있는 지방산 • 이중결합이 많을수록 불포화도가 높다. • 융점이 낮아 상온에서 액체상태로 존재한다. • 식물성 지방, 어류, 견과류에 함유되어 있다. • 리놀레산, 리놀렌산, 아라키돈산, 올레산 등
필수지방산	• 체내에서 합성할 수 없어 반드시 식사를 통해 공급 • 식물성 기름에 함유(대두유, 옥수수유 등) • 리놀레산, 리놀렌산, 아라키돈산

합격 팁

트랜스지방산
불포화지방산인 식물성 기름(마가린, 쇼트닝 등)을 가공식품으로 만들 때 산패를 억제하기 위해 수소를 첨가하는 과정에서 생기는 지방산이다.

4 지질의 특성

① 유화성(에멀전화): 기름과 물이 잘 섞이도록 하는 성질 ★★★

수중유적형(O/W)	• 물속에 기름이 분산되어 있는 형태 • 우유, 마요네즈, 아이스크림, 생크림, 크림수프 등
유중수적형(W/O)	• 기름 속에 물이 분산되어 있는 형태 • 버터, 마가린 등

② 경화(수소화): 액상형 기름에 수소(H)를 첨가하여 고체형 기름으로 만드는 성질로, 이때 니켈과 백금 등이 촉매제 역할을 한다.(버터, 마가린 등) ★★★

③ 요오드가(불포화도): 유지 100g의 불포화 결합에 첨가되는 요오드의 g수를 나타낸 값 ★★★

구분	요오드가	종류
건성유	130 이상	들기름, 호두기름, 해바라기유 등
반건성유	100~130	참기름, 유채유, 콩기름, 면실유 등
불건성유	100 이하	올리브유, 땅콩유, 동백유, 피마자유 등

04 단백질

1 단백질의 특징과 기능 ★★★

단백질의 특징	• 구성원소: 탄소(C), 수소(H), 산소(O), 질소(N) • 성인에너지 적정 비율: 하루 총 열량의 15% • 최종 분해산물은 아미노산이다. • 열, 산, 알칼리 등에 의해 응고된다. • 뷰렛에 의한 정색 반응으로 보라색을 띤다. • 주로 육류, 생선류, 알류, 콩류에 많이 포함되어 있다.
단백질의 기능	• 에너지원으로 이용된다.(1g당 4kal의 에너지 발생) • 면역을 담당하고, 체내 PH를 조절한다. • 혈장 단백질, 피부, 효소, 항체, 호르몬 등 성장 및 체조직을 구성한다. • 삼투압 유지를 통해 체내의 수분 함량을 조절한다.

2 필수아미노산의 종류

성인 (8가지)	트립토판, 발린, 트레오닌, 이소루신, 루신, 라이신, 페닐알라닌, 메티오닌
성장기 어린이 (10가지)	성인의 필수아미노산 8종에 아르기닌, 히스티딘 2종 추가

3 단백질의 분류

① 구성 성분에 따른 분류

단순단백질	• 아미노산으로만 구성된 단백질 • 알부민, 글로불린, 글루테닌, 프롤라민, 히스톤 등
복합단백질	• 단순단백질과 비단백질 성분으로 구성된 복합성 단백질 • 인단백질: 우유(카제인), 난황(비텔린) • 지단백질: 콜레스테롤, 난황(리포비텔린) • 당단백질: 소화액(뮤신), 난백(오보뮤코이드)
유도단백질	물리적·화학적 작용 또는 산·알칼리·효소 등의 작용으로 변성
분해된 단백질	• 1차 유도단백질(변성단백질): 젤라틴 • 2차 유도단백질(분해단백질): 펩톤, 펩타이드

② 영양학적 분류(필수아미노산 함량에 따른 분류)

완전단백질	• 필수아미노산이 충분히 들어 있는 단백질 • 우유(카제인, 락트알부민), 콩(글리시닌), 달걀(알부민)
부분적 불완전단백질	• 필수아미노산을 모두 가지고 있으나, 함량이 부족하거나 균형 있게 들어 있지 않은 단백질 • 쌀(오리제닌), 보리(호르데인), 밀(글리아딘)
불완전단백질	• 필수아미노산 중 하나 혹은 그 이상이 결여된 단백질 • 지속적인 섭취 시 성장지연, 체중감소, 심하면 생명유지에 어려움이 있다. • 옥수수(제인), 동물성(젤라틴)

> **합격 팁**
>
> **단백질의 아미노산 보강법(상호 보강작용)**
> • 쌀: 리신이 풍부한 콩을 넣어 완전한 단백질 공급(콩밥)
> • 옥수수: 제인에는 필수아미노산인 트리토판이 없어 나이아신을 합성하지 못하기 때문에 옥수수를 주식으로 먹는 민족에게서 펠라그라병이 많이 나타난다.

05 무기질

1 무기질의 기능

① 에너지원으로 사용되지 않지만 신체 구성성분으로 기능한다.
② 신경의 자극 전달, 근육의 수축과 이완, 혈액 응고 등에 관여한다.
③ 체내에서 합성되지 않으므로 반드시 음식물로 섭취해야 한다.
④ 우리 몸을 구성하는 중요 성분으로 인체의 약 4~5%를 차지한다.

2 무기질의 종류와 특징 ★★★

종류	특징	결핍증	공급식품
칼슘 (Ca)	• 치아와 골격 구성(99%) • 혈액의 응고에 관여(1%) • 근육의 수축이완 작용 • 흡수 촉진: 비타민 D • 흡수 방해: 수산(옥살산)	골다공증, 구루병, 골격 및 치아의 발육 불량, 골연화증	뼈째 먹는 생선, 우유 및 유제품, 난황, 해조류 등
인 (P)	• 치아와 골격 구성 • 에너지 대사 과정에 관여 • 세포막의 구성성분 • 칼슘과 인의 섭취 비율로 성인은 1:1, 어린이는 2:1 권장	골격 및 치아의 발육 불량, 성장 정지, 골연화증, 구루병	멸치, 우유, 치즈, 육류, 난황, 콩 등

나트륨 (Na)	• 삼투압 조절, 수분 균형 유지 • pH 조절 • 산과 염기의 평형 유지 • 근육 수축에 관여	• 결핍: 근육경련, 저혈압, 식욕감퇴 • 과잉: 고혈압, 부종, 심장병 유발	소금, 간장, 식품첨가물
칼륨 (K)	• 삼투압 및 PH 조절 • 근육 수축에 관여 • 신경자극 전달	무기력증, 저혈압, 식욕 감퇴	육류, 우유, 채소류, 과일류
철분 (Fe)	• 혈액 생성 시 필수 영양소로 조혈작용을 함 • 헤모글로빈(혈색소)과 미오글로빈(근육)의 구성성분 • 체내에서 산소 운반 및 면역기능 유지	• 결핍: 철분 결핍성 빈혈 • 과잉: 혈색소증	간, 난황, 육류, 채소류, 도정하지 않은 곡류
요오드 (I)	• 갑상선 호르몬 성분 구성 • 기초대사량 조절 • 유즙 분비 촉진	• 결핍: 갑상선종, 크레틴병(발육 정지) • 과잉: 갑상선 기능 항진증	해조류(미역, 다시마 등), 해산물
코발트 (Co)	• 비타민 B$_{12}$의 구성성분 • 적혈구 생성에 관여	악성 빈혈	채소류, 간
불소 (F)	• 골격 및 치아의 강도 증가 • 충치 예방	• 결핍: 충치 • 과잉: 반상치	해조류, 차
구리 (Cu)	• 철분 흡수 • 헤모글로빈 합성 촉진 • 녹색채소 색소 고정에 관여	저혈색소성 빈혈	간, 채소류, 해조류, 육류
마그네슘 (Mg)	• 치아와 골격 구성성분 • 신경 흥분 억제 • 근육의 수축과 이완에 관여	근육경련, 골연화증, 신경 불안	견과류, 콩류, 채소류

> **합격 팁**
>
> **알칼리성 식품** 체내에서 분해되어 양이온이 되는 칼슘, 나트륨, 칼륨, 마그네슘, 철, 구리, 망간을 많이 함유한 식품(과일, 야채, 해조류 등)
> **산성 식품** 체내에서 분해되어 음이온이 되는 인, 황, 염소를 많이 함유한 식품(육류, 곡류, 어류)

06 비타민

1 비타민의 기능과 특성 ★★★

① 인체에 반드시 필요한 물질이지만 미량만 필요로 한다.
② 여러 가지 결핍증을 예방한다.
③ 대사작용 조절물질로 보조효소 역할을 한다.

④ 인체에서 합성이 힘들기 때문에 반드시 음식으로 섭취한다.
⑤ 에너지원이나 신체 구성물질로 사용되지 않는다.
⑥ 일부는 항산화제로 작용한다.(비타민 E: 토코페롤)

2 비타민의 분류와 특징

① 지용성 비타민

구분	기능 및 특징	결핍증	공급식품
비타민 A (레티놀)	• 피부의 상피세포를 보호한다. • B-카로틴이 비타민 A로 가장 많이 변환한다. • 시력 유지 등 눈의 기능을 좋게 한다.	야맹증, 안구건조증	우유, 난황, 당근, 버터
비타민 D (칼시페롤)	• 뼈 성장에 필요한 물질로, 골격과 치아의 발육을 촉진한다. • 칼슘과 인의 흡수를 촉진한다. • 식품으로 섭취하지 않아도 자외선을 통해 인체에 합성이 가능하다. • 에르고스테롤(프로비타민 D라고 불림)은 자외선을 받아 비타민 D_2를 생성한다.	구루병, 골다공증	건조식품 (버섯, 생선 등)
비타민 E (토코페롤)	• 천연 항산화제 · 노화방지 • 비타민 A의 흡수를 촉진한다. • 지질의 흡수를 돕는다. • α-토코페롤의 생물학적 활성이 가장 좋다.	노화촉진, 용혈작용, 불임증	채소류, 식물성 기름, 견과류, 곡류의 배아
비타민 K (필로퀴논)	• 혈액 응고에 관여하며 지혈작용을 한다. • 장내 세균에 의해 합성된다.	혈액 응고 지연	콩류, 당근, 달걀, 채소류
비타민 F (필수지방산)	• 성장과 생식에 반드시 필요하다. • 체내에서 합성되지 않는다. • 리놀레산, 리놀렌산, 아라키돈산 등이 있다.	피부염, 피부건조	식물성 기름

② 수용성 비타민

구분	기능 및 특징	결핍증	공급식품
비타민 B_1 (티아민)	• 탄수화물이 에너지로 전환될 때 필요하다. • 위액 분비를 촉진한다.(식욕 증진) • 알리신(마늘의 매운맛)에 의해 흡수율이 증가된다.	각기병, 식욕 저하	돼지고기, 땅콩, 곡물의 배아
비타민 B_2 (리보플라빈)	• 성장촉진 작용을 한다. • 피부나 점막을 보호한다. • 빛과 알칼리에는 불안정하고, 산에는 강하다.	구순구각염, 설염, 피부염	유제품, 동물성 식품
비타민 B_3 (나이아신)	• 탄수화물의 대사작용을 증진한다. • 트립토판 60mg 섭취 시 나이아신 1g이 생성된다.	펠라그라(설사, 피부병, 우울증)	육류, 어류, 가금류, 유제품, 땅콩

비타민 B_6 (피리독신)	• 항피부염성 비타민이다. • 신경전달물질, 적혈구의 합성에 관여한다. • 열, 산소, 빛에 쉽게 파괴된다.	피부염, 구내염	효모, 간, 육류, 배아
비타민 B_9 (엽산)	• 적혈구 등의 세포 생성에 도움을 준다. • 항빈혈 작용을 한다. • 핵산과 아미노산의 대사작용을 한다. • 태아의 인체 발달에 관여한다.	빈혈, 구내염	간, 달걀, 과일류
비타민 B_{12} (코발라민)	• 혈액 생성에 관여한다.(조혈작용) • 항악성빈혈인자 • 성장촉진 작용을 한다.	악성빈혈	간, 생선, 유제품
비타민 C (아스코르브산)	• 조리 시 가장 많이 파괴되는 영양소이다. • 알칼리에 약하고 물에 잘 녹으며, 열에 쉽게 파괴된다. • 면역력 증진과 피로 회복에 도움을 준다. • 철의 흡수를 촉진시키고 항산화제 역할을 한다. • 혈관기능을 유지한다.	괴혈병, 면역체계 이상	감귤류, 딸기, 채소류

> **합격 팁**
>
> 아스코르비나아제 효소는 비타민 C를 파괴한다.(당근, 호박 등에 함유)

③ 지용성 비타민과 수용성 비타민의 비교 ★★★

구분	지용성 비타민	수용성 비타민
구성	탄소(C), 수소(H), 산소(O)	탄소(C), 수소(H), 산소(O), 질소(N)
종류	비타민 A, D, E, K, F	비타민 B, B_1, B_2, B_3, B_6, B_9, B_{12}, 비타민 C, 비타민 P
특징	• 기름에 용해가 잘 된다. • 기름과 함께 섭취 시 흡수율이 증가한다.	물에 용해가 잘 된다.
과잉 섭취 시	체내에 저장되어 과잉증이 나타난다.	필요량을 제외하고 모두 배출된다.
결핍증	증상이 서서히 나타난다.	증상이 바로 나타난다.
공급	매일 공급할 필요는 없다.	매일 필요량만큼 공급해야 한다.
조리 중 손실	약간의 손실이 일어난다.	열에 약해 손실이 크다.

07 식품의 색

1 식물성 색소

① 클로로필

특징		• 식품의 잎, 줄기에 있는 녹색 색소(엽록소)로 광합성에 중요한 색소이다. • 산, 알칼리, 효소, 금속 등에 의해 변색된다.
색의 변화	산성(식초)	녹갈색(페오피틴)
	알칼리성(소다)	진한 녹색(클로로필린)을 유지하지만, 비타민 C 등이 파괴되고 조직이 연화된다.
	효소	선명한 초록색(클로로필라이드, 수용성)
	금속이온	선명한 초록색(완두콩 가공 시 황산구리 첨가)

② 카로티노이드

특징	• 동식물성 식품에 널리 분포하는 황색, 주황색, 적색의 색소 • 기름에 잘 녹는 프로비타민 A 기능이 있다.(지용성) • 산과 알칼리에 거의 변하지 않고, 열에 안정적이어서 조리 중 손실이 적다.
β-카로틴	당근, 녹황색 채소, 고구마, 호박 등(황색)
라이코펜	토마토, 수박, 고추(적색)
루테인	오렌지, 난황(주황색)

③ 플라보노이드

특징		식물에 넓게 분포하는 황색 계통의 수용성 색소로 옥수수, 밀가루, 양파 등에 함유되어 있다.
구분	안토잔틴	• 백색이나 담황색의 수용성 색소로 식물의 뿌리, 줄기, 잎 등에 분포되어 있다. • 산성: 연근이나 우엉을 식초물에 담그면 흰색을 띤다. • 알칼리성: 밀가루 반죽에 소다를 넣으면 황색을 띤다.
	안토시아닌	• 과일이나 꽃, 채소 등에 있는 적색, 자색의 색소 • 수용성 색소로 가공 중 쉽게 변색된다. • 산성: 생강(담황색)을 식초에 절이면 붉게 변한다. • 알칼리성: 가지를 삶을 때 백반을 넣으면 보라색이 유지된다.

2 동물성 색소

미오글로빈	• 동물의 근육 색소(육색소) • 생육(적자색) → 산소와 결합하면 옥시미오글로빈(선명한 적색) → 가열하면 메트미오글로빈(갈색 또는 회색)
헤모글로빈	• 동물의 혈액색소로 철(Fe)이 함유되어 있음 • 육가공 시 질산칼륨이나 아질산칼륨을 첨가하면 선홍색 유지
헤모시아닌	• 문어, 오징어 등의 연체류에 포함된 파란색 색소 • 가열 시 적자색으로 변함
아스타산틴	• 새우, 꽃게, 가재 등에 포함된 색소 • 가열 및 부패에 의해 붉은색으로 변함
멜라닌	• 오징어 먹물 색소 • 과일, 버섯 등의 변색 시 나타남

08 식품의 갈변과 변질

식품을 조리, 저장, 가공할 때 식품의 색이 갈색 등으로 변하는 현상으로, 대부분의 갈변 반응은 외관과 풍미에 좋지 않은 영향을 주지만 간장, 된장, 홍차, 커피, 빵, 맥주 등에서 일어나는 갈변은 색과 향미에 좋은 영향을 주어 품질을 향상시킨다.

1 효소에 의한 갈변

폴리페놀옥시다아제	• 사과나 배의 껍질을 깎아 방치하면 갈색의 멜라닌이 형성됨 • 홍차의 갈변
티로시나아제	감자의 갈변

2 효소에 의한 갈변 방지법 ★★★

산 이용	pH(수소이온농도)를 3 이하로 낮춘다.
당 또는 염류 첨가	껍질 벗긴 사과나 배를 설탕물 또는 소금물에 담근다.(공기의 접촉 차단)
산소 제거	식품을 밀폐용기 등에 넣고 공기를 차단하거나, 이산화탄소 또는 질소가스를 주입한다.
온도 조절	온도를 -10°C로 낮춰서 효소의 작용을 억제한다.
기질 제거	구리나 철로 된 기구나 용기의 사용을 자제한다.

3 비효소에 의한 갈변 ★★★

마이야르 반응 (아미노카르보닐)	• 아미노기와 카르보닐기가 공존할 때 일어나는 반응으로 갈색의 멜라노이딘을 생성한다. • 간장, 된장, 홍차, 식빵, 커피, 누룽지, 쿠키 등
캐러멜화 반응	• 당류를 180°C 이상의 고온으로 가열할 때 갈색물질의 캐러멜이 생성된다. • 간장, 약식, 합성청주 등
아스코르빈산의 산화 반응	• 항산화제로 사용되면 갈변을 방지하지만, 비가역적으로 산화되면 산화 생성물이 중합하여 갈색물질을 형성한다. • 감귤류 가공품, 오렌지 주스 등

4 식품의 변질 요인

① 미생물의 번식
② 식품 자체의 효소작용
③ 공기 중의 산화로 인한 비타민 파괴 및 지방 산패

5 육류의 변질과 부패

육류의 부패는 사후경직(사후강직) → 자가소화(숙성) → 부패 순으로 진행된다.

사후경직 (사후강직)	• 도살 후 산소 공급이 중지되어 당질의 호기적 분해가 일어나지 않아 근육 중 젖산의 증가로 인해 근육 수축이 일어나 경직되는 것 • 닭고기: 6~12시간 • 돼지고기: 12~24시간 • 소고기: 24~36시간
자가소화 (숙성)	• 근육 내 단백질 분해효소에 의해 근육 단백질이 분해되는 것 • 근육 연화 및 정미 성분이 증가한다. • pH 감소로 감칠맛이 생성된다.
부패	• 숙성 후 미생물에 의해 발생한다. • 단백질 식품이 혐기성 미생물의 작용으로 변질되는 현상이다. • 암모니아, 인돌, 페놀, 트리메틸아민, 히스타민, 황화수소 등이 형성된다.

09 식품의 맛과 냄새

1 식품의 기본적인 맛(5미)

단맛	• 소량의 소금으로 단맛이 증가되고, 쓴맛과 신맛으로 단맛이 감소된다. • 천연감미료: 설탕, 과당, 전화당, 포도당, 젖당 등 • 당알코올: 자일리톨, 솔비톨, 만니톨 등 • 인공감미료: 아스파탐, 사카린 등
짠맛	• 소금 농도가 1~2%일 때 좋은 짠맛이 난다. • 염화나트륨(소금), 염화칼륨 등
신맛	• pH가 같을 경우 무기산보다 유기산의 신맛이 더 강하다. • 젖산: 요구르트, 김치류 • 사과산: 사과, 배 • 초산: 식초, 김치류 • 구연산: 감귤류, 딸기 • 주석산: 포도
쓴맛	• 낮은 온도에서 느낄 수 있어 식품의 맛에 영향을 준다. • 카페인: 커피, 차 • 테오브로민: 초콜릿, 코코아 • 테인: 차 종류 • 후물론: 맥주(호프) • 오이의 쓴맛: 쿠쿠르비타신
감칠맛	• 입에 당기는 맛으로 단백질 식품에 많다. • 글루타민산: 다시마, 된장, 간장 • 이노신산: 가쓰오부시, 멸치, 육류 • 구아닐산: 표고버섯, 송이버섯, 느타리버섯 • 타우린: 오징어, 문어, 조개류 • 베타인: 오징어, 새우

> **합격 팁**
>
> 맛을 느끼는 속도　짠맛 → 단맛 → 신맛 → 쓴맛
> 호박산　　　　　청주, 조개류의 감칠맛 성분

2 기타 맛

매운맛	• 미각 신경이 강하게 자극받아 생기는 통각 또는 온도 감각에 의한 맛 • 캡사이신(고추), 시니그린(겨자), 진저롤(생강), 차비신(후추), 커큐민(강황), 알리신(마늘), 이소티오시아네이트(무, 겨자)
떫은맛	• 미각 신경이 마비되면서 일어나는 불쾌한 맛 • 탄닌 성분으로 미숙한 과일(감) 등에 포함
아린맛	• 쓴맛과 떫은맛이 섞인 불쾌한 맛 • 죽순, 고사리, 토란, 우엉, 가지 등 • 물에 담가 놓으면 아린맛 제거 가능

3 맛의 최적 온도 ★★★

일반적으로 혀의 미각은 30℃ 전후에서 가장 예민

맛의 종류	최적 온도	맛의 종류	최적 온도
단맛	20~50°C	짠맛	30~40°C
신맛	25~50°C	쓴맛	40~50°C
매운맛	50~60°C		

① 단맛, 짠맛, 쓴맛은 온도가 낮을수록 맛이 증가한다.
② 매운맛은 온도가 높을수록 증가한다.
③ 신맛은 온도에 크게 영향을 받지 않는다.

4 맛의 변화

맛의 대비	• 서로 다른 맛 성분을 혼합할 경우 주된 맛이 강해지는 현상 • 단맛 + 소량의 짠맛 = 단맛 증가 • 짠맛 + 소량의 신맛 = 짠맛 증가
맛의 상승	• 같은 맛 성분을 혼합하여 원래의 맛보다 더 강한 맛이 나는 현상 • 설탕 + 포도당 혼합 = 단맛 증가
맛의 상쇄	• 서로 다른 맛 성분이 혼합됐을 때 각각의 고유한 맛이 나지 않거나 약해지는 현상(조화로움) • 간장과 된장의 짠맛 + 감칠맛 = 짠맛 감소
맛의 변조	• 한 가지 맛 성분을 먹은 직후 다른 맛 성분을 먹으면 원래 식품의 맛이 다르게 느껴지는 현상 • 쓴 약을 먹은 후 물을 마시면 물이 달게 느껴짐 • 오징어를 먹고 식초나 귤을 먹으면 쓴맛이 느껴짐

맛의 억제	• 서로 다른 맛 성분이 혼합되었을 때 주된 맛이 약해지는 현상 • 과일의 신맛 + 설탕 = 신맛 억제 • 커피의 쓴맛 + 설탕 = 쓴맛 억제	
맛의 피로(순응)	같은 맛을 계속 섭취하면 미각이 둔해져 맛을 느끼지 못하는 현상	
미맹	쓴맛 성분인 페닐티오카바마이드(PTC)를 느끼지 못하거나, 맛을 보는 감각에 장애가 있어 맛을 느끼지 못함	

5 식품의 냄새

식물성	에스테르류	과일류(사과, 배, 살구, 복숭아 등)
	테르펜류	• 리모넨(오렌지, 레몬, 박하) • 시트랄(오렌지, 레몬) • 멘톨(박하)
	알코올 및 알데히드류	• 에탄올(주류) • 펜탄올(감자) • 시나믹알데히드(계피), 복숭아 등
	황화합물	• 메틸메르캅탄(파, 마늘) • 이소티오시아네이트(무, 겨자, 고추냉이)
동물성	트리메틸아민	생선 비린내
	암모니아류	육류, 어류 선도 저하 시 발생하는 자극취
	피페리딘	담수어의 선도 저하 시 발생하는 자극취
	카르보닐화합물	고기 굽는 냄새
	지방산류	유제품의 냄새

6 기타 특수 성분

식품	성분	식품	성분
생선비린내	트리메틸아민	맥주	후물론(호프)
고추	캡사이신	참기름	세사몰
마늘	알리신	후추	차비신
겨자	시니그린	생강	진저롤
강황(울금)	커큐민	산초	산쇼올
커피, 초콜릿	카페인	홍어	암모니아

SECTION 01 단원문제 | 식품재료의 성분

01 우리 몸 안에서 수분이 하는 작용을 바르게 설명한 것은?
① 영양소를 운반하는 작용을 한다.
② 5대 영양소에 속하는 영양소이다.
③ 높은 열량을 공급하여 추위를 막을 수 있다.
④ 호르몬의 주요 구성성분이다.

02 다음 중 결합수의 특성이 아닌 것은?
① 수증기압이 유리수보다 낮다.
② 압력을 가해도 제거하기 어렵다.
③ 0℃에서 매우 잘 언다.
④ 용질에 대해서 용매로 작용하지 않는다.

03 식품에 존재하는 물의 형태 중 자유수에 대한 설명으로 틀린 것은?
① 식품에서 미생물의 번식에 이용된다.
② -20℃에서도 얼지 않는다.
③ 100℃에서 증발하여 수증기가 된다.
④ 식품을 건조시킬 때 쉽게 제거된다.

04 식품의 수분활성도를 올바르게 설명한 것은?
① 임의의 온도에서 식품이 나타내는 수증기압에 대한 순수한 물의 수증기압의 비율
② 임의의 온도에서 식품이 나타내는 수증기압
③ 임의의 온도에서 식품의 수분함량
④ 임의의 온도에서 식품과 동량의 순수한 물의 최대 수증기압

05 일반적으로 신선한 어패류의 수분활성도는?
① 1.10~1.15   ② 0.98~0.99
③ 0.65~0.66   ④ 0.50~0.55

06 증식에 필요한 최저 수분활성도(Aw)가 높은 미생물부터 바르게 나열된 것은?
① 세균 – 효모 – 곰팡이
② 곰팡이 – 효모 – 세균
③ 효모 – 곰팡이 – 세균
④ 세균 – 곰팡이 – 효모

정답해설

01 수분의 기능: 신체의 구성성분(체중의 65~70%), 소화액의 구성, 체내 영양소와 노폐물의 운반, 외부충격으로부터 장기보호 및 윤활작용, 체온조절, 전해질 평형유지
03 자유수는 0℃ 이하에서 동결된다.
04 수분활성도
 = 식품이 나타내는 수증기압(P) / 순수한 물의 최대 수증기압(PO)

05 건조식품: 0.20 이하, 곡류·콩류: 0.60~0.64, 어패류·과일·채소류: 0.98~0.99, 육류: 0.98
06 수분활성도 순서: 세균(0.90~0.95) > 효모(0.88) > 곰팡이(0.65~0.80)

| 정답 | 01 ① 02 ③ 03 ② 04 ① 05 ② 06 ① |

07 식품이 나타내는 수증기압이 0.75기압이고, 그 온도에서 순수한 물의 수증기압이 1.5기압일 때 식품의 수분활성도(Aw)는?
① 0.5
② 0.6
③ 0.7
④ 0.8

08 탄수화물의 구성요소가 아닌 것은?
① 탄소
② 질소
③ 산소
④ 수소

09 다음 중 단당류에 속하는 것은?
① 맥아당
② 포도당
③ 설탕
④ 유당

10 전화당의 구성성분과 그 비율로 옳은 것은?
① 포도당과 과당이 3:1인 당
② 포도당과 맥아당이 2:1인 당
③ 포도당과 과당이 1:1인 당
④ 포도당과 자당이 1:2인 당

11 당류 가공품 중 결정형 캔디는?
① 퐁당
② 캐러멜
③ 마시멜로
④ 젤리

12 칼슘과 단백질의 흡수를 돕고 정장효과가 있는 당은?
① 설탕
② 과당
③ 유당
④ 맥아당

13 다음 중 탄수화물이 아닌 것은?
① 젤라틴
② 펙틴
③ 섬유소
④ 글리코겐

14 전분에 대한 설명으로 틀린 것은?
① 찬물에 쉽게 녹지 않는다.
② 달지는 않으나 온화한 맛을 준다.
③ 동물 체내에 저장되는 탄수화물로 열량을 공급한다.
④ 가열하면 팽윤되어 점성을 갖는다.

정답해설

07 $\frac{0.75}{0.15}$ = 0.5

08 탄수화물의 구성원소: 탄소, 수소, 산소

09 단당류: 포도당, 과당, 갈락토오스, 만노오스

11 퐁당(Fondant)은 설탕에 물을 첨가해 가열한 후, 식힌 다음 저어서 만든 결정이다.

12 유당(젖당)은 포도당과 갈락토오스가 결합된 당으로, 포유동물의 유즙에 많이 존재하며 칼슘과 단백질의 흡수를 돕고 정장작용을 한다.

13 젤라틴은 동물성 단백질이다.

14 전분은 '식물' 체내에 저장되는 탄수화물로 열량을 공급한다.

|정답| 07 ① 08 ② 09 ② 10 ③ 11 ① 12 ③ 13 ① 14 ③

15 지방에 대한 설명으로 틀린 것은?

① 에너지가 높고 포만감을 준다.
② 모든 동물성 지방은 고체이다.
③ 기름으로 식품을 가열하면 풍미를 향상시킨다.
④ 지용성 비타민의 흡수를 좋게 한다.

16 중성지방의 구성 성분은?

① 탄소와 질소
② 아미노산
③ 지방산과 글리세롤
④ 포도당과 지방산

17 필수지방산에 속하는 것은?

① 리놀렌산
② 올레산
③ 스테아르산
④ 팔미트산

18 트랜스지방산에 대한 설명으로 맞는 것은?

① 탄소와 탄소 사이의 결합에 이중결합이 없는 지방산
② 탄소와 탄소 사이의 결합에 1개 이상의 이중결합이 있는 지방산
③ 체내에서 합성할 수 없어 반드시 식사를 통해 공급해야 한다.
④ 식물성 기름을 마가린, 쇼트닝으로 가공할 때 산패를 억제하기 위해 수소를 첨가하는 과정에서 생기는 지방산

19 유화액의 상태가 같은 것으로 묶여진 것은?

① 우유, 버터, 마요네즈
② 버터, 아이스크림, 마가린
③ 크림수프, 마가린, 마요네즈
④ 우유, 마요네즈, 아이스크림

정답해설

15 대부분의 동물성 지방은 고체이지만 반고체인 것도 있다.
16 단순지질인 중성지방은 지방산과 글리세롤이 결합된 것이다.
17 필수지방산에는 리놀레산, 리놀렌산, 아라키돈산 등이 있다.
19 - 수중유적형: 물속에 기름이 분산된 형태. 우유, 마요네즈, 아이스크림, 생크림, 크림수프 등
 - 유중수적형: 기름 속에 물이 분산된 형태. 버터, 마가린 등

|정답| 15 ② 16 ③ 17 ① 18 ④ 19 ④

20 지방의 경화에 대한 설명으로 옳은 것은?
① 물과 지방이 서로 섞여 있는 상태이다.
② 불포화지방산에 수소를 첨가하는 것이다.
③ 기름을 7.2℃까지 냉각시켜 지방을 여과하는 것이다.
④ 반죽 내에서 지방층을 형성하여 글루텐 형성을 막는 것이다.

21 유지의 발연점이 낮아지는 요인으로 틀린 것은?
① 기름에 이물질이 없는 경우
② 유지가 분해되어 유리지방산 함량이 높아진 경우
③ 튀김용기의 표면적이 넓을 경우
④ 사용횟수가 많은 경우

22 불건성유에 속하는 것은?
① 들기름
② 땅콩기름
③ 대두유
④ 옥수수기름

23 다음 유지 중 건성유는?
① 참기름
② 면실유
③ 아마인유
④ 올리브유

24 단백질의 특성에 대한 설명으로 틀린 것은?
① C, H, O, N 원소로 이루어져 있다.
② 단백질은 뷰렛에 의한 정색반응을 나타내지 않는다.
③ 조단백질은 일반적으로 질소의 양에 6.25를 곱한 값이다.
④ 아미노산은 분자 중에 아미노기와 카르복실기를 갖는다.

25 육류, 생선류, 알류, 콩류에 함유된 주된 영양소는?
① 단백질
② 탄수화물
③ 지방
④ 비타민

정답해설

20 지방의 경화: 불포화지방산(액체상태 기름)에 수소를 첨가하고, 촉매제(니켈, 백금)를 넣어 고체상태로 만든 것으로 마가린, 쇼트닝 등이 있다.
22 들기름: 건성유, 대두유: 반건성유, 옥수수유: 반건성유
23 건성유: 요오드가 130 이상으로, 들기름·호두기름·해바라기유·아마인유 등이 있다.
24 단백질은 뷰렛에 의한 정색반응으로 보라색을 띤다.
25 단백질은 신체의 주요 구성이자 면역과 관계가 있으며, 육류·생선류·알류·콩류에 주로 함유되어 있다.

| 정답 | 20 ② | 21 ① | 22 ② | 23 ③ | 24 ② | 25 ① |

26 식품의 단백질이 변성되었을 때 나타나는 현상이 아닌 것은?
① 소화효소의 작용을 받기 어려워진다.
② 용해도가 감소한다.
③ 점도가 증가한다.
④ 폴리펩티드 사슬이 풀어진다.

27 카제인은 어떤 단백질에 속하는가?
① 당단백질
② 지단백질
③ 유도단백질
④ 인단백질

28 필수아미노산으로만 짝지어진 것은?
① 트립토판, 메티오닌
② 트립토판, 글리신
③ 라이신, 글루타민산
④ 루신, 알라닌

29 탄수화물의 분류 중 5탄당이 아닌 것은?
① 갈락토오스
② 자일로오스
③ 아라비노오스
④ 리보오스

30 단백질에 관한 설명 중 옳은 것은?
① 인단백질은 단순단백질에 인산이 결합한 단백질이다.
② 지단백질은 단순단백질에 당이 결합한 단백질이다.
③ 당단백질은 단순단백질에 지방이 결합한 단백질이다.
④ 핵단백질은 단순단백질 또는 복합단백질이 산소 및 화학적인 것에 의해 변화된 단백질이다.

31 완전단백질이란?
① 필수아미노산과 불필수아미노산을 모두 함유한 단백질
② 황함유아미노산을 다량 함유한 단백질
③ 성장을 돕지는 못하나 생명을 유지시키는 단백질
④ 정상적인 성장을 돕는 필수아미노산이 충분히 함유된 단백질

정답해설

26 식품의 단백질이 변성되면 소화효소의 작용을 받기 쉽다.
27 인단백질: 우유(카제인), 난황(비텔린) 등
28 – 필수아미노산 8가지: 트립토판, 발린, 트레오닌, 이소루신, 루신, 라이신, 페닐알라닌, 메티오닌
– 필수아미노산 10가지: 8가지 + 아르기닌, 히스티딘
29 6탄당: 포도당, 과당, 갈락토오스, 만노오스
30 – 인단백질 = 단순단백질 + 인
– 지단백질 = 단순단백질 + 지질
– 당단백질 = 단순단백질 + 당질
– 핵단백질 = 단순단백질 + 핵산
31 완전단백질은 필수아미노산이 충분히 들어 있는 단백질로 우유, 콩, 달걀에 많이 함유되어 있다.

| 정답 | 26 ① | 27 ④ | 28 ① | 29 ① | 30 ① | 31 ④ |

32 무기질로만 짝지어진 것은?

① 지방, 나트륨, 비타민 A
② 칼슘, 인, 철
③ 지방산, 염소, 비타민 B
④ 아미노산, 요오드, 지방

33 알칼리성 식품에 대한 설명 중 옳은 것은?

① Na, K, Ca, Mg이 많이 함유되어 있는 식품
② S, P, Cl이 많이 함유되어 있는 식품
③ 당질, 지질, 단백질 등이 많이 함유되어 있는 식품
④ 곡류, 육류, 치즈 등의 식품

34 다음 중 알칼리성 식품의 성분에 해당하는 것은?

① 육즙의 칼슘(Ca)
② 생선의 유황(S)
③ 곡류의 염소(Cl)
④ 육류의 산소(O)

35 양질의 칼슘이 가장 많이 들어 있는 식품끼리 짝지어진 것은?

① 곡류, 서류
② 돼지고기, 소고기
③ 우유, 건멸치
④ 달걀, 오리알

36 칼슘의 흡수를 방해하는 인자는?

① 유당
② 단백질
③ 비타민 C
④ 옥살산

37 다음 중 어떤 무기질이 결핍되면 갑상선종이 발생될 수 있는가?

① 칼슘(Ca)
② 요오드(I)
③ 인(P)
④ 마그네슘(Mg)

정답해설

32 무기질: 유기화합물을 구성하는 탄소, 수소, 산소, 질소를 제외한 원소. 칼슘, 인, 나트륨, 칼륨, 염소, 황, 마그네슘, 철, 요오드, 아연, 구리, 불소 등이 있다.

33, 34 알칼리성 식품: 칼슘(Ca)·마그네슘(Mg)·칼륨(K)·나트륨(Na)·철(Fe) 등을 함유하고 있는 식품으로, 채소·과일·우유 등이 있다.

35 칼슘의 급원식품으로는 우유, 치즈, 멸치, 뼈째 먹는 생선 등이 있다.
36 수산(옥살산)은 시금치 등에 많이 함유되어 있으며 칼슘의 흡수를 방해한다.
37 요오드는 갑상선 호르몬의 성분으로 결핍 시 갑상선종, 크레틴증을 유발한다.

| 정답 | 32 ② | 33 ① | 34 ① | 35 ③ | 36 ④ | 37 ② |

38 녹색채소의 색소고정에 관계하는 무기질은?
① 알루미늄
② 염소
③ 구리
④ 코발트

39 영양소와 그 기능의 연결이 틀린 것은?
① 유당(젖당) – 정장작용
② 셀룰로오스 – 변비예방
③ 비타민 K – 혈액응고
④ 칼슘 – 헤모글로빈 구성성분

40 비타민 A가 부족할 때 나타나는 대표적인 증상은?
① 괴혈병
② 구루병
③ 불임증
④ 야맹증

41 비타민 A의 전구물질로 당근, 호박, 고구마, 시금치 등에 많이 들어 있는 성분은?
① 안토시아닌
② 카로틴
③ 리코펜
④ 에르고스테롤

42 햇볕에 노출하여 자외선을 쪼이게 되면 피부에서 합성되는 비타민은?
① 비타민 A   ② 비타민 B
③ 비타민 C   ④ 비타민 D

43 비타민 D의 전구물질로 프로비타민 D로 불리는 것은?
① 프로게스테론
② 에르고스테롤
③ 시토스테롤
④ 시티그마스테롤

정답해설

38 구리는 철분 흡수 및 헤모글로빈의 합성 촉진 그리고 녹색채소의 색소고정에 관여하며, 결핍 시 저혈색소성 빈혈을 일으킨다.
39 헤모글로빈의 구성성분은 철(Fe)이다.
40 - 비타민 A의 결핍의 증상으로는 야맹증, 안구건조증, 결막염 등이 있다.
  - 괴혈병: 비타민 C 결핍, 구루병: 비타민 D 결핍, 불임증: 비타민 E 결핍
41 β-카로틴이 비타민 A로 가장 많이 변환된다.
42 비타민 D는 칼슘의 흡수에 도움을 주고 뼈의 성장에 관여하며, 자외선에 의해 피부에 합성된다. 결핍 시 구루병·골다공증·골연화증 등이 나타나며, 공급식품으로는 건조식품(버섯·생선) 등이 있다.
43 비타민 D의 전구물질은 에르고스테롤로 '프로비타민 D'라고 불린다.

| 정답 | 38 ③ | 39 ④ | 40 ④ | 41 ② | 42 ④ | 43 ② |

44 천연항산화제로 생식기능 유지와 노화방지의 효과가 있는 비타민은?

① 비타민 A
② 비타민 C
③ 비타민 D
④ 비타민 E

45 다음 중 물에 녹는 비타민은?

① 레티놀
② 토코페롤
③ 리보플라빈
④ 칼시페롤

46 쌀에서 섭취한 전분이 체내에서 에너지를 발생하기 위해서 반드시 필요한 것은?

① 비타민 A
② 비타민 B_1
③ 비타민 C
④ 비타민 D

47 마늘의 매운맛과 향을 내는 것으로, 비타민 B_1의 흡수를 도와주는 성분은?

① 알리신
② 알라닌
③ 헤스페리딘
④ 아스타신

48 비타민 B_2가 부족하면 어떤 증상이 생기는가?

① 구각염
② 괴혈병
③ 야맹증
④ 각기병

49 다음 중 가열조리에 의해 가장 파괴되기 쉬운 비타민은?

① 비타민 C
② 비타민 B_6
③ 비타민 A
④ 비타민 D

정답해설

44 비타민 E(토코페롤)는 천연항산화제로, 노화방지와 비타민 A의 흡수촉진을 돕는다.

45 - 비타민의 종류에는 유지에 녹는 지용성 비타민(A, D, E, K)과 물에 녹는 수용성 비타민(B군, C)이 있다.
　- 레티놀: 비타민 A, 토코페롤: 비타민 E, 리보플라빈: 비타민 B_2, 칼시페롤: 비타민 D

46 비타민 B_1은 탄수화물 대사의 조효소로 작용하며, 곡물의 배아와 돼지고기에 많이 함유되어 있다. 결핍 시 각기병과 식욕저하 등의 증상이 나타난다.

47 마늘의 알리신은 비타민 B_1의 흡수를 돕는다.

48 괴혈병은 비타민 C 부족, 야맹증은 비타민 A 부족, 각기병은 비타민 B_1 부족 시 나타나는 증상이다.

49 비타민 C(아스코르브산)는 조리 시 가장 많이 파괴되는 영양소로, 열에 쉽게 파괴되며 물에 잘 녹는다. 결핍증으로는 괴혈병이 있다.

| 정답 | 44 ④　45 ③　46 ②　47 ①　48 ①　49 ① |

50 비타민에 대한 설명 중 틀린 것은?
① 카로틴은 프로비타민 A이다.
② 비타민 E는 토코페롤이라고 한다.
③ 비타민 B_{12}는 망간(Mn)을 함유한다.
④ 비타민 C가 결핍되면 괴혈병이 생긴다.

51 영양 결핍증상과 원인이 되는 영양소의 연결이 잘못된 것은?
① 빈혈 – 엽산
② 구순구각염 – 비타민 B_{12}
③ 야맹증 – 비타민 A
④ 괴혈병 – 비타민 C

52 김치를 담글 때 오이나 배추의 녹색이 점차 갈색을 띠게 되는데 이것은 어떤 색소의 변화 때문인가?
① 카로티노이드
② 클로로필
③ 안토시아닌
④ 안토잔틴

53 오이피클 제조 시 오이의 녹색이 녹갈색으로 변하는 이유는?
① 클로로필리드가 생겨서
② 클로로필린이 생겨서
③ 페오피틴이 생겨서
④ 잔토필이 생겨서

54 완두콩을 조리할 때 정량의 황산구리를 첨가하면 어떤 효과가 있는가?
① 비타민이 보강된다.
② 무기질이 보강된다.
③ 냄새를 유지할 수 있다.
④ 녹색을 유지할 수 있다.

55 토마토의 붉은색을 나타내는 색소는?
① 카로티노이드   ② 클로로필
③ 안토시아닌   ④ 탄닌

56 난황에 함유되어 있는 색소는?
① 클로로필   ② 안토시아닌
③ 카로티노이드   ④ 플라보노이드

정답해설

50 비타민 B_{12}는 코발트(Co)를 함유한다.
51 비타민 B_2가 결핍되면 구순구각염이, 비타민 B_{12}가 결핍되면 악성빈혈이 생긴다.
52 클로로필의 녹색은 산성을 만나면 녹갈색으로 변한다.
53 클로로필의 녹색은 산성을 만나면 페오피틴이 발생하여 녹갈색으로 변한다.
54 클로로필은 구리나 철 등의 이온이나, 이들의 염과 함께 열을 가하면 선명한 녹색을 유지한다.

55, 56
카로티노이드 색소
- β-카로틴: 당근, 호박, 고구마의 황색
- 라이코펜: 토마토, 수박, 고추의 적색
- 로테인: 오렌지, 난황의 주황색

| 정답 | 50 ③ | 51 ② | 52 ② | 53 ③ | 54 ④ | 55 ① | 56 ③ |

57 아래 내용은 안토시아닌의 화학적 성질에 대한 설명이다. ( ) 안에 알맞은 것을 순서대로 나열한 것은?

> 안토시아닌은 산성에서는 ( ), 중성에서는 ( ), 알칼리성에서는 ( )을 나타낸다.

① 적색 – 자색 – 청색
② 청색 – 적색 – 자색
③ 노란색 – 파란색 – 검정색
④ 검정색 – 파란색 – 노란색

58 레드캐비지로 샐러드를 만들 때, 식초를 조금 넣은 물에 담그면 고운 적색을 띠는 것은 어떤 색소 때문인가?

① 안토시아닌 ② 클로로필
③ 안토잔틴 ④ 미오글로빈

59 식초의 기능에 대한 설명으로 틀린 것은?

① 생선에 사용하면 생선살이 단단해진다.
② 붉은 비트에 사용하면 선명한 적색이 된다.
③ 양파에 사용하면 황색이 된다.
④ 마요네즈 만들 때 사용하면 유화액을 안정시켜 준다.

60 동물성 식품(육류)의 대표적인 색소성분은?

① 미오글로빈
② 페오피틴
③ 안토크산틴
④ 안토시아닌

61 신선한 생육의 환원형 미오글로빈이 공기와 접촉하면 분자상의 산소와 결합하여 옥시미오글로빈으로 되는데 이때의 색은?

① 어두운 적자색
② 선명한 적색
③ 어두운 회갈색
④ 선명한 분홍색

62 새우나 게 등의 갑각류에 함유되어 있으며 사후 가열되면 적색을 띠는 색소는?

① 안토시아닌
② 아스타잔틴
③ 클로로필
④ 멜라닌

정답해설

57, 58
안토시아닌은 수용성 색소로 산성에서는 적색, 중성에서는 자색, 알칼리성에서는 청색을 띤다.

59 무나 양파를 익히거나 우엉이나 연근을 삶을 때 식초를 첨가하면 백색을 선명하게 유지한다.(안토잔틴)

60, 61
미오글로빈은 동물의 근육색소(육색소)로 산소와 결합 시 옥시미오글로빈(선명한 적색)으로 변하고, 가열하면 메트미오글로빈(갈색 또는 회색)으로 변한다.

62 아스타잔틴은 갑각류에 함유되어 있는 색소로 원래 청록색을 띠지만 가열하면 적색으로 변한다.

| 정답 | 57 ① | 58 ① | 59 ③ | 60 ① | 61 ② | 62 ② |

63 스파게티와 국수 등에 이용되는 문어나 오징어 먹물의 색소는?

① 타우린
② 멜라닌
③ 미오글로빈
④ 히스타민

64 사과의 갈변촉진 현상에 영향을 주는 효소는?

① 아밀라아제
② 리파아제
③ 아스코르비나아제
④ 폴리페놀옥시다아제

65 효소적 갈변반응에 의해 색을 나타내는 식품은?

① 분말 오렌지
② 간장
③ 캐러멜
④ 홍차

66 감자를 썰어 공기 중에 놓아두면 갈변되는데 이 현상과 관계가 깊은 효소는?

① 아밀라아제
② 티로시나아제
③ 얄라핀
④ 미로시나제

67 다음 중 사과, 배 등 신선한 과일의 갈변현상을 방지하기 위한 가장 좋은 방법은?

① 철제 칼로 껍질을 벗긴다.
② 뜨거운 물에 넣었다 꺼낸다.
③ 레몬즙에 담가 둔다.
④ 신선한 공기와 접촉시킨다.

68 마이야르 반응에 대한 설명으로 틀린 것은?

① 식품은 갈색화가 되고 독특한 풍미가 형성된다.
② 효소에 의해 일어난다.
③ 당류와 아미노산이 함께 공존할 때 일어난다.
④ 멜라노이딘 색소가 형성된다.

정답해설

64 사과의 껍질을 깎아 공기 중에 두면 폴리페놀옥시다아제의 의해 산화되어 갈색의 멜라닌으로 전환된다.

67 사과, 배 등의 갈변을 막기 위해서는 설탕물, 소금물, 레몬즙, 오렌지즙에 담가서 보관한다.

68 마이야르 반응은 비효소적 갈변에 해당된다.

| 정답 | 63 ② | 64 ④ | 65 ④ | 66 ② | 67 ③ | 68 ② |

69 식품의 갈변현상 중 성질이 다른 것은?
① 고구마 절단면의 변색
② 홍차의 적색
③ 간장의 갈색
④ 다진 양송이의 갈색

70 신맛성분과 주요 소재식품의 연결이 틀린 것은?
① 초산 - 식초
② 젖산 - 김치류
③ 구연산 - 시금치
④ 주석산 - 포도

71 조개류에 들어 있으며 독특한 국물 맛을 내는 유기산은?
① 젖산
② 초산
③ 호박산
④ 피트산

72 오이의 녹색 꼭지부분에 함유된 쓴맛 성분은?
① 이포메아마론
② 카페인
③ 테오브로민
④ 쿠쿠르비타신

73 간장, 다시마 등의 감칠맛을 내는 주된 아미노산은?
① 알라닌
② 글루타민산
③ 리신
④ 트레오닌

74 고추의 매운맛 성분은?
① 무스카린
② 캡사이신
③ 뉴린
④ 몰핀

정답해설

69 간장이나 된장이 갈색으로 변하는 것은 마이야르 반응으로 비효소적 갈변현상에 해당된다. ①, ②, ④는 효소적 갈변현상이다.
70 구연산: 감귤, 딸기 등의 신맛
71 호박산은 청주, 조개류에 포함된 감칠맛 성분이다.

| 정답 | 69 ③ | 70 ③ | 71 ③ | 72 ④ | 73 ② | 74 ② |

75 다음 중 알리신이 가장 많이 함유된 식품은?
① 마늘
② 사과
③ 고추
④ 무

76 다음 식품 중 이소티오시아네이트 화합물에 의해 매운맛을 내는 것은?
① 양파
② 겨자
③ 마늘
④ 후추

77 단팥죽을 만들 때 소금을 넣었더니 맛이 더 달게 느껴졌다. 이 현상을 무엇이라고 하는가?
① 맛의 상쇄
② 맛의 대비
③ 맛의 변조
④ 맛의 억제

78 쓰거나 신 음식을 맛본 후 금방 물을 마시면 물이 달게 느껴지는데 이는 어떤 원리에 의한 것인가?
① 변조현상
② 대비효과
③ 순응현상
④ 억제현상

79 참기름은 다른 유지류보다 산패에 대해 비교적 안정성이 높은데 그 이유는 어떤 성분 때문인가?
① 레시틴
② 세사몰
③ 고시폴
④ 인지질

80 과일의 주된 향기 성분이며 분자량이 커지면 향기도 강해지는 냄새 성분은?
① 알코올
② 에스테르류
③ 황화합물
④ 휘발성 질소화합물

정답해설

76 이소티오시아네이트는 무와 겨자의 매운맛 성분이다.
77 – 맛의 대비는 서로 다른 맛 성분을 혼합할 경우 주된 맛이 강해지는 현상이다.
– 단맛 + 소량의 짠맛 = 단맛 증가, 짠맛 + 소량의 신맛 = 짠맛 증가
78 맛의 변조는 한 가지 맛을 본 직후 다른 맛 성분이 정상적으로 느껴지지 않는 현상이다.(쓴 약을 먹은 후 물을 마시면 물이 달게 느껴짐, 오징어를 먹고 식초나 귤을 먹으면 쓴맛이 느껴짐)

79 참기름의 특수성분인 세사몰은 천연항산화제이다.

|정답| 75 ① 76 ② 77 ② 78 ① 79 ② 80 ②

SECTION 02 효소

01 식품과 효소

1 소화효소의 주요 구성성분

효소란 체내에서 생산하는 단백질로, 생체 내의 각종 화학반응을 촉진시키거나 지연시켜 정상적인 생활이 가능하도록 한다.

2 효소 이용에 따른 분류

식품에 함유되어 있는 효소 이용	육류, 치즈, 된장의 숙성 등에 이용한다.
효소 작용을 억제하는 경우	신선도를 위한 변화 방지를 목적으로 효소 작용을 억제한다.
효소를 식품에 첨가하는 경우	• 펙틴 분해효소를 첨가해 포도주의 혼탁을 예방한다. • 육류 연화를 위해 프로테아제를 첨가한다.
효소를 사용하여 식품을 제조하는 경우	• 전분으로부터 포도당을 제조한다. • 효소 반응을 이용해 글루타민산과 아스파라긴산을 제조한다.

3 효소 반응에 영향을 미치는 인자

온도	효소의 최적온도는 30~40°C이고, 일부 내열성 효소는 70°C에서 활성이 유지된다.
수소이온농도(pH)	대체로 중성 pH에서 활성되고, 최적 pH는 4.5~8이다.
효소 농도와 기질 농도	최대 효소의 반응 속도를 유지하기 위해서는 효소 농도와 기질 농도의 조절이 중요하다.
저해제	중금속 이온, 황화물, 시안화물, 계면활성제 및 금속 이온을 요구하는 효소에 대한 킬레이트 시약 등이 있다.

4 소화와 흡수

① 소화작용

입에서의 소화작용	• 기계적 소화: 저작 운동(이빨), 혀(혼합 운동) • 화학적 소화: 침 속의 아밀라아제에 의해 녹말이 맥아당과 덱스트린으로 분해된다. • 말타아제: 맥아당 → 포도당

위에서의 소화작용	• 기계적 소화: 연동 운동, 분절 운동 • 화학적 소화: 위액의 펩신, 리파아제, 레닌에 의해 분해된다. • 펩신: 단백질 → 폴리펩타이드 • 레닌: 우유의 카제인 → 응고 • 리파아제: 지방 → 지방산과 글리세롤
췌장에서 분비되는 소화효소	• 아밀롭신: 전분 → 맥아당, 포도당 • 트립신: 단백질과 펩톤(펩타이드) → 아미노산 • 리파아제, 스테압신: 지방 → 지방산과 글리세롤
소장에서의 소화작용	• 기계적 소화: 분절 운동으로 음식물과 소화액이 섞이며, 소화 흡수되지 않은 음식물이 대장으로 이동한다. • 화학적 소화: 이자액, 소장액, 담즙이 작용한다. • 수크라아제: 서당(설탕) → 포도당 + 과당 • 말타아제: 맥아당 → 포도당 + 포도당 • 락타아제: 젖당(유당) → 포도당 + 갈락토오스 • 리파아제: 지방 → 지방산 + 글리세롤

> **합격 팁**
>
> **레닌** 젖먹이 유아의 위에만 존재하는 효소
> **담즙(쓸개즙)**
> • 간에서 생성되며 담낭에 저장되었다가 십이지장에서 분비된다.
> • 지방을 소화되기 쉬운 형태로 유화시켜 준다.
> • 베타카로틴을 비타민 A로 변하게 도와준다.
> • 인체 내의 해독작용 및 산의 중화작용 등을 하지만 소화효소는 아니다.

② 흡수

탄수화물	단당류(포도당, 과당, 갈락토오스)로 분해되어 흡수
지방	지방산과 글리세롤로 분해되어 위와 소장에서 흡수
단백질	아미노산으로 분해되어 소장에서 흡수
지용성 영양소(지용성 비타민)	림프관으로 흡수
수용성 영양소(수용성 비타민)	소장벽 융털의 모세혈관으로 흡수
물	대장(큰 창자)에서 흡수

> **합격 팁**
>
> **알코올** 1g당 7kcal의 열량을 내며, 위에서부터 흡수된다.
> **소화 과정의 순서** 입 → 식도 → 위 → 소장 → 대장 → 직장 → 항문

SECTION 02 단원문제 | 효소

01 다음 중 효소의 활성을 저해하는 물질이 아닌 것은?
① 수은
② 마그네슘
③ 계면활성제
④ 황화물

02 소화효소의 주요 구성성분은?
① 알칼로이드
② 단백질
③ 복합지방
④ 당질

03 침(타액) 속에 들어 있는 소화효소의 작용은?
① 전분을 맥아당으로 변화시킨다.
② 단백질을 펩톤으로 분해시킨다.
③ 설탕을 포도당과 과당으로 분해시킨다.
④ 카제인을 응고시킨다.

04 영양소와 그 소화효소가 바르게 연결된 것은?
① 단백질 - 리파아제
② 탄수화물 - 아밀라아제
③ 지방 - 펩신
④ 유당 - 트립신

05 다음 중 담즙에 대한 설명으로 옳지 않은 것은?
① 지방의 유화작용을 한다.
② 간에서 생성된다.
③ 소화효소이다.
④ 지용성 비타민과 칼슘의 흡수를 돕는다.

06 다음 중 효소가 아닌 것은?
① 말타아제
② 펩신
③ 레닌
④ 유당

정답해설

01 효소 활성의 저해제
- 중금속이온(은, 수은, 납)
- 황화물
- 시안화물
- 계면활성제
- 금속이온을 요구하는 효소에 대한 킬레이트 시약 등이 있다.

02 효소란 체내에서 생산하는 단백질로 생체 내의 각종 화학반응을 촉진시키거나 지연시켜 정상적인 생활이 가능하도록 한다.

03 침 속의 프티알린(아밀라아제)이 전분을 맥아당과 덱스트린으로 분해한다.

04 리파아제: 지방, 펩신: 단백질, 트립신: 단백질

05 담즙(쓸개즙)
- 담낭에 저장되어 십이지장으로 분비된다.
- 지방을 소화되기 쉬운 형태로 유화시켜준다.
- 베타카로틴을 비타민 A로 변하게 도와준다.
- 인체 내의 해독작용 및 산의 중화작용 등을 하지만 소화효소는 아니다.

06 유당은 이당류의 탄수화물로 효소가 아니다. 유당을 포도당과 갈락토오스로 분해하는 효소는 락타아제이다.

| 정답 | 01 ② 02 ② 03 ① 04 ② 05 ③ 06 ④ |

SECTION 03 식품과 영양

01 영양소의 기능 및 영양소 섭취기준

1 영양소의 정의

인체가 생명을 유지하기 위해 외부로부터 섭취하는 식품에 함유된 물질을 말한다. 탄수화물, 단백질, 지방, 무기질, 비타민 5대 영양소 + 물

2 기능에 따른 분류

열량 영양소	• 생명 유지 및 활동하는 데 필요한 에너지를 공급하는 영양소 • 탄수화물(1g당 4kcal), 지질(1g당 9kcal), 단백질(1g당 4kcal)
구성 영양소	• 인체를 구성하는 영양소 • 단백질, 무기질, 물
조절 영양소	• 생리기능 조절(소화, 호흡 등) • 비타민, 무기질, 물

합격 팁

3대 영양소   탄수화물, 단백질, 지방
6대 영양소   탄수화물, 단백질, 지방, 무기질, 비타민, 물
알코올은 1g당 7kcal

3 기초 식품군

식품군	영양소	종류
곡류	탄수화물	쌀, 보리, 빵, 떡, 감자, 고구마 등
고기·생선·달걀·콩	단백질	소고기, 돼지고기, 닭고기, 생선류, 두부 등
채소류	무기질, 비타민	각종 채소류(오이, 당근, 시금치 등)
과일류	무기질, 비타민	각종 과일류(사과 배, 딸기, 포도 등)
우유·유제품	칼슘	우유, 치즈, 분유 등
유지·당류	지방	참기름, 콩기름, 들기름, 버터, 마가린 등

4 식품구성자전거

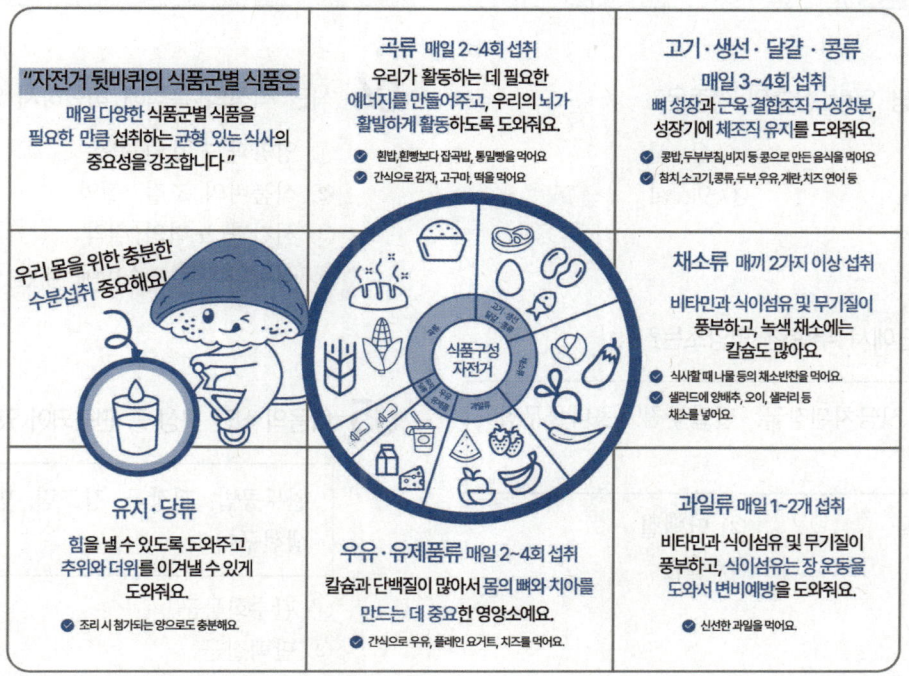

5 영양 섭취 기준

건강을 최적의 상태로 유지하고 질병을 예방하기 위해 섭취해야 하는 영양소의 기준

평균 필요량	집단을 구성하는 건강한 사람들의 절반에 해당되는 사람들에게 일일 필요량을 충족시키는 섭취 수준
권장 섭취량	• 평균 필요량에 표준편차의 2배를 더하여 정한 값 • 대부분의 사람들의 필요량을 충족시키는 수준
충분 섭취량	영양소 필요량에 대한 정확한 자료가 부족하여 권장 섭취량을 설정할 수 없을 때 제시되는 섭취 수준
상한 섭취량	건강에 유해한 영향이 나타나지 않는 최대 영양소의 섭취 수준

6 식단 작성

① 식단 작성 순서: 영양 기준량 산출 → 섭취 식품량 산출 → 3식의 배분 결정
② 식단 작성의 목적
   - 영양과 기호의 충족
   - 식품비의 조절 및 절약
   - 식품의 안정성
   - 시간과 능률의 효율성

SECTION 03 단원문제 | 식품과 영양

01 알코올 1g당 열량 산출의 기준은?
① 0kcal   ② 4kcal
③ 7kcal   ④ 9kcal

02 다음의 식단에서 부족한 영양소는?

> 보리밥, 시금치된장국, 달걀부침, 콩나물무침, 배추김치

① 탄수화물   ② 단백질
③ 지방   ④ 칼슘

03 영양소 중 체내대사 과정을 조절해주는 영양소가 아닌 것은?
① 탄수화물   ② 비타민
③ 무기질   ④ 물

04 식단 작성의 목적에 적합하지 않은 것은?
① 영양과 기호의 충족
② 식품비의 조절, 절약
③ 시간과 노력의 절약
④ 식량의 배분, 소비에 대한 이해를 지도

05 다음의 식단 구성 중 편중되어 있는 영양가의 식품군은?

> 완두콩밥, 된장국, 장조림, 명란알찜, 두부조림, 생선구이

① 탄수화물군
② 단백질군
③ 비타민/무기질군
④ 지방군

정답해설

01 탄수화물: 4kcal, 지질: 9kcal, 단백질: 4kcal, 알코올: 7kcal
02 탄수화물: 보리밥, 단백질: 된장국·달걀, 지방: 부침·무침, 무기질·비타민: 콩나물·시금치·배추김치
03 조절 영양소는 비타민, 무기질, 물이다.
04 식단 작성의 목적: 영양과 기호의 충족, 식품비의 조절 및 절약, 식품의 안정성, 시간과 능률의 효율성
05 고기, 생선, 달걀, 콩은 대표적인 단백질 식품군이다.

| 정답 | 01 ③ 02 ④ 03 ① 04 ④ 05 ② |

MEMO

기출분석

- 시장조사의 내용과 원칙 및 구매 계획의 수립 절차 등을 이해한다. 구매와 식품의 구매계약 및 재고를 관리하는 방법에 대해 학습한다.
- 각 식품별 식품 검수방법 및 유의사항을 암기하고 검수에 필요한 각 기구와 설비에 대해 학습한다.
- 원가를 계산하는 문제가 자주 출제되므로 원가를 계산하는 계산식을 암기 또는 모의고사를 통해 학습한다.

필기 출제비율

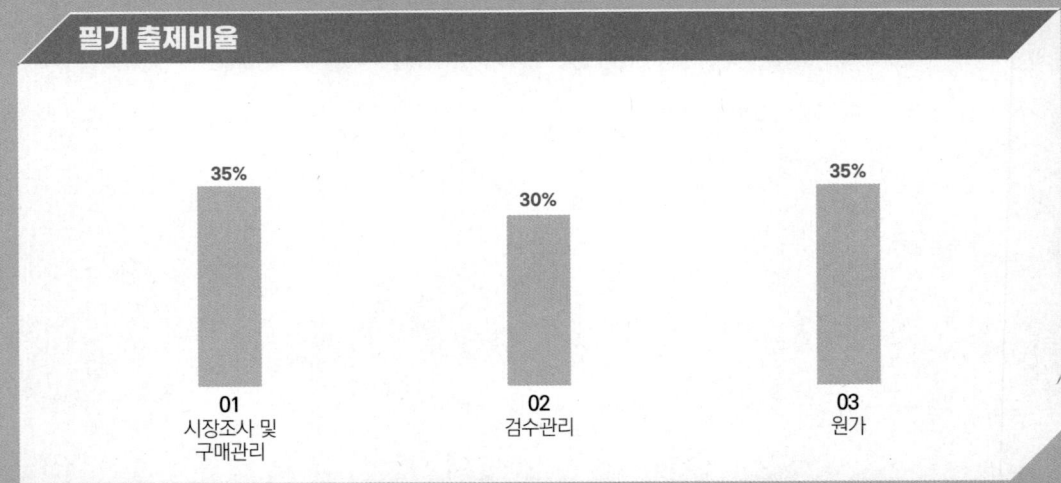

CHAPTER 04

음식 구매관리

SECTION 01 시장조사 및 구매관리
SECTION 02 검수관리
SECTION 03 원가

SECTION 01 시장조사 및 구매관리

01 시장조사

1 시장조사의 의의
① 구매에 필요한 자료를 수집하고, 이를 분석 및 검토해서 비용의 절감 및 이익 증대에 적용하는 것
② 보다 좋은 구매 발견을 하고, 앞으로의 구매시장을 예측하기 위한 조사

2 시장조사의 목적
① 구매 예정가격의 결정
② 합리적인 구매계획의 수립
③ 신제품의 설계
④ 제품 개량

3 시장조사의 내용 ★★★

품목	구매하려는 품목을 결정(제조사와 대체품 고려)
품질	원하는 품질과 가격 대비 물품의 가치 고려
수량	구입하려는 물품의 양(보존성 및 저장성, 원가절감의 방법 고려)
가격	물품의 가격(거래조건 및 가격 인하 여부 고려)
시기	물품의 사용 시기(구매가격, 납품 시 가격, 물가 고려)
구매 거래처	물품 구매업체의 선정(두 곳 이상 견적을 받아 선정, 상시 공급업체 시 선정)
거래 조건	물품의 구매 조건(인수 및 지불 조건, 계약사항 등 조건 고려)

4 시장조사의 원칙 ★★★

비용 경제성의 원칙	시장조사에 소요되는 비용 최소화
조사 적시성의 원칙	구매업무를 수행하는 기간 내에 시장조사 마무리하기
조사 탄력성의 원칙	가격 및 수급 상황의 변동 시 상황에 능동적으로 대응하기
조사 계획성의 원칙	사전에 시장조사의 구체적 계획 수립하기
조사 정확성의 원칙	시장의 실태에 대한 정확한 정보를 바탕으로 조사하기

5 시장조사의 종류

일반 기본 시장조사	• 구매정책 등을 결정하기 위한 시장조사 • 경제계, 관련업계의 동향 및 수급 변동 상황, 구입처의 대금 결제조건, 기초자재의 시가 등을 조사한다.
품목별 시장조사	• 현재 구매하는 물품의 수급 및 가격 변동에 대한 조사 • 구매물품의 가격 산정 및 구매수량 결정을 위한 기초자료로 활용한다.
구매 거래처별 업태조사	• 안정적인 거래를 위해 주거래 업체 조사 • 업체의 상황, 재무상태, 경영관리, 생산상황, 품질관리, 판매상황, 노무상황, 제조원가 등을 조사한다.
유통경로의 조사	구매가격에 영향을 미치는 유통의 경로 조사

02 식품 구매관리

1 구매관리의 정의

구매자가 물품을 구입하기 위해 계약을 체결한 후, 그 계약조건에 따라 물품을 인수하고 대금을 지불하는 전반적인 과정을 의미한다.

2 구매관리의 목적

① 품질, 가격, 제반 서비스 등을 최적의 상태로 유지한다.
② 필요한 물품과 용역을 지속적으로 공급한다.
③ 재고와 저장관리 시 손실을 최소화한다.
④ 신용이 있는 공급업체를 확보해서 원만한 관계를 유지해야 한다.
⑤ 구매 관련 정보 및 시장조사를 통한 경쟁력을 확보한다.
⑥ 표준화·전문화·단순화의 체계를 확보한다.

3 식품 구매방법 ★★★

① 원가절감을 위해 보존에 문제가 없다면 대량 및 공동으로 구매한다.
② 폐기율과 비가식부율 등을 고려하여 구매한다.
③ 건어물, 곡류, 공산품 등 부패의 우려가 없는 식품은 1개월분을 한꺼번에 구매한다.
④ 식품의 가격과 출회표에 유의하여 구매한다.
⑤ 신선도가 중요한 과일, 야채류, 생선류 등은 필요시 수시로 구매한다.
⑥ 과일류는 원산지, 품종 등을 확인하여 필요시 수시로 구매한다.
⑦ 육류는 중량과 부위에 유의해서 1주일분을 구매하여 냉장보관한다.
⑧ 가공식품은 제조일과 소비기한을 확인한다.

> **합격 팁**
>
> **폐기율** 생선의 뼈, 야채의 껍질 등 실제로 먹지 못하고 버리는 부분이 차지하는 비율을 말한다.
> **폐기율 순서** 곡류, 두류, 해조류, 유지(0%) < 달걀(20%) < 서류(30%) < 채소 및 과일(50%) < 육류(60%) < 어패류(85%)
> **가식부(가식량)** 식품 중 식용이 가능한 부분을 말한다.

4 식품 구매절차

품목의 종류 및 수량 결정 → 용도에 맞는 제품 선택 → 식품명세서 작성 → 공급자 선정 및 가격 결정 → 발주 → 납품 → 검수 → 대금 지불 → 입고 → 구매기록 보관

5 식품 구매계약 ★★★

경쟁입찰 계약	• 공식적 구매방법 • 원하는 품질의 물품 가격을 합당하게 제시한 업체와 계약을 체결하는 방법 • 저장성이 높은 식품(쌀, 조미료, 건어물, 공산품 등)의 구매 시 적합하다. • 장점: 공평하고 경제적이다. • 단점: 긴급 시 조달시기를 놓칠 수 있다.
수의계약	• 비공식적 구매방법 • 경쟁이나 입찰 없이 업체를 임의로 선택하여 계약을 체결하는 방법 • 소규모 업체에 적합하다. • 채소, 생선, 두부 등 저장성이 낮고 가격 변동이 있는 식품 구매에 적합하다. • 장점: 절차가 간편하고 경비를 절약할 수 있다. • 단점: 구매자의 구매력이 제한되어 불리한 가격으로 계약하기 쉽다.

6 발주량 계산식

총 발주량	$\dfrac{정미량}{(100 - 폐기율)} \times 100 \times 인원수$
필요비용	$필요량 \times \dfrac{100}{가식부율} \times 1kg당\ 단가$
출고계수	$\dfrac{100}{(100 - 폐기율)} = \dfrac{100}{가식부율}$
폐기율	$\dfrac{폐기량}{전체중량} \times 100 = 100 - 가식부율$
대체 식품량	$\dfrac{원래\ 식품의\ 양 \times 원래\ 식품의\ 해당성분\ 수치}{대체하고자\ 하는\ 식품의\ 해당성분\ 수치}$

03 식품 재고관리

1 재고관리의 목적

① 물품의 갑작스러운 부족으로 인한 생산 계획의 차질을 방지한다.
② 적정 주문량 결정을 통해 구매비용을 절감한다.
③ 도난 또는 부패, 부주의로 인한 손실을 최소화한다.
④ 생산에 필요한 식품 재료와 일치하는 최소한의 재고량을 유지한다.

2 재고자산 평가방법

구분		내용
선입선출법 (FIFO)		• 먼저 구입한 재료부터 먼저 소비하는 것 • 가격 변동이 있는 상품의 경우, 나중에 들어온 재료의 가격을 기준으로 재고자산을 평가한다.
후입선출법 (LIFO)		• 나중에 구입한 재료부터 먼저 사용하는 것 • 가격 변동이 있는 상품의 경우, 먼저 들어온 재료의 가격을 기준으로 재고자산을 평가한다.
개별법		• 구입 단가별로 재료에 가격표를 붙여서 보관한다. • 구입 단가를 재료의 소비 가격으로 하는 방법이다.
평균법	단순 평균법	일정 기간 동안의 구입 단가를 구입 횟수로 나눈 구입 단가의 평균을 재료 소비 단가로 하는 방법이다.
	이동 평균법	구입 단가가 다른 재료를 구입할 때마다 재고량과의 가중 평균가를 산출하여 이를 소비 재료의 가격으로 하는 방법이다.

3 재료소비량 계산법

구분	내용
계속기록법	• 재료의 입고와 출고 및 재고량을 계속 기록하여 재료소비량을 파악한다. • 소비량을 정확히 계산하는 가장 좋은 방법이다.
재고조사법	• 전기의 재료 이월량과 당기의 재료 구입량의 합계에서 기말 재고량을 차감하여 재료소비량을 파악한다. • 당기 소비량 = (전기 이월량 + 당기 구입량) - 기말 재고량
역계산법	• 일정 단위를 생산하는 데 소요되는 재료의 표준소비량을 정하고, 그것에다가 제품의 수량을 곱하여 전체의 재료소비량을 산출한다. • 재료소비량 = 제품 단위당 표준소비량 × 생산량

SECTION 01 단원문제 : 시장조사 및 구매관리

01 구매관리에서 시장조사의 원칙이 아닌 것은?
① 조사 한시성의 원칙
② 조사 정확성의 원칙
③ 조사 계획성의 원칙
④ 비용 경제성의 원칙

02 시장조사의 목적이 아닌 것은?
① 합리적인 구매 계획의 수립
② 판매증진
③ 신제품의 설계
④ 구매예정가격의 결정

03 일반적으로 시장조사에서 행해지는 조사내용이 아닌 것은?
① 품목
② 품질
③ 가격
④ 판매처

04 단체급식의 식품 구입에 대한 설명으로 잘못된 것은?
① 폐기율을 고려한다.
② 값이 싼 대체식품을 구입한다.
③ 곡류나 공산품은 1년 단위로 구입한다.
④ 제철식품을 구입하도록 한다.

05 식품 구매관리의 목적이 아닌 것은?
① 필요한 물품과 용역을 지속적으로 공급한다.
② 품질, 가격, 제반 서비스 등을 최적의 상태로 유지한다.
③ 재고 및 저장관리 시 손실을 최소화한다.
④ 고객 맞춤화를 실현한다.

06 식품의 구매방법으로 필요한 품목과 수량을 표시하여 업자에게 견적서를 제출받고, 품질이나 가격을 검토한 후 낙찰자를 정해 계약을 체결하는 것은?
① 수의계약
② 경쟁입찰
③ 대량구매
④ 계약구입

정답해설

01 시장조사의 원칙: 비용 경제성의 원칙, 조사 적시성의 원칙, 조사 탄력성의 원칙, 조사 계획성의 원칙, 조사 정확성의 원칙
02 시장조사의 목적: 구매 예정가격의 결정, 합리적인 구매계획의 수립, 신제품의 설계, 제품개량
03 시장조사의 내용: 품목, 품질, 수량, 가격, 시기, 구매거래처, 구매조건
04 곡류, 건어물, 공산품 등 쉽게 부패하지 않는 식품은 1개월분을 한꺼번에 구입한다.
05 식품 구매관리를 통해서는 고객 맞춤화가 아닌 표준화, 전문화, 단순화를 실현한다.
06 경쟁입찰계약
  - 공식적 구매방법
  - 원하는 품질의 물품가격을 합당하게 제시한 업체와 계약을 체결하는 방법
  - 저장성이 높은 식품(쌀, 조미료, 건어물, 공산품 등) 구매 시 적합
  - 공평하고 경제적임

| 정답 | 01 ① | 02 ② | 03 ④ | 04 ③ | 05 ④ | 06 ② |

07 채소류, 두부, 생선 등 저장성이 낮고 가격변동이 많은 식품구매 시 적합한 계약방법은?

① 수의계약 ② 경쟁입찰
③ 장기계약 ④ 지명경쟁입찰계약

08 구매관리의 목적이 아닌 것은?

① 필요한 물품과 용역을 지속적으로 공급한다.
② 표준화, 전문화, 단순화를 실현한다.
③ 품질, 가격, 제반 서비스 등을 최적의 상태로 유지한다.
④ 재고를 제로(0)로 유지한다.

09 고등어구이 시 정미중량 70g을 조리하고자 할 때 1인당 발주량은 얼마인가? (단 고등어의 폐기율은 35%임)

① 43g ② 91g
③ 108g ④ 110g

10 폐기율이 20%인 식품의 출고계수는 약 얼마인가?

① 1.25 ② 1.43
③ 1.64 ④ 2.00

11 재고자산 평가방법으로 틀린 것은?

① 선입선출법 - 먼저 구입한 재료부터 소비하는 것
② 단순평균법 - 일정기간 동안의 구입단가를 구입 횟수로 나눈 '구입단가의 평균'을 재료 소비단가로 정하는 방법
③ 개별법 - 구입 단가별로 재료에 가격표를 붙여서 보관하다가 출고할 때 그 가격표에 붙어 있는 구입단가를 재료의 소비가격으로 정하는 방법
④ 이동평균법 - 나중에 구입한 재료부터 먼저 사용하는 것

12 다음 중 일반적으로 폐기율이 가장 높은 식품은?

① 달걀 ② 생선
③ 살코기 ④ 곡류

13 시금치나물을 조리할 때 1인당 80g이 필요하다면, 식수인원 1,500명에게 적합한 시금치 발주량은? (단, 시금치의 폐기율은 5%이다.)

① 100kg ② 122kg
③ 127kg ④ 132kg

정답해설

07 수의계약
- 비공식적 구매방법
- 경쟁 없이 계약을 이행할 수 있는 특정업체와 계약을 체결하는 방법
- 소규모 업체에 적합(간편한 절차, 경비와 인원 감소 가능)
- 채소, 생선, 두부 등 저장성이 낮고 가격변동이 있는 식품구매에 적합
- 구매력이 제한될 수 있고, 불리한 가격으로 계약하기 쉬움

08 구매관리는 재고와 저장관리 시 발생할 수 있는 손실을 최소화하는 데 목적을 둔다.

09 70g × 100 ÷ (100 - 35) = 108g

10 출고계수 = 100/(100 - 20) = 1.25

11 나중에 구입한 재료부터 사용하는 것은 '후입선출법'이다.

12 폐기율 순서: 곡류, 두류, 해조류, 유지(0%) < 달걀(20%) < 서류(30%) < 채소 및 과일(50%) < 육류(60%) < 어패류(85%)

13 총발주량 = $\dfrac{정미량}{(100 - 폐기율)} \times 100 \times 인원수 = \left(\dfrac{80 \times 100}{100 - 5} \times 1,500\right) \div 1,000$

= 127kg

| 정답 | 07 ① 08 ④ 09 ③ 10 ① 11 ④ 12 ② 13 ③ |

SECTION 02 검수관리

01 식재료의 품질 확인 및 선별

1 식품의 검수 방법

전수 검사법	• 물품이 소량이거나 소규모 단위일 때 하나하나 전부 검사하는 방법 • 검수품목 종류가 다양하거나 고가품일 경우 사용 • 장점: 우수한 품질이 정확하게 입고될 수 있다. • 단점: 정확성은 있으나 시간과 비용이 많이 소요된다.
샘플링(발췌) 검수법	• 납품된 물품 중 일부의 품목만 뽑아서 검사하는 방법 • 장점: 검수 시간이 단축될 수 있다. • 단점: 저품질의 물품이 섞일 수 있다.

2 식품 검수 시 유의사항

① 배송 차량 이용 시 차량의 청결 상태, 내부 온도를 확인한다.
② 검수공간은 감별 시 차질이 없도록 충분한 조도를 확보한다.
③ 검수에 필요한 계량기 등의 장비 및 기기를 구비한다.
④ 신선식품의 경우 유통과정 중 변질되어 있는 식품은 없는지 확인한다.
⑤ 김치류는 관능검사(맛, 냄새)를 실시한다.
⑥ 소비기한을 반드시 확인한다.

3 식품의 품질 및 감별법 ★★★

쌀	• 건조 상태가 좋은 것 • 윤기가 나고 냄새가 없으며, 형태는 타원형인 것 • 쌀 이외의 이물질이 없는 것 • 입자가 굵고 균일한 것
소맥분 (밀가루)	• 잘 건조되어 있으며 냄새가 없는 것 • 가루의 결정이 미세하며 흰색인 것 • 이물질이 섞이지 않은 것
어류	• 색이 선명하고 광택이 있는 것 • 눈이 투명하고, 아가미 색이 선홍색인 것 • 물에 가라앉고, 비늘이 고르게 밀착된 것 • 살이 탄탄하고 탄력성이 있는 것

육류	• 소고기는 선홍색, 돼지고기는 담홍색인 것 • 광택(윤기)이 나고, 육질에 탄력성이 있는 것 • 고기의 결이 고운 것
서류 (감자, 고구마 등)	• 싹이 나지 않은 것 • 병충해, 발아, 외상, 부패 등이 없는 것
과채류	• 신선하며 윤기가 나고, 상처가 없는 것 • 색이 선명하고, 건조하지 않은 것 • 특유의 형태가 잘 갖춰진 것
달걀	• 껍질이 까칠까칠하고, 광택이 없는 것 • 흔들었을 때 소리가 나지 않는 것 • 6%의 소금물에 넣었을 때 누워서 가라앉는 것
우유	• 용기나 뚜껑이 위생적으로 처리된 것 • 이물질이나 침전물이 없는 것 • 냄새가 없고 색이 이상하지 않은 것 • 점성이 없는 것 • 제조일자 및 유통기한 확인하기
통조림	• 외관이 녹슬거나 찌그러지지 않은 것 • 개봉했을 때 상태가 완전하며 이상이 없는 것 • 라벨의 내용물, 제조자명, 제조년월 및 첨가물 확인하기

02 조리기구 및 설비 특성과 품질 확인

1 조리기구의 선정 ★★★

① 디자인이 단순하며, 용도가 다양하고 사용하기 편한 것
② 기존 설치공간에 설치 시 성능, 동력, 크기, 용량이 적합한 것
③ 위생적이고 내구성과 실용성이 있는 것
④ 가격과 관리비가 경제적인 것
⑤ 청소가 용이하며 사후관리가 편리한 것

2 작업공간과 설비 ★★★

공간	내용	설비
검수 공간	식재료를 검수하는 데 신속하고 용이하게 취급할 수 있도록 설계해야 한다.	검수대, 손소독기, 계량기, 운반차, 온도계 등
저장 공간	검수 공간, 저장 공간은 같은 구역에 두는 것이 동선이 짧아 효율적이다.	쌀 저장고, 냉장·냉동고, 일반 저장고(조미료, 마른식품) 등
전처리 및 조리준비실	• 기기의 사용 빈도가 높아 충분한 면적이 필요하다. • 교차오염 방지를 위해 육류, 어패류, 채소의 전처리 공간을 구분한다.	싱크대, 탈피기, 혼합기, 절단기 등
조리 공간	• 조리기기 선정과 작업자의 동선을 고려하여 면적을 산출한다. • 합리적이고 능률적으로 설계한다.	• 취반: 저울, 세미기, 취반기 등 • 가열조리: 레인지, 오븐, 튀김기, 번철, 브로일러, 증기솥 등
배식	보온, 저온보관, 음식 담기, 배식이 이루어지는 공간	보온고, 냉장고, 이동운반차, 제빙기, 온·냉수기
세척 및 소독	식기 회수, 세척, 샤워싱크, 소독, 잔반 처리가 이루어지는 공간	세척용 선반, 식기세척기, 식기소독기, 손소독기, 잔반 처리기 등

03 검수를 위한 설비 및 장비 활용 방법

1 검수관리

업체로부터 물품을 납품받기까지의 모든 관리 활동이다. 배달된 물품이 주문 내용과 일치하는지 확인하는 절차로, 물품의 품질·규격·수량·중량·크기·가격 등이 주문 품목과 일치하는지 검수한다.

2 검수업무 수행의 구비요건 ★★★

① 검수지식과 경험이 풍부한 검수 담당자가 진행한다.
② 검수구역은 배달구역 입구, 물품 저장소와 가까운 거리에 둔다.
③ 급식소의 상황에 적합하도록 물품 배달시간 등을 미리 계획한다.
④ 검수 시 거래명세서, 구매청구서를 참조한다.
⑤ 검수설비와 기기를 갖춰서 검수를 진행한다.

3 검수시설 및 검수기구

검수시설	• 검수시설에는 적절한 조명이 필요하다.(조도 540Lux 이상) • 사람·물건·장비가 이동할 공간을 확보한다. • 청소 및 배수가 편리한 공간을 확보한다. • 안전성이 담보된 장소를 확보한다.(해충 접근 방지)
검수기구	• 중량 측정: 전자저울, 플랫폼형 저울 • 온도 측정: 전자식 온도계, 비접촉식 적외선 온도계 • 식재료의 운반: 운반차(L형), 손수레, 카트 • 그외 검사 진행에 필요: 염도계, 당도계, 작업대, 캐비닛

4 검수절차

납품 물품과 발주처·납품처 대조 → 품질 검사 → 물품의 인수 또는 반품 → 인수 물품 입고 → 검수 기록 및 문서 정리

SECTION 02 단원문제 검수관리

01 식재료 검수 시 유의사항으로 옳지 않은 것은?
① 식품의 품목에 따라 당도계, 염도계 등의 기기를 사용한다.
② 박스 안에 들어 있는 야채는 박스를 제거한 후 검수한다.
③ 얼음이나 물이 있는 식품의 경우 바로 측정한다.
④ 김치류는 관능검사(맛, 냄새)를 실시하고 배추의 원산지 증명서를 받아 보관한다.

02 식품의 감별법으로 옳은 것은?
① 계란은 껍질이 매끄럽고 광택이 있는 것
② 쌀은 알갱이가 고르고 광택이 있으며 경도가 높은 것
③ 돼지고기는 진한 분홍색으로 지방이 단단하지 않은 것
④ 고등어는 아가미가 붉고 눈이 들어가고 냄새가 없는 것

03 식품을 고를 때 채소류의 감별법으로 틀린 것은?
① 당근은 일정한 굵기로 통통하고 마디나 뿔이 없는 것이 좋다.
② 오이는 굵기가 고르며 만졌을 때 가시가 있고 무거운 느낌이 나는 것이 좋다.
③ 양배추는 가볍고 잎이 얇으며 신선하고 광택이 있는 것이 좋다.
④ 우엉은 껍질이 매끈하고 수염뿌리가 없는 것으로 굵기가 일정한 것이 좋다.

04 식품구입 시 감별방법으로 틀린 것은?
① 생선은 탄력이 있고, 아가미는 선홍색이며 눈알이 맑은 것
② 육류가공품인 소시지의 색은 담홍색이며 탄력성이 없는 것
③ 밀가루는 잘 건조되고 덩어리가 없으며 냄새가 없는 것
④ 감자는 굵고 상처가 없으며 발아되지 않은 것

정답해설

01 얼음이나 물이 있는 식품은 이를 제거한 후 수량과 중량을 측정한다.
02 ① 계란은 껍질이 까칠까칠하고 광택이 없는 것
③ 돼지고기는 진한 담홍색으로 지방이 단단하지 않은 것
④ 고등어는 아가미가 붉고 눈이 튀어나오고 냄새가 없는 것
03 양배추는 무거운 것이 좋다.
04 소시지는 탄력성이 있는 것이 좋다.

|정답| 01 ③ 02 ② 03 ③ 04 ②

05 쌀의 품질을 감별할 때 감별 항목이 아닌 것은?
① 건조상태 ② 낟알의 모양
③ 이물질 혼합 여부 ④ 탄력 상태

06 육류의 검수 시 필요사항으로 적합하지 않은 것은?
① 결이 곱고 윤기가 나며, 육질에 탄력이 있어야 한다.
② 피를 많이 함유하고, 암갈색을 띠며 탄력성이 없어야 한다.
③ 돼지고기는 분홍색을 띠는 붉은색이어야 한다.
④ 소고기는 선홍색을 띠며 윤기가 나야 한다.

07 우유의 식품감별 사항으로 옳지 않은 것은?
① 침전물이 없는 것이어야 한다.
② 농도가 진한 점성이 있는 것이어야 한다.
③ 우유를 가열했을 때 100℃까지는 응고하지 않는 것이어야 한다.
④ 제조일자를 확인해야 한다.

08 식품검수 시 가장 많이 사용하며, 비접촉식으로 표면 온도만 측정이 가능한 온도계의 종류는?
① 적외선 온도계
② 탐침 심부 온도계
③ 건습구 온도계
④ 서모컬러

09 반입, 검수, 일시보관 등을 하기 위해 필요한 주요 기기로 알맞은 것은?
① 냉장·냉동고 ② 보온고
③ 브로일러 ④ 운반차

10 검수시설의 요건으로 바르지 않은 것은?
① 청소와 배수가 쉬운 장소
② 물건과 사람이 이동하기에 충분한 공간
③ 100Lux 이상의 적절한 조도의 조명시설
④ 안전성이 확보될 수 있는 장소

정답해설

05 쌀의 품질을 감별할 때 감별항목으로는 낟알의 상태, 건조상태, 이물질 혼합 여부, 산지, 수확시기 등이 있다.
06 오래된 고기는 암갈색을 띠며, 병육은 피를 많이 함유하고 냄새가 난다.
07 우유 감별사항: 용기나 뚜껑이 위생적으로 처리된 것, 이물질이나 침전물이 없는 것, 제조일자 및 유통기한, 냄새가 없고 색이 이상하지 않은 것, 점성이 없는 것
08 적외선 온도계는 비접촉식이므로 표면온도만 측정 가능하다.
09 반입, 검수, 일시보관, 분류 및 정리를 위한 주방기기로는 검수대, 계량기, 운반차, 온도계, 손소독기 등이 있다.
10 검수구역은 540Lux 이상의 적절한 조도의 조명시설이 구비되어야 한다.

|정답| 05 ④ 06 ② 07 ② 08 ① 09 ④ 10 ③

SECTION 03 원가

01 원가의 의의 및 종류

1 원가의 의의

① 원가의 의의: 특정한 제품의 판매, 제조, 서비스의 제공을 위해 소비된 경제가치의 총합
② 원가 계산의 기간: 매월 실시하는 것이 원칙이지만, 경우에 따라 3개월 또는 1년에 한 번 실시한다.
③ 원가 계산의 목적

원가 관리	원가 절감 및 원가 관리의 기초 자료 제공
가격 결정	실제 소비된 원가 + 일정 이윤을 산출하여 제품의 판매가격 결정
재무제표 작성	기업이 외부 이해관계자에게 경영활동 결과를 보고하기 위한 재무제표를 작성하는 데 기초자료 제공
예산 편성	예산 편성의 기초자료 제공

2 원가의 3요소 ★★★

재료비	• 제품 제조를 위해 사용된 물품의 비용(원가) • 단체급식의 경우 급식 재료비를 의미함 • 예: 급식 재료비, 재료 구입비 등
노무비	• 제품 제조를 위해 소비된 노동의 가치 • 예: 임금, 급료, 시간외 수당, 상여금, 퇴직금 등
경비	• 제품 제조를 위해 소비된 재료비와 노무비 외의 비용 • 예: 수도, 전기, 가스, 보험료, 감가상각비 등

3 원가의 분류

① 제품 생산 관련성에 따른 분류

직접비 (직접원가)	• 특정 제품에 직접 부담시킬 수 있는 비용 • 직접재료비(주요 재료비), 직접노무비(임금), 직접경비(외주가공비) 등
간접비	• 여러 제품에 공통적 또는 간접적으로 소비되는 비용 • 간접재료비(보조 재료비), 간접노무비(급료, 수당), 간접경비(보험료, 감가상각비, 수선비, 가스비, 전력비 등)

② 생산량과 비용의 관계에 따른 분류

고정비	• 생산량과는 관계없이 고정적으로 발생되는 비용 • 임대료, 노무비 중 임금, 세금, 보험료, 감각삼각비 등
변동비	• 생산량의 증가에 따라 증감하는 비용 • 시간제(아르바이트) 임금, 식재료비 등

4 원가 계산의 구성도 ★★★

				이익
			판매관리비	
제조간접비 → 간접재료비 / 간접노무비 / 간접경비		제조원가	총원가	판매가격
직접재료비 / 직접노무비 / 직접경비	직접원가			
직접원가	제조원가	총원가	판매가격	-

직접원가	직접재료비 + 직접노무비 + 직접경비
제조간접비	간접재료비 + 간접노무비 + 간접경비
제조원가	직접원가 + 제조간접비
총원가	제조원가 + 판매관리비
판매가격	총원가 + 이익

02 원가 분석 및 계산

1 원가 계산의 원칙 ★★★

진실성의 원칙	제품 제조에 소요된 원가를 사실대로 계산하여 실제로 발생한 원가의 진실을 파악한다.
발생기준의 원칙	이익과 관계없이 발생한 비용도 원가로 인정하는 원칙으로, 모든 비용과 수익의 계산은 그 발생시점을 기준으로 계산한다.
계산 경제성의 원칙	원가 계산 시 경제성을 고려한다.
확실성의 원칙	실행 가능한 여러 가지 원가 계산 방법 중 가장 확실한 방법을 선택한다.
정상성의 원칙	정상적으로 발생한 원가만을 계산한다.
비교성의 원칙	다른 일정기간 또는 다른 부문과 비교할 수 있도록 실행한다.
상호관리의 원칙	원가 계산과 일반회계, 각 요소별·부문별·제품별 계산 간에 상호관리가 가능해야 한다.

2 원가 계산의 구조

1단계 요소별 원가 계산	제품 원가의 발생 성격에 따라 재료비, 노무비, 경비의 세 가지 원가요소를 분류하여 계산한다.
2단계 부문별 원가 계산	전 단계에서 파악된 요소를 원가 부문별로 분류·집계해서 계산한다.
3단계 제품별 원가 계산	각 부문별로 집계한 원가를 제품별로 배분하여 최종적으로 각 제품의 제조원가를 계산한다.

3 원가관리

원가의 적절한 통제를 위해 합리적으로 원가를 절감하려는 경영기법으로, 표준원가 계산방법을 이용한다.

4 손익분기점

수입과 지출이 일치해서 이익도 손실도 발생하지 않으며, 한 기간의 매출액과 총비용(고정비 + 변동비)이 일치하는 기점이다.

5 감가상각

① 정의: 시간이 지남에 따라 감소하는 자산의 가치를 내용연수에 따라 일정한 비율로 할당하여 비용화한 것을 말하며, 이때 감소한 비용을 감가상각비라고 한다.

② 감가상각 계산요소

기초가격	구입가격(취득원가)
내용연수	취득한 고정자산이 유효하게 사용될 수 있는 추산기간(사용 연수)
잔존가격	• 고정자산이 내용연수에 도달할 시 매각하여 얻을 수 있는 추정가격 • 보통 기초가격의 10%를 잔존가격으로 계산한다.

③ 감가상각 계산법

정액법	• 감가총액을 내용연수로 균등하게 할당하는 방법 • 매년의 감가상각액 = $\dfrac{\text{기초가격 - 잔존가격}}{\text{내용연수}}$
정률법	• 기초가격에서 감가상각비 누계액을 차감한 미상각 잔액(취득원가 - 감가상각누계액)에 대해 매기 일정한 상각률을 곱하여 산출한 금액을 상각하는 방법 • 감가상각액 = 미상각 잔액 × 상각률

6 원가 분석과 계산 ★★★

$$\text{식재료비 비율(\%)} = \dfrac{\text{식재료비}}{\text{매출액}} \times 100$$

$$\text{인건비 비율(\%)} = \dfrac{\text{인건비}}{\text{매출액}} \times 100$$

SECTION 03 단원문제 : 원가

01 원가계산의 목적으로 적절하지 않은 것은?
① 원가관리
② 예산편성
③ 검수일지 작성
④ 가격결정

02 원가의 3요소에 해당되지 않는 것은?
① 재료비
② 직접비
③ 경비
④ 노무비

03 제품의 제조수량 증감에 관계없이 매월 일정액이 발생하는 원가는?
① 고정비
② 변동비
③ 비례비
④ 체감비

04 직접원가에 속하지 않는 것은?
① 직접재료비
② 직접노무비
③ 일반관리비
④ 직접경비

05 매월 고정적으로 포함해야 하는 경비는?
① 수당
② 복리후생비
③ 지급운임
④ 감가상각비

06 원가의 구성으로 옳은 것은?
① 판매가격 = 이익 + 제조원가
② 직접원가 = 직접재료비 + 직접노무비 + 직접경비
③ 총원가 = 직접원가 + 제조간접비
④ 제조원가 = 판매경비 + 일반관리비 + 제조간접비

07 다음 중 원가의 구성으로 틀린 것은?
① 직접원가 = 직접재료비 + 직접노무비 + 직접경비
② 제조원가 = 직접원가 + 제조간접비
③ 총원가 = 제조원가 + 판매경비 + 일반관리비
④ 판매가격 = 총원가 + 판매경비

정답해설

03 고정비: 생산량과는 관계없이 고정적으로 발생되는 비용(임대료, 노무비 중 임금, 세금, 보험료, 감각상각비 등)

04 직접비(직접원가): 특정 제품에 직접 부담시킬 수 있는 비용으로, 직접재료비(주요재료비)·직접노무비(임금)·직접경비(외주가공비) 등이 있다.

05 고정비: 임대료, 노무비 중 임금, 세금, 보험료, 감각상각비 등

06, 07

직접원가	직접재료비 + 직접노무비 + 직접경비
제조간접비	간접재료비 + 간접노무비 + 간접경비
제조원가	직접원가 + 제조간접비
총원가	제조원가 + 판매관리비
판매가격	총원가 + 이익

| 정답 | 01 ③ 02 ② 03 ① 04 ③ 05 ④ 06 ② 07 ④ |

08 다음 중 원가계산의 원칙이 아닌 것은?

① 진실성의 원칙
② 확실성의 원칙
③ 발생기준의 원칙
④ 비정상성의 원칙

09 다음 자료에 의해 총원가를 산출하면 얼마인가?

- 직접재료비 150,000 · 간접재료비 50,000
- 직접노무비 100,000 · 간접노무비 20,000
- 직접경비 5,000 · 간접경비 100,000
- 판매 및 일반관리비 10,000

① 265,000원
② 180,000원
③ 435,000원
④ 365,000원

10 김치공장에서 포기김치를 만든 원가자료가 다음과 같다면, 포기김치의 판매가격은 총 얼마인가?

구분	금액
직접재료비	60,000원
간접재료비	19,000원
직접노무비	140,000원
간접노무비	25,000원
직접제조경비	20,000원
간접제조경비	25,000원
판매비와 관리비	제조원가의 20%
기대이익	총원가의 20%

① 289,000원
② 346,800원
③ 416,160원
④ 475,160원

정답해설

08 원가계산의 원칙: 진실성의 원칙, 발생기준의 원칙, 계산경제성의 원칙, 확실성의 원칙, 정상성의 원칙, 비교성의 원칙, 상호관리의 원칙

09 - 총원가 = 제조원가 + 판매관리비
- 총원가 = (직접재료비 + 직접노무비 + 직접경비) + (간접재료비 + 간접노무비 + 간접경비) + 판매관리비 = (150,000원 + 100,000원 + 5,000원) + (50,000원 + 20,000원 + 100,000원) + 10,000 = 435,000원

10 - 직접원가 = 직접재료비(60,000원) + 직접노무비(140,000원) + 직접경비(20,000원)
= 220,000원
- 제조간접비 = 간접재료비(19,000원) + 간접노무비(25,000원) + 간접경비(25,000원)
= 69,000원
- 제조원가 = 직접원가(220,000원) + 제조간접비(69,000원) = 289,000원
- 총원가 = 제조원가(289,000원) + 판매관리비(289,000 × 20%) = 346,800원
- 판매가격 = 총원가(346,800원) + 이익(346,800 × 20%) = 416,160원

| 정답 | 08 ④ 09 ③ 10 ③

기출분석

- 한식에 대한 기본 조리조작, 기본 조리방법 등에 대해 학습하며 칼질방법, 썰기방법, 계량방법 등에 대한 문제가 자주 출제된다.
- 전분의 호화·노화·덱스트린에 대해 자세히 학습하고, 각 농산물·축산물·수산물의 조리와 가공방법 및 유지의 특징에 대해 전체적으로 학습하도록 한다.

필기 출제비율

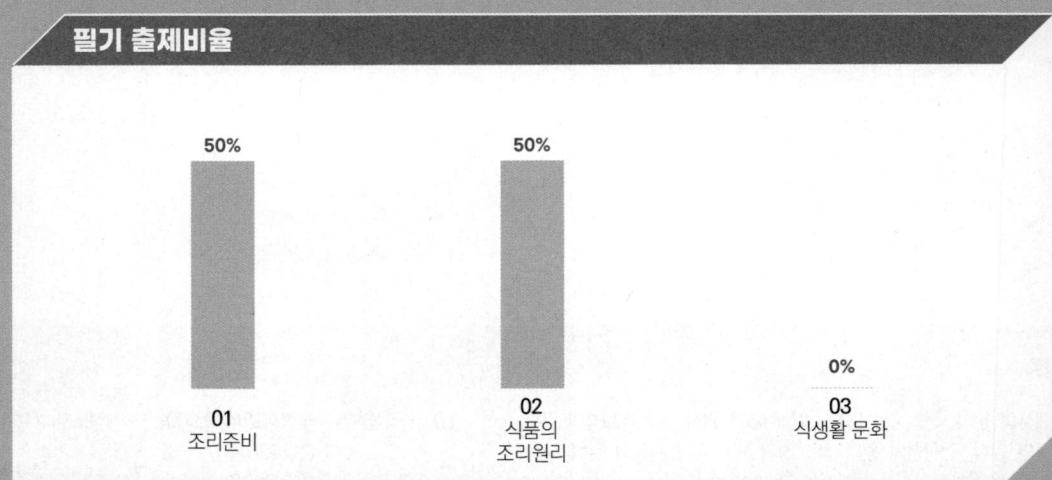

CHAPTER 05

기초 조리실무

SECTION 01 조리준비
SECTION 02 식품의 조리원리
SECTION 03 식생활 문화

SECTION 01 조리준비

01 조리의 정의 및 기본 조리 조작

1 조리의 정의
음식물에 물리적·화학적 조작을 위생적으로 처리하여 소화를 돕고, 맛과 풍미를 향상시키는 과정을 말한다.

2 조리의 목적 ★★★

기호성	식품의 외관은 물론 맛과 풍미를 높인다.
영양성	영양소 파괴 없이 보존하며 식품의 영양 효율을 높인다.
안전성	위생적으로 위해성분을 제거하여 안전성을 높인다.
저장성	물리적·화학적 조리 조작으로 저장성을 높인다.

3 조리의 온도
미각은 30℃ 전후에서 가장 예민하다.

끓이기	100℃의 끓는 물이나 육수에 재료를 익히기(데치거나 국물 끓이기)
찌기	수증기 속 85~90℃에서 가열하기
굽기	• 직접구이: 금속판 또는 석쇠를 사용해서 열로 가열하기(160℃ 이상) • 간접구이: 오븐을 사용해 굽기(180~200℃ 이상에서도 가능)
튀기기	• 튀김의 적정온도: 160~180℃ • 단시간에 빨리 튀길 수 있지만 열량이 높아짐

4 음식의 적정온도

청량음료	3~5℃	식혜, 술 발효	50~60℃
맥주, 냉수	7~15℃	커피, 차, 달걀찜, 국	70~75℃
빵 발효(이스트 발효)	25~30℃	전골, 찌개	95~98℃
밥, 우유, 겨자 발효	40~45℃		

02 기본 조리법 및 대량 조리기술

1 기본 조리법

① 물리적 조리: 저울에 달기, 씻기, 썰기, 다지기, 담그기, 갈기, 치대기, 섞기, 내리기, 무치기, 담기 등
② 생식 조리(비가열조리): 가열하지 않고 생으로 먹는 방법(생채, 냉채, 무침, 샐러드, 화채, 생선회, 육회 등)

> **합격 팁**
>
> **비가열조리의 특성**
> - 영양소의 손실이 적다.
> - 수용성 비타민과 무기질의 이용률이 높다.
> - 조리가 간단하며 조리시간이 절약된다.
> - 생으로 섭취하기 때문에 위생적으로 취급하지 않으면 기생충의 감염 우려가 있다.

③ 가열조리 ★★★

습열 조리	끓이기	• 100°C의 끓는 물(육수)에 재료를 익히는 방법 • 수용성 성분이 녹아 비교적 영양소의 손실이 있다. • 곰국, 찌개, 전골 등 • 유사조리: 은근히 끓이기(시머링)
	데치기	• 다량의 끓는 물에 재료를 순간적으로 가열 후 건져내는 방법 • 1~2% 소금 첨가 시 채소색이 유지되고 조직이 부드러워진다. • 효소작용과 미생물의 번식을 억제한다. • 쑥갓, 시금치 채소류 등
	삶기	• 찬물 혹은 끓는 물에서 재료가 익을 때까지 가열하는 방법 • 재료를 부드럽게 하고 단백질이 응고된다. • 수육, 편육, 국수 등
	찌기(찜)	• 물을 끓일 때 발생되는 수증기의 잠열로 재료를 익히는 방법 • 재료의 모양이 그대로 유지되며 영양 손실이 적다. • 떡, 찐빵, 감자 등
건열 조리	굽기(구이)	• 수분 없이 열을 가해 익히는 방법 • 직접구이(석쇠), 간접구이(프라이팬, 철판), 오븐구이 • 다른 조리법에 비해 높은 온도에서 가열한다.
	볶기(볶음)	• 기름을 사용해 고온에서 단시간 조리하는 방법(프라이팬) • 영양소 및 비타민의 손실이 적다. • 단기간 가열로 재료 색의 유지가 잘 된다. • 수용성 성분의 용출을 줄일 수 있다.

건열 조리	튀기기 (튀김)	• 기름을 고온(160~180°C)에서 가열하면 대류작용으로 기름의 온도가 높아지는데, 그 열이 전도되며 식품을 익히는 방법 • 조리시간이 짧고 영양 손실이 적다. • 열량은 높아진다.
	지지기 (지짐)	• 팬에 기름을 두르고 재료를 지져서 익히는 방법 • 높은 온도의 기름에 지져 기름이 스며들지 않도록 조리한다.
초단파 조리	전자레인지	• 전자레인지의 초단파를 이용하여 익히는 방법 • 법랑제, 은박지, 스테인리스 용기는 사용금지

④ 화학적 조리조작: 효소(분해), 알칼리물질(연화, 표백), 알코올(탈취, 방부), 금속염, 조미 등

> **합격 팁**
>
> **복합조리 방법**
> • 브레이징: 덩어리 형태의 육류 표면을 갈색이 나도록 구워(건열) 내부에 육즙을 가두고, 육수나 소스(습열)를 부어 오븐 등에 익혀내는 조리방법
> • 스튜잉: 육류나 채소를 볶은(건열) 뒤 육수와 함께 은근하게 오래 끓여내는(습열) 조리방법
> **조리와 열**
> 전도(열이 물체를 따라 이동), 대류(밀도 차이에 의한 이동), 복사(열의 직접 전달)

2 대량 조리기술

국	• 건더기의 양은 국물의 1/3 정도가 가장 적당하다. • 국물의 맛을 내는 육수(다시마, 멸치, 육류 등)를 이용한다.
찌개	• 건더기의 양은 국물의 2/3 정도가 가장 적당하다. • 센불에서 끓인 후 약불로 줄여서 끓인다.
조림	• 재료 자체에 맛이 들게 하는 조리법 • 생선은 국물을 끓이다가 넣어야 영양 손실이 적고 살이 부서지지 않는다.
구이	• 미리 달구어진 석쇠 또는 오븐 등을 이용한다. • 속까지 익도록 불 조절에 유의해야 한다. • 재료가 너무 두꺼우면 조미료가 속까지 배어들지 못하고 겉면만 탈 수 있다.
튀김	• 식물성 유지(식용유 등)를 사용하는 것이 좋다. • 단시간에 조리되므로 조리 온도에 유의해야 한다.
무침	• 채소를 데쳐 사용할 때는 완전히 식혀서 무친다. • 먹기 직전에 무쳐야 재료 본연의 맛을 살릴 수 있다. • 건나물은 물에 충분히 불려 사용해야 한다.

03 기본 칼 기술 습득

1 칼의 종류 및 용도

아시아형 (Low tip)	• 칼날 길이를 기준으로 18cm 정도 • 칼등이 곡선 처리되어 있고, 칼날이 직선인 안정적인 형태 • 칼이 부드럽고 똑바로 자르기에 적합 • 채썰기 등 주로 아시아 요리에 적합
서구형 (Center tip)	• 칼날 길이를 기준으로 20cm 정도 • 칼등과 칼날이 곡선으로 처리되어 있음 • 자르기에 편하고 힘이 들지 않음 • 모든 서양요리용 및 가정용 등 다양하게 사용 가능
다용도칼 (High tip)	• 칼날 길이를 기준으로 16cm 정도 • 뼈를 발라내거나 다양한 전처리 작업에 이용 가능

2 칼 갈기

(1) 숫돌의 종류(숫돌의 입자 크기를 측정하는 단위: 입도, 기호: #)

400# (거친 숫돌)	• 칼날이 두껍고 이가 많이 빠진 칼을 갈 때 사용 • 새 칼을 길들이거나 형상을 조절할 때 사용
1,000# (고운 숫돌)	거친 숫돌 사용 후 날의 면을 좀 더 부드럽게 하기 위해 사용
4,000~6,000# (마무리 숫돌)	칼날을 더 윤이 나고 광이 나게 갈아줄 때 사용

(2) 칼 가는 방법

① 숫돌은 물에 30분 이상 담근 후 사용한다.
② 숫돌이 밀리지 않도록 고정틀을 사용해 고정한다.
③ 왼손잡이인지 오른손잡이인지 확인 후 칼날의 각도를 맞춰 갈아준다.
④ 숫돌의 중앙만을 사용하지 않고 전면을 사용해 칼을 갈아준다.
⑤ 손잡이를 잡고 다른 손으로 칼날 면을 누른 후 밀고 당기며 갈아준다.

3 기본 칼질법

밀어썰기	• 가장 기본적인 칼질법으로 가장 많이 사용 • 안전사고의 발생이 적다.
작두썰기 (칼 끝 대고 눌러썰기)	• 배우기 편한 방법으로 칼이 잘 들지 않을 때 용이하다. • 두꺼운 재료를 썰기에는 부적합 • 칼날의 길이가 27cm 이상이 적합

칼끝 대고 밀어썰기	• 밀어썰기와 작두썰기를 합친 방법 • 질긴 고기 등을 썰기에 적합하며 칼질 소리가 적다. • 양식조리에 주로 사용한다.
후려썰기	• 손목의 스냅을 이용해 빨리 썰 때 용이하다. • 많은 양의 재료 손질에 사용한다. • 소리가 크게 난다.
칼끝썰기	• 곱게 썰거나 다질 때 한쪽 끝을 그대로 두고 써는 방법 • 양파를 다질 때 용이하다.
당겨썰기	• 칼끝을 도마에 대고 당기며 눌러 써는 방법 • 오징어 또는 파 등의 채를 썰 때 용이하다.
당겨서 눌러썰기	• 당겨 썰며 끝에서 살짝 눌러 써는 방법 • 김밥 등을 썰 때 용이하다.
당겨서 밀여붙여 썰기	• 생선회를 썰 때 주로 사용하는 방법 • 당겨서 썰어 놓은 재료를 옆으로 밀어붙여 겹쳐가며 썰어준다.
당겨서 떠내어 썰기	• 발라낸 생선살을 일정한 두께로 떠내는 방법 • 회나 탄력이 좋은 생선살을 썰 때 사용한다.
뉘어썰기	• 칼을 45° 기울여 칼집을 넣는 방법 • 오징어 등에 칼집을 넣을 때 사용한다.
밀어서 깎아썰기	우엉이나 무를 깎아 썰 때 사용한다.
톱질썰기	• 톱질 하듯 칼을 왔다갔다 하며 써는 방법 • 잘 부서지는 것을 썰 때 사용한다.
돌려 깎아썰기	• 엄지손가락에 칼날을 붙이고 재료를 돌려가며 일정하게 껍질을 깎아내는 방법 • 과일 껍질 및 오이, 당근, 무 등을 얇게 돌려깎을 때 사용한다.
손톱 박아썰기	• 작은 재료나 모양이 일정하지 않은 재료를 손톱으로 고정시켜 칼질하는 방법 • 마늘 등을 썰 때 사용한다.

4 재료 썰기

(1) 썰기의 목적 ★★★

① 재료를 조리에 적당한 모양과 크기로 만들어 조리하기 쉽게 한다.
② 재료 중 먹지 못하는 부분(비가식부)을 제거한다.
③ 씹기 편하게 만들어 소화를 돕는다.
④ 열의 전달이 쉽고, 양념(조미료)류의 침투를 좋게 한다.

(2) 재료 썰기 방법

편썰기(얄팍썰기)	마늘이나 생강 등의 재료를 모양 그대로 얇게 써는 방법
채썰기	• 얇게 편썰기를 해서 모아 다시 가늘고 길게 써는 방법 • 구절판의 재료를 썰 때 사용한다.
다지기	• 채 썬 재료를 곱고 잘게 써는 방법 • 파, 마늘, 생강 등 양념으로 사용할 때 주로 사용한다.
막대썰기	• 일정한 크기의 막대 형태로 써는 방법 • 무장과, 오이장과 등을 만들 때 사용한다.
골패썰기	재료를 직사각형 형태로 만들어 얇게 썰어내는 방법
나박썰기	가로와 세로가 비슷한 정사각형 형태로 써는 방법
깍둑썰기	• 주사위 모양의 큰 사각형으로 써는 방법 • 깍두기, 찌개, 조림 등에 사용한다.
둥글려 깎기	• 모서리를 둥글게 다듬어내는 방법 • 오래 끓이거나 졸일 시 재료가 뭉그러지지 않기 위해 사용한다.
반달썰기	• 애호박 등을 반으로 가른 후 반달 모양으로 써는 방법 • 통으로 썰기에는 너무 큰 재료에 적합하다.
은행잎썰기	• 반달썰기 한 것을 더 썰거나 둥근 재료를 4등분한 후 써는 방법 • 조림, 찌개 등에 이용한다.
통썰기	• 모양이 길고 둥근 당근, 오이, 연근 등을 통째로 써는 방법 • 볶음, 절임 등에 이용한다.
어슷썰기	• 파, 고추 등 가늘고 긴 재료를 사선으로 써는 방법 • 볶음, 찌개 등에 이용한다.
깎아썰기	• 연필 깎듯이 돌려가며 얇게 써는 방법 • 우엉 등을 얇게 썰 때 이용한다.
저며썰기	• 재료를 한손으로 누르고 칼을 눕혀 당기듯이 써는 방법 • 표고버섯, 고기, 생선포를 뜰 때 주로 이용한다.
마구썰기	• 오이(가늘고 긴 재료) 등을 한손으로 잡고 돌려가며 한입 크기로 각이 있게 써는 방법 • 채소의 조림 등에 이용한다.
돌려깎기	• 오이나 호박 등의 씨를 제외한 나머지 부분을 돌려가며 깎아내는 방법 • 가늘게 채를 썰 때 이용한다.
솔방울썰기	• 오징어나 갑오징어 안쪽에 사선으로 엇갈려 칼집을 넣는 방법 • 오징어나 갑오징어를 데쳐 모양을 낼 때 이용한다.

04 식재료 계량 방법

1 계량도구

저울	무게를 측정하는 기구로 g, kg으로 나타낸다.
계량컵	• 부피를 측정하는 기구 • 미국 등 외국에서는 1컵을 240mL로, 우리나라는 1컵을 200mL로 하고 있다.
계량스푼	• 양념 등의 부피를 측정하는 데 사용한다. • 큰술(Ts: 테이블스푼), 작은술(ts: 티스푼)로 구분한다.

2 계량단위

단위	환산법
1컵(Cup)	• 미국(외국): 240mL(cc) = 8온스(oz) • 우리나라: 200mL(cc) = 13T + 1t 가량, 200g
1큰술(1Ts: Table spoon)	15mL(cc) = 3작은술 = 15g
1작은술(1ts: tea spoon)	5mL(cc) = 5g
1온스(oz: ounce)	30mL(cc) = 28.35g
1파운드(lb: pound)	453.6g = 16oz
1쿼터(quart)	950mL = 32oz

3 계량방법 ★★★

식품류	계량법	대상 식품
가루 상태의 식품	• 부피보다는 무게를 측정하는 것이 정확하다. • 덩어리 없는 상태로 수북하게 담아 평평한 것으로 고르게 깎아 계량한다.	밀가루, 설탕 등
액체식품	• 투명한 계량컵이나 계량스푼에 채워 계량한다. • 평평한 곳에 놓고 계량컵의 눈금과 눈높이를 맞춰 계량한다.	물, 기름, 간장, 식초, 우유 등
고체식품	• 계량컵이나 계량스푼에 가득 채워서 계량한다. • 빈 공간 없이 꾹꾹 눌러 가득 채워서 평면이 되도록 깎아서 계량한다.	마가린, 버터, 흑설탕 등
알갱이 상태의 식품	계량컵에 가득 담아 흔들어 공간을 메운 후, 평면이 되도록 깎아서 계량한다.	쌀, 팥, 깨, 통후추 등
농도가 큰 식품	계량컵이나 계량스푼에 꾹꾹 눌러 담아 평평한 것으로 고르게 밀어 표면이 평면이 되도록 깎아서 계량한다.	고추장, 된장 등

05 조리장의 시설 및 설비 관리

1 조리장의 시설 조건

(1) 조리장의 3원칙

위생성	식품의 오염 방지, 환기·통풍·배수·청소가 용이할 것
능률성	식품의 구입·검수·저장이 용이, 기구·기기의 배치가 적절할 것
경제성	경제적이며 내구성이 있어야 할 것

(2) 조리장의 위치 ★★★
① 통풍, 채광, 급수와 배수가 용이한 곳
② 악취, 유독가스, 공해, 소음 등이 없는 곳
③ 비상 시 통로 및 출입문에 방해가 되지 않고 대피하기 쉬운 곳
④ 음식의 운반과 배선이 편리한 곳
⑤ 재료의 반출입과 오물의 반출이 편리한 곳
⑥ 종사자의 출입이 편리한 곳

(3) 조리장의 면적
① 식당 면적의 1/3이 기준이다.
② 일반급식소(1인 기준) 면적은 $1m^2$, 사업자급식소는 $0.2m^2$, 학교급식소는 $0.3m^2$, 병원급식소는 $0.8~1m^2$가 기준이다.
③ 1인당 급수량

일반급식	5~10L	병원급식	10~20L
학교급식	4~6L	사업자(공장)급식	5~10L

> **합격 팁**
>
> | 일반급식소에서 급수설비 용량 환산 시 1식당 사용물량 | 6~10L |
> |---|---|
> | 식당의 면적 | 취식자 1인당 $1.0m^2$ |
> | 식기회수 공간 | 취식 면적의 10% |

2 조리장의 설비 관리

조리장	• 개방식 구조로 객실과 객석이 구분되어야 함 • 식품 및 식기류의 세척시설 완비 • 종업원 전용 수세시설 완비 • 급수 및 배수시설 완비
바닥	• 바닥과 1m까지의 내벽은 물청소가 용이한 타일 등의 내수성 자재 사용 • 미끄럽지 않고 내수성, 산, 염, 유기용매에 강한 자재 사용 • 색상이 영구적으로 유지되며, 유지비가 저렴해야 함 • 청소와 배수가 용이하도록 물매는 1/100 이상 • 수조형 트랩 설치로 악취 및 해충의 침입 방지
작업대	• 배치순서: 준비대 → 개수대 → 조리대 → 가열대 → 배선대 • 높이는 신장의 52%(80~85cm), 너비는 55~60cm가 효율적임

작업대	L자형	좁고 동선이 짧은 조리장에 사용
	ㄷ자형	면적 대비 동선이 가장 짧고, 넓은 조리장에 적합
	일렬형	동선이 길어 비효율적이나, 굽은 조리장에 적합
	병렬형	작업할 때 180° 회전하게 되므로 에너지 소모가 큼
	아일랜드형	• 공간 활용이 자유로우며, 동선을 단축시킬 수 있음 • 환풍기 및 후드의 수를 최소화할 수 있음

창문, 벽	• 창의 면적은 바닥 면적의 20~30%가 적절함. 창문은 직사광선을 막을 수 있도록 하며, 방충 설비를 구비해야 함 • 내벽은 바닥에서 높이 1.5m 이상으로, 내산성·불침투성·내수성 재료로 설비되어야 함
조명 시설	• 작업하기 충분하고 눈이 피로하지 않은 균등한 조도 유지 • 기준 조명: 객석(30Lux), 유흥음식점(10Lux), 단란주점(30Lux), 조리실(50Lux 이상)
환기	• 창문을 이용한 자연환기, 인공환기인 송풍기(Fan), 배기용 환풍기(Hood)를 이용한 환기가 있다. • 후드는 사방 개방형이 가장 효율적이며, 경사각은 30°가 효율적이다.
냉장·냉동	• 냉장: 5°C 내외의 내부 온도 유지 • 냉동: 0°C 이하, 장기저장 시 -30°C 온도 유지
화장실	• 남녀용으로 구분하며 내수성 자재를 사용해야 함 • 손 씻는 시설을 반드시 갖추어야 함

SECTION 01 단원문제
조리준비

01 다음 중 조리를 하는 목적으로 적합하지 않은 것은?

① 소화흡수율을 높여 영양효과 증진
② 식품 자체의 부족한 영양성분 보충
③ 풍미, 외관을 향상시켜 기호성 증진
④ 세균 등의 위해요소로부터 안전성 확보

02 음식을 제공할 때는 온도를 고려해야 한다. 다음 음식 중 최적의 맛을 느낄 수 있는 온도가 가장 높은 것은?

① 전골
② 국
③ 커피
④ 밥

03 다음 중 계량방법이 올바른 것은?

① 마가린을 계량할 때 실온에서는 계량컵에 눌러 담은 후, 직선형 칼이나 스패츌러로 깎아서 계량한다.
② 밀가루를 계량할 때는 측정 직전에 체로 친 뒤 눌러 담은 후 스패츌러로 깎아서 측정한다.
③ 흑설탕을 계량할 때는 체로 친 뒤 누르지 말고 수북하게 담은 후 스패츌러로 깎아서 측정한다.
④ 쇼트닝을 계량할 때는 냉장온도에서 계량컵에 눌러 담은 후, 스패츌러로 깎아서 측정한다.

정답해설

01 조리의 목적
- 기호성: 식품의 외관은 물론 맛과 풍미를 높이기 위해 행함
- 영양성: 영양소를 파괴 없이 보존하며 식품의 영양효율을 높이기 위해 행함
- 안전성: 위생적으로 위해성분을 제거하여 안전성을 높이기 위해 행함
- 저장성: 물리적, 화학적 조리조작으로 저장성을 높이기 위해 행함

02 음식의 적정온도

청량음료	2~5℃
맥주, 냉수	7~10℃
빵 발효(이스트 발효)	25~30℃
밥, 우유, 겨자 발효	40~45℃
식혜당화, 발효술	55~60℃
커피, 차, 달걀찜, 국	70~75℃
전골, 찌개	95~98℃

03 계량방법

가루 상태의 식품	• 부피보다는 무게를 측정하는 것이 정확하다. • 덩어리 없는 상태로 수북하게 담아 평평한 도구로 고르게 깎아 계량한다.
액체식품	• 투명한 계량컵이나 계량스푼을 이용한다. • 평평한 곳에 놓고 계량컵의 눈금과 눈높이를 맞춰서 계량한다.
고체식품	• 계량컵이나 계량스푼을 이용한다. • 빈 공간 없이 꾹꾹 눌러서 가득 채운 후 평면이 되도록 깎아서 계량한다.
알갱이 상태의 식품	계량컵에 가득 담고 흔들어서 빈 공간을 메운 후, 평면이 되도록 깎아서 계량한다.
농도가 큰 식품	계량컵이나 계량스푼에 눌러 담은 후, 평평한 기구로 고르게 밀어 표면이 평면이 되도록 깎아서 계량한다.

| 정답 | 01 ② | 02 ① | 03 ① |

04 육류를 끓여 국물을 만들 때의 고려사항으로 맞는 것은?

① 육류를 오래 끓이면 근육조직인 젤라틴이 콜라겐으로 용출되어 맛있는 국물이 만들어진다.
② 육류를 찬물에 넣어 끓이면 맛성분의 용출이 잘되어 맛있는 국물이 만들어진다.
③ 육류를 끓는 물에 넣고 설탕을 넣어 끓이면 맛성분의 용출이 잘되어 맛있는 국물이 만들어진다.
④ 육류를 오래 끓이면 질긴 지방조직인 콜라겐이 젤라틴화 되어 맛있는 국물이 만들어진다.

05 편육을 할 때 가장 적합한 삶기 방법은?

① 끓는 물에 고기를 덩어리째 넣고 삶는다.
② 끓는 물에 고기를 잘게 썰어 넣고 삶는다.
③ 찬물에서부터 고기를 넣고 삶는다.
④ 찬물에서부터 고기와 생강을 넣고 삶는다.

06 녹색채소를 데칠 때 색을 선명하게 하기 위한 조리방법으로 부적합한 것은?

① 휘발성 유기산을 휘발시키기 위해 뚜껑을 열고 끓는 물에 데친다.
② 산을 희석시키기 위해 조리수를 다량 사용하여 데친다.
③ 섬유소가 알맞게 연해지면 가열을 중지하고 냉수에 헹군다.
④ 조리수의 양을 최소로 해서 색소의 유출을 막는다.

07 채소를 데칠 때 뭉그러짐을 방지하기 위한 가장 적당한 소금의 농도는?

① 1%
② 10%
③ 20%
④ 30%

정답해설

04 육수를 끓일 때는 찬물에 고기를 먼저 넣고 끓여야 맛성분의 용출이 잘되어 국물의 맛이 좋아진다.
05 편육을 조리할 때에는 끓는 물에 고기를 덩어리째 넣고 삶아야 육즙이 빠지지 않아 맛이 좋아진다.
06 녹색채소를 데칠 때는 100℃ 조리수의 양을 최대로 한 후, 뚜껑을 열고 단시간에 데쳐서 재빨리 헹구어야 선명한 색을 유지할 수 있다.
07 채소를 데칠 때 1~2% 식염을 첨가하면 채소가 부드러워지고 고유의 색을 유지할 수 있다.

| 정답 | 04 ② | 05 ① | 06 ④ | 07 ① |

08 습열조리법으로 조리하지 않는 것은?

① 편육
② 장조림
③ 불고기
④ 꼬리곰탕

09 칼 종류에 대한 설명으로 바르지 않은 것은?

① 아시아형 - 칼날 길이가 18cm 정도로 동양요리에 적합함
② 아시아형 - 칼등과 칼날이 곡선으로 채썰기에 좋음
③ 서구형 - 칼날의 길이가 20cm 정도로 주로 자르기에 편하며 힘이 들지 않음
④ 다용도칼 - 도마 위에서 롤링하며 뼈를 발라내기에 적합함

10 썰기의 목적으로 바르지 않은 것은?

① 모양과 크기를 정리한다.
② 먹지 못하는 부분을 없앤다.
③ 씹기 편하게 해서 영양소 함량을 증가시킨다.
④ 열의 전달이 쉽고 조미료 침투에 좋다.

11 가열조리 중 건열조리에 속하는 조리법은?

① 찜   ② 구이
③ 삶기   ④ 조림

12 구이에 의한 식품의 변화 중 틀린 것은?

① 살이 단단해진다.
② 기름이 녹아 나온다.
③ 수용성 성분의 유출이 매우 크다.
④ 식욕을 돋우는 맛있는 냄새가 난다.

13 높은 열량을 공급하고 수용성 영양소의 손실이 가장 적은 조리방법은?

① 삶기   ② 끓이기
③ 찌기   ④ 튀기기

14 다음의 조리방법 중 센 불로 가열한 후 약한 불로 세기를 조절하는 것과 관계가 없는 것은?

① 생선조림   ② 된장찌개
③ 밥   ④ 새우튀김

정답해설

08, 11
불고기의 보통 조리법은 볶음이다.
- 습열조리: 끓이기, 데치기, 삶기, 찌기(찜)
- 건열조리: 굽기(구이), 볶음, 튀김, 지짐

09 아시아형은 칼등은 곡선, 칼날은 직선으로 채썰기에 좋다.

13 튀김은 고온에서 재료를 빨리 조리하므로 영양소의 손실이 가장 적다.

14 튀김은 센 불에서 단시간에 튀겨내야 하므로 불세기를 조절하는 것과는 무관하다.

|정답| 08 ③ 09 ② 10 ③ 11 ② 12 ③ 13 ④ 14 ④

15 튀김옷에 대한 설명으로 잘못된 것은?

① 글루텐의 함량이 많은 강력분을 사용하면 튀김 내부에서 수분이 증발되지 못하므로 바삭하게 튀겨지지 않는다.
② 달걀을 넣으면 달걀 단백질이 열에 응고되어 수분을 방출하므로 튀김이 바삭하게 튀겨진다.
③ 식소다를 소량 넣으면 가열 중 이산화탄소를 발생함과 동시에 수분도 방출되어 튀김이 바삭해진다.
④ 튀김옷에 사용하는 물의 온도는 30℃ 전후로 해야 튀김옷의 점도를 높여 내용물을 잘 감싸고 바삭해진다.

16 식품의 풍미를 증진시키는 방법으로 적합하지 않은 것은?

① 부드러운 채소의 조리 시 맛을 제대로 유지하려면 조리시간을 단축해야 한다.
② 빵을 갈색이 나게 잘 구우려면 건열로 갈색반응이 일어날 때까지 충분히 구워야 한다.
③ 사태나 양지머리 같은 질긴 고기의 국물을 맛있게 하기 위해서는 약한 불에 서서히 끓인다.
④ 빵은 증기로 찌거나 전자레인지로 시간을 단축시켜 조리한다.

17 전자레인지의 주된 조리원리는?

① 복사   ② 전도
③ 대류   ④ 초단파

18 다음 중 조리방법에 대한 설명으로 옳지 않은 것은?

① 찌기는 수증기의 잠열을 이용하는 가열법으로 수용성 성분의 손실이 적다.
② 튀김은 높은 온도의 기름에 단시간 익히기 때문에 영양소 손실이 적다.
③ 데치기는 다량의 끓는 물에 재빨리 삶는 방법이다.
④ 끓이기는 기름을 열의 전달 매개체로 삼는다.

19 숫돌의 사용방법으로 옳은 것은?

① 입도 숫자가 작을수록 입자가 미세하다는 뜻이다.
② 1000#은 칼날이 두껍고 이가 많이 빠진 칼을 가는 데 사용한다.
③ 400#은 일반적인 칼갈이에 가장 많이 사용되며, 가장 기본적인 고운 숫돌로써 굵은 숫돌로 간 다음, 칼의 잘리는 면을 부드럽게 하기 위해 사용한다.
④ 칼날은 예리하고 날카롭게 관리해야 사고의 위험을 줄일 수 있다.

정답해설

15 튀김옷은 차가운 물(얼음물)로 해야 더욱 바삭해진다.
16 빵을 증기로 찌거나 전자레인지로 조리하면 갈색반응이 일어나지 않아 빵 고유의 맛과 냄새가 없어진다.
17 초단파 조리는 식품이 함유하고 있는 물 분자의 급격한 진동을 유발하여 열을 발생시키는 방법으로, 전자레인지가 이에 해당된다.
18 끓이기는 100℃의 액체에서 식품을 가열하는 방법으로 물을 열의 전달 매개체로 삼는다.

19 숫돌의 종류

400# (거친숫돌)	• 날이 두껍고 이가 나간 칼을 갈 때 사용한다. • 새 칼을 길들이거나 형상을 조절할 때 사용한다.
1000# (고운숫돌)	거친숫돌 사용 후, 날의 면을 좀 더 부드럽게 하기 위해 쓴다.
4000~6000# 이상	마무리 숫돌로, 칼날을 윤이 나고 예리하게 만들기 위해 사용한다.

| 정답 | 15 ④ 16 ④ 17 ④ 18 ④ 19 ④ |

20 칼질하는 방법에 대한 설명으로 옳지 않은 것은?

① 밀어썰기는 모든 칼질의 기본이 되는 칼질법으로 안전사고와 피로도가 적다.
② 당겨썰기는 채썰기에 적당한 방법으로 칼끝을 도마에 대고 손잡이를 약간 들었다 당기며 눌러 써는 방법이다.
③ 톱질썰기는 한식에서 재료를 곱게 썰거나 다질 때 흩어지지 않게 써는 방법이다.
④ 돌려 깎아썰기는 엄지손가락에 칼날을 붙이고 일정한 간격으로 돌려가며 껍질을 깎는 방법이다.

21 썰기에 대한 설명으로 옳지 않은 것은?

① 편썰기는 재료를 원하는 길이로 자른 후, 그대로 얄팍하게 썰거나 원하는 두께로 얇게 써는 방법이다.
② 마구썰기는 오이나 당근 같이 비교적 가늘고 긴 재료를 한손으로 잡고 돌려가며 한 입 크기로 작고 각이 있게 써는 방법이다.
③ 돌려깎기는 우엉 등의 재료를 얇게 써는 방법이다.
④ 저며썰기는 재료의 끝을 한손으로 누른 후, 칼 몸을 뉘어서 재료를 안쪽으로 당기듯이 한번에 써는 방법이다.

22 조리대 배치 형태 중 환풍기와 후드의 수를 최소화할 수 있는 것은?

① 일렬형 ② 병렬형
③ ㄷ자형 ④ 아일랜드형

23 조리장의 창문시설에 대한 설명으로 적합하지 않은 것은?

① 창의 면적은 바닥의 20% 정도로 한다.
② 창틀은 목조재질을 사용한다.
③ 30메시 이상의 방충망을 설치하여 해충의 침입을 방어한다.
④ 직사광선을 막을 수 있어야 한다.

24 주방의 바닥 조건으로 적합한 것은?

① 산이나 알칼리에 약하고, 습기와 열에 강해야 한다.
② 바닥 전체의 물매는 1/20이 적당하다.
③ 조리작업을 드라이 시스템화할 경우의 물매는 1/100 정도가 적당하다.
④ 잘 미끄러지지 않는 고무타일, 합성수지타일 등이 적당하다.

정답해설

20 ③의 방법은 칼끝썰기에 대한 설명이다.
21 돌려깎기는 채를 썰기 전에 얄팍하고 긴 띠 모양으로 써는 방법이며, 우엉 등의 재료를 얇게 써는 방법은 깎아썰기이다.
22 아일랜드형은 가열대 또는 조리대가 독립되어 있는 형태로, 조리기구를 한곳으로 모아놓기 때문에 환풍기나 후드 수를 최소한으로 줄일 수 있다.
23 조리장에서 창틀은 내수성이 있는 알루미늄 재질을 사용하는 것이 좋다.
24 주방바닥의 조건
- 바닥에서 1m까지의 내벽은 물청소가 용이한 타일 등의 내수성 자재 사용
- 내수성, 산, 염, 유기용매에 강하며 미끄럽지 않은 자재 사용
- 색상이 영구적으로 유지되며, 유지비가 경제적인 것
- 청소와 배수가 용이하도록 물매 1/100 이상
- 수조형 트랩 설치로 악취 및 해충의 침입 방지

| 정답 | 20 ③ 21 ③ 22 ④ 23 ② 24 ④ |

25 조리작업장의 위치선정 조건으로 적합하지 않은 것은?

① 보온을 위해 지하인 곳
② 통풍이 잘 되며 밝고 청결한 곳
③ 음식의 운반과 배선이 편리한 곳
④ 재료의 반입과 오물의 반출이 쉬운 곳

26 전처리 식품의 장점으로 옳지 않은 것은?

① 조리시간 단축
② 인력 부족에 대한 대책안
③ 쓰레기 처리의 용이성과 비용절감
④ 재고의 발생

정답해설

25 조리장이 지하에 위치하면 통풍과 채광이 잘 되지 않아 적합하지 않다.

26 전처리의 장단점

장점	단점
• 업무의 효율성	• 신선도에 대한 신뢰도가 낮음
• 인건비의 감소	• 안정적 공급체계의 필요
• 공간 및 시간의 효율성	• 생산, 가공, 유통과정의 위생적 관리
• 음식물 쓰레기 감소	• 재료비의 부담이 큼
• 조리 공정과정의 편리성	• 물리적, 화학적, 생물학적 위해요소가 있음(머리카락, 이물질, 잔여 세척제, 미생물 등)
• 식재료 재고관리의 용이성	
• 당일 조리 가능	

| 정답 | 25 ① 26 ④

SECTION 02 식품의 조리원리

01 농산물의 조리 및 가공·저장

1 전분의 특징과 구조

특징	포도당이 축합된 형태로, 광합성에 의해 만들어진 식물의 저장 탄수화물
전분의 구조	• 아밀로오스(Amylose) + 아밀로펙틴(Amylopectin)으로 구성 • 멥쌀: 아밀로오스 20% + 아밀로펙틴 80% • 찹쌀: 아밀로펙틴 100%

2 전분의 호화(α화) ★★★

① 정의: 날 전분에 물을 넣고 열을 가하여 70~75℃ 정도가 될 때, 전분입자가 물을 흡수하며 팽창하고 점성을 지닌 반투명의 콜로이드 형태의 전분(α전분)으로 되는 현상
② 호화(α화)에 영향을 주는 요인

	가열 온도가 높을수록 호화가 잘됨
	가열 시 물의 양이 많을수록 호화가 잘됨
	전분 입자가 클수록 호화가 잘됨(고구마, 감자 > 쌀)
호화가 잘 일어나는 조건	pH가 알칼리성일 때 호화가 잘됨
	• 알칼리(NaOH) 첨가 시 호화가 잘됨 • 소금과 산 첨가 시 호화가 잘 안 됨
	수침시간이 길수록 호화가 잘됨
	정백도(도정률)가 높을수록 호화가 잘됨

3 전분의 노화(β화) ★★★

① 정의: 호화된 전분(α전분)을 상온방치 및 냉장보관 시 수분의 증발 등으로 단단하고 딱딱하게 굳어지며 날 전분(β전분)으로 돌아가는 현상

② 노화에 영향을 주는 요인

노화 촉진법	아밀로오스 함량이 많을 때(멥쌀 > 찹쌀)
	수분의 함량이 30~60%일 때
	온도가 0~5°C일 때(냉장은 노화촉진, 냉동 ×)
	pH가 산성일 때(수소이온이 많을 때)
노화 억제법	수분함량을 15% 이하로 유지
	환원제나 유화제 첨가(빵, 과자, 케이크 등)
	보수성이 강한 설탕의 다량 첨가(양갱 등)
	0°C 이하로 급속냉동(냉동법) 또는 80°C 이상으로 급속 건조

4 전분의 호정화(덱스트린화) ★★★

물이 없는 상태로 날 전분을 160~170°C로 가열 시 가용성 전분을 거쳐 덱스트린(호정)으로 분해되는 반응
예) 누룽지, 뻥튀기, 토스트, 미숫가루, 팝콘 등

5 전분의 당화

전분에 산이나 효소를 작용시키면 가수분해되어 단맛이 증가하는 과정
예) 식혜, 조청, 물엿, 고추장 등

> **합격 팁**
>
> **식혜**
> - 엿기름 효소성분에 의해 전분이 당화를 일으켜 만들어진 식품
> - 엿기름 당화의 적절한 온도는 50~60°C(아밀라아제 활동 가장 활발함)
> - 식혜 제조과정 중 뜨기 시작한 밥알은 헹궈 놓은 후 차게 식힌 식혜에 띄움
> - 엿기름의 농도가 높을수록 당화 속도가 촉진됨

6 전분의 겔화

전분을 가열하여 호화 후 냉각시켜 굳히는 과정
예) 도토리묵, 청포묵, 메밀묵 등

7 곡류의 조리

(1) 쌀

① 쌀의 특성

쌀	벼의 구조: 왕겨, 외피(겨), 배아, 배유로 구성됨	
	종류	현미: 벼에서 왕겨를 제거한 것(영양가↑, 소화율↓)
		백미: 현미에서 외피와 배아를 제거하고 배유만 남은 것(영양가↓, 소화율↑)
	쌀의 단백질: 오리제닌	
	수분함량: 생쌀(13~15%), 불린 쌀(20~30%), 지은 밥(60~65%)	
	• 멥쌀: 아밀로오스(20%) + 아밀로펙틴(80%) • 찹쌀: 아밀로펙틴(100%)	

② 쌀의 조리(밥짓기)
- 물의 양은 쌀 중량의 1.0~1.5배로 완성된 밥의 부피는 2배 이상 증가한다.
- 쌀의 호화는 60~65℃에서 시작되며 100℃에서 20~30분 정도 두면 완성된다.

③ 밥맛에 영향을 주는 요인

쌀 건조 상태	오래되거나 건조된 쌀은 밥맛이 좋지 않다.
밥물의 pH	물의 pH가 7~8(약알칼리성)일 때 밥맛이 좋다.
소금 첨가	소금을 0.03% 정도 첨가하면 밥맛이 좋다.
밥솥	재질이 두껍고 무거운 무쇠 또는 돌로 만든 것이 좋다.

(2) 보리

① 보리의 특징 및 활용

보리	껍질이 알맹이에서 분리되지 않는 겉보리, 성숙 후 분리되는 쌀보리로 구분	
	종류	압맥: 기계로 눌러 단단한 조직을 파괴하고 납작하게 누른 것
		할맥: 보리의 홈을 따라 이등분으로 분쇄하고 쌀처럼 다듬은 것
	활용: 된장·고추장·제과 등의 원료, 맥주의 제조·엿기름 등	
	맥아: 보리의 싹을 틔운 것으로 맥주 제조에 이용됨	
	보리의 단백질: 호르데인	

8 밀가루의 조리

① 밀가루의 종류와 용도

구분	글루텐 함량	용도
강력분	13% 이상	식빵, 마카로니, 파스타 등
중력분	10% 이상 13% 미만	소면, 우동 등의 국수류, 만두피 등
박력분	10% 이하	과자류, 케이크, 튀김옷 등

② 글루텐 형성: 밀가루 단백질은 탄성이 높은 글루테닌(Glutenin)과 점성이 높은 글리아딘(Gliadin)으로 구성되며, 물과 결합하여 점탄성을 갖는 글루텐(Gluten)이 형성된다.

③ 글루텐 형성에 영향을 주는 요인

밀가루 종류	글루텐 함량이 높은 강력분이 높은 점탄성을 가진다.
수분(물)	물을 조금씩 나누어 가며 치대는 것이 효과적이다.
치대는 정도	밀가루 반죽 시 많이 치댈수록 글루텐 형성이 잘된다.
지방	글루텐 구조 형성을 방해하여 반죽을 부드럽게 만든다.
설탕	• 글루텐 형성을 방해하며 점탄성을 약화시킨다. • 가열 시 캐러멜화 반응으로 표면이 갈색으로 변한다.
소금	글루텐의 구조를 조밀하게 하여 점탄성을 높인다.
달걀	• 글루텐 형성에 도움을 준다. • 팽창제 역할을 한다. • 너무 많이 사용하면 반죽이 질겨진다.

> **합격 팁**
>
> **글루텐 형성을 돕는 물질**　　소금, 달걀, 우유
> **글루텐 형성을 방해하는 물질**　설탕, 지방
> **팽창제**
> • 생물적 팽창제: 이스트
> • 화학적 팽창제: 베이킹소다, 베이킹파우더

9 서류의 조리

① 감자의 종류와 활용

점질감자	• 전분 성분이 낮아 찌거나 삶을 시 모양이 부서지지 않는다. • 기름에 볶는 요리, 샐러드, 조림 등에 사용
분질감자	• 전분 성분이 높아 찌거나 삶을 시 모양이 부서지기 쉽다. • 보슬보슬한 질감으로 튀김, 매시드포테이토, 구운 감자 등에 사용

② 감자의 보관 및 유해성분

감자의 보관	싹이 나지 않도록 종이나 천으로 빛을 차단하여 서늘한 곳에 보관한다.
감자 유해성분	• 녹색 싹튼 부분: 솔라닌(Solanine) • 부패한 감자: 셉신(Sepsine)

③ 고구마

고구마의 특성	• 감자에 비해 수분이 적고, 섬유소 · 무기질 · 비타민이 많다. • 가열 시 β-아밀라아제가 활성화되어 단맛이 증가한다.

10 두류의 조리

① 두류의 특성 및 두부 제조

두류의 특성	고단백질 식품으로 단백질 함량이 약 40%에 해당한다.
	글리시닌: 콩 단백질 글로불린에 가장 많이 함유하고 있는 성분
	사포닌: 대두와 팥 성분 중 용혈작용을 하는 독성분(가열 시 파괴)
	안티트립신: 날콩에 함유되어 있으며 소화흡수를 방해함
	콩을 익힐 시 단백질 소화율과 이용률이 더 높아짐
두부 제조	콩 단백질 글리시닌이 무기염류에 의해 응고되는 성질을 이용해 만든다.
	두부 응고제: 염화칼슘, 황산칼슘, 황산마그네슘, 염화마그네슘

11 채소류의 조리

① 채소의 분류

구분	섭취 부위	종류
경채류	줄기	아스파라거스, 죽순, 셀러리, 두릅 등
엽채류	잎	배추, 양배추, 상추, 시금치, 깻잎, 파슬리 등
근채류	뿌리	무, 당근, 우엉, 연근, 생강 등
과채류	열매(과실)	가지, 호박, 수박, 토마토, 참외, 가지 등
화채류	꽃잎, 꽃봉오리	브로콜리, 콜리플라워, 아티초크 등

② 조리에 의한 채소의 변화

녹색채소	• 산에 의한 갈변: 식초를 첨가 시 엽록소가 페오피틴으로 변해서 누런 갈색으로 변함(예 오이피클) • 소금: 더욱 선명한 녹색 유지(클로로필 → 클로로필린) • 소다(중조): 안정된 녹색을 유지하지만, 조직이 연화되고 비타민 C가 파괴됨 • 수산: 시금치에 많은 수산(옥살산)은 끓는 물에 뚜껑을 열고 데치면 제거됨 • 녹색채소를 데칠 때는 다량의 물에 뚜껑을 열고 단시간에 데침(비휘발성 유기산 희석, 휘발성 유기산 제거)
흰색채소	• 무·양파·연근·우엉 등의 채소, 플라보노이드 색소 함유 • 연근, 우엉 등의 갈변을 막기 위해 식초물에 담가 둔다.
적색채소	• 자색 양배추·가지 등 적색채소, 안토시아닌 색소 함유 • 조리 시 뚜껑을 덮고 소량의 조리수를 사용해야 색이 보존됨
녹황색채소	• 당근 등의 녹황색 채소, 카로티노이드 색소 함유 • 지용성 비타민(비타민 A)의 흡수를 돕기 위해 기름에 볶기 • 당근에 함유된 아스코르비나아제는 무, 오이 등과 같이 섭취 시 비타민 C를 파괴함

③ 조리에 의한 색의 변화 ★★★

클로로필 (엽록소)	• 녹색식물의 엽록체에 존재하는 지용성 채소로 녹색을 띰 • 산(식초)에서 갈색의 페오피틴 생성 • 알칼리(소다)에서 클로로필린(짙은 청록색)이 형성됨 • 녹색채소를 데칠 때는 다량의 조리수를 넣어 비휘발성 유기산을 희석시키고, 휘발성 유기산의 제거를 위해 뚜껑을 열고 끓는 물에 단시간에 조리한다.
카로티노이드	• 녹황색식물의 엽록체에 존재하는 지용성 색소로 황색, 주황색을 띰 • 산·알칼리·열에 안정적이지만, 산소·햇빛·산화효소에는 불안정 • 기름에 조리 시 지용성 비타민(비타민 A)의 흡수가 잘됨
플라보노이드	• 채소, 과일 등에 존재하는 수용성 색소로 백색, 담황색을 띰 • 산(식초)에서 선명한 백색을 띰(예 무초절임 등) • 알칼리에서는 황색 또는 갈색으로 변함 • 우엉·연근을 삶을 때, 무·양파 등을 익힐 때 식초 첨가 시 백색 유지
안토시안	• 가지·적양배추·사과 등의 수용성 색소로, 적색·자색·청색을 띰 • 산성에서는 적색, 중성에서는 자색, 알칼리성에서는 청색을 띰 • 가지를 삶을 때 백반을 첨가하면 안정된 청자색 유지

④ 채소의 갈변 및 방지법

효소적 갈변		감자, 우엉 등 껍질을 벗기거나 자르면 식품 자체의 효소에 의해 갈색으로 변함
갈변 방지법	효소의 불활성화	레몬즙, 오렌지즙 등을 뿌려 갈변을 지연시킴
	산소의 제거	물에 담그거나 진공포장을 함
	항산화제의 사용	아스코르브산, 아황산은 갈변을 억제시킴

12 과일류의 조리

(1) 과일의 특징
① 무기질과 비타민 C가 풍부하며, 당분과 유기산(사과산, 주석산, 구연산 등)의 함량이 많다.
② 과일은 인과류(사과, 배 등), 장과류(포도, 딸기 등), 핵과류(복숭아, 자두 등), 견과류(호두, 밤 등)로 분류된다.

(2) 과일의 가공품

잼	과일(사과, 포도, 딸기, 감귤 등)의 과육을 이용하여 설탕(60~65%)을 넣고 농축한 것
	※ 과일 중 배, 감 등은 펙틴과 유기산의 함량이 부족하여 잼에 이용하지 않는다.
젤리	과일즙에 설탕(70%)을 넣고 가열하여 농축한 것
	※ 젤리의 3요소: 펙틴(1~1.5%), 유기산(pH 2.8~3.4), 당분(60~65%)
마멀레이드	과육, 과피, 과즙에 설탕을 넣어 가열·농축하여 젤리화시킨 것
프리저브	과일을 설탕시럽과 같이 가열하여 연하고 투명한 상태로 만든 것
스쿼시	과실 주스에 설탕을 섞은 농축 음료

(3) 과일의 갈변 방지 ★★★
① 사과, 배 등의 신선과일은 설탕물, 레몬즙, 소금물에 담가서 보관한다.
② 효소적 갈변 방지 방법: 가열처리, 염장법, 당장법, 산장법, 아황산 침지 등

(4) 과일의 저장
가스 저장법(CA 저장법): 질소(N), 이산화탄소(CO_2)를 이용하여 과채류의 호흡을 억제시킨다.

(5) 과일 성숙 시 변화
① 과육이 연해진다.
② 비타민 C의 함량이 증가한다.
③ 푸른색이 옅어진다.
④ 카로틴의 함량이 증가한다.
⑤ 탄닌의 감소로 떫은맛이 감소한다.

02 축산물의 조리 및 가공·저장

1 육류의 조리

(1) 육류의 조직

근육조직	• 동물의 운동을 담당하며, 동물조직의 30~40%를 차지한다. • 구성요소: 미오신, 액틴, 미오겐, 미오알부민
결합조직	• 콜라겐과 엘라스틴으로 구성되어 있다. • 콜라겐: 장시간 물에서 끓이면 분해되어 젤라틴으로 변한다. • 엘라스틴: 거의 변화되지 않는 물질
지방조직	• 근내지방(마블링): 근육 속에 함유된 지방으로, 고기를 연하게 하며 맛을 좋게 하여 육류의 등급 판정기준으로 활용된다. • 피하, 복부, 내장기관 주위에 많이 분포

> **합격 팁**
>
> **근육의 육색소** 미오글로빈(육색소) + 헤모글로빈(혈색소)으로 구성됨

(2) 육류의 사후경직과 숙성 ★

사후경직	• 동물은 도살 후 근육이 단단해지며 사후강직(사후경직)이 일어난다. • 글리코겐으로부터 형성된 젖산이 축적되어 산성으로 변하면서 미오신(근섬유)과 액틴(근단백질)이 결합해서 액토미오신이 생성되어 근육이 경직되는 현상이다. • 도살 후 글리코겐이 젖산을 생성해서 pH가 저하된다. • 동물의 종류, 도살 전 상태에 따라 시간은 달라질 수 있다.
숙성 (자기소화)	• 사후경직 시간이 지나 단백질의 분해효소로 자기소화가 일어난다. • 고기가 연해지고 맛이 좋아지며 소화 흡수율이 좋아진다. • 근육의 자기소화에 의해 가용성 질소화합물이 증가한다.
부패	숙성기간이 지난 후에 미생물의 활성으로 변질이 진행된다.

(3) 육류의 사후경직 시간과 숙성시간 ★

육류의 종류	사후경직 시간	숙성기간(냉장)
소고기	12~24시간	7~10일
돼지고기	12~24시간	3~5일
닭고기	6~12시간	1~2일

(4) 가열에 의한 육류의 변화 ★

```
                  공기 중           가열 및
                  산소와 결합        산화
    미오글로빈    →    옥시미오글로빈   →   메트미오글로빈
    (암적색)            (선홍색)              (갈색)
                  (산소화)
```

① 단백질의 변성(응고)으로 인해 수축·분해된다.
② 중량과 보수성이 감소된다.
③ 결합조직인 콜라겐이 80℃의 온도에서 젤라틴으로 변하며 부드러워진다.
④ 지방이 융해되고 색과 풍미가 좋아진다.
⑤ 가열 중 지방성분은 근수축과 수분손실을 적게 해주는 역할을 한다.

> **합격 팁**
>
> **니트로소미오글로빈**
> 소고기 가공 시 염지(소금물에 담가 놓는 것)에 의해 원료육의 미오글로빈으로부터 생성되며, 비가열 식육제품인 햄과 소시지 등의 고정된 육색을 나타내는 물질이다.

(5) 육류의 연화법

① 숙성기간을 두어 근육조직을 연화시킨다.
② 고기결의 반대 방향으로 썰기, 칼집 넣어주기, 두들기거나 갈아주는 물리적 방법을 이용한다.
③ 설탕, 청주, 소금을 첨가하면 연화효과가 있다.
④ 결합 부위가 많은 부위는 물에 장시간 끓이면 콜라겐이 젤라틴화되어 연해진다.
⑤ 단백질 분해효소를 첨가해서 고기를 연화시킬 수 있다.

> **합격 팁**
>
> 식품에 함유된 단백질 분해효소
>
> | 파인애플 | 브로멜린(Bromelin) | 키위 | 액티니딘(Actinidin) |
> |---|---|---|---|
> | 배 | 프로테아제(Protease) | 무화과 | 피신(Ficin) |
> | 파파야 | 파파인(Papain) | | |

(6) 육류의 부위별 조리법

① 소고기

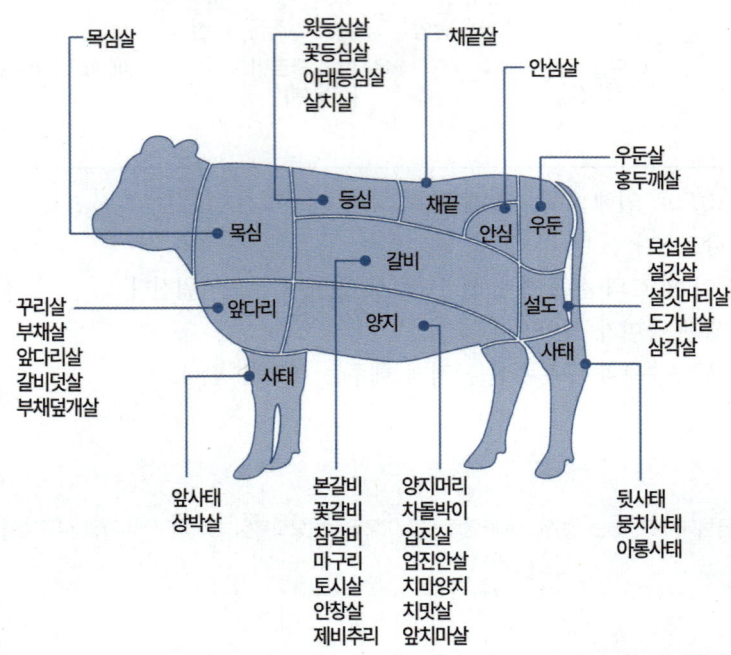

부위	특징	용도
목심	운동량이 많아 지방이 적고, 결합조직이 많아 질기다.	구이, 불고기, 탕
등심	• 육질이 연하고 풍미가 좋다. • 윗등심, 아랫등심, 꽃등심, 살치살	구이, 스테이크, 볶음
채끝	안심을 둘러싸고 있으며, 결이 곱고 육즙이 풍부하다.	구이, 스테이크
안심	지방이 가장 적고, 육질이 연하며 풍미가 좋다.	구이, 스테이크
우둔	• 육질의 결이 곱고 연하며 지방이 적다. • 우둔살, 홍두깨살	조림, 육포, 육회, 불고기, 산적
앞다리	• 육질의 결은 곱지만 결합조직이 많아 질기다. • 앞다리살, 부채살, 갈비덧살, 꾸리살	육회, 불고기, 탕, 스튜, 조림
갈비	• 육질이 가장 부드럽고 지방이 적당하다. • 갈비, 갈비살, 안창살, 토시살, 꽃갈비, 제비추리	구이, 찜, 탕
양지	• 육질이 치밀하고 질기며 지방이 많다. • 오랜 시간에 걸쳐 끓이는 조리를 하면 맛이 좋아진다. • 양지머리, 업진살, 차돌박이, 치맛살	국거리, 찜, 탕, 장조림, 편육
설도	• 지방이 적고 질긴 편이다. • 보섭살, 도가니살, 설깃살, 설깃머리살	육포, 육회, 불고기
사태	• 지방이 적고 육질이 질기지만, 가열하면 젤라틴이 되어 부드러워진다. • 아롱사태, 앞사태, 뒷사태, 뭉치사태	탕, 찌개, 국, 조림, 편육, 찜

② 돼지고기

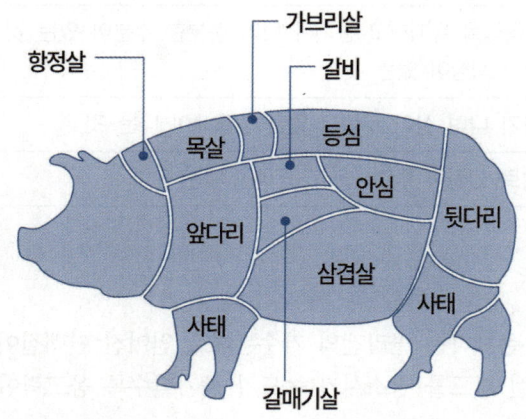

부위	특징	용도
목심	• 지방이 적당하며 풍미가 좋다. • 목살	구이, 수육
등심	• 육질이 부드러우며 지방이 적다. • 등심살, 알등심, 등심덧살	돈가스, 구이, 볶음
안심	지방이 약간 있고 육질이 부드럽다.	돈가스, 구이, 볶음, 스테이크
갈비	육질이 쫄깃하고 적당한 지방으로 풍미가 좋다.	구이, 찜, 바비큐
앞다리	• 지방이 적고 육질의 결이 곱다. • 앞다리살, 사태살, 항정살	찌개, 수육, 불고기
뒷다리	지방이 적고 육질의 결이 곱다.	불고기, 편육, 장조림
삼겹살	근육과 지방이 세 겹의 막을 형성하며 풍미가 좋다.	구이, 베이컨, 수육

(7) 육류의 주요 조리법

탕	• 양지, 사태, 꼬리를 활용한다. • 찬물에 고기를 넣어 지미 성분을 물에 충분히 용출시킨다. • 양파, 무, 마늘, 생강 등의 향신료를 넣어 냄새를 제거한다.
장조림	• 홍두깨, 우둔살 등 살코기가 많은 부위를 이용한다. • 처음부터 간장과 설탕을 넣으면 콜라겐이 젤리화되기 전 수분이 빠져나가 고기의 질이 단단해지므로, 물에 먼저 끓인 후 나중에 조미한다.
편육	• 소고기는 양지, 사태, 우설 등을 활용한다. • 돼지고기는 삼겹살, 돼지머리 등을 활용한다. • 끓는 물에 삶아야 고기의 맛 성분이 많이 용출되지 않아 맛이 좋다.
구이	• 고기질이 부드러운 안심, 등심, 갈비살 등을 활용한다. • 양면이 갈색이 되도록 구운 후 약한 불로 속까지 익힌다.

(8) 육류의 감별법 ★

소고기	• 선홍색의 육색을 유지하고 윤기가 나며 충분한 수분이 있는 것 • 눌렀을 때 탄력성이 있는 것
돼지고기	기름지고 윤기 나며 살이 두껍고 엷은 담홍색이 나는 것
닭고기	단단한 육질로 껍질이 투명하고 크림색을 띠는 것

2 젤라틴 ★★★

① 동물의 뼈나 가죽에 다량 존재하는 콜라겐의 가수분해로 얻어진 단백질이다.
② 다량의 설탕을 첨가하면 젤 강도를 감소시켜 농도가 증가할수록 응고력이 감소한다.(설탕의 첨가량은 20~25%가 적당)
③ 염류(소금) 첨가 시 응고가 촉진되어 단단해진다.
④ 산 첨가 시 응고가 방해되어 부드러워진다.
⑤ 단백질 분해효소의 사용 시 젤라틴의 분해로 응고력이 약해지므로 가열해서 사용한다.
⑥ 식품에 사용되는 젤라틴의 농도는 3~4% 정도이다.
⑦ 용도: 젤리, 족편, 마시멜로, 아이스크림, 푸딩 제조 시 응고제·유화제·안정제

3 달걀의 조리

① 달걀의 구조

난각	• 껍질 부위로 탄산칼슘으로 구성되어 있으며 내부를 보호한다. • 난각의 큐티클: 신선한 달걀의 까슬까슬한 표면
난백	• 수분과 단백질을 포함한 흰자 부분으로, 달걀의 약 60%를 차지한다. • 점도가 높은 농후난백, 점도가 낮은 수양난백으로 구분한다. • 난백 단백질: 오브알부민 등
난황	• 단백질·지방을 포함한 노른자 부위로, 달걀의 30%를 차지한다. • 유화제 성분: 난황의 레시틴(Lecithin) • 난황 단백질: 리보비텔린 등

② 달걀의 특성

응고성	• 달걀의 응고 온도: 난백(60~65°C), 난황(65~70°C) • 소금과 식초는 달걀의 응고를 촉진시킨다. • 설탕은 달걀의 응고를 지연시킨다. • 소화작용이 활발한 순서: 반숙 > 완숙 > 생란 > 달걀 프라이 • 달걀에 물을 섞어 조리 시 응고 온도가 높아지고 연해진다.(달걀찜) • 응고성을 이용한 식품: 달걀찜, 커스터드, 푸딩, 수란, 오믈렛 등

난백의 기포성	관여 요소	난백의 단백질: 오보글로불린
	기포성을 높이는 방법	• 수양난백이 많은 달걀을 사용 시 거품성이 높아진다. • 실온(30°C)에서 보관된 달걀의 거품성이 높다. • 설탕 첨가 시 거품의 안정도가 높아진다.(단, 거품을 어느 정도 낸 후 설탕을 조금씩 첨가해야 함)
	첨가물의 영향	산(식초, 레몬즙 등)을 첨가하면 거품성이 높아진다.
		지방, 우유, 소금, 설탕(처음부터 넣을 시)을 첨가하면 거품성이 낮아진다.
	식품	스펀지케이크, 머랭 등
유화성		• 난황의 인지질인 레시틴(Lecithin)이 유화제로 작용한다. • 유화성을 이용한 식품: 마요네즈, 케이크 반죽, 크림수프 등
녹변 현상		• 달걀을 오랜 시간 삶았을 때(15분 이상) 난황 주위가 암녹색으로 변하는 현상 • 원인: 난백의 황화수소(H_2S) + 난황의 철(Fe) 결합 → 황화제1철(FeS) 생성 • 조건: 높은 가열온도, 긴 조리시간, 오래된 달걀, 삶은 후 찬물에 헹구지 않을 경우

③ 달걀의 신선도 판별법 ★★★

외관법	껍질이 까칠까칠하고 광택이 없으며, 흔들었을 때 소리가 나지 않는 것
비중법	6%의 소금물에 넣었을 때 가라앉는 것
투광법	기실의 크기가 작고, 난황이 중심에 위치하며 윤곽이 뚜렷한 것
난황계수, 난백계수 측정법	난황계수	$\frac{난황의 높이}{지름}$ / 0.36 이상은 신선한 것
	난백계수	$\frac{난백의 높이}{지름}$ / 0.15 이상은 신선한 것

④ 달걀의 가공품

마요네즈	난황에 유지를 조금씩 넣어가며 저어준 후, 식초·소금·향신료 등을 혼합하여 만든다.(난황의 레시틴 성분을 이용해 기름과 유화)
피단 (송화단)	알칼리(점토, 석회 등)와 염류(소금)를 달걀에 침투시켜 응고 숙성시킨 중국음식으로, 주로 오리알을 이용하지만 달걀로도 가능하다.

4 우유의 조리

① 우유의 성분

단백질	카제인	• 우유 단백질의 약 80% 차지 • 인과 칼슘이 결합된 인단백질 • 산이나 효소(레닌)에 의해 응고 • 열에 의해 응고되지 않음 • 치즈와 요구르트를 만들 때 이용
	유청단백질	• 우유 단백질의 약 20% 차지 • 열에 의해 응고(카제인 응고 후에도 남아 있음) • 산이나 효소(레닌)에 의해 응고되지 않음 • α-락토알부민, β-락토알부민 등이 있음
지방		3~4% 정도 함유. 대부분 중성지질
탄수화물		4~5% 정도 함유. 대부분 유당이고, 소량의 글루코오스와 갈락토오스 함유
무기질		칼슘, 마그네슘, 인, 칼륨 등 함유. 철, 구리는 부족
비타민		비타민 A, D, B_2, 나이아신 등 함유. 비타민 C, E는 부족

> **합격 팁**
>
> **우유의 응고 요인** 산(식초, 레몬즙), 효소(레닌), 페놀화합물(탄닌), 알코올, 염류, 열 등

② 조리 시 우유의 역할 및 가열 시 변화 ★★★

조리 시 우유의 역할	• 음식의 색을 희게 하며, 특유의 풍미와 부드러운 질감을 준다. • 단백질이 겔(gel) 강도를 높인다.(커스터드, 푸딩 등) • 고온 조리 시 마이야르 반응에 의한 갈변 현상이 일어난다.(빵, 과자 등) • 여러 가지 냄새를 흡착 및 제거한다.(생선의 비린내 제거) • 토마토 크림수프에 우유를 넣으면 산에 의해 응고가 일어난다. • 카제인이 산, 효소(레닌)와 결합하여 응고가 일어난다.(치즈 등)
가열 시 변화	• 60~65°C 이상으로 가열 시 유청단백질이 응고되며 피막이 형성된다. • 약불에서 저으며 끓이거나, 뚜껑을 닫고 이중냄비(중탕)로 가열하면 억제가 가능하다.

③ 우유의 종류

전유	유지방 함량이 3% 이상인 우유
저염우유	전유 속의 나트륨을 칼륨과 교환시킨 우유
저지방우유	유지방의 함량을 1~2% 이하로 낮춘 우유
탈지우유	유지방의 함량을 0.5% 이하로 낮춘 우유

④ 우유의 가공품 ★★★

치즈	• 자연치즈: 카제인을 레닌(효소)에 의해 응고시켜 발효한 것 • 가공치즈: 자연치즈에 유화제를 넣고 가열한 것으로, 발효가 더 이상 진행되지 않아서 저장성이 좋음
탈지유	우유를 원심분리하여 지방을 제거한 것(유지방 함유량 0.5% 이하)
크림	우유를 원심분리하여 위에 뜨는 유지방을 분리한 것
요구르트	탈지유를 농축하여 설탕을 첨가하고 저온살균 후 유산균을 첨가하여 배양시켜 만든 것
버터	• 우유의 유지방을 가열 · 살균 · 발효 · 가염 과정을 거쳐 응고시켜 만든 유중수적형 유가공 식품 • 지방 함량이 80% 이상
연유	• 무당연유: 우유의 수분을 증발시켜 1/3~1/2로 농축시켜 살균한 것 • 가당연유: 설탕을 첨가하여 농축한 것
분유	• 우유의 수분을 제거해 분말 형태로 만든 것 • 전지분유, 탈지분유, 조제분유 등으로 구분
사워크림	생크림(유지방)을 발효한 것
아이스크림	우유나 크림에 설탕 · 유화제 · 안정제(젤라틴) · 지방 등을 첨가 후, 공기를 주입해 부드러운 형태로 동결시킨 것

합격 팁

우유의 균질화
- 원유에 압력을 가해 유지방의 입자를 미세하게 만들어 유화상태를 유지시키는 과정
- 지방의 소화 및 흡수가 용이해진다.
- 크림층이 형성되는 것을 방지한다.
- 단, 지방구 표면적이 넓어져 산패되기 쉽다.

03 수산물의 조리 및 가공·저장

1 수산물의 조리

(1) 수산물의 종류

어류	• 해수어(바다), 담수어(강, 호수)로 구분한다. • 해수어가 담수어보다 지방 함량이 높다. • 해수어는 흰살 생선과 붉은살 생선으로 구분한다.
흰살 생선	• 지방 함량이 적다.(5% 이하) • 수온이 낮고 깊은 곳에 서식한다. • 자기소화(부패)가 천천히 일어난다. • 대표 어류: 도미, 조기, 민어, 광어 등
붉은살 생선	• 지방 함량이 많다.(5~20%) • 수온이 높고 얕은 곳에 서식한다. • 자기소화(부패)가 빠르게 일어난다. • 대표 어류: 고등어, 꽁치, 참치, 정어리 등
패류(조개류)	• 딱딱한 외피에 싸여 있고, 연한 조직을 갖고 있다. • 모시조개, 바지락, 대합, 키조개, 소라, 굴, 홍합 등
갑각류	• 키틴질의 외피로 싸여 있으며, 여러 조각의 마디를 가지고 있다. • 게, 새우, 가재 등
연체류	• 몸이 부드럽고 뼈와 마디가 없다. • 오징어, 문어, 쭈꾸미, 낙지, 꼴뚜기 등

(2) 어류의 성분

단백질	미오신, 액틴 등으로 구성(소금에 녹는 성질로 어묵 제조에 이용)
지방	• 불포화지방산 80%, 포화지방산 20%로 구성 • 산란기 직전에 지방 함량이 높다.
무기질	• 1~2% 정도 함유 • 주로 인(P), 아이오딘(I, 요오드)이 많다.
비타민	어유와 간유에 비타민 A, 비타민 D가 풍부하다.

(3) 수산물의 특징 ★

① 사후강직 후 자기소화와 부패가 동시에 일어난다.(최대 강직: 1~4시간)
② 콜라겐 함량이 적어 육류에 비해 살이 연하고 부드럽다.
③ 산란기 직전에 지방 함량이 높고 살이 올라 맛이 좋다.
④ 담수어는 해수어보다 비린내가 강하다.(생선껍질의 점액)

⑤ 해수어가 담수어보다 지방 함량이 많고 맛도 좋다.
⑥ 신선도가 저하되면 트리메틸아민(TMA)이 증가하고 암모니아가 생성된다.
⑦ 갑각류는 가열 시 회색의 아스타잔틴이 적색의 아스타신으로 변한다.

> **합격 팁**
>
> **아스타잔틴과 아스타신** 아스타잔틴도 붉은색 색소지만, 산소와 결합 시 회색·청색 등을 나타낸다. 이를 가열하면 안정된 붉은색인 아스타신으로 변한다.
> **멜라닌** 오징어와 문어 등의 먹물색소

(4) 수산물의 비린내

생선의 비린내는 어체 내에 있는 트리메틸아민 옥사이드가 생선에 붙은 미생물에 의해 트리메틸아민(TMA)으로 환원되어 나는 냄새이다.

> **합격 팁**
>
> **어류 부패 시 발생하는 냄새물질**
> 트리메틸아민(TMA), 암모니아, 피페리딘(담수어), 황화수소, 인돌, 메르캅탄 등

(5) 어류의 신선도 판정법 ★★★

관능검사	아가미	• 선명한 적색이며 단단한 것이 좋다. • 회색으로 부패취가 나고 점액질이 분비된 것은 신선도가 저하된 것이다.
	눈	• 투명하고 안구가 외부로 돌출된 것이 좋다. • 눈이 흐리고 각막이 눈 속으로 내려앉은 것은 신선도가 저하된 것이다.
	복부	신선할수록 복부의 탄력성이 좋다.
	표면	광택이 나고 점액이 없으며 비늘이 밀착된 것이 좋다.
	근육	살이 뼈에 밀착되어 있으며 탄력성이 있는 것이 좋다.
	냄새	악취, 암모니아 등의 냄새가 나지 않는 것이 좋다.
생균수 검사		세균수가 $10^7 \sim 10^8$인 경우는 초기 부패
이화학적 검사		휘발성염기질소(VBN), 트리메틸아민(TMA), 히스타민의 함량이 낮을수록 신선한 것이다.

> **합격 팁**
>
> **초기부패** 트리메틸아민(TMA) 3~4mg, 휘발성염기질소 30~40mg

(6) 생선 비린내(어취) 제거 방법 ★★★
① 신선도가 저하되면 증가하는 트리메틸아민은 수용성이므로 물로 씻으면 비린내를 줄일 수 있다.
② 산 성분(레몬즙, 식초 등)을 첨가하여 트리메틸아민 외 휘발성 · 염기성 물질을 중화시킨다.
③ 생선 조리 시 처음 몇 분 동안 뚜껑을 열어 비린내를 휘발시킨다.
④ 생강, 마늘, 파, 겨자, 고추냉이 등의 향신료를 사용한다.(단, 생강은 생선이 익은 후에 넣어야 비린내 제거에 효과적)
⑤ 우유에 미리 담가 두었다 조리한다.(우유의 카제인이 비린내 흡착)
⑥ 알코올(술, 맛술) 성분으로 어취를 제거한다.
⑦ 간장, 된장, 고추장 등의 장류를 이용한다.

(7) 수산물의 조리
① 생선구이 시, 생선 중량의 2~3% 정도의 소금을 뿌리면 생선살이 단단해진다.
② 생선조림 시, 물과 양념장을 먼저 끓이고 생선을 나중에 넣어야 모양을 유지하고 영양 손실을 줄일 수 있다.
③ 탕 조리 시, 물이 끓은 후 생선을 넣어야 단백질 응고로 인해 국물이 맑아지고 생선살이 부서지거나 풀어지지 않고 비린내가 덜 난다.
④ 생선 조리 시 처음 몇 분 동안 뚜껑을 열어 비린내를 휘발시킨다.
⑤ 조개류는 단백질이 급격히 응고되어 수축되지 않도록 저온에서 서서히 조리한다.
⑥ 어육 단백질은 열, 산, 소금 등에 의해 응고되어 모양이 유지되고 단단해진다.
⑦ 생강은 생선이 익은 후 넣어야 탈취 효과가 있다.

> **합격 팁**
>
> **어류의 가열조리 시 일어나는 변화**
> 콜라겐의 수축 및 용해, 지방의 용출, 근육섬유 단백질의 응고 및 수축, 열응착성 강화

(8) 어패류의 가공품

연제품(어묵)	• 생선살에 2~3%의 소금을 넣어 으깬 후, 전분 · 조미료 등을 넣어 만든 반죽을 찌거나 튀긴 식품 • 생선 단백질인 미오신이 소금에 용해되어 엉기면서 응고되는 원리 • 어묵의 탄력성을 높이기 위해 전분을 첨가한다.
젓갈	어패류에 20~30%의 소금을 넣어 부패를 억제하면서 발효 · 숙성시켜 만든 식품

2 해조류의 조리
① 해조류의 성분과 특징

탄수화물	소화율이 낮으며, 40~50% 가량 함유
단백질	15~60% 함유, 메티오닌 · 아이소루신 · 라이신 등을 제외한 필수아미노산을 다량 함유
무기질	요오드(I), 인(P), 칼슘(Ca), 칼륨(K), 철(Fe), 나트륨(Na) 다량 함유
비타민	비타민 A가 많고, 비타민 B · C도 함유

② 해조류의 특징과 종류 ★

구분	특징	종류
녹조류	• 수심 20m 이내에서 서식 • 클로로필 색소가 풍부하며 소량의 카로티노이드 함유	파래, 청각, 매생이, 클로렐라 등
갈조류	• 수심 20m~40m 이하에서 서식 • 카로티노이드인 β-카로틴과 푸코잔틴 풍부 • 만니톨: 건조된 다시마 표면의 흰색가루 성분 • 다시마: 글루타민산이 많아 감칠맛을 낸다.	다시마, 미역, 톳, 모자반 등
홍조류	• 수심 40m 이상 깊은 바다에 서식 • 홍(적)색의 피코에리트린이 풍부하며, 소량의 카로티노이드 함유 • 말린 김은 보관할 때 광선, 수분, 산소 등과 오랜 시간 접촉하면 변질되어 적색으로 변해 맛과 향이 없어진다.	김, 우뭇가사리 등

> **합격 팁**
>
> **알긴산** 해조류에서 추출한 점액질 물질로 안정제와 유화제로 사용된다.

3 한천(우뭇가사리)의 특징 ★★★

① 우뭇가사리 등의 홍조류를 삶을 때 나오는 점액을 냉각·응고시킨 뒤 동결건조시킨 것을 말한다.
② 체내에서 소화되지 않으나, 물을 흡수하면 팽창하여 장을 자극하고 연동운동을 활발하게 해 변비를 예방한다.
③ 설탕 첨가 시 점성과 탄성이 증가하고, 투명도도 증가하며 겔의 농도가 증가한다.
④ 산과 우유 첨가 시 겔의 강도가 감소한다.
⑤ 응고 온도는 25~35℃, 용해 온도는 80~100℃이다.
⑥ 양갱의 응고제, 유제품 등의 안정제, 곰팡이·세균 등의 배지에 이용된다.
⑦ 주성분은 갈락탄(Galactan)이다.

04 유지 및 유지 가공품

1 유지의 특징

① 유(油): 상온에서 액체 상태인 기름(oil)
② 지(脂): 상온에서 고체 상태인 지방(fat)
③ 3분자의 지방산 + 1분자의 글리세롤(에스테르 결합)

2 유지의 종류

식물성 지방	옥수수유, 대두유(콩기름), 포도씨유, 참기름, 들기름, 올리브유, 팜유 등
동물성 지방	쇠기름(우지), 돼지기름(라드), 어유(생선기름) 등
가공유지	마가린, 쇼트닝 등

3 유지의 성질

유화 (에멀전화)	잘 섞이지 않는 물과 기름이 균일하게 혼합되는 것	
	수중유적형(O/W)	• 물 속에 기름이 분산된 형태 • 우유, 마요네즈, 아이스크림, 생크림, 크림수프 등
	유중수적형(W/O)	• 기름에 물이 분산된 형태 • 버터, 마가린 등
쇼트닝성	• 밀가루 반죽의 글루텐 길이를 짧게 하는 성질 • 쿠키나 파이 등이 부서지기 쉽게 하는 성질	
크리밍성	버터·마가린·쇼트닝 등의 지방을 빠르게 저어주면, 공기 주입 시 부피가 증가하며 부드럽고 하얗게 변하는 성질	
경화(수소화)	• 불포화지방산(액체 상태 기름)에 수소를 첨가하고, 촉매제로 니켈·백금을 넣어 고체상태로 만든 것 • 마가린, 쇼트닝 등	
연화	• 밀가루 반죽에 유지를 첨가해 지방층을 형성함으로써 전분과 글루텐의 결합을 방해하는 작용 • 페이스트리, 모약과 등	
가소성	• 외부에서 가해지는 힘에 의해 형태가 자유롭게 변하는 성질 • 버터, 라드, 쇼트닝 등의 고체지방	
발연점	• 유지를 가열 시 표면에서 푸른 연기가 나기 시작하는 때의 온도 • 발연점이 높을수록 타지 않기 때문에 튀김에 적합하다. • 아크롤레인: 지방을 발연점 이상 가열 시 발생되는 자극적인 냄새와 푸른 연기의 원인 물질 • 유지의 발연점: 대두유(256°C), 포도씨유(250°C), 옥수수유(227°C), 버터(208°C), 라드(190°C), 올리브유(175°C)	

합격 팁

발연점이 낮아지는 요인
• 기름에 이물질이 많은 경우
• 여러 번 사용하여 유리지방산 함량이 높아진 경우
• 튀김용기의 표면적이 넓을 때(1인치 넓을 때 발연점은 2°C 저하)
• 사용횟수가 많은 경우(1회 사용 시 발연점은 10~15°C씩 저하)

4 요오드가에 따른 식물성 지방의 구분

구분	요오드가	종류
건성유	130 이상	들기름, 호두기름, 해바라기유, 아마인유 등
반건성유	100~130	참기름, 유채유, 콩기름, 면실유, 옥수수유 등
불건성유	100 이하	올리브유, 땅콩유, 동백유, 피마자유 등

5 유지의 산패와 산패 방지법

유지나 지방질 식품을 장기간 저장하여 산소·광선·온도·효소·미생물·금속·수분 등에 노출시켜, 색깔·맛·냄새 등이 변하고 점성과 거품이 생기는 현상

산패의 요인	• 온도가 높을수록 산패 촉진 • 광선 및 자외선은 산패 촉진 • 수분이 많을수록 산패 촉진 • 금속류(구리, 철, 납, 알루미늄 등)는 산패 촉진 • 불포화지방산의 함량이 많을수록 산패 촉진(식물성 유지, 어유 등)
산패 방지법	• 천연항산화제가 함유된 식물성 기름 사용 • 새 기름과 사용한 기름을 혼합하여 사용하지 않음 • 불투명한 밀폐용기에 담아 공기와의 접촉을 피하고 차갑고 어두운 곳에 보관

> **합격 팁**
> 유지의 산패를 나타내는 값 　산가, 과산화물가(낮을수록 신선)
> 산패 촉진 인자 　　　　　　산소, 광선(빛), 수분, 금속, 온도, 지방산의 불포화도, 효소

05 냉동식품의 조리

1 냉동식품의 정의

미생물과 효소가 활동하지 않는 0℃ 이하에서 식품을 저장 및 보존하는 것

2 냉동의 목적

미생물 번식 억제	식품의 온도를 빙점 이하로 낮추어 함유된 수분을 얼림
품질 저하 방지	식품 중의 효소작용 및 산화를 억제시킴

3 냉동의 방법

① 완만 냉동법: -15~-5℃ 사이에서 서서히 동결하는 방법(서서히 냉동할수록 얼음 결정이 커져서 조직의 파괴가 쉽다.)
② 급속 냉동법: -40℃ 이하의 온도에서 빠르게 동결하는 방법(액체 질소를 이용하기도 함)
③ 야채(채소)류는 한 번 데친 후 동결한다.
④ 식품의 냉동보관 시 밀폐해서 보관한다.
⑤ 냉동식품은 해동 후 다시 냉동하지 않는다.

4 식품의 해동법

육류 및 어류	• 고온에서 급속 해동하면 단백질 변성으로 드립(Drip)이 발생해 조직이 상한다. • 밀폐한 채 냉수에서 해동한다. • 냉장고 내에서 저온 해동(완만 해동)하는 것이 가장 적절하다.
채소류	• 찌거나 볶을 시 냉동된 상태로 조리한다. • 삶을 때는 냉동 상태로 삶아 해동과 조리를 동시에 진행한다.
과일류	• 주스 등 제조 시 냉동 상태 그대로 믹서에 간다. • 먹기 전 냉장고나 실온에서 해동한다.
반조리식품	전자레인지 또는 오븐을 사용하여 급속 해동한다.
과자류	• 상온에서 자연 해동한다. • 오븐에 데운다.

> **합격 팁**
>
> 동결과 해동 시 가장 좋은 방법 급속 동결, 저온 해동(완만 해동)

06 조미료와 향신료

1 조미료의 정의

식품 및 재료 본연의 맛을 돋우거나 향기, 색, 풍미 등을 더욱 증진시키기 위해 첨가하는 물질

2 맛에 따른 조미료의 종류

짠맛(함미료)	소금, 간장, 된장, 젓갈 등
단맛(감미료)	설탕, 꿀, 물엿, 조청, 올리고당, 인공감미료 등
신맛(산미료)	식초, 구연산, 빙초산, 사과산, 주석산 등

매운맛(신미료)	고추, 고추장, 겨자, 산초, 후추, 파, 마늘 등
쓴맛(고미료)	카페인, 후물론, 호프 등
감칠맛(지미료)	멸치, 다시마, 가쓰오부시(가다랑어포), 조개류(호박산), MSG

> **합격 팁**
>
> 조미료의 첨가 순서 설탕 → 소금 → 식초 → 간장 → 된장 → 고추장

3 향신료의 효과

① 특유의 맛과 향으로 식욕 촉진 및 풍미를 높인다.
② 육류나 생선의 잡내(불쾌취)를 제거한다.
③ 곰팡이, 부패균의 증식을 억제한다.
④ 소화 촉진 및 정장제 역할을 한다.

4 향신료의 종류

종류	성분	특징
마늘	알리신	• 비타민 B_1의 흡수를 돕는다.(돼지고기와 함께 섭취) • 육류의 누린내와 생선 비린내를 제거한다.
생강	진저롤	• 식품이 익은 후 넣는 것이 냄새 제거에 효과적이다. • 육류와 생선의 냄새를 제거한다. • 식욕 증진, 살균 효과, 연육 효과
고추	캡사이신	정량 섭취 시 식욕 촉진 및 소화에 도움이 된다.
후추	차비신	• 육류의 누린내와 생선 비린내를 제거한다. • 식욕 증진, 살균 작용
겨자	시니그린	• 특유의 향과 자극성을 갖고 있다. • 40~45°C에서 가장 강한 매운맛(따뜻한 곳에서 발효)
파	황화아릴	• 특유의 향과 매운맛을 지니고 있다. • 육류의 누린내와 생선 비린내를 제거한다.

07 전처리 식품

1 전처리 식품
탈피, 세척, 절단 등의 과정을 거쳐 가열조리 전의 준비과정을 마친 식품

2 전처리 음식재료의 장단점

장점	단점
• 업무의 효율성 • 인건비의 감소 • 공간 및 시간의 효율성 • 음식물 쓰레기 감소 • 조리공정 과정의 편리성 • 식재료 재고관리의 용이성 • 당일 조리 가능	• 신선도에 대한 신뢰도가 낮음 • 안정적 공급 체계의 필요 • 생산, 가공, 유통 과정의 위생적 관리 • 재료비의 부담이 큼 • 물리적·화학적·생물학적 위해요소가 있음(머리카락, 이물질, 잔여 세척제, 미생물 등)

식품의 조리원리

01 찹쌀의 아밀로오스와 아밀로펙틴에 대한 설명 중 맞는 것은?
① 아밀로오스 함량이 더 많다.
② 아밀로오스 함량과 아밀로펙틴의 함량은 거의 같다.
③ 아밀로펙틴으로 이루어져 있다.
④ 아밀로펙틴이 존재하지 않는다.

02 멥쌀과 찹쌀의 노화속도 차이가 나는 원인이 되는 성분은?
① 아밀라아제 ② 글리코겐
③ 아밀로펙틴 ④ 글루텐

03 전분에 물을 붓고 열을 가하여 70~75℃ 정도가 되면 전분입자가 크게 팽창하여 점성이 높은 반투명의 콜로이드 상태가 된다. 이 현상은 무엇인가?
① 전분의 호화 ② 전분의 노화
③ 전분의 호정화 ④ 전분의 결정

04 노화가 잘 일어나는 전분은 다음 중 어느 성분의 함량이 높은가?
① 아밀로오스 ② 아밀로펙틴
③ 글리코겐 ④ 한천

05 전분식품의 노화를 억제하는 방법으로 적합하지 않은 것은?
① 설탕을 첨가한다.
② 식품을 냉장보관한다.
③ 식품의 수분함량을 15% 이하로 한다.
④ 유화제를 사용한다.

06 전분에 물을 가하지 않고 160℃ 이상으로 가열하면 가용성 전분을 거쳐 덱스트린으로 분해되는데 이 반응은 무엇이며, 그 예로 바르게 짝지어진 것은?
① 호화 - 식빵 ② 호화 - 미숫가루
③ 호정화 - 찐빵 ④ 호정화 - 뻥튀기

정답해설

01 찹쌀은 아밀로펙틴 100%로 이루어져 있다.
02 아밀로펙틴이 많을수록 노화가 느리다.
 - 멥쌀: 아밀로오스 20% + 아밀로펙틴 80%
 - 찹쌀: 아밀로펙틴 100%
04 아밀로오스 함량이 많을수록 노화가 빨리 일어난다.
05 노화 억제방법: 수분함량을 15% 이하로 유지하기, 환원제나 유화제의 사용(빵, 과자, 케이크 등), 보수성이 강한 설탕의 다량 첨가(양갱 등), 0℃ 이하로 급속냉동(냉동법) 또는 80℃ 이상에서 급속 건조하기
06 전분의 호정화 예 누룽지, 뻥튀기, 토스트, 미숫가루, 팝콘 등

정답 01 ③ 02 ③ 03 ① 04 ① 05 ② 06 ④

07 전통적인 식혜 제조방법에서 엿기름에 대한 설명이 잘못된 것은?
① 엿기름의 효소는 수용성이므로 물에 담그면 용출된다.
② 엿기름을 가루로 만들면 효소가 더 쉽게 용출된다.
③ 엿기름 가루를 물에 담가두고 주물러 주면 효소가 더 빠르게 용출된다.
④ 식혜 제조에 사용되는 엿기름의 농도가 낮을수록 당화 속도가 빨라진다.

08 현미란 무엇을 벗겨낸 것인가?
① 과피와 종피   ② 겨층
③ 겨층과 배아   ④ 왕겨층

09 밀가루를 물로 반죽하여 면을 만들 때 반죽의 점성에 관계하는 주성분은?
① 글로불린   ② 글루텐
③ 덱스트린   ④ 아밀로펙틴

10 강력분을 사용하지 않는 것은?
① 케이크
② 식빵
③ 마카로니
④ 피자

11 박력분에 대한 설명으로 맞는 것은?
① 경질의 밀로 만든다.
② 다목적으로 사용된다.
③ 탄력성과 점성이 약하다.
④ 마카로니, 식빵 제조에 알맞다.

12 대표적인 콩 단백질인 글로불린이 가장 많이 함유하고 있는 성분은?
① 글리시닌
② 알부민
③ 글루텐
④ 제인

정답해설

07 식혜 제조에 사용되는 엿기름의 농도가 높을수록 당화 속도가 빨라진다.
08 쌀에서 왕겨를 제거하면 현미가 되고, 현미에서 외피와 배아를 제거하면 백미가 된다.
09 밀가루 단백질 중 탄성이 높은 글루테닌(glutenin)과 점성이 높은 글리아딘(gliadin)이 물과 결합하여 점탄성을 갖는 글루텐(gluten)이 형성된다.
10 케이크는 박력분으로 만든다.
11 박력분은 글루텐 함량이 10% 이하로 과자류, 케이크, 튀김옷 등을 만드는 데 사용된다.
12 글리시닌은 콩 단백질인 글로불린이 가장 많이 함유하고 있는 성분으로 두부 제조에 이용된다.

|정답| 07 ④ 08 ④ 09 ② 10 ① 11 ③ 12 ①

13 두류 조리 시 두류를 연화시키는 방법으로 틀린 것은?
① 1% 정도의 식염용액에 담갔다가 그 용액으로 가열한다.
② 초산용액에 담근 후 칼슘, 마그네슘이온을 첨가한다.
③ 약알칼리성 중조수에 담갔다가 그 용액으로 가열한다.
④ 습열조리 시 연수를 사용한다.

14 두부를 만드는 과정은 콩 단백질의 어떠한 성질을 이용한 것인가?
① 건조에 의한 변성
② 동결에 의한 변성
③ 효소에 의한 변성
④ 무기염류에 의한 변성

15 두류 가공품 중 발효과정을 거치는 것은?
① 두유
② 피넛버터
③ 유부
④ 된장

16 다음 중 일반적으로 꽃 부분을 주요 식용부위로 사용하는 화채류는?
① 비트
② 파슬리
③ 브로콜리
④ 아스파라거스

17 녹색채소를 데칠 때 소다를 넣을 경우 나타나는 현상이 아닌 것은?
① 채소의 질감이 유지된다.
② 채소의 색을 푸르게 고정시킨다.
③ 비타민 C가 파괴된다.
④ 채소의 섬유질을 연화시킨다.

18 과실의 젤리화 3요소와 관계없는 것은?
① 젤라틴
② 당
③ 펙틴
④ 산

19 잼 또는 젤리를 만들 때 가장 적당한 당분의 양은?
① 20~25%
② 40~45%
③ 60~65%
④ 80~85%

정답해설

13 두부 제조 시 칼슘, 마그네슘이온을 첨가하면 두부가 단단해진다.
14 두부는 콩 단백질 성분인 글리시닌이 무기염류에 의해 응고되는 성질을 이용해 만든다.
15 된장은 삶은 콩으로 메주를 만들어 소금물에 넣은 다음 발효시켜 제조한 것이다. 이때 액체는 간장, 건더기가 된장이 된다.
16 꽃에 해당하는 부분을 식용으로 하는 채소류는 브로콜리, 아티초크, 컬리플라워 등이 있다.
17 소다(중조)를 넣으면 안정된 녹색을 유지하지만, 조직이 연화되고 비타민 C가 파괴된다.
18, 19 과실의 젤리화 3요소: 펙틴(1~1.5%), 유기산(pH2.8~3.4), 당분(60~65%)

| 정답 | 13 ② | 14 ④ | 15 ④ | 16 ③ | 17 ① | 18 ① | 19 ③ |

20 마멀레이드에 대하여 바르게 설명한 것은?
① 과일즙에 설탕을 넣고 가열·농축한 후 냉각시킨 것이다.
② 과일의 과육을 전부 이용하여 점성을 띠게 농축한 것이다.
③ 과일즙에 설탕, 과일의 껍질, 과육의 얇은 조각을 섞어 가열·농축한 것이다.
④ 과일을 설탕시럽과 같이 가열하여 과일이 연하고 투명한 상태로 된 것이다.

21 버터 대용품으로 생산되고 있는 식물성 유지는?
① 쇼트닝 ② 마가린
③ 마요네즈 ④ 땅콩버터

22 라드는 무엇을 가공하여 만든 것인가?
① 돼지의 지방
② 우유의 지방
③ 버터
④ 식물성 기름

23 유지를 가열할 때 유지 표면에서 엷은 푸른 연기가 나기 시작할 때의 온도는?
① 팽창점 ② 연화점
③ 용해점 ④ 발연점

24 유지의 발연점이 낮아지는 원인이 아닌 것은?
① 유리지방산의 함량이 낮은 경우
② 튀김하는 그릇의 표면적이 넓은 경우
③ 기름에 이물질이 많이 들어 있는 경우
④ 오래 사용하여 기름이 지나치게 산패된 경우

25 발연점을 고려했을 때 튀김용으로 가장 적합한 기름은?
① 쇼트닝 ② 참기름
③ 대두유 ④ 피마자유

26 마가린, 쇼트닝, 튀김유 등은 식물성 유지에 무엇을 첨가하여 만드는가?
① 염소 ② 산소
③ 탄소 ④ 수소

정답해설

20 마멀레이드: 과육, 과피, 과즙에 설탕을 넣어 가열 농축시켜 젤리화한 것

21, 26 유지의 경화(수소화): 불포화지방산(액체상태 기름)에 수소를 첨가하고, 촉매제로 니켈·백금을 넣어 고체 상태로 만든 것으로 마가린·쇼트닝 등이 포함된다. 그중 마가린은 버터의 대용품이다.

23 - 발연점: 유지를 가열 시 표면에서 푸른 연기가 나기 시작하는 때의 온도로. 발연점이 높을수록 타지 않기 때문에 튀김에 적합하다.
- 아크롤레인: 지방의 발연점 이상으로 가열 시 발생되는 자극적인 냄새와 푸른 연기의 원인 물질

24 발연점이 낮아지는 요인: 기름에 이물질이 많은 경우, 유지가 분해되어 유리지방산 함량이 높아진 경우, 튀김용기의 표면적이 넓을 때(1인치 넓을 때 발연점 2℃ 저하), 사용횟수가 많은 경우(1회 사용 시 발연점 10~15℃ 저하)

25 유지의 발연점: 대두유(256℃), 포도씨유(250℃), 옥수수유(227℃), 버터(208℃), 라드(190℃), 올리브유(175℃)

| 정답 | 20 ③ | 21 ② | 22 ① | 23 ④ | 24 ① | 25 ③ | 26 ④ |

27 유지의 산패도를 나타내는 값으로 짝지어진 것은?

① 비누화가, 요오드가
② 요오드가, 아세틸가
③ 과산화물가, 비누화가
④ 산가, 과산화물가

28 지방의 산패를 촉진시키는 요인이 아닌 것은?

① 효소
② 자외선
③ 금속
④ 토코페롤

29 육류의 사후강직에 원인이 되는 물질은?

① 액토미오신
② 젤라틴
③ 엘라스틴
④ 콜라겐

30 육류의 사후강직과 숙성에 대한 설명으로 틀린 것은?

① 사후강직은 근섬유가 액토미오신을 형성하여 근육이 수축되는 상태이다.
② 도살 후 글리코겐이 호기적 상태에서 젖산을 생성하여 pH가 저하된다.
③ 사후강직 시기에는 보수성이 저하되고 육즙이 많이 유출된다.
④ 자가분해효소인 카텝신에 의해 연해지고 맛이 좋아진다.

31 육류 조리 시 열에 의한 변화로 맞는 것은?

① 불고기는 열의 흡수로 부피가 증가한다.
② 스테이크는 가열하면 질겨져서 소화가 잘 되지 않는다.
③ 미트로프는 가열하면 단백질이 응고, 수축, 변성된다.
④ 소꼬리의 젤라틴이 콜라겐화된다.

정답해설

27 유지의 산패도를 나타내는 값은 산가와 과산화물가 등이 있으며, 이 값이 낮을수록 신선한 유지이다.

28 산패의 요인: 온도가 높을수록 산패 촉진, 광선 및 자외선은 산패 촉진, 수분이 많을수록 산패 촉진, 금속(구리, 철, 납, 알루미늄 등)은 산패 촉진, 불포화지방산의 함량이 많을수록 산패 촉진(식물성 유지, 어유 등). 단, 토코페롤은 천연항산화제로 산패를 방지한다.

29 미오신(근섬유)과 액틴(근단백질)이 결합하여 액토미오신이 생성되면 근육이 경직된다.

30 ② 도살 후 글리코겐이 혐기적 상태에서 젖산을 생성하여 pH가 저하된다.

31 가열에 의한 육류의 변화: 단백질의 변성(응고)으로 인해 수축, 중량과 보수성 감소, 결합조직인 콜라겐이 80℃의 온도에서 젤라틴으로 변하며 부드러워짐, 지방이 융해되며 색과 풍미가 좋아짐, 가열 중 지방성분은 근수축과 수분의 손질을 적게 해주는 역할을 함

| 정답 | 27 ④ 28 ④ 29 ① 30 ② 31 ③ |

32 육류의 결합조직을 장시간 물에 넣어 가열했을 때의 변화는?

① 콜라겐이 젤라틴으로 변한다.
② 액틴이 젤라틴으로 변한다.
③ 미오신이 콜라겐으로 변한다.
④ 엘라스틴이 콜라겐으로 변한다.

33 브로멜린(Bromelin)이 함유되어 있어 고기를 연화시키는 데 이용되는 과일은?

① 사과
② 파인애플
③ 귤
④ 복숭아

34 소고기의 부위 중 탕, 스튜, 찜 조리에 가장 적합한 부위는?

① 목심   ② 설도
③ 양지   ④ 사태

35 소고기의 부위별 용도의 연결이 적합하지 않은 것은?

① 앞다리 – 불고기, 육회, 구이
② 설도 – 스테이크, 샤브샤브
③ 목심 – 불고기, 국거리
④ 우둔 – 산적, 장조림, 육포

36 생선의 육질이 육류보다 연한 이유는?

① 콜라겐과 엘라스틴의 함량이 적으므로
② 미오신과 액틴의 함량이 많으므로
③ 포화지방산의 함량이 많으므로
④ 미오글로빈 함량이 적으므로

37 어패류에 관한 설명 중 틀린 것은?

① 붉은살 생선은 깊은 바다에 서식하며 지방함량이 5% 이하이다.
② 문어, 꼴뚜기, 오징어는 연체류에 속한다.
③ 연어의 분홍살색은 카로티노이드 색소에 기인한다.
④ 생선은 자기소화에 의하여 품질이 저하된다.

정답해설

32 결합조직인 콜라겐은 80℃의 온도에서 젤라틴으로 변하며 부드러워진다.
33 브로멜린은 파인애플의 단백질 분해효소이다.
34 소고기 부위 중 사태는 지방이 적고 육질이 질겨서 탕, 스튜, 찜 조리에 가장 적합하다.
35 설도는 육포, 육회, 불고기에 적합하다.
36 생선은 육류에 비해 콜라겐과 엘라스틴의 함량이 적어 육질이 연하고 부드럽다.
37 ① 흰살 생선은 깊은 바다에 서식하며 지방함량이 5% 이하이다.

| 정답 | 32 ① 33 ② 34 ④ 35 ② 36 ① 37 ① |

38 생선의 자기소화 원인은?

① 세균의 작용
② 단백질 분해효소
③ 염류
④ 질소

39 신선도가 저하된 생선의 설명으로 옳은 것은?

① 히스타민의 함량이 많다.
② 꼬리가 약간 치켜 올라갔다.
③ 비늘이 고르게 밀착되어 있다.
④ 살이 탄력적이다.

40 생선의 신선도를 판별하는 방법으로 틀린 것은?

① 생선의 육질이 단단하고 탄력성이 있는 것이 신선하다.
② 눈의 수정체가 투명하지 않고 아가미색이 어두운 것은 신선하지 않다.
③ 어체 특유의 빛을 띠는 것이 신선하다.
④ 트리메틸아민이 많이 생성된 것이 신선하다.

41 생선의 신선도가 저하되었을 때 변화로 틀린 것은?

① 살이 물러지고 뼈와 쉽게 분리된다.
② 표피의 비늘이 떨어지거나 잘 벗겨진다.
③ 아가미의 빛깔이 선홍색으로 단단하고 꽉 닫혀 있다.
④ 휘발성 염기물질이 생성된다.

42 식품의 부패과정에서 생성되는 불쾌한 냄새물질과 거리가 먼 것은?

① 암모니아
② 포르말린
③ 황화수소
④ 인돌

43 생선 및 육류의 초기부패 판정 시 지표가 되는 물질에 해당되지 않는 것은?

① 휘발성염기질소
② 암모니아
③ 트리메틸아민
④ 아크롤레인

정답해설

39 히스타민은 어패류의 단백질이 분해되어 생긴 히스티딘의 탈탄산작용으로 생성되며 함량이 많을수록 알레르기성 식중독을 일으킨다. 대표적인 원인식품으로는 꽁치, 고등어, 가다랑어 등이 있다.

40 생선의 비린내는 어체 내에 있는 트리메틸아민 옥사이드가 생선에 붙은 미생물에 의해 트리메틸아민(TMA)으로 환원되어 나는 냄새다. 트리메틸아민이 많이 생성된 것은 신선하지 않은 것이다.

41 신선하지 않은 생선의 아가미는 어두운 빛을 내며 냄새가 좋지 않다.

42 어류 부패 시 발생하는 냄새물질: 트리메틸아민(TMA), 암모니아, 피페리딘(담수어), 황화수소, 인돌, 메르캅탄 등

43 - 초기부패 판정 시 지표가 되는 물질: 트리메틸아민(3~4mg), 휘발성염기질소(30~40mg)
 - 아크롤레인: 지방의 발연점 이상 가열 시 발생되는 자극적인 냄새와 푸른 연기의 원인물질

| 정답 | 38 ② | 39 ① | 40 ④ | 41 ③ | 42 ② | 43 ④ |

44 비린내가 심한 어류의 조리방법으로 잘못된 것은?

① 정종이나 포도주를 첨가하여 조리한다.
② 물에 씻을수록 비린내가 많이 나므로 재빨리 씻어 조리한다.
③ 식초와 레몬즙 등의 신맛을 내는 조미료를 사용하여 조리한다.
④ 황화합물을 함유한 마늘, 파, 양파를 양념으로 첨가하여 조리한다.

45 생선의 조리방법에 관한 설명으로 옳은 것은?

① 선도가 낮은 생선은 양념을 담백하게 하고 뚜껑을 닫은 채로 잠깐만 끓인다.
② 구이는 지방함량이 높은 생선보다는 낮은 생선으로 하는 것이 풍미가 더 좋다.
③ 생선조림은 오래 가열해야 단백질이 단단하고 응고되어 맛이 좋아진다.
④ 양념간장이 끓을 때 생선을 넣어야 맛 성분의 유출을 막을 수 있다.

46 연제품 제조에서 어육단백질을 용해하여 탄력성을 주기 위해 꼭 첨가해야 하는 물질은?

① 소금   ② 설탕
③ 펙틴   ④ 글루타민산소다

47 달걀의 열 응고성에 대한 설명 중 옳은 것은?

① 식초는 응고를 지연시킨다.
② 소금은 응고온도를 낮춘다.
③ 설탕은 응고온도를 낮추어 응고물을 연하게 한다.
④ 온도가 높을수록 가열시간이 단축되어 응고물은 연해진다.

48 다음 중 난황에 들어 있으며 마요네즈 제조 시 유화제 역할을 하는 성분은?

① 글로불린   ② 갈락토오스
③ 레시틴   ④ 오브알부민

정답해설

44 생선의 비린내 성분인 트리메틸아민은 수용성으로 물로 씻으면 어느 정도 없앨 수 있다.

45 ① 선도가 낮은 생선은 양념을 강하게 하고 뚜껑을 열고 끓여야 비린내를 제거할 수 있다.
② 지방함량이 낮은 생선보다는 높은 생선으로 구이를 하는 것이 풍미가 더 좋다.
③ 생선조림은 오래 가열하면 살이 부서지기 쉽다.

46 어류의 단백질인 미오신은 소금에 녹는 성질이 있어 어묵제조에 이용된다.

47 - 달걀의 응고온도: 난백 (60~65℃), 난황 (65~70℃)
 - 소금과 식초는 달걀의 응고 촉진
 - 설탕은 달걀의 응고 지연
 - 응고에 따른 소화작용: 반숙 > 완숙 > 생란 > 달걀후라이
 - 달걀에 물을 섞어 조리 시 응고온도가 높아지고 연해짐(달걀찜)
 - 응고성을 이용한 식품: 달걀찜, 커스터드, 푸딩, 수란, 오믈렛 등

48 레시틴(Lecithin): 난황의 인지질로 유화제로 작용함

| 정답 | 44 ② | 45 ④ | 46 ① | 47 ② | 48 ③ |

49 달걀 저장 중에 일어나는 변화로 옳은 것은?

① pH 저하
② 중량 감소
③ 난황계수 증가
④ 수양난백 감소

50 달걀을 삶았을 때 난황 주위에 일어나는 암녹색의 변색에 대한 설명으로 옳은 것은?

① 100℃의 물에서 5분 이상 가열 시 나타난다.
② 신선한 달걀일수록 색이 진해진다.
③ 난황의 철과 난백의 황화수소가 결합하여 생성된다.
④ 낮은 온도에서 가열할 때 색이 더욱 진해진다.

51 신선한 달걀의 감별법 중 틀린 것은?

① 햇빛(전등)에 비출 때 공기집의 크기가 작다.
② 흔들 때 내용물이 흔들리지 않는다.
③ 6% 소금물에 넣으면 떠오른다.
④ 깨뜨려 접시에 놓으면 노른자가 볼록하고 흰자의 점도가 높다.

52 분리된 마요네즈를 재생시키는 방법으로 가장 적합한 것은?

① 새로운 난황에 분리된 것을 조금씩 넣으며 한 방향으로 저어준다.
② 기름을 더 넣어 한 방향으로 빠르게 저어준다.
③ 레몬즙을 넣은 후 기름과 식초를 넣어 저어준다.
④ 분리된 마요네즈를 양쪽 방향으로 빠르게 저어준다.

53 우유를 응고시키는 요인과 거리가 먼 것은?

① 가열
② 레닌
③ 산
④ 당류

54 우유의 카제인을 응고시킬 수 있는 것은?

① 탄닌 - 레닌 - 설탕
② 식초 - 레닌 - 탄닌
③ 레닌 - 설탕 - 소금
④ 소금 - 설탕 - 식초

정답해설

49 달걀 저장 중에는 pH 증가(알칼리성), 난황막의 약화, 중량 감소, 농후난백 감소 및 수양난백 증가 등의 품질변화가 일어난다.

50 - 녹변 현상: 달걀을 오랜 시간 조리 시(15분 이상 삶을 시) 난황 주위가 암녹색으로 변하는 현상. 난백의 황화수소(H_2S)와 난황의 철(Fe)이 결합하여 황화제1철(FeS)이 생성되어 암녹색으로 변함
 - 녹변 현상 원인: 높은 가열온도, 긴 조리시간, 오래된 달걀, 삶은 후 찬물에 헹구지 않을 경우

51 6%의 소금물에 넣으면 가라앉는 것이 신선한 달걀이다.

52 분리된 마요네즈는 난황에 분리된 마요네즈를 소량씩 넣어가며 저어주면 다시 재생시킬 수 있다.

53, 54 우유를 응고시키는 요인으로는 산(식초, 레몬즙), 효소(레닌), 페놀화합물(탄닌), 염류 등이 있다.

| 정답 | 49 ② | 50 ③ | 51 ③ | 52 ① | 53 ④ | 54 ② |

55 토마토 크림수프를 만들 때 일어나는 우유의 응고현상을 바르게 설명한 것은?

① 산에 의한 응고
② 당에 의한 응고
③ 효소에 의한 응고
④ 염에 의한 응고

56 버터의 특성이 아닌 것은?

① 독특한 맛과 향기를 가져 음식에 풍미를 더해준다.
② 냄새를 빨리 흡수하므로 밀폐하여 저장해야 한다.
③ 유중수적형이다.
④ 성분은 단백질이 80% 이상이다.

57 아이스크림 제조 시 사용되는 안정제는?

① 전화당   ② 바닐라
③ 레시틴   ④ 젤라틴

58 카제인(Casein)이 효소에 의하여 응고되는 성질을 이용한 식품은?

① 아이스크림   ② 치즈
③ 버터   ④ 크림수프

59 우유 가공품이 아닌 것은?

① 마요네즈   ② 버터
③ 아이스크림   ④ 치즈

60 우유의 균질화에 대한 설명이 아닌 것은?

① 지방구 크기를 0.1~2.2 μm 정도로 균일하게 만들 수 있다.
② 탈지유를 첨가하여 지방의 함량을 맞춘다.
③ 큰 지방구의 크림층 형성을 방지한다.
④ 지방의 소화를 용이하게 한다.

정답해설

56 버터는 지방함량이 높은 식품이다.
57 아이스크림은 크림에 설탕, 유화제, 안정제(젤라틴), 지방 등을 첨가하여 공기를 불어넣은 후 동결한 것이다.
58 치즈는 우유단백질인 카제인이 효소인 레닌에 의하여 응고되는 성질을 이용한 식품이다.
59 마요네즈는 유화제 역할을 하는 난황에 유지를 조금씩 넣어가며 저은 후, 식초와 향신료 등을 첨가하여 만든 가공식품이다.
60 우유의 균질화: 원유에 압력을 가해 유지방의 입자를 미세하게 만들어 유화상태를 유지시키는 과정. 소화 및 흡수가 용이하고, 크림층 형성을 방지하며, 지방구 표면적이 넓어져 산패되기 쉬워진다.

| 정답 | 55 ① | 56 ④ | 57 ④ | 58 ② | 59 ① | 60 ② |

61 소금의 종류 중 불순물이 가장 많이 함유되어 있고 가정에서 배추를 절이거나 젓갈을 담글 때 주로 사용하는 것은?

① 호렴 ② 재제염
③ 식탁염 ④ 정제염

62 다음 설명 중 밑줄 친 이것은 어떤 조미료를 말하는가?

- 수란을 뜰 때 끓는 물에 이것을 넣고 달걀을 넣으면 난백의 응고를 돕는다.
- 작은 생선을 사용할 때 이것을 소량 가하면 뼈까지 부드러워진다.
- 기름기 많은 재료에 이것을 사용하면 맛이 부드럽고 산뜻해진다.
- 생강에 이것을 넣고 절이면 적색이 된다.

① 설탕 ② 후추
③ 식초 ④ 소금

63 조미료의 침투속도와 채소의 색을 고려할 때 조미료 사용순서가 가장 합리적인 것은?

① 소금 → 설탕 → 식초
② 설탕 → 소금 → 식초
③ 소금 → 식초 → 설탕
④ 식초 → 소금 → 설탕

64 겨자를 갤 때 매운맛을 가장 강하게 느낄 수 있는 온도는?

① 20~25℃ ② 30~35℃
③ 40~45℃ ④ 50~55℃

65 미역에 대한 설명 중 틀린 것은?

① 탄수화물의 대부분은 난소화성이다.
② 단백질의 질이 낮다.
③ 칼슘의 함량이 많다.
④ 당질은 글리코겐 형태로만 존재한다.

66 건조된 갈조류 표면의 흰가루 성분으로 단맛을 나타내는 것은?

① 만니톨 ② 알긴산
③ 클로로필 ④ 피코시안

67 홍조류에 속하고 무기질이 골고루 함유되어 있으며, 단백질도 많이 함유된 해조류는?

① 김 ② 미역
③ 우뭇가사리 ④ 다시마

정답해설

61 천일염(호렴): 흔히 굵은소금으로 불리며 배추와 생선의 절임 및 장을 담글 때 사용한다.

64 겨자의 매운맛 성분은 시니그린으로, 40~45℃에서 가장 매운맛을 느낄 수 있다.

65 미역은 단백질의 질이 높은 식품이다.

67 김은 홍조류에 속하고 단백질이 많이 함유되어 있으며, 각종 무기질이 골고루 포함된 알칼리성 식품이다.

| 정답 | 61 ① | 62 ③ | 63 ② | 64 ③ | 65 ② | 66 ① | 67 ① |

68 식품의 응고제로 쓰이는 수산물 가공품은?
① 젤라틴
② 셀룰로오스
③ 한천
④ 펙틴

69 한천의 용도가 아닌 것은?
① 훈연제품의 산화방지제
② 푸딩, 양갱의 겔화제
③ 유제품, 청량음료 등의 안정제
④ 곰팡이, 세균 등의 배지

70 냉동생선을 해동하는 방법으로 위생적이며 영양손실이 가장 적은 경우는?
① 18~22℃의 실온에 방치한다.
② 40℃의 미지근한 물에 담가둔다.
③ 냉장고 속에서 해동한다.
④ 흐르는 물에 담가둔다.

71 다음 식품 중 직접 가열하는 급속해동법이 많이 이용되는 것은?
① 생선류
② 육류
③ 반조리 식품
④ 계육

72 냉동식품의 해동에 관한 설명으로 틀린 것은?
① 비닐봉지에 넣어 50℃ 이상의 물속에서 빨리 해동시키는 것이 이상적인 방법이다.
② 생선의 냉동품은 반 정도 해동하여 조리하는 것이 안전하다.
③ 냉동식품을 완전해동하지 않고 직접 가열하면 효소나 미생물에 의한 변질의 염려가 적다.
④ 일단 해동된 식품은 더 쉽게 변질되므로 필요한 양만큼만 해동하여 사용한다.

정답해설

68, 69
- 한천의 특징: 우뭇가사리 등의 홍조류를 삶을 때 나오는 점액을 냉각, 응고시킨 후 동결건조시킨 것. 체내에서 소화되지 않으나 물을 흡수하면 팽창하여 장을 자극하고 연동운동을 활발하게 해 변비를 예방한다.
- 설탕 첨가: 겔의 점성, 탄성, 투명도가 증가
- 산, 우유 첨가: 겔의 강도가 감소
- 응고온도: 25~35℃, 용해온도: 80~100℃
- 용도: 양갱의 응고제, 유제품 등의 안정제, 곰팡이·세균 등의 배지에 이용

70 냉동식품의 가장 효과적인 해동방법은 냉장고 안에서 자연해동하는 것이다.

71 조리식품이나 반조리식품은 오븐이나 전자레인지를 사용하여 직접 가열함으로써 급속해동시킨다.

72 물로 해동 시 흐르는 차가운 물에서 해동한다.

| 정답 | 68 ③ | 69 ① | 70 ③ | 71 ③ | 72 ① |

SECTION 03 식생활 문화

01 한국 음식의 문화와 배경

1 한국 음식의 특징 ★★★

① 주식(밥)과 부식(반찬)의 구분이 뚜렷하다.
② 음식의 종류와 조리법이 다양하다.
③ 발효식품과 저장식품이 발달했다.(김치, 장아찌, 된장, 간장, 술 등)
④ 다양한 맛과 다양한 향신료를 사용한다.(마늘, 파, 생강, 깨, 참기름, 후추, 고춧가루 등)
⑤ 약식동원 및 음양오행 사상을 중요시 여긴다.
⑥ 농사에 의존하여 다양한 곡물음식이 발달했다.(국수, 죽, 식혜 등)
⑦ 4계절 절기에 따라 계절음식을 즐긴다.

> **합격 팁**
> **약식동원** 좋은 음식과 약은 같은 효능을 지닌다는 말
> **음양오행** 오색재료, 오색고명 사용
> **오방색** 흰색(달걀 흰자), 노란색(달걀 노른자), 붉은색(홍고추, 당근, 실고추, 대추), 녹색(미나리, 실파, 호박, 오이, 풋고추), 검은색(석이버섯, 표고버섯)

02 한식의 종류

1 주식류

밥	• 주식의 가장 기본이며 여러 잡곡을 섞어 만들기도 한다. • 잡곡밥, 영양밥, 비빔밥 등	
죽, 미음, 응이	가장 일찍 발달된 음식 중 하나	
	죽	곡물에 많은 물을 넣고 오랜 시간 끓여 호화시킨 것
	미음	곡식을 푹 고아서 체에 내린 것
	응이	곡물을 갈아 앉힌 전분을 말린 후, 물에 풀어 익혀 마실 수 있는 형태로 만든 것
	죽의 종류	옹근죽: 쌀알 그대로 끓인 죽 원미죽: 쌀알을 반 정도 빻아 만든 죽 무리죽: 쌀알을 곱게 갈아 부드럽게 만든 죽
국수	• 밀가루, 메밀가루, 칡가루, 녹말가루 등으로 반죽하여 만든 것 • 온면, 냉면, 비빔국수로 나뉜다.	

만두, 떡국		• 간소하게 먹는 주식 역할 • 만두는 북쪽, 떡국은 남쪽 지방에서 즐겨 먹는다. • 떡국은 정월 초하루에 먹는 명절음식이다.

2 부식류

국, 탕		다양한 재료와 물(육수)을 넉넉히 붓고 끓인 음식
찌개, 지짐이, 조치	찌개	국에 비해 건더기가 많고 국물을 적게 조리한 음식
	지짐이	국물이 찌개보다 적고, 조림보다는 많은 음식
	조치	궁중에서 찌개를 일컫는 말
전골		주재료(육류 및 어패류)와 채소류 등에 육수를 붓고 즉석에서 끓여 먹는 음식
찜		• 재료를 양념하여 물과 함께 푹 끓여 익힌 것(갈비찜 등) • 재료를 양념하거나 그대로 솥에 넣어 증기로 익혀낸 것(조개, 새우찜 등)
선		호박, 오이, 가지 등의 재료에 양념한 소고기와 부재료로 소를 채워 자작한 물(육수)에 끓이거나 찌는 것
숙채		채소를 끓는 물에 데쳐 무치거나 기름에 볶은 것
생채		• 신선한 채소를 생으로 먹는 것 • 소금에 약간 절이거나, 초고추장·겨자·초간장 등에 무쳐 먹음
조림		• 간장이나 고추장을 넣고 간이 배이도록 약한 불에서 졸인 것 • 간장: 흰살 생선류, 고추장(고춧가루): 비린내가 많이 나는 생선류
초		• 물에 간장양념을 해 재료를 넣고 약불에서 국물이 거의 없이 윤기나도록 조리한 것 • 홍합초, 전복초 등
구이		재료 그대로 혹은 양념하여 불에 구운 음식(석쇠 등 사용)
적		재료를 양념하여 꼬치에 꿰어 구운 것
	산적	익히지 않은 재료를 꼬치에 꿰어 지지거나 구운 것
	누름적	양념된 재료를 익힌 후 꼬치에 꿰어 전처럼 옷을 입혀 지진 것
전(전유어)	전	• 기름을 두르고 지지는 방법 • 전유화, 전유어, 저냐, 전 등으로 다양하게 불림 • 제사용으로 사용되는 전은 간남, 간납이라고 함
	지짐	• 재료들을 밀가루 푼 것에 섞어 많은 양의 기름에 지진 것 • 파전, 빈대떡 등
회, 숙회		• 생것(날)으로 먹는 것은 회, 살짝 데쳐 먹는 것은 숙회 • 초간장, 초고추장, 겨자즙 등에 찍어 먹음 • 육회, 갑회, 미나리강회 등
편육, 족편	편육	소고기나 돼지고기를 삶아 눌러서 물기를 빼 얇게 썬 음식
	족편	쇠족이나 머리 등을 장시간 고아서 응고시켜 썬 음식

마른반찬	• 육류, 해산물, 채소 등을 저장하여 먹을 수 있도록 소금 등에 양념하여 말리거나 튀긴 것 • 포, 부각, 튀각, 자반 등
김치	• 한국의 대표 저장발효 음식 • 남쪽: 따뜻한 기후로 젓갈과 소금, 고춧가루를 많이 사용함 • 북쪽: 간이 세지 않고 젓갈을 많이 사용하지 않아 시원한 맛이 특징
젓갈	어패류의 살, 내장, 알과 새우, 멸치, 조개 등의 재료에 20% 가량의 소금을 첨가해 발효시킨 음식
장아찌	• 채소 등의 재료를 간장, 된장, 고추장 등에 넣어 절여 만든 음식 • 삼투압 현상으로 수분이 빠지며 속까지 간이 배어 장기간 보관 가능

3 후식류

떡	찌는 떡	백설기, 시루떡, 송편, 증편 등
	삶는 떡	경단
	지지는 떡	화전, 부꾸미 등
한과		만드는 법이나 재료에 따라 유과, 약과, 강정, 매작과 등으로 구분
음청류		술을 제외한 기호성 음료로 화채, 식혜, 수정과, 수단 등

03 한식의 고명 ★★★

달걀지단	흰자 + 석이버섯	신선로, 전골 등에 사용한다.
	채 썬 지단	나물, 잡채 등에 사용한다.
	골패형(마름모) 지단	만둣국, 찜, 전골 등에 사용한다.
미나리초대		• 줄기 부분을 다듬고 꼬치에 끼워 밀가루, 계란물을 묻혀 지진 것 • 골패형(마름모): 탕, 신선로, 전골 등에 사용한다.
고기완자		• 곱게 다진 소고기를 양념하여 완자 형태로 만들어 지진 것 • 지름 1~2cm로 면, 신선로, 전골 등에 사용한다.
버섯류	표고버섯	마른 표고는 물에 불려 채 썰어 고명으로 사용한다.
	석이버섯	물에 불려 소금으로 세척 후 채 썰어 소금, 참기름으로 양념 후 볶아서 사용한다.
	목이버섯	물에 불려 가운데 딱딱한 부분을 제거 후 3~4등분으로 찢어 사용한다.
고추류	실고추	• 건조된 붉은 고추의 씨를 제거 후 곱게 채 썬 것 • 국수, 나물, 김치 등의 고명으로 사용한다.
	홍고추, 풋고추	• 씨 제거 후 채 썰거나, 완자형·골패형으로 썰어 사용한다. • 익힌 음식의 고명으로 이용 시 데쳐서 사용한다. • 국수, 잡채, 나물류, 전골 등에 사용한다.

견과류	잣	• 통잣: 전골, 신선로, 화채 등에 사용한다. • 비늘잣(2쪽 가른 것): 어만두, 규아상, 어선 등에 사용한다. • 잣가루: 다용도로 사용한다.
	호두	• 물에 불려 껍질을 제거해서 사용한다. • 찜, 신선로, 전골 등에 사용한다.
	은행	• 볶거나 끓는 물에 데쳐 껍질을 제거한 후 사용한다. • 신선로, 찜, 전골 등에 사용
	대추	• 돌려 깎아 씨 제거 후 살만 채 썰어 사용한다. • 돌돌 말아 잘라 사용: 식혜, 차, 떡 등에 사용한다.
	밤	• 껍질을 벗겨 통째로 사용한다. • 채 썰거나 슬라이스해서 사용한다.
실파		푸른 부분을 썰어 찜, 전골 등에 사용한다.
통깨		나물, 잡채, 적, 구이 등에 사용한다.

04 한식의 육수

찌개나 전골의 맛을 결정하는 중요한 요인 중 하나로, 육류·가금류·뼈·건어물·채소류 및 향신료를 물에 넣어 충분히 끓여낸 국물

1 육수의 종류

소고기육수	• 맑은 육수: 사태, 양지머리, 업진육 등 질긴 부위를 사용한다. • 사골육수(뽀얀 육수): 사골, 도가니, 잡뼈 등을 사용하며, 맑은 육수에 비해 맛이 진하다. • 육개장, 토장국, 갈비탕, 냉면육수 등에 사용한다. • 소꼬리, 갈비 등은 뼈와 고기가 함께 붙어 있어 육수의 풍미가 진하다.
멸치, 다시마육수	• 멸치의 머리와 내장을 제거해 사용하며, 한번 볶아 사용하면 비린맛을 없앨 수 있다. • 다시마는 젖은 면포로 닦아 사용한다. • 한식요리에 기본 육수로 많이 사용한다.
닭고기육수	• 진하고 탁한 육수: 닭을 통째로 넣어 끓인다. • 맑은 육수: 닭뼈만 사용해 끓인다. • 초교탕, 초계탕, 닭칼국수 및 닭이 들어간 국물요리에 사용한다.
조개육수	• 조개류를 이용해 끓여낸 육수 • 조개탕, 토장국, 해물탕, 매운탕, 해물류가 들어간 요리에 많이 사용한다.

> **합격 팁**
>
> **육수에 사용되는 부재료** 양파와 양파껍질, 대파와 대파뿌리, 고추씨, 무, 건표고, 통후추, 마늘, 생강

2 육수 조리 시 팁 ★★★

① 육수통의 재질: 알루미늄 재질로 바닥이 넓고 두꺼운 것이 좋다.
② 육류를 이용한 육수 제조 시 찬물에서 끓이기 시작해야 맛있는 성분의 용출이 잘 된다.
③ 육수가 혼탁해지는 것을 방지하기 위해 끓이는 도중 거품과 불순물을 제거하며 끓여준다.
④ 센 불로 끓여 약불로 마무리한다.(은근히 오랜 시간 끓이기)
⑤ 순환 냉수로 급속 냉각한다.(육수가 상하는 것 방지)
⑥ 투명하게 걸러낸다.(재료와 국물을 분리하여 육수 준비)

05 한식의 상차림

1 첩수에 따른 구분

반상차림	첩수에 들어가지 않는 음식							첩수에 들어가는 음식									
	밥	국	김치	장류	찌개	찜	전골	나물 생채	나물 숙채	구이	조림	전	마른반찬	장아찌	젓갈	회	편육	수란
3첩	1	1	1	1				1	1	택1								
5첩	1	1	2	2				택1		1	1	1	택1					
7첩	1	1	2	3	2	택1		1	1	1	1	1	택1			1		
9첩	1	1	3	3	2	1	1	1	1	1	1	1	1	1	1	택1		
12첩	1	1	3	3	2	1	1	1	2	1	1	1	1	1	1	1	1	1

> **합격 팁**
>
> **임금의 식사**
> - 수라상: 임금, 대전, 중전, 대비 등 왕실에서 먹는 아침과 저녁상이다.(12첩 반상차림)
> - 초조반상: 이른 아침 죽이나 미음 등의 묽은 음식으로 내는 상이다.
> - 낮것상: 아침과 저녁 사이에 먹는 간단한 면상이나 떡국상을 의미한다.

2 목적 및 주식에 따른 구분

반상	• 밥을 주식으로 차린 일상식 상차림 • 첩수에 따라 3, 5, 7, 9, 12첩 반상으로 나뉜다. • 5첩은 평일식사, 7첩은 신랑 및 색시상, 9첩은 민갓집, 12첩은 궁(수라상)에서 차리는 격식
면상	국수, 떡국, 만두 등을 주식으로 차린 상차림
주안상	손님에게 술을 대접하기 위한 상차림으로 술과 안주를 함께 낸다.

식생활 문화 **225**

교자상	• 명절 등 많은 사람이 모여 식사할 때의 상차림 • 건교자, 식교자, 얼교자로 구분
다과상	음청류(차) 및 과자류를 차려 놓은 상차림

06 지역별 향토음식 ★★★

지역	특징 및 주요음식
서울	• 간이 적당하다. • 크기가 작고 모양이 정갈하다. • 음식의 종류가 다양하지만 음식의 양이 적다. • 향토음식: 설렁탕, 너비아니, 깍두기, 궁중떡볶이, 약식 등
경기	• 음식의 종류가 다양하며 소박하다. • 간은 적당히 잘 맞는다. • 양념을 많이 쓰지 않는다. • 향토음식: 갈비, 조랭이떡국, 개성무찜 등
강원도	• 산악지방에서는 옥수수, 감자, 메밀을 이용한 음식이 유명하다. • 소박하고 구수하며 먹음직스럽다. • 동해의 생태, 오징어를 이용한 음식이 발달했다. • 향토음식: 메밀막국수, 감자범벅, 명태식혜, 오징어순대, 감자밥 등
충청도	• 산채와 버섯 등으로 만든 음식이 발달했다. • 농업의 발달로 떡의 종류가 다양하다. • 양념 사용이 적고 간이 세지 않고 담백하다. • 향토음식: 쇠머리떡, 호박범벅, 콩나물밥, 보리죽, 올갱이국밥 등
경상도	• 간이 세고 음식이 대체로 매우며 투박하지만 감칠맛이 있다. • 된장, 마늘, 고추 등을 많이 사용한다. • 향토음식: 아구찜, 안동식혜, 재첩국, 콩잎김치 등
전라도	• 음식의 종류가 많고 다양하며 조리과정이 정성스럽다. • 고춧가루와 젓갈을 많이 사용한다. • 간이 세고 매우며 맛이 진하고 감칠맛이 풍부하다. • 향토음식: 홍어요리, 꼬막, 낙지호롱, 전주비빔밥, 돌산갓김치, 추어탕 등
제주도	• 어류와 해초를 많이 사용한다. • 재료 본연의 맛을 살리는 조리법이 많다. • 쌀이 귀하며 잡곡의 생산이 많다. • 양념의 사용이 적으며 여러 재료를 섞어서 만드는 경우가 적다. • 향토음식: 전복죽, 갈치호박국, 해물뚝배기, 옥돔구이, 고사리전 등

07 한국의 식기(그릇)

1 그릇의 종류 ★★

주발	• 남성용 밥그릇 • 뚜껑이 있고, 그릇 모양이 일자형 • 유기, 사기, 은기 재질로 만든다.
바리	• 여성용 밥그릇 • 뚜껑에 꼭지가 있고, 입구보다 몸체가 더 나와 있는 형태 • 유기, 놋쇠 재질로 만든다. • 옴파리: 사기로 만든 입이 작고 오목한 바리
탕기	국그릇으로 주발과 같은 모양
대접	사이즈가 다양하며, 면·국수·숭늉을 담는다.
조치보	• 주발과 같은 모양이며, 탕기보다 작은 크기의 그릇 • 찌개, 찜 등을 담는 그릇
보시기	김치나 국물이 있는 반찬을 담는 그릇
쟁첩	• 전, 구이, 나물, 장아찌 등 대부분의 반찬을 담는 그릇 • 쟁첩의 수에 따라 첩수가 결정된다.
종지	간장, 초장, 초고추장, 꿀 등을 담는 그릇
합	• 크기가 작은 합은 밥그릇으로 사용한다. • 크기가 큰 합은 떡, 약식, 면, 찜 등의 그릇으로 사용한다.
조반기	죽, 미음 등 무른 음식을 담는 그릇
반병두리	국수장국, 떡국, 떡, 약식 등을 담는 그릇
접시	운두가 낮고 납작하여 찬, 과실, 떡 등을 담는 그릇
밥소라	떡국, 밥, 국수 등을 담는 유기그릇
쟁반	• 다른 그릇이나 주전자, 술병, 찻잔 등을 나르는 용도로 쓰인다. • 유기, 사기, 목기 등의 재질
놋양푼	음식을 담거나 데우는 데 쓰는 놋그릇

합격 팁

계절에 따른 식기 종류
• 도자기: 여름철
• 유기, 은기: 겨울철(여름 외 계절)

2 그릇의 형태

원형	• 고전적인 느낌을 주는 가장 기본적인 형태 • 안정된 느낌을 준다.
사각형	모던하고 세련되면서도 안정된 느낌을 준다.
마름모 (이미지 사각형)	• 평면이면서 입체적인 느낌을 준다. • 움직임과 속도감을 느낄 수 있다.
타원형	원만함, 여성적인 기품, 우아함 등의 표현이 가능하다.
삼각형	• 전통적인 구도이며, 피라미드형·이등변삼각형 구조 등이 있다. • 날카롭고 빠른 느낌을 주며, 자유로운 이미지의 요리에 사용한다.
역삼각형	강한 이미지 연출 시 사용한다.

3 그릇의 재질에 따른 분류

금속류	• 스테인리스: 손질이 쉽고 저렴하나 은식기에 비해 광택이 떨어진다. • 은: 고급스럽지만 변색과 변질이 쉽고 부식되며 복원이 안 된다. • 유기: 고급식기로 '놋그릇'이라 불린다. 녹이 잘 생겨 관리가 필요하다.
흙	• 도기(질그릇): 백색의 빛깔로 연질·경질·반자기질로 구분하며, 자기에 비해 제작이 쉽다. • 자기: 자기와 연질자기로 구분하며, 청자·백자·토기 등이 있다.
그 외	유리, 죽제품, 칠기, 본차이나, 크림웨어 등

08 한식의 담음새

1 담는 방법

좌우대칭	• 대칭으로 담는 가장 균형적인 방법 • 안정감이 있지만 단순해 보인다.
대축대칭	• 접시 중앙에 열십자로 배분하는 방법 • 클래식한 느낌으로 화려함과 안정감을 준다.
회전대칭	• 균형 있게 회전시켜 담는 방법 • 중심이 강조되며, 대칭의 안정감·리듬·흐름이 느껴진다.
비대칭	• 균형 잡히지 않은 불균형한 형태 • 창의적인 느낌을 줄 때 효과적이다.

> **합격 팁**
>
> 접시 담기의 고려사항
> • 주재료와 곁들임 재료의 위치 선정　• 재료의 크기　• 접시의 크기　• 음식의 외관　• 식사하는 사람의 편리성

2 담는 양

식기의 70%	국, 찜, 선, 생채, 나물, 조림, 초, 전(전유어), 구이, 적, 회, 쌈, 편육, 족편, 튀각, 부각, 포, 김치
식기의 70~80%	탕, 찌개, 전골, 볶음
식기의 50%	장아찌, 젓갈

3 담기의 원칙 ★★★

① 먹는 사람의 편리성에 초점을 두어 담는다.
② 접시의 내원에 음식물이 벗어나지 않도록 담는다.
③ 공간의 적절한 배치로 획일적이지 않으며, 일정한 질서와 간격을 두어 담는다.
④ 재료별 특성을 고려하여 담는다.
⑤ 고명은 과도하게 사용하지 않고 깔끔하게 담는다.
⑥ 차가운 것은 차갑게, 뜨거운 것은 뜨겁게 담는다.
⑦ 소스 사용 시 음식의 색상이나 모양이 망가지지 않도록 담는다.

> **합격 팁**
> 음식이 맛있게 느껴지는 온도 뜨거운 음식(60~65°C), 차가운 음식(12~15°C)

09 한식 양념의 종류

1 양념의 종류

간장	• 콩을 소금물에 발효시켜 만든 발효식품 • 국간장: 집간장, 조선간장이라 불리며 염도는 약 24% • 진간장: 국간장보다 염도가 낮다. 시판용 간장은 화학간장으로 염도는 18~20%로, 조림 · 장아찌 · 불고기 · 구이 · 찜 · 나물무침 등에 사용한다. • 양조간장: 6개월 가량 발효시킨 간장으로, 무침 · 샐러드 · 초간장 등에 사용한다.
소금	• 음식의 맛을 내는 가장 기본 양념 • 천일염(호렴): 굵은소금으로 배추, 생선의 절임 및 장을 담글 때 사용한다. • 제제염(꽃소금): 음식의 간을 맞출 때 사용한다.
된장	• 콩으로 만든 메주에 소금물을 부어 발효시킨 간장을 떠내고 밑에 남은 건더기 • 찌개, 토장국, 무침 등에 사용한다.
고추장	• 질게 지은 밥이나 쑨 죽에 고춧가루, 메주가루, 엿기름, 소금을 넣어 만든 붉은 빛깔의 장 • 찌개, 탕, 볶음, 조림, 구이, 약고추장 등에 사용한다.

고춧가루	• 마른 붉은 고추를 곱게 빻아 만든 것 • 붉은빛이 강하고 윤기 있는 것이 좋다. • 각종 양념, 김치 등에 사용한다.
식초	• 곡물이나 과일을 발효시켜 만든 것 • 양조식초: 곡물, 과실 등으로 만들며, 원료에 따라 쌀식초·사과식초·현미식초·포도주초·주정초 등으로 구분한다.
설탕, 꿀, 조청	• 설탕: 사탕수수와 사탕무에서 추출한 감미료로, 흑설탕·황설탕·백설탕으로 구분한다. • 꿀: 역사상 가장 오래된 감미료로 흡수성이 좋다. • 조청: 곡류를 엿기름으로 당화시켜 걸쭉하게 끓여 만든 감미료
젓갈	• 어패류에 소금을 20% 함유하여 발효시킨 것 • 소금 간보다 감칠맛이 좋다.

10 절식과 시식

절기에 맞춰 먹는 음식은 절식, 제철에 맞춰 먹는 음식은 시식이라고 한다.

월	분류	음식
1월	설날	떡국, 식혜, 수정과, 약식, 각종 전, 삼색나물, 김치
	정월대보름	오곡밥, 묵은 나물, 부럼, 귀밝이술, 복쌈
2월	중화절	노비송편, 약주, 실과, 볶은 콩
3월	삼짇날	진달래화전, 진달래화채, 탕평채
4월	초파일	느티떡, 미나리나물, 어채, 어만두
5월	단오	앵두편, 앵두화채, 증편, 수리취절편, 준치만두, 제호탕
6월	유두	편수, 보리수단, 떡수단, 화전, 호박밀전병
7월	삼복	육개장, 장어국, 임자수탕, 오이소박이, 규아상
8월	한가위	토란탕, 송편, 햅쌀밥, 햇과일, 송이산적, 배숙, 율란, 화양적
9월	중양절	국화전, 국화주, 유자화채, 도루묵찜
10월	무오절	무시루떡, 무오병, 장국, 연포장, 만두, 강정
11월	동지	팥죽, 동치미, 곶감, 식혜, 수정과
12월	그믐	비빔밥, 완자탕, 장김치, 주악

SECTION 03 단원문제 — 식생활 문화

01 한국 상차림의 특징으로 옳지 않은 것은?
① 김치, 젓갈, 장아찌, 장, 술 등의 발효식품이 발달했다.
② 밥은 상의 앞 오른쪽, 국은 밥 왼쪽으로 배치가 정해져 있다.
③ 곡물을 이용한 음식이 발달했다.
④ 공간전개형 상차림으로 한상에 차려놓고 먹는 식사법이다.

02 한국 음식의 특징으로 바르지 않은 것은?
① 주식과 부식의 구분이 뚜렷하지 않다.
② 농경민족으로 곡물음식이 발달하였다.
③ 음식에 있어서 약식동원의 사상을 중시한다.
④ 일상식과 의례음식의 구분이 있다.

03 한식의 상차림은 3첩, 5첩, 7첩, 9첩 12첩으로 나뉜다. 첩수에 포함되는 것은?
① 김치   ② 국
③ 생채   ④ 밥

04 의례음식의 연결이 바른 것은?
① 돌상 - 육포   ② 백일상 - 백설기
③ 폐백상 - 미역국   ④ 제상 - 수수경단

05 명절이나 축하연, 회식 등 많은 사람이 함께 식사할 때 차리는 상차림은?
① 입맷상   ② 교자상
③ 다과상   ④ 수라상

06 반찬그릇으로 숫자에 따라 한식 첩수를 결정하는 그릇의 명칭은?
① 종지   ② 대접
③ 쟁첩   ④ 접시

07 다음 중 삶는 떡은?
① 백설기   ② 송편
③ 화전   ④ 경단

정답해설

01 밥은 상의 왼쪽, 국은 밥의 오른쪽으로 배치가 정해져 있다.
03 첩수에 따른 구분은 반찬의 수로 정한다.
04 - 돌상: 떡, 쌀 국수 등
   - 폐백상: 편포, 육포, 술, 메, 갱 등
   - 제상: 전, 나물, 건과, 제주 등
05 - 입맷상: 잔치 때 큰상을 받기 전 간단하게 차려 대접하는 상차림
   - 다과상: 차와 과자류를 차려놓은 상차림
   - 수라상: 임금님의 밥상
06 쟁첩은 반상기 중에서 가장 많은 수를 차지한다.

| 정답 | 01 ② | 02 ① | 03 ③ | 04 ② | 05 ② | 06 ③ | 07 ④ |

08 우리나라는 계절에 따라 식기재질을 달리 사용한다. 여름철 식기로 적절한 것은?
① 스테인리스 ② 도자기
③ 유기 ④ 은기

09 궁중에서 찌개를 일컫는 말은 무엇인가?
① 찌개 ② 지짐이
③ 조치 ④ 누르미

10 서울 음식의 특징으로 거리가 먼 것은?
① 음식의 분량은 적으나 가짓수가 많다.
② 설렁탕이나 곰탕 등의 탕반이 유명하다.
③ 사치스럽고 화려한 음식이 발달하였다.
④ 감자떡, 오징어순대가 유명하다.

11 중앙 중심의 대칭으로 균형적인 형태이며, 안정감이 느껴지나 단순화되기 쉬운 그릇담기 형태는?
① 비대칭 ② 대축대칭
③ 회전대칭 ④ 좌우대칭

12 오방색에 따른 한국 음식의 고명 중 흰색을 나타내는 것은?
① 오이 ② 실파
③ 은행 ④ 잣

13 전복죽, 오메기떡 등의 음식이 유명한 향토 지역은?
① 서울 ② 경기도
③ 제주도 ④ 강원도

14 고명의 색에 따른 식품의 연결이 바르지 않은 것은?
① 붉은색: 건고추, 대추, 밤
② 초록색: 미나리, 실파, 쑥
③ 노란색: 달걀 노른자, 황화채
④ 검은색: 석이버섯, 소고기, 표고버섯

15 우리나라의 3첩 반상에 포함되지 않는 것은?
① 냉채 ② 숙채
③ 구이 ④ 회

정답해설

09 조치는 궁중에서 찌개를 일컫는 말로, 골조치·천엽조치·생선조치 등이 있으며, 맑은조치·토장조치로 구분한다.
10 ④는 강원도의 대표음식이다.
11 좌우대칭은 고급스러워 보이며 안정감이 느껴지지만 단순화되기 쉽다.
12 오이, 실파, 은행은 초록색을 나타낸다.
14 밤은 흰색 고명으로 사용된다.
15 회는 7첩 반상 이상에 포함된다.

| 정답 | 08 ② 09 ③ 10 ④ 11 ④ 12 ④ 13 ③ 14 ① 15 ④ |

16 음식에 넣으면 몸에 이롭다고 생각하여 여러 가지를 고루 넣었다는 데에서 유래한 한식의 용어는?

① 무침장　　② 쌈장
③ 육수　　　④ 양념

17 장을 담그거나 간장, 채소, 생선의 절임용으로 사용하는 천연소금은?

① 호렴　　　② 제제염
③ 정제염　　④ 꽃소금

18 소고기 육수를 사용하는 음식이 아닌 것은?

① 토장국　　② 해물탕
③ 육개장　　④ 미역국

19 콩을 분해해 아미노산을 액화시켜 만든 화학간장으로 염도가 18~20%인 간장은?

① 진간장　　② 양조간장
③ 청장　　　④ 국간장

20 육수를 조리할 때 주의사항으로 바르지 않은 것은?

① 육수통은 알루미늄 통을 사용하는 것이 좋다.
② 찬물에서 처음부터 재료를 넣고 끓여야 맛있는 성분이 용출된다.
③ 거품에 맛성분이 있어 끓이면서 거품을 걷어낼 필요는 없다.
④ 끓기 시작하면 약한 불로 줄여 오랜 시간 은근히 끓인다.

21 생강을 생선육수에 사용할 때 냄새를 제거하기 위해 가장 효과적인 시점은?

① 생선과 함께 처음부터
② 요리 중간
③ 요리 마치고 불을 끈 후
④ 요리 끝내기 10분 전

22 고깔을 떼어낸 통잣을 고명으로 사용하는 요리가 아닌 것은?

① 신선로　　　　② 전골
③ 구절판 밀쌈 위　④ 화채

> **정답해설**
>
> **17** 호렴은 알이 굵고 거친 천일염을 말하며, 장을 담그거나 간장·채소·생선의 절임용으로 주로 사용한다.
> **19** 진간장은 화학간장으로, 조림·장아찌·초·불고기·구이·찜 등에 이용된다.
> **20** 육수를 끓일 때 거품과 불순물을 제거해야 육수가 혼탁해지는 것을 방지할 수 있다.
> **21** 생강은 생선육수에 사용 시 요리를 끝내기 10분 전에 넣는 것이 냄새 제거에 가장 효과적이다.
> **22** 구절판 밀쌈 위에는 고명으로 다진 잣을 사용한다.
>
> | 정답 | 16 ④　17 ①　18 ②　19 ①　20 ③　21 ④　22 ③ |

23 육수에 사용되는 부재료가 아닌 것은?

① 대파뿌리
② 무
③ 고추씨
④ 산초

24 단오절에 먹는 음식으로 옳지 않은 것은?

① 느티떡
② 수리취절편
③ 제호탕
④ 준치만두

25 한국 음식의 그릇과 그 설명의 연결이 바른 것은?

① 주발 - 여성용 밥그릇
② 바리 - 남성용 밥그릇
③ 대접 - 국을 담는 그릇
④ 조반기 - 떡, 면, 약식을 담는 그릇

26 음식의 종류에 따라 그릇에 보기 좋게 담는 양을 정할 때, 탕이나 찌개는 식기의 어느 정도 담아야 하는가?

① 20~30%
② 40~50%
③ 70~80%
④ 100%

정답해설

23 산초는 향신료로 향이 강하고 톡 쏘는 맛이 있어서 육수의 부재료로 사용하지 않는다.
24 느티떡은 초파일에 먹는 음식이다.
25 주발: 남성용 밥그릇, 바리: 여성용 밥그릇, 대접: 면과 국수를 담는 그릇
26 탕, 찌개, 전골, 볶음은 식기의 70~80%, 젓갈 등은 식기의 50% 정도로 담는다.

| 정답 | 23 ④ | 24 ① | 25 ④ | 26 ③ |

MEMO

기출분석

- 한식의 상차림에 대해 중점적으로 학습하고, 한식의 주요 양념 및 육수의 특징에 대해 숙지할 수 있도록 한다.
- 밥, 죽, 국과 탕, 찌개, 전과 적, 생채와 회, 조림과 초, 구이, 숙채, 볶음, 김치조리에 해당되는 유래 및 조리적 특성과 각 조리별 주재료의 특징 등에 대해 학습한다.

필기 출제비율

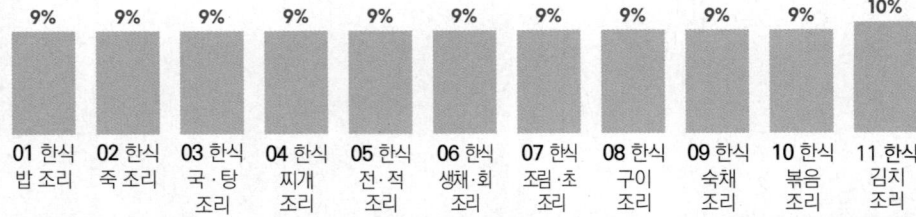

01 한식 밥 조리	02 한식 죽 조리	03 한식 국·탕 조리	04 한식 찌개 조리	05 한식 전·적 조리	06 한식 생채·회 조리	07 한식 조림·초 조리	08 한식 구이 조리	09 한식 숙채 조리	10 한식 볶음 조리	11 한식 김치 조리
9%	9%	9%	9%	9%	9%	9%	9%	9%	9%	10%

CHAPTER 06
한식 조리

SECTION 01 한식 밥 조리
SECTION 02 한식 죽 조리
SECTION 03 한식 국·탕 조리
SECTION 04 한식 찌개 조리
SECTION 05 한식 전·적 조리
SECTION 06 한식 생채·회 조리
SECTION 07 한식 조림·초 조리
SECTION 08 한식 구이 조리
SECTION 09 한식 숙채 조리
SECTION 10 한식 볶음 조리
SECTION 11 한식 김치 조리

SECTION 01 한식 밥 조리

01 밥 재료준비

1 밥 재료의 종류와 특성

쌀	• 쌀의 종류: 인디카종, 자포니카형, 자바형으로 구분하며, 우리나라는 자포니카형(일본형)을 재배한다. • 멥쌀: 아밀로오스 20%, 아밀로펙틴 80% 함유 • 찹쌀: 아밀로펙틴 100% 함유 • 현미: 벼에서 왕겨를 제거한 것(영양가↑, 소화율↓) • 백미: 현미에서 외피와 배아를 제거하고 배유만 남은 것(영양가↓, 소화율↑) • 도정을 많이 할수록 당질이 높고, 무기질·비타민 등의 함량이 감소한다. • 수분함량: 14~16%의 쌀이 밥맛이 가장 좋음 • 쌀의 단백질: 오리제닌
보리	• 보리의 구분: 압맥, 할맥, 맥아 • 보리의 단백질: 호르데인 • 비타민 B군이 많이 함유되어 있다. • β-글루칸 함유: 콜레스테롤 저하 및 변비 예방 • 수분함량이 14% 이하로, 미강층이 완전히 제거된 것으로 사용한다.
두류	• 식물성 단백질이 풍부하다. • 주요 단백질: 글리시닌(완전단백질) • 대두, 팥의 독성물질: 사포닌(가열로 파괴됨 → 거품) • 수분함량 14% 이하이며, 낱알이 일정하고 고른 것을 선택한다.
그 외 재료	• 조: 단백질 프롤라민의 함량이 높고 소화율이 높다. • 기장: 당질성분이 많으며 소화율이 떨어짐. 팥과 혼식을 많이 한다.

02 밥 조리하기

1 쌀 씻기(수세)

① 씻기 방법: 맑은 물이 나올 때까지 3~5회 세척한다.
② 너무 세게 문질러 씻지 않도록 유의한다. 영양소 손실을 최소화하고 맛의 보존을 위해 작업시간을 최소화한다.
③ 곡류 세척 시 흐르는 물에 단시간 세척이 가장 효율적이다.

> **합격 팁**
>
> 쌀 세척 시 손실되는 영양성분
> • 전분, 수용성 단백질, 섬유소 등: 0.5~1% 유실
> • 비타민 B_1: 20~60% 유실

2 쌀 불리기(수침)

실온에서 30~60분이 적당하다.(멥쌀: 30분, 찹쌀: 50분 가량)

3 물 붓기

구분	쌀 무게에 대한 물의 양	물 부피에 대한 물의 양
백미	1.5배	1.2배
찹쌀	1.1~1.2배	0.9~1.0배
불린쌀	1.2배	1.0배
햅쌀	1.4배	1.1배
묵은쌀	1.1배	1.3~1.4배

4 뜸 들이기

① 표층부의 포함된 뜨거운 수분이 쌀의 내부로 침투하는 과정
② 뜸 들이기 하는 이유: 수분 분포의 균일화, 밥의 찰기 형성, 쌀의 중심부까지의 호화
③ 뜸 들이기 시간: 쌀의 경도는 5분 정도 뜸을 들였을 때 가장 높고, 15분일 때 가장 낮게 나타난다. 따라서 향미가 가장 좋은 밥을 짓기 위한 뜸 들이기 시간은 15분이다.

5 밥맛에 영향을 주는 요인 ★★★

① 소금 첨가: 0.03% 정도의 소금을 첨가하면 맛이 좋아진다.
② 수분함량: 완성된 밥의 수분함량이 60~65%일 때 맛이 좋아진다.
③ 밥물의 pH: pH 7~8일 때 맛이 좋아진다.
④ 밥 짓는 도구: 재질이 두껍고 무거운 무쇠나 돌로 된 재질이 좋다.
⑤ 열원: 숯불이나 장작 사용 시 가장 맛이 좋다.
⑥ 쌀의 저장: 수확 후 저장이 오래될수록 밥맛이 좋지 않다.(햅쌀이 좋음)
⑦ 품종: 좋은 품종일수록 맛이 좋다.
⑧ 아밀로펙틴의 함량: 아밀로펙틴의 함량이 많을수록 점성이 높아진다.

> **합격 팁**
>
> **서미밥** 잘게 썰어 말린 고구마를 넣어 지은 밥
> **콩나물밥** 조리 후 시간이 지나면 콩나물의 수분이 빠져 가늘고 질겨지므로 먹는 시간에 맞춰 조리하기

SECTION 01 한식 밥 조리
단원문제

01 쌀의 품질선별로 옳지 않은 것은?
① 색은 윤기가 나고 입자가 정리된 것이어야 한다.
② 잘 건조되어 있는 것이어야 한다.
③ 주식용 쌀 백미의 도정도는 7~9분 정도된 것이 좋다.
④ 일정량의 쌀로 직접 밥을 지어 품질 테스트를 하는 것이 좋다.

02 밥맛에 영향을 주는 요인에 대한 설명으로 옳지 않은 것은?
① 소금을 0.03% 정도 넣으면 밥맛이 좋아진다.
② pH 7~8일 때 밥맛이 가장 좋다.
③ 아밀로오스 함량이 많을수록 점성이 높다.
④ 수확 직후의 쌀이 밥맛이 좋다.

03 불림의 목적으로 잘못된 것은?
① 조리시간이 단축된다.
② 부드러운 식품에 탄력 있는 식감을 제공한다.
③ 식물성 식품의 변색을 방지한다.
④ 불미성분을 제거한다.

04 밥맛이 가장 좋은 쌀 침지시간은?
① 씻자마자 바로　② 30분
③ 2시간　④ 3시간

05 뜸들이기 시간으로 가장 적절한 것은?
① 10분　② 15분
③ 20분　④ 30분

정답해설

01 주식용 쌀의 도정도는 10~11분 정도가 좋다.
02 아밀로펙틴의 함량이 많을수록 점성이 높다.
03 불림으로 단단한 식품이 연화작용을 통해 부드러워진다.
04 쌀의 침지시간은 30분~1시간 정도가 좋다.

| 정답 | 01 ③　02 ③　03 ②　04 ②　05 ② |

SECTION 02 한식 죽 조리

01 죽의 개요

1 죽의 정의
곡물 등에 다량의 물을 넣고 알이 부서지고 완전히 호화되도록 오래 끓여 무르게 만든 음식

> **합격 팁**
>
> | 죽의 알맞은 물의 양 | 곡물(쌀)의 6~7배 |
> | 밥과 죽의 차이 | 물의 양과 가열시간 |
> | 죽 조리시간의 조절 요소 | 물의 함량비 |

2 죽 조리의 도입
주식과 구황식으로 개발되었으나, 현대는 별미 · 병인식 · 보양식 · 기호식 등으로 이용한다.

3 죽의 분류

농도에 따른 분류	죽, 미음, 응이	
쌀의 상태에 따른 분류	옹근죽	쌀알 그대로 사용
	원미죽	쌀을 반으로 으깨어 싸라기로 만들어 사용(장국죽)
	무리죽	쌀을 완전히 갈아 사용(타락죽, 잣죽)

4 죽의 영양 및 효능
① 죽의 열량: 100g당 30~50kcal, 밥의 1/3~1/4 정도
② 찹쌀은 아밀로펙틴의 함량이 높아 멥쌀에 비해 소화 및 흡수가 잘 되고 위장을 보호한다.
③ 팥죽: 산모의 젖을 돌게 하고, 해독작용과 알코올을 배설하는 이뇨작용으로 숙취를 완화한다.
④ 호박죽: 부종을 가라앉히는 데 효과적이다.
⑤ 전복죽: 피로회복 및 피부노화 방지에 효과적이다.

02 죽 재료준비

1 재료의 종류 및 특성

① 채소류

오이	• 오이(꼭지)의 쓴맛: 쿠쿠르비타신(Cucurbitacin) • 비타민 C 산화효소가 있어 비타민 C를 파괴한다. • 비타민 A, C, K를 함유하고 있다. • 칼륨이 다량 함유되어 있어 체내 노폐물 배설에 효과가 있다.
양파	• 양파 껍질의 황색소: 퀘르세틴(Quercetin) • 지질의 산패를 방지한다. • 조리 시 단맛을 내는 프로필메르캅탄을 형성한다. • 콜레스트롤의 저하 및 혈액 순환에 좋다.
당근	• 지용성 비타민 함량이 높아 기름에 조리 시 흡수율이 높다. • 당근의 주황색소: 카로틴(비타민 A의 함량이 높음) • 체내에서 β-카로틴이 비타민 A로 전환된다.
도라지	• 도라지 쓴맛: 알칼로이드 성분(소금물에 담가서 제거) • 도라지의 사포닌: 진통, 소염 작용, 가래를 삭힌다.
시금치	• 수산(옥살산): 시금치의 떫은맛으로 칼슘 흡수를 저해한다.(데쳐서 제거) • 엽산 함유: 빈혈을 예방한다.
고사리	• 티아미나아제(Thiaminase): 비타민 B_1 분해효소(삶아서 제거) • 잎: 탄닌 성분이 많으며 달여 마시면 이뇨·해열에 효과가 있다. • 어린싹: 유리아미노산 1.4%로, 로이신·아스파라긴산·글루타민산 등의 함량이 높다.
호박	• β-카로틴 풍부: 항산화 작용 및 항암 작용 • 다양한 부종(전신부종, 임신부종, 천신으로 인한 부종 등)에 효과적이다. • 야맹증, 안구건조증, 고혈압, 당뇨 등에 효과적이다. • 리놀렌산(필수지방산): 호박씨에 함유, 콜레스테롤 낮추고 노화를 방지한다.

② 어패류

전복	• 전복의 감칠맛: 글루타미산, 아데닐산 • 전복의 단맛: 아르기닌, 글리신, 베타인 • 전복의 깊은 맛: 글리코젠 • 콜라겐과 엘라스틴의 함량이 많아 단단하고 오독오독한 식감이 있다.
새우	• 보리새우: 아르기닌·글리신·타우린 함량이 높아 단맛이 나며, 비타민 E와 나이아신이 풍부하다. • 새우의 종류: 차새우·젓새우·민물새우·보리새우로 구분되며, 크기에 따라 대하·중하로 구분된다.
참치	• 적육색 부위는 지방의 함량이 1%대로 낮지만, 뱃살 등 지방육 부위는 지방의 함량이 25~40%로 높다. • 참치의 감칠맛 성분: 이노신산(가다랑어포) • 철 함량이 높고 셀레늄이 많아 항산화 작용 효과가 있다.

03 죽 조리하기

1 죽의 조리방법

① 곡물(쌀 등)은 물에 충분히 불려서 사용한다.
② 일반적인 죽 조리의 물 양은 쌀 양의 5~6배가 적당하다.
③ 계량된 물의 양은 처음부터 한번에 넣어 끓인다.(중간에 첨가하지 않는다.)
④ 죽은 가급적 나무주걱을 이용해 저어준다.(스테인리스 등을 사용하면 죽이 잘 삭는다.)
⑤ 센 불로 끓인 후 약불로 줄여 끓인다.(가끔 저어준다.)
⑥ 냄비는 잘 눋지 않는 두꺼운 재질을 사용한다.

> **합격 팁**
> 간을 미리 하면 죽이 잘 삭기 때문에 기호에 따라 간장, 소금 등을 제공한다.

2 죽의 조리적 특징

① 오랫동안 조리하기 때문에 소화가 쉽게 된다.
② 소량의 재료로도 많은 양을 만들 수 있다.(물의 양이 많고 쌀의 부피가 늘어남)
③ 곡물 외의 다양한 부재료의 사용으로 많은 종류의 죽을 만들 수 있다.

SECTION 02 단원문제 | 한식 죽 조리

01 현대의 죽 기능으로 틀린 것은?
① 별미식 ② 구황식
③ 병인식 ④ 기호식

02 부종에 좋고 임신 중 요통, 복통, 하열이 있을 때 좋은 죽은?
① 전복죽 ② 잣죽
③ 암죽   ④ 호박죽

03 죽을 조리하는 방법으로 틀린 것은?
① 주재료 곡물을 충분히 물에 담갔다가 사용한다.
② 물을 나누어 넣어 죽 전체가 잘 어우러지게 한다.
③ 일반적인 죽의 물 분량은 쌀 용량의 5~6배이다.
④ 죽을 쑤는 동안 너무 자주 젓지 않도록 한다.

04 밥과 죽을 만들 때 큰 차이점은 무엇인가?
① 물의 함량   ② 주재료의 종류
③ 소금의 양   ④ 육수의 사용 여부

05 녹말에 물을 넣어 끓인 죽은?
① 응이
② 암죽
③ 즙
④ 미음

06 쌀을 반으로 으깨서 싸라기를 만들어 쑨 죽은?
① 옹근죽
② 원미죽
③ 무리죽
④ 타락죽

07 죽 조리 시 사용하는 기물 중 적절하지 않은 것은?
① 스테인리스 주걱
② 나무주걱
③ 두꺼운 냄비
④ 믹서

정답해설

01 초기의 죽은 구황식이었지만, 현대는 별미·병인식·보양식·기호식 등으로 이용되고 있다.
03 죽은 처음부터 한번에 물을 계량하여 끓인다. 도중에 물을 보충하면 죽이 잘 어우러지지 않는다.
06 - 옹근죽: 쌀알 그대로 사용
   - 원미죽: 쌀을 반으로 으깨어 싸라기로 만들어 사용
   - 무리죽: 쌀을 완전히 갈아 사용
07 스테인리스 주걱 대신 나무주걱을 사용해야 죽이 잘 삭지 않는다.

| 정답 | 01 ② | 02 ④ | 03 ② | 04 ① | 05 ① | 06 ② | 07 ① |

SECTION 03 한식 국·탕 조리

01 국·탕 개요

1 용어

국	육류, 생선, 채소류 등의 재료에 많은 양의 물을 붓고 간을 맞춰 끓인 음식
국물	국, 찌개, 전골 등의 음식에서 건더기를 제외한 물
육수	• 고기(肉)를 삶아낸 물을 의미한다. • 물에 육류, 가금류, 뼈, 건어물, 채소류, 향신채 등을 넣어 충분히 끓여내 국물로 사용한다.

2 국물 양과 명칭의 분류

국	• 찌개보다는 국물이 많다. • 건더기의 양은 국물의 1/3 정도가 적당하다. • 무맑은국, 시금치토장국, 미역국, 북엇국, 콩나물국 등
탕	• 건더기의 양은 국물의 1/2 정도가 적당하다. • 고기, 생선 등의 재료에 양념을 넣어 오래 끓인 것 • 추어탕, 설렁탕, 비지탕, 감자탕, 갈비탕, 조개탕 등

3 국의 종류와 특징

맑은국	• 소금, 간장으로 간을 한다. • 기본 육수: 소고기 육수 • 소고기뭇국 등이 기본이며, 조개를 넣어 끓인 국도 있다.
토장국	• 된장과 고추장을 기본으로 넣는다. • 쌀뜨물을 많이 사용하며 된장국, 청국장 등이 있다.
곰국	• 내장, 살코기, 뼈, 꼬리, 도가니 등의 재료를 푹고아 끓인 국물이다. • 설렁탕, 곰탕(국)
냉국	• 식혀서 차갑게 만든 육수나 차가운 물을 사용한다. • 여름철에 많이 먹는다. • 오이냉국, 미역냉국 등
장국	• 된장과 고추장을 넣고 끓인다. • 소금과 간장으로 간을 하되, 약간의 고춧가루를 넣고 끓인다.

4 계절에 따른 분류

봄	쑥국, 맑은장국, 생선맑은장국, 생고사리국, 냉이토장국, 원추리국, 소루쟁이토장국, 준치탕 등의 맑은장국 및 봄나물을 이용한 국과 탕
여름	미역냉국, 오이냉국, 초교탕, 삼계탕, 영계백숙 등의 냉국 및 보양식
가을	무국, 토란국, 배추속대국, 버섯맑은장국 등의 맑은장국
겨울	시금치토장국, 생태탕, 청국장, 선짓국, 꼬리탕, 우거짓국 등의 곰국류나 토장국

5 탕의 종류

맑게 끓이는 탕	곰탕, 갈비탕, 설렁탕, 조개탕 등
얼큰하게 끓이는 탕	추어탕, 육개장, 매운탕 등
닭 육수를 이용한 탕	삼계탕, 초계탕, 임자수탕

02 국·탕 재료준비

1 국·탕에 사용되는 재료의 종류와 특징

무	• 육류의 육수를 끓일 때 많이 사용한다. • 단백질 분해효소인 프로테아제가 육류의 식감을 부드럽게 하며, 특유의 시원한 맛을 낸다.
표고버섯	건표고의 불린 물은 육수로 이용하며, 육수에 함께 넣어 끓이기도 한다.
대파	• 흰 부분: 양념으로 사용한다. • 푸른 부분: 육수 및 찌개 등에 사용한다.
생강	• 고기육수: 누린내 제거를 위해 처음부터 넣어준다. • 생선육수: 생선을 익힌 후 넣어야 탈취효과가 있다.
통후추	생선의 비린내 및 육류의 누린내를 제거하며 식욕을 증진시킨다.
양파	각종 육수에 사용되며 잡내 제거 및 육질을 부드럽게 한다.
마늘	국물의 맛을 한층 돋우며 비린내 및 누린내를 없애준다.

> **합격 팁**
>
> **부재료와 향신료의 첨가 목적**
> - 음식의 풍미를 더하며 식욕촉진 및 자극적인 맛을 첨가한다.
> - 육류의 누린내, 생선의 비린내를 제거한다.
> - 정장제로서의 역할로 소화를 촉진한다.
> - 부패균의 증식을 억제시킨다.

2 국·탕 양념장 제조

육수를 우려 냉각	육수에 간장, 소금, 된장, 고추장 등을 넣어 혼합 후 상온에서 냉각한다.
부재료 양념 첨가	냉각된 재료에 다진 마늘, 생강, 고춧가루 등을 혼합한다.
숙성	• 1차 숙성: 평균 상온에서 2~4일(계절에 따라 조절) • 2차 숙성: 8~12°C에서 5~10일

3 국·탕 육수의 종류와 특징

쌀뜨물 (쌀 씻은 물)	• 처음 쌀 씻은 물은 버리고 2~3번째 물을 사용한다. • 용도: 된장국(토장국), 청국장, 강된장, 찌개 등 • 채소의 풋내를 제거하며, 전분성의 농도가 국물 맛을 높여준다.
멸치육수	• 멸치는 머리와 내장을 떼어 쓴맛을 제거한다. • 냄비에 볶은 후(비린내 제거) 찬물을 부어 끓여준다. • 뚜껑을 열고 끓여 비린내와 잡내가 나지 않도록 한다.
조개육수	• 모시조개, 바지락, 홍합, 비단조개 등 • 뻘에 사는 조개는 3~4%의 소금물에 해감하여 사용한다.
다시마육수	• 다시마의 감칠맛 성분: 글루타미산나트륨, 알긴산, 만니톨 등 • 다시마는 두껍고 검은빛을 띄는 것을 사용한다. • 젖은 행주로 표면을 닦은 후 사용한다. • 대부분 멸치, 조개 외 다른 재료와 혼합하여 사용한다.
소고기육수	• 부위: 사태, 양지머리, 업진살 등(지방이 적고 결합조직이 많음) • 핏물을 제거 후 사용한다.(누린내 제거) • 흐르는 물에 고기를 담가 핏물을 제거한 후 사용한다.
사골육수	• 소의 다리뼈를 이용하는 육수로, 국·전골·찌개 등에 중심이 되는 맛 • 소뼈는 찬물이나 흐르는 물에 1~2시간 두면 핏물이 잘 빠진다.(누린내 제거)
채소육수	양파, 표고버섯, 배추, 대파, 마늘, 무 등의 채소를 넣어 끓임

> **합격 팁**
>
> **고기를 끓이는 온도**
> • 고기 국물 사용 시 찬물에 고기를 넣어 가열한다.(맛 성분의 용출)
> • 편육 사용 시 끓는 물에 고기를 넣어 가열한다.(육즙이 빠져나가는 것을 방지)

03 국·탕 담기

1 국·탕 그릇

탕기	국을 담는 그릇, 주발(밥그릇)과 같은 모양
대접	국이나 숭늉을 담는 그릇
뚝배기	상에 오를 수 있는 유일한 토기
질그릇	잿물을 입히지 않고 진흙만으로 구워 만든 그릇
오지그릇	붉은 진흙으로 구워 만든 질그릇(항아리, 독 등)
유기그릇	놋쇠로 만든 그릇

2 국·탕 고명의 종류

달걀지단	황·백지단으로 식힌 후 마름모꼴, 골패형 모양 또는 채 썰어 사용한다.
미나리초대	줄기 부분을 다듬어 꼬치에 끼워 밀가루와 계란물을 묻혀 지진 것. 마름모꼴로 썰어 사용한다.
미나리	일정한 길이로 자른 미나리를 소금에 살짝 절인 후 볶아서 사용한다.
고기완자	다진 소고기에 갖은 양념하여 새알 모양으로 빚어 밀가루와 달걀물을 묻혀 팬에 지진 것
홍고추	어슷하게 썰어 씨를 제거한 후 사용한다.

SECTION 03 한식 국·탕 조리

01 뼈나 살코기, 내장을 푹 고아 만든 국은?
① 토장국
② 곰국
③ 냉국
④ 맑은장국

02 얼큰하게 끓이는 탕이 아닌 것은?
① 추어탕
② 매운탕
③ 설렁탕
④ 육개장

03 국이나 탕에 사용하는 사골에 대한 특성으로 바른 것은?
① 골밀도가 치밀한 것이 좋으므로 건강한 수소보다 암소가 좋다.
② 골화 진행이 적은 사골을 이용해야 국물이 뽀얗다.
③ 사골부위는 운동량이 많은 근육이나 육색이 약간 선홍색을 띤다.
④ 근섬유가 굵은 다발을 이루고 있어 고기의 결이 거친 편이다.

04 국물로 쌀뜨물을 이용하는 것에 대한 설명으로 옳지 않은 것은?
① 채소의 풋냄새를 제거한다.
② 국물 농도를 높여준다.
③ 맹물보다 잘 상하지 않게 한다.
④ 효소작용으로 채소의 조직을 부드럽게 한다.

05 국의 국물과 건더기의 비율은?
① 1:2
② 2:6
③ 4:6
④ 7:3

06 맑은 육수를 내기 위해 고기육수를 끓이는 방법으로 옳지 않은 것은?
① 오래 끓인다.
② 2시간 이내가 적당하다.
③ 끓으면 올라오는 불순물은 걷어준다.
④ 처음에는 뚜껑을 열고 끓인다.

07 놋쇠로 만든 그릇으로 보온, 보냉, 항균 효과가 좋아 국과 탕을 담을 때 사용하는 그릇은?
① 뚝배기
② 오지그릇
③ 유기그릇
④ 질그릇

정답해설

01 - 맑은국: 소금, 간장으로 간한다.
- 토장국: 된장, 고추장을 사용한다.
- 곰국: 내장, 살코기, 뼈, 꼬리, 도가니 등을 사용한다.
- 냉국: 식혀서 차갑게 만든 육수나 차가운 물을 사용한다.
- 장국: 소금, 간장을 기본으로 약간의 고춧가루를 넣는다.

03 사골은 건강한 수소보다 암소가 좋다.

04 쌀뜨물 이용 시 다른 국물보다 더 잘 상한다.

05 국은 국물과 건더기의 비율이 6:4 또는 7:3으로 국물을 위주로 먹는 음식이다.

06 너무 오래 끓이면 국물이 탁해진다.

| 정답 | 01 ② | 02 ③ | 03 ① | 04 ③ | 05 ④ | 06 ① | 07 ③ |

SECTION 04 한식 찌개 조리

01 찌개의 특징

1 용어

찌개	• 국보다 건더기가 많다. • 건더기는 국물의 2/3 정도가 적당하다.
조치	• 궁중에서 찌개를 일컫는 말 • 골조치 · 천엽조치 · 생선조치 등이 있으며, 맑은조치 · 토장조치로 구분된다.
감정	• 고추장으로 조미한 찌개로 국물이 적다. • 호박감정, 오이감정, 게감정 등이 있다.

2 국과 찌개의 차이 ★

국	찌개
국물 위주	건더기 위주
국물 : 건더기 비율 = 6 : 4 또는 7 : 3	국물 : 건더기 비율 = 4 : 6

3 찌개의 구분

맑은 찌개	• 소금, 새우젓 등으로 간함 • 두부젓국찌개, 명란젓국찌개 등
탁한 찌개	• 된장, 고추장 등으로 간함 • 된장찌개, 청국장찌개, 순두부찌개, 생선찌개 등

4 재료에 따른 찌개의 종류

① 명란젓국찌개
② 된장찌개
③ 생선찌개
④ 순두부찌개
⑤ 청국장찌개

5 찌개 담기

① 냄비, 뚝배기, 오지냄비
② 식기: 조치보(찌개를 담는 그릇)

SECTION 04 한식 찌개 조리

01 고추장으로 간을 한 찌개의 명칭은?
① 조치
② 감정
③ 전골
④ 지짐이

02 찌개를 담는 그릇은?
① 바리
② 보시기
③ 조치보
④ 대접

03 찌개를 끓일 때 국물과 건더기의 비율은?
① 1:2
② 3:4
③ 4:6
④ 7:3

04 찌개에 주로 사용하는 소고기 부위는?
① 우둔살
② 채끝
③ 사태
④ 등심

정답해설

01 감정은 국물이 적고 고추장으로 간을 한 찌개이다.
02 찌개를 담는 그릇은 조치보이다. 바리는 여성용 밥그릇, 보시기는 김치나 국물이 있는 반찬을 담는 그릇, 대접은 면이나 국수 등을 담는 그릇이다.
04 찌개는 오래 끓이는 조리법으로 결합조직이 많은 사태나 양지가 적당하다.

|정답| 01 ② 02 ③ 03 ③ 04 ③

SECTION 05 한식 전·적 조리

01 전·적 개요

1 전·적의 구분

전	• 각종 재료를 다지거나 알맞은 크기로 잘라 양념한 후, 밀가루와 달걀물을 묻혀 팬에 기름을 두르고 지진 음식 • 전유어, 전유화, 저냐 등으로 불림 • 갈납: 제사에 쓰인 전
적	• 재료를 꼬치에 꿰어 불에 구워 조리한 것 • 석쇠로 굽는 방식과 번철에 굽는 방식으로 구분

2 적의 분류

구분	특징	종류
산적	날 재료를 양념하여 꼬치에 끼워 굽거나, 다진 고기를 반대기 지어 석쇠로 구운 것	소고기산적, 섭산적, 장산적, 떡산적, 해물산적 등
누름적	재료를 익혀 꼬치에 끼우기만 한 것	화양적
지짐누름적	양념된 재료를 굽지 않고 꼬치에 끼워 밀가루, 달걀물을 입혀 팬에 지진 것	김치적, 두릅적, 잡누름적 등

> **합격 팁**
>
> **지짐** 모든 재료를 혼합하여 밀가루(부침가루) 등을 넣어 반죽한 것을 기름에 지진 것(해물파전, 빈대떡, 부침개 등)

02 전·적 재료준비

1 전 반죽 시 재료 선택 방법 ★★★

밀가루, 멥쌀가루, 찹쌀가루를 사용해야 하는 경우	반죽이 묽어 모양이 형성되지 않을 경우, 달걀의 사용을 줄이고 밀가루나 쌀가루를 추가로 사용한다.
달걀 흰자와 전분을 사용해야 하는 경우	전을 부드럽게 하거나 두툼하게 만들 때 또는 흰색을 유지하고자 할 때 사용한다.
달걀과 밀가루, 멥쌀가루, 찹쌀가루를 혼합해야 하는 경우	점성을 높이거나 모양을 형성하기 좋게 할 때 사용한다.
속재료를 더 넣어야 하는 경우	전이 넓게 처지게 될 경우 속재료를 추가한다.

2 전·적 주재료

① 육류: 광택(윤기)이 나고 살의 탄력이 있는 것으로, 보통 다른 재료보다 길고 넓게 잘라준다.
② 해산물: 어취 해소에 가장 좋은 조리방법으로, 살이 탄탄한 흰살 생선을 사용한다.
③ 익힐 때 오그라들지 않도록 잔칼집을 넣어 조리한다.

3 전·적 부재료

전·적 조리에 적당한 기름: 발연점이 높은 콩기름, 옥수수유, 카놀라유 등을 사용한다.

03 전·적 조리 및 담기

1 전·적 조리 시 유의사항

① 기름이 달궈진 후 팬에 재료를 올려야 기름의 흡수가 적다.
② 전 조리 시 팬에 달라붙지 않도록 넉넉한 기름을 사용한다.
③ 간은 약하게 하며 초간장을 곁들여 제공한다.
④ 전 재료는 번철(팬)에 한꺼번에 올리고 한꺼번에 완성시켜 옮겨낸다.(교차오염 방지)

2 전·적 담기

① 음식의 색 강조: 어두운 색의 접시를 선택한다.
② 풍부한 효과: 같은 계열인 색의 접시를 섞어서 사용한다.

> **합격 팁**
>
> **완성된 음식의 외형을 결정하는 요소** 음식의 크기, 음식의 형태, 음식의 색

SECTION 05 단원문제 한식 전·적 조리

01 전유화, 전유어, 저냐, 지짐개, 부침개 등으로 불리는 음식의 명칭은?
① 적 ② 빈대떡
③ 전 ④ 지짐

02 재료 하나하나를 익혀 꼬치에 끼운 후 밀가루와 달걀물을 씌워 팬에 지지는 음식은?
① 지짐누름적 ② 빈대떡
③ 누름적 ④ 산적

03 산적과 누름적에 대한 설명으로 틀린 것은?
① 산적은 익힌 재료를 양념하여 꿰어 굽는다.
② 누름적의 종류에는 화양적, 지짐누름적이 있다.
③ 누름적은 재료를 꿰어서 굽지 않고, 밀가루와 달걀물을 입혀 번철에 지져 익힌 것이다.
④ 산적은 살코기 편이나 섭산적처럼 다진 고기를 반대기 지어 석쇠에 굽는 것을 포함한다.

04 전이나 적을 만들 때 좋은 생선은?
① 붉은살 생선 ② 기름진 생선
③ 흰살 생선 ④ 참치

05 어취 해소를 위하여 가장 좋은 조리법은?
① 생선전 ② 생선찜
③ 생선구이 ④ 생선국

06 전을 부칠 때 사용하는 기름으로 적절하지 않은 것은?
① 콩기름 ② 들기름
③ 카놀라유 ④ 옥수수유

07 전을 만들 때 달걀 흰자와 전분을 사용해야 하는 경우는?
① 반죽이 너무 묽어 전의 모양이 형성되지 않을 때
② 전을 도톰하게 만들되 딱딱하지 않고 부드럽게 하고자 할 때
③ 점성을 높이고자 할 때
④ 전이 넓게 처지게 될 때

정답해설

02 지짐누름적: 양념된 재료를 굽지 않고, 꼬치에 끼워 밀가루와 달걀물을 입혀 팬에 지진 것
03 ① 산적은 익히지 않은 재료를 양념하여 꿰어 굽는다.
06 전·적 조리에 적당한 기름은 발연점이 높은 콩기름, 옥수수유, 카놀라유 등이다.
07 달걀 흰자와 전분은 전을 부드럽게 하거나, 두툼하게 만들 때 또는 흰색을 유지하고자 할 때 사용한다.

|정답| 01 ③ 02 ① 03 ① 04 ③ 05 ① 06 ② 07 ②

SECTION 06 한식 생채·회 조리

01 생채·회 개요

1 생채·회 특징 ★★★

생채	• 익히지 않고 생으로 무친 나물 • 신선한 재료의 사용으로 본연의 맛과 향을 살림 • 영양 손실이 매우 적은 조리방법 • 초장, 초고추장, 겨자, 식초 등으로 맛을 낸다. • 주재료는 대부분 채소류 • 무생채, 도라지생채, 오이생채, 겨자채 등
회	• 어패류, 육류, 채소류 등을 썰어 날로 먹는 음식 • 초간장, 초고추장 등을 찍어 먹는다. • 특별히 위생에 신경 써야 하는 조리법 • 생선회, 육회, 물회 등

02 생채·회 재료준비

1 이용에 따른 채소의 분류

잎줄기채소	• 단맛과 아삭한 질감으로 나물, 쌈, 생채, 샐러드 등에 사용한다. • 배추, 시금치, 양배추, 시금치, 상추, 쑥갓, 미나리 등
뿌리채소	• 땅 밑에 양분을 저장한 뿌리를 먹는 식물 • 연근, 당근, 무, 도라지, 감자, 고구마, 양파 등
열매채소	• 생식기관인 열매를 식용한다. • 오이, 호박, 고추, 가지, 호박, 토마토, 피망 등
꽃채소	• 꽃봉오리, 꽃잎을 식용한다. • 브로콜리, 콜리플라워, 아티초크 등

2 채소의 신선도 선별방법 ★★★

오이	• 색이 선명하며 꼭지가 마르지 않은 것 • 짓무르지 않고 단단하며 속씨가 적은 것 • 울퉁불퉁한 돌기가 있고 가시를 만졌을 때 아픈 것
가지	• 모양이 바르고 구부러지지 않은 것 • 상처가 없고 흑자색에 광택이 나는 것 • 꼭지에 가시가 적은 것 • 가지의 색소: 안토시안
토마토	• 붉은색이 너무 강하지 않고 푸른빛이 적은 것 • 무겁고 단단한 것 • 꼭지 부위가 싱싱하며 껍질이 탄력적인 것 • 라이코펜 색소: 세포의 산화 방지 및 항암효과
호박	• 애호박: 굵기가 일정하고 단단하며 옅은 녹색을 띠는 것 • 쥬키니: 각이 있으며 색이 짙고 굵기가 일정한 것 • 단호박: 껍질은 진한 녹색을 띠며 무겁고 단단한 것 • 늙은호박: 표피에 흠집이 없고 짙은 황색을 띠는 것
당근	• 표면이 고르게 매끈하며 단단하고 선명한 주황색인 것 • 흰 육질이 많이 없고 껍질이 얇은 것 • 머리 부분은 검은 테두리가 작고 가운데 심이 없는 것
무	• 조선무: 육질이 단단하고 무청이 푸른빛을 띠며, 바람이 들지 않고 고르게 쭉 뻗은 것 • 동치미무: 조선무보다 크기가 작고 동그란 것 • 알타리무: 너무 크지 않고 허리가 잘록한 것 • 초롱무: 매운맛이 적고 썩은 곳이 없으며 잎에 흠이 없는 것
고추	색이 짙고 윤기가 있으며 꼭지가 시들지 않고 탄력 있는 것
도라지	뿌리가 곧고 굵으며 잔뿌리가 없이 매끄러운 것
우엉	심이 없고 이물질의 혼합이 없으며 바람이 들지 않은 것
연근	몸통이 굵고 곧으면서 잘 부러지며 진득한 액이 나오는 것
미나리	줄기가 매끄럽고, 진한 녹색으로 줄기에 연갈색의 착색이 들지 않은 것
배추	• 속이 꽉 차고 심이 적으면서 결구 내부가 노란색인 것 • 단단하며 잎과 잎맥의 두께가 얇은 것
깻잎	짙은 녹색을 띠고 크기가 일정하며, 향이 짙고 벌레 먹은 흔적이 없는 것
비름	잎이 엷고 억세지 않아 부드러우면서 향기가 좋은 것

시금치	• 녹색의 잎은 윤기가 나고 뿌리의 붉은색은 선명한 것 • 매끄럽고 잎이 두껍고 길이는 20cm 내외인 것
고사리	• 건조 상태가 좋으며 이물질이 없는 것 • 삶은 것은 선명한 밝은 갈색이며, 대가 통통하고 불렸을 때 퍼지지 않고 미끈거림이 없는 것
숙주	상한 냄새가 나지 않고 무르지 않으며, 잔뿌리가 없으면서 줄기가 얇은 것
콩나물	줄기의 길이는 7~8cm가 적당하며, 머리가 통통하고 노란색인 것

03 생채·회 조리 및 담기

1 생채·회 조리 시 유의사항

① 물이 생기지 않도록 먹기 직전에 담거나 조리한다.
② 기름은 가급적 사용하지 않는다.(참기름, 들기름 사용은 예외)
③ 재료 취급 및 조리 과정이 위생적으로 처리되어야 한다.

2 생채·회 담기

① 제공 직전에 무쳐낸다.
② 색상에 맞춰 담아낸다.
③ 너무 화려한 그릇은 피하는 게 좋으며 가급적 단색의 그릇을 사용한다.

> **합격 팁**
>
> **미나리강회**
> • 편육은 뜨거울 때 면보 등으로 감싸 모양을 잡아둔다.
> • 편육의 익힘 상태는 꼬치 등으로 찔러서 핏물 유무를 확인하면 된다.
> • 소금물에 데친 미나리는 최대한 빨리 찬물에 헹궈 사용한다.
> • 채소, 황백지단, 편육(고기)은 일정한 크기로 맞춰 미나리로 돌려감아 매듭을 고정시킨다.

SECTION 06 단원문제 한식 생채·회 조리

01 재료를 익히지 않고 바로 무친 나물을 의미하는 조리 방법은?
① 무침   ② 숙채
③ 생채   ④ 샐러드

02 다음 중 생채에 포함되지 않는 것은?
① 무생채   ② 도라지생채
③ 오이생채   ④ 잡채

03 다음 생채 재료 중 생식기관인 열매를 이용한 재료가 아닌 것은?
① 오이   ② 호박
③ 배추   ④ 피망

04 생채의 특징으로 거리가 먼 것은?
① 씹을 때 아삭아삭한 식감을 느낄 수 있다.
② 영양소 손실이 적고 비타민이 풍부하다.
③ 자연의 색과 향을 느낄 수 있다.
④ 식감이 부드러우며 양념이 잘 배어든다.

05 미나리강회 조리 시 유의할 사항은?
① 편육은 식은 후 면포로 모양을 잡아준다.
② 미나리는 약간의 소금을 넣어 데치고 찬물에 헹구지 않는다.
③ 고기가 익은 것은 꼬치로 찔러 핏물이 나오는 정도로 확인한다.
④ 야채, 황백지단, 미나리를 일정하게 썰어 겹쳐 층층이 쌓아서 먹는 요리이다.

정답해설

02 잡채는 숙채에 해당한다.
03 열매채소: 생식기관인 열매를 식용한다.(오이, 호박, 고추, 가지, 호박, 토마토, 피망 등)

05 미나리강회
- 편육은 뜨거울 때 면보 등으로 감싸 모양을 잡아둔다.
- 편육의 익힘 상태는 꼬치 등으로 찔러보아 핏물을 확인한다.
- 소금물에 데친 미나리는 최대한 빨리 찬물에 헹군다.
- 채소, 황백지단, 편육(고기)은 일정한 크기로 맞춰 미나리로 돌려감아 매듭을 짓는다.

| 정답 | 01 ③　02 ④　03 ③　04 ④　05 ③ |

SECTION 07 한식 조림·초 조리

01 조림·초 개요

1 조림·초의 구분

조림	• 고기, 생선, 두부, 감자 등을 간장으로 간하여 국물이 조금 남도록 졸여낸 음식 • 은근한 불에서 오래 조리한다. • 국물의 맛보다는 재료에 맛을 들게 하는 조리 방법 • 간이 세기 때문에 저장성이 높다. • 조리 시 재료의 모든 부분에서 같은 맛이 나도록 해야 한다. • 흰살 생선류는 간장, 붉은살 생선이나 비린내가 나는 생선은 주로 고추장(고춧가루)을 넣어 조린다. • 장조림, 생선조림, 두부조림, 감자조림 등
초	• 초의 원래 뜻은 '볶는다'이며, 국물이 없도록 조린 음식을 말한다. • 조림과 비슷하나 윤기가 나는 것이 특징이다. • 걸쭉한 국물이 소량 남아 있도록 조리한다. • 홍합초, 전복초, 소라초 등

02 조림·초 재료준비

1 조림·초 주재료

소고기	사태	• 운동량이 많아 근육이 다발로 모여 있어 특유의 쫄깃한 식감을 가진다. • 장시간 가열 시 부드럽고 연해진다. • 아롱사태, 앞다리사태, 뒷다리사태
	우둔살, 홍두깨살	• 지방이 적고 살코기가 많다. • 우둔살: 고기의 결이 굵고 근육막이 적어 육질이 연하다. • 홍두깨살: 결이 거칠고 단단해 연하고 맛이 담백하다.
돼지	뒷다리살	지방이 적고 살코기가 많아 육즙이 풍부하다.
닭	가슴살	• 근육섬유로 되어 있으며, 지방이 매우 적고 단백질이 풍부하다. • 식감은 퍽퍽하지만 영양의 균형을 이룰 수 있다.

2 조림·초 부재료

메추리알	• 달걀과 같은 영양적 가치가 있으며 비타민 A, B_1, B_2가 풍부하다. • 껍질이 깨끗하고 윤기가 있으며 표면이 거친 것이 좋다. • 달걀에 비해 유통이 느려 신선도에 주의가 필요하다.
꽈리고추	• 메추리알에 없는 비타민 C가 풍부하여 함께 조리 시 궁합이 좋다. • 일반고추와 달리 표면이 쭈글쭈글하며 크기가 작다. • 모양이 곧고 탄력이 있는 것이 좋다.

03 조림·초 조리하기

1 조림 조리 시 유의사항 ★★★

① 고기는 끓는 물에 넣어 육즙이 나오는 것을 막는다.
② 고기를 삶을 때 향신료(마늘, 대파, 양파, 통후추 등)를 사용해 누린내를 제거한다.
③ 조림양념이 재료에 잘 스며들 수 있도록 바닥이 넓은 팬(냄비)을 사용한다.
④ 불의 강도는 센 불에서 시작해 끓으면 중불, 약불 순으로 조리한다.
⑤ 장시간 보관하려면 부재료는 사용하지 않는다.(부재료 사용 시 빨리 변질)
⑥ 고기가 완전히 익은 후 간장을 넣는다.(간장을 먼저 넣으면 고기가 질겨짐)
⑦ 꽈리고추는 양념장이 배도록 꼬지 등으로 구멍을 내고 마지막에 넣어 조리한다.
⑧ 생선조림 시 부서짐을 막기 위해 조림장을 먼저 끓인 후 생선을 넣어준다.

2 초 조리 시 유의사항

① 재료는 최대한 크기와 모양을 일정하게 썰어준다.
② 재료 본연의 맛을 살리도록 양념은 최소로 사용한다.
③ 재료를 데칠 시 끓는 물에서 빨리 건져 찬물에 헹군다.
④ 불 조절 순서: 센 불 → 중불 → 약불 순으로 조리한다.
⑤ 조미 순서: 설탕 → 소금 → 간장 → 식초
⑥ 국물의 양은 10% 이내로 남긴다.(녹말물로 농도를 맞추는 경우도 있음)

3 홍합초 조리 ★★★

홍합의 특징	• 홍합의 살색이 홍색이라서 홍합 또는 담채, 섭이라 불린다. • 암컷은 살이 붉고, 숫컷은 살이 희다. • 비타민 A가 소고기의 10배나 많고 타우린의 함량이 높다. • 단백질·지질·비타민이 풍부하고, 노화 방지 및 유해산소 제거에 효과적이다. • 단백질의 일부가 분화되어 아미노산으로 변해 맛이 좋아진다.
조리 시 유의사항	• 건홍합 사용 시 30분 가량 물에 불린 후 끓는 물에 데쳐서 사용한다. • 생홍합은 염분이 있기 때문에 데칠 때 소금을 많이 넣지 않는다. • 냉동홍합 사용 시 물에 한 번 씻어 그대로 사용한다. • 파, 마늘, 생강 등 부재료는 모양 유지를 위해 조리 완성 전 투입한다. • 홍합이 딱딱해지지 않도록 약불에서 양념장을 끼얹어 가며 조리한다.

한식 조림 · 초 조리

01 조림에 대한 설명으로 옳지 않은 것은?
① 국물 맛을 내기보다 재료에 맛을 들게 하는 조리법이다.
② 조림은 재료를 큼직하게 썬 다음 간을 하여 약한 불에서 오래 조린 것이다.
③ 다른 조리법보다 간이 세기 때문에 저장성이 좋다.
④ 조림의 간은 위, 아래가 다르다.

02 조림의 특징으로 틀린 것은?
① 고기, 생선, 감자 등을 간장에 조린 식품이다.
② 궁중에서는 조리개라고도 불렸다.
③ 생선조림을 할 때 흰살 생선은 맛이 심심해서 주로 고추장, 고춧가루로 풍미를 살려 조리한다.
④ 식품이 부드러워지고 양념의 맛성분이 배어드는 조리법이다.

03 국물이 없도록 조린 음식으로 국물에 녹말물을 풀어 윤기 나게 만드는 조리방법은?
① 조림   ② 초
③ 볶음   ④ 무침

04 소고기 장조림의 부위로 적절하지 않은 것은?
① 등심   ② 아롱사태
③ 우둔살 ④ 홍두깨살

05 초 조리의 맛을 좌우하는 유의사항으로 바른 것은?
① 재료의 크기와 써는 모양을 다양하게 한다.
② 조미료 넣는 순서는 소금 – 설탕 – 간장 – 식초 순이다.
③ 남은 국물의 양이 20% 이상이어야 한다.
④ 재료 본연의 맛을 살리도록 양념은 최소로 사용한다.

정답해설

01 조림 조리 시 재료의 모든 부분에서 같은 맛이 나도록 해야 한다.
02 고추장과 고춧가루는 비린내가 많이 나는 붉은살 생선에 많이 사용한다.
03 초란 '볶는다'는 뜻으로 조림과 비슷하나 윤기가 나는 것이 특징이며, 윤기 나고 걸쭉한 국물이 소량 남아 있도록 조리한다.
05 초 조리 시 유의사항
- 재료는 최대한 크기와 모양을 일정하게 썰어준다.
- 재료 본연의 맛을 살리도록 양념은 최소화한다.
- 재료를 데칠 시 끓는 물에서 빨리 건져 찬물에 헹군다.
- 불 조절순서: 센 불 → 중불 → 약불 순
- 조미순서: 설탕 → 소금 → 간장 → 식초
- 남은 국물의 양은 10% 이내로 남긴다(녹말물로 농도를 맞추는 경우도 있음)

|정답| 01 ④ 02 ③ 03 ② 04 ① 05 ④

SECTION 08 한식 구이 조리

01 구이 조리 개요

1 구이 조리의 특징

① 역사상 가장 오래된 조리법
② 건열조리법
③ 육류, 가금류, 어패류, 채소류 등의 재료를 그대로 또는 소금 등의 양념을 더해 불에 직접 굽거나 철판 등에 익혀낸 음식

2 구이 조리의 구분 ★★★

직접 조리방법 (브로일링)	• 복사열을 위에서 내려 직화로 조리하는 방법 • 복사에너지와 대류에너지로 구성된 열을 직접 가하여 굽는 방법이다.
간접 조리방법 (그릴링)	• 석쇠 아래에 열원이 있어 전도열로 굽는 방법 • 석쇠가 뜨겁게 달궈져 있어야 재료가 고기가 달라붙지 않는다.

02 구이 재료준비

1 구이 재료의 종류

육류	제육구이, 너비아니, 갈비구이, 소금구이, 염통구이 등
어패류	북어구이, 장어구이, 갈치구이, 도미구이, 낙지호롱, 삼치구이 등
가금류	닭구이, 생치(꿩)구이, 메추라기구이, 오리구이 등
채소류 및 기타	더덕구이, 송이구이, 표고구이, 가지구이, 김구이 등

> **합격 팁**
>
> **너비아니 석쇠구이**
> • 고기를 결대로 썰면 질겨질 수 있으니 결반대로 썰어준다.
> • 육즙이 흘러나오지 않도록 중불 이상에서 조리한다.
> • 숯불에 구우면 향과 맛, 풍미가 더 좋아진다.

2 재료에 따른 구이 양념

① 소금구이

방자구이	얇게 썬 소고기에 소금을 뿌려 구운 음식으로, <춘향전>에 '방자가 고기를 양념할 겨를도 없이 얼른 구웠다'는 데서 유래한 음식
고등어구이	고등어의 내장 등을 손질 후 반으로 갈라 소금을 뿌려 구운 음식
청어구이	청어에 칼집에 내 소금을 뿌려 구운 음식
김구이	김에 들기름 또는 참기름을 바르고 소금을 뿌려 구운 음식

② 간장 양념구이: 간장양념으로는 간장, 설탕, 파, 마늘, 깨, 참기름, 후추 등이 쓰인다.

갈비구이(가리구이)	소갈비살을 포 떠서 칼집을 내고 간장양념에 재어두었다가 구운 음식
너비아니구이	소고기를 저며 간장양념에 재어두었다가 석쇠 등에 직화로 구운 궁중음식
닭구이	닭의 살을 발라 간장양념에 재어두었다가 구운 음식
장포육	소고기를 두껍게 저며 연육한 후 양념하고 굽기를 몇 차례 반복한 음식
염통구이	염통에 칼집을 넣어 간장양념에 재어두었다가 구운 음식
생치(꿩)구이	생치를 넓게 포 떠 칼집을 낸 후 간장양념에 재어두었다가 구운 음식
도미구이	도미를 포 뜬 후 간장양념에 재어두었다가 구운 음식
민어구이	민어를 포 뜬 후 간장양념에 재어두었다가 구운 음식
삼치구이	삼치를 포 뜬 후 간장양념에 재어두었다가 구운 음식
낙지호롱	낙지를 긴 젓가락 형태의 대나무나 볏짚에 끼워 간장양념을 발라가며 구운 음식

③ 고추장 양념구이

제육구이	돼지고기를 고추장양념에 재어두었다가 구운 음식
북어구이	건조된 북어를 불린 후, 유장을 발라 애벌구이하고 고추장양념을 발라 구운 음식
생선양념구이	생선의 내장을 제거한 후, 칼집을 내고 유장을 발라 애벌구이하고 고추장양념을 발라 구운 음식
장어구이	장어의 머리와 뼈를 제거한 후, 고추장양념을 발라 구운 음식
오징어구이	오징어의 내장과 껍질을 제거한 후, 안쪽에 칼집을 넣고 고추장양념에 재어 구운 음식
뱅어포구이	뱅어포에 고추장양념을 발라 구운 음식
더덕구이	더덕의 껍질을 벗기고 두들겨 쓴맛을 제거한 후, 고추장양념을 발라 구운 음식

03 구이 조리하기

1 구이 조리에 영향을 미치는 요인

① 재료의 연화 ★★★

단백질 가수분해효소 (연육제 효과)	• 배: 프로테아제 • 키위: 액티니딘 • 파인애플: 브로멜린 • 무화과: 피신 • 파파야: 파파인
수소이온농도(pH)	• 근육 단백질의 등전점에서 단백질의 용해도가 가장 낮기 때문에 등전점인 pH 5~6보다 낮거나 높게 한다. • 고기를 숙성시키기 위해 인위적으로 산을 첨가하는 방법도 있다.
염의 첨가	식염용액(1.2~1.52%), 인산염용액의 수화작용에 의해 근육 단백질이 연해진다.
설탕의 첨가	• 단백질의 열 응고를 지연시켜 단백질의 연화작용을 유발한다. • 과다 사용하면 탈수작용으로 고기의 질이 떨어진다.
기계적 방법	• 두드리거나 칼집을 넣어 결합조직과 근섬유를 끊어준다. • 고기결의 직각 방향으로 썬다.

② 양념하기

유장	간장 : 참기름 = 1 : 3 비율
간장양념	• 갖은 양념: 간장, 설탕, 파, 마늘, 깨, 참기름, 후추 • 재료는 양념에 30분 정도 재어두었다가 사용한다.(너무 오래 두면 질겨짐)
고추장양념	• 갖은 양념: 고추장, 설탕, 파, 마늘, 깨, 참기름, 후추 • 3~5일 정도 숙성한 후 사용해야 깊은 맛이 난다.
양념 순서	설탕과 향신료를 먼저 사용하고, 간은 나중에 하는 것이 좋다.
양념 재우기	양념을 재우는 시간은 30분 정도가 적당하다.

2 구이 순서

초벌(애벌)구이	유장을 발라 초벌구이를 할 때는 살짝만 익혀준다.
재벌구이	• 초벌구이한 후 본 양념을 발라 타지 않게 굽는다. • 양념장을 2~3회 발라가며 구우면 양념이 더 잘 밴다.
뒤집기	모양이 잘 유지되려면 너무 자주 뒤집지 않아야 한다.

> **합격 팁**
>
> **석쇠 또는 팬의 사용**
> • 석쇠: 뜨겁게 달군 후 기름을 발라 사용한다.
> • 팬: 뜨겁게 달군 후 사용해야 육즙이 빠지지 않는다.

3 구이 조리 시 유의사항 ★★★

① 생선은 수분량이 많아 센 불로 조리하면 겉만 탈 수 있으므로 약불로 속까지 천천히 익힌다.
② 지방이 많은 식재료는 직화로 구울 때 유지가 불에 떨어져 연기가 나고 타기 때문에 유의한다.
③ 양념에 재우는 시간은 30분 정도가 적당하다.(오래 재울 시 육즙이 빠져 질겨짐)
④ 소고기는 65℃에서 응고 시 가장 맛있다.
⑤ 생선은 70~80℃에서 응고 시 가장 맛있다.
⑥ 지방이 많은 덩어리 고기일 경우 저열에서 로스팅해야 지방이 흘러내리면서 색깔과 맛이 향상된다.
⑦ 온도의 상승이 급격하기 때문에 타지 않게 조리한다.
⑧ 어류에는 트리메틸아민 성분의 비린내가 나는데, 이는 구이 조리 시 방향으로 변해 풍미가 좋아진다.

> **합격 팁**
>
> **아크롤레인** 지방을 발연점 이상 가열 시 발생되는 자극적인 냄새와 푸른연기의 원인 물질

SECTION 08 단원문제 — 한식 구이 조리

01 구이 조리방법에 대한 설명으로 틀린 것은?
① 고온으로 가열 시 겉만 타고 속은 익지 않으므로 온도 조절에 유의한다.
② 구이는 달궈진 팬을 사용해야 육즙이 빠져 나가지 않고 좋다.
③ 유장을 발라 초벌구이를 할 때는 살짝 익힌다.
④ 유장을 발라 초벌구이를 한 후 다시 굽는 것을 이번구이라 한다.

02 구이의 장점에 대한 설명으로 바르지 않은 것은?
① 익히는 맛과 향이 잘 조화된다.
② 고온가열하므로 성분 변화가 심하다.
③ 수용성 물질의 용출이 끓이는 것보다 많다.
④ 식품 자체의 성분이 용출되지 않고 표피 가까이에 보존된다.

03 구이재료를 연화시키려고 한다. 재료와 단백질 분해효소의 연결이 틀린 것은?
① 배 – 프로테아제
② 키위 – 액티니딘
③ 파인애플 – 브로멜린
④ 무화과 – 파파인

04 흔히 불고기라고 하며, 궁중음식으로 소고기를 저며서 양념장에 재어두었다가 구운 음식은 무엇인가?
① 너비아니 ② 갈비구이
③ 방자구이 ④ 장포육

05 유장을 발라 초벌구이할 때 간장과 참기름의 비율은?
① 1:2 ② 1:3
③ 3:1 ④ 2:1

정답해설

01 유장을 발라 초벌구이를 한 후에 타지 않게 양념을 2번에 나누어 굽는 것을 '재벌구이'라 한다.
02 구이는 건열조리법으로 수용성 물질의 용출과는 관련이 없다.
03 무화과의 단백질 분해효소는 피신이다.
04 너비아니(석쇠구이): 고기를 결대로 썰면 질겨질 수 있으니 결반대로 썰어 주고, 육즙이 흘러나오지 않도록 중불 이상으로 조리한다. 숯불에 구우면 향과 맛, 풍미가 더 좋다.

| 정답 | 01 ④ 02 ③ 03 ④ 04 ① 05 ② |

SECTION 09 한식 숙채 조리

01 숙채 조리 개요

1 숙채의 특징
① 데치기·삶기·볶기 등의 조리방법으로 재료를 익힌 후, 양념을 더해 만든 나물
② 채소를 익혀서 조리하면 쓴맛과 떫은맛 등을 없애고 부드러운 식감을 준다.
③ 각종 나물류(콩나물, 숙주나물, 곤드레나물, 고사리나물 등), 탕평채, 잡채, 겨자채 등

2 숙회의 특징
① 육류, 어패류, 채소류를 끓는 물에 삶거나 데쳐서 익혀낸 음식
② 초고추장, 겨자즙 등을 곁들여 먹는다.
③ 문어숙회, 오징어숙회, 미나리강회, 어채 등

02 숙채 재료준비

고사리	• 어린 순을 삶아 말려서 저장한 후 나물로 사용한다. • 칼슘, 섬유질, 비타민 등이 풍부하다. • 말린 고사리는 불려서 양념한 후, 팬에 육수(물)를 자작하게 넣어 조리한다.
콩나물	• 비타민 B, C와 아스파라긴산, 단백질, 무기질 등이 풍부하다. • 줄기가 통통하며 길이가 짧은 것이 좋다.
숙주	• 식이섬유의 함량이 높으며 해독작용을 한다. • 무르지 않고 잔뿌리가 없는 것이 좋다.
시금치	• 철분, 비타민, 식이섬유가 풍부하다. • 뿌리는 선명한 붉은색이며, 잎은 윤기나는 초록색이 좋다. • 수산(옥살산)은 끓는 물에 뚜껑을 열고 데쳐서 제거한다.
미나리	• 습지에서 자라며 생명력이 강하다. • 알칼리 식품으로 주독 제거 및 피를 맑게 해준다. • 특유의 향으로 식욕을 돋운다.
무	• 껍질에 비타민 함량이 많아 껍질째 사용하면 좋다. • 디아스타제: 소화를 촉진하고 해독작용을 한다. • 리그닌: 식물성 섬유로 변비를 예방해주고, 장내의 노폐물을 청소해준다.

쑥갓	• 잎의 색이 짙고 줄기가 짧은 것이 좋다. • 빈혈과 골다공증에 좋고 위장질환의 개선효과가 있다. • 궁합이 좋은 음식: 두부, 씀바귀, 셀러리, 솔잎 등
가지	• 혈액순환을 개선해주며 콜레스테롤 함량을 낮춰준다. • 냉국, 볶음, 장아찌, 나물, 조림, 김치 등 다양하게 사용한다. • 가지의 색소: 안토시안
비름	잎이 신선하고 억세지 않으며 줄기가 길지 않은 것이 좋다.
물쑥	• 대표적인 봄나물로 데쳐서 식초를 넣은 양념장에 무친다. • 묵, 김, 배를 채 썰어 함께 무쳐서 먹으면 좋다.
씀바귀	봄나물로 뿌리를 초고추장에 무쳐 먹는다.
두릅	• 봄나물로 비타민과 단백질의 함량이 높다. • 연하고 어린 두릅을 데쳐 초고추장을 곁들여 먹는다.
표고버섯	• 말린 것이 향기 성분과 영양소가 더 많다. • 혈액순환을 개선해주며 피를 맑게 해준다. 고혈압, 심장병에도 효과가 있다. • 향기의 주성분: 레티오닌 • 감칠맛의 주성분: 구아닐산

03 숙채 조리하기

1 숙채 조리

콩나물, 시금치, 숙주, 기타 나물 등	대부분 데쳐서 무친다.
애호박, 오이, 도라지	소금에 절인 후 기름 두른 팬에 볶아준다.
시금치, 쑥갓 등	끓는 물에 소금을 넣어 데친 후 찬물에 헹궈 사용한다.

2 숙채 조리법의 특징 ★★★

습열 조리	끓이기 · 삶기	• 많은 양의 물에 넣고 가열하여 익힌다. • 조리시간이 길고, 고루 익혀야 한다. • 수용성 성분의 용출로 국물까지 이용 가능하다.
	데치기	• 비타민 C의 손실이 적고, 녹색채소의 경우 푸른색 유지가 중요하다. • 데친 후 찬물에 빨리 헹군다.(비타민 C 파괴 방지)
	찌기	• 수증기로 식품을 익혀 재료의 모양을 그대로 유지한다. • 수용성 영양소의 손실이 적다.

| 건열 조리 | 볶기 | • 냄비나 프라이팬에 기름을 두르고 볶는다.
• 지용성 비타민의 흡수를 돕고, 수용성 영양소의 손실을 줄인다. |

> **합격 팁**
>
> **고사리의 조리 ★★★**
> - 식소다를 사용하면 뻣뻣하고 질긴 고사리가 부드러워진다.
> - 미지근한 쌀뜨물에 불리면 부드러워지고 특유의 잡내가 제거된다.
> - 줄기의 굵기에 따라 온도를 조절한다.
> - 뚜껑을 덮거나 육수(물)를 자작하게 첨가해 조리한다.
> - 삶아도 부드럽지 않은 고사리는 냉동고에 보관 후 냉장에 녹이면, 수분이 팽창되면서 불려져 부드러워진다.

SECTION 09 한식 숙채 조리

01 육류, 생선류, 어패류, 채소류를 끓는 물에 삶거나 데쳐서 익힌 음식으로 초고추장이나 겨자즙 등을 찍어 먹는 요리는?
① 숙회   ② 숙채
③ 생채   ④ 무침

02 한식의 전통음식 중 월과채가 해당하는 한식조리법은?
① 생채   ② 숙채
③ 숙회   ④ 찜

03 숙채 조리 중 끓는 물에 데쳐 무치는 요리가 아닌 것은?
① 콩나물
② 호박나물
③ 시금치나물
④ 쑥갓나물

04 숙채 재료 중 고사리에 대한 설명으로 틀린 것은?
① 어린 순을 삶아 말려 저장한 후 나물로 많이 이용한다.
② 칼슘, 섬유질, 비타민 등이 풍부하다.
③ 말린 고사리는 불려 양념 후 팬에 물을 자작하게 넣어 조리한다.
④ 소화를 촉진하고 해독하는 디아스타제 성분이 함유되어 있다.

05 숙채의 종류에 해당되지 않는 것은?
① 잡채
② 탕평채
③ 겨자채
④ 어채

정답해설

02 월과채의 조리법은 숙채에 해당한다.
03 호박나물은 호박을 소금에 절인 후 기름에 볶는 요리이다.
04 ④는 무에 첨가된 성분이다.

|정답| 01 ①   02 ②   03 ②   04 ④   05 ④

SECTION 10 한식 볶음 조리

01 볶음 조리 개요

1 볶음 조리의 특징 ★★★

① 소량의 기름을 이용해 뜨겁게 달군 팬에 조리하는 방법이다.
② 높은 온도에서 단시간 볶아 익혀야 재료의 질감, 색, 향이 좋아진다.
③ 과하게 익는 것을 방지하기 위해서는 팬에서 조리된 음식을 빠르게 꺼내준다.
④ 너무 낮은 온도에서 조리하면 기름이 많이 흡수된다.
⑤ 지용성 비타민의 흡수를 돕고 수용성 영양소의 손실은 적게 한다.
⑥ 넓고 두꺼운 팬을 사용하면 좋다.
⑦ 화력이 중요하며 영양소의 손실을 막기 위해 단시간에 조리한다.

2 볶음에 적합한 조리도구

넓고 큰 팬, 깊이 있는 팬	• 양념이 고르게 밴다. • 재료를 균일하게 익힐 수 있다. • 단시간에 볶아 식재료의 식감을 살릴 수 있다.
나무주걱	• 코팅된 프라이팬 사용 시 적합하다. • 재료에 상처를 내지 않으며 사용이 편리하다.

3 볶음 재료준비 및 조리

육류	• 팬에 기름을 넣고 연기가 날 정도로 가열한 후 육류를 넣고 색을 낸다. • 낮은 온도에서 조리하면 육즙이 빠져서 퍽퍽하고 질겨진다. • 센 불에서 불꽃을 팬 안쪽으로 끌어들이면 특유의 불향을 낼 수 있다.
채소	• 구절판: 오이와 당근은 소금에 절이지 말고 볶으면서 소금 간을 한다. • 기름은 적게 사용한다.(재료가 튀겨지지 않도록 유의) • 버섯류: 수분이 많아 센 불에 재빨리 볶거나, 소금에 절여 물기를 제거한 후 볶아준다. • 부재료로 사용 시: 뜨겁게 달군 팬에 채소를 먼저 볶은 후 주재료를 넣어 다시 볶는다. 마지막에 양념(장)을 넣어 마무리한다. • 기본 간(간장, 식초, 설탕 등)을 한 다음 볶아준다.

합격 팁

참기름	• 리그난이 산패를 막는 기능을 한다. • 마개를 닫아 직사광선을 피해 상온 보관한다.
들기름	• 리그난이 없어 공기 중에 노출 시 영양소가 파괴된다. • 마개를 닫아 냉장 보관한다.

SECTION 10 단원문제 | 한식 볶음 조리

01 볶음 조리의 특징으로 옳지 않은 것은?
① 달궈진 팬에 장시간 볶으면 원하는 질감, 색, 향을 얻을 수 있다.
② 넓은 팬을 이용하면 편리하다.
③ 소량의 기름을 이용해 팬에서 익히는 조리법이다.
④ 완성된 요리는 재빨리 팬에서 내려놓는다.

02 볶음 조리 시 넓고 큰 팬, 깊이 있는 팬을 사용하는 이유가 아닌 것은?
① 양념이 고르게 배인다.
② 재료를 균일하게 익힐 수 있다.
③ 단시간에 볶아 식재료의 식감을 살릴 수 있다.
④ 적은 재료를 사용하기에 적합하다.

03 채소에 따른 볶음 조리법이 잘못된 것은?
① 구절판에 사용되는 오이, 당근은 소금에 절이지 말고 볶다가 소금 간을 한다.
② 기름을 적게 사용하여 볶아낸다.
③ 버섯류는 약한 불에 서서히 볶아내거나 소금에 절여 물기를 제거 후 볶아준다.
④ 기본 간을 먼저 하고 볶아준다.

정답해설
01 볶음은 뜨거운 팬에 단시간에 볶아내는 조리법이다.
02 크고 넓으며 깊이 있는 팬은 많은 재료를 한 번에 볶아내기에 유용하다.

| 정답 | 01 ① | 02 ④ | 03 ③ |

SECTION 1 한식 김치 조리

01 김치 조리 개요

1 김치의 정의
주재료인 절임채소에 고춧가루, 파, 마늘, 생강, 풀(찹쌀, 멥쌀) 등을 섞은 양념에 버무려 발효시킨 한국의 전통음식이다.

2 김치의 역사

기원	• 원시시대에 채소를 소금에 절인 채소절임에서 시작되었다. • 겨울철 영양 섭취에 주된 역할을 했다.
삼국시대	• 산채류, 야생채류를 소금에 절인 형태의 음식이다. • <제민요술>: 배추를 소금물에 담가두었다는 기록이 있다.
고려시대	• 겨울철 저장을 위한 김치, 여름철 무장아찌 등에 관한 기록이 있다. • 김치가 계절에 따라 먹는 조리 가공식품으로 발전했다.
조선 초기	• 초겨울 배추와 무를 절여 저장한다는 '침장고'라는 단어가 등장했다. • 무김치, 가지김치 등에 대한 내용이 발견되었다.
조선 후기	고추가 유입되고 통배추를 사용하면서 오늘날의 김치로 발전했다.

3 김치의 효능

항균작용	숙성(발효)과정 중에 항균작용이 증가하고 유산균이 정장작용을 한다.
중화작용	육류나 산성식품 섭취 시 중화작용을 해서 혈액의 산성화를 막아준다.
다이어트 효과	• 식이섬유의 다량 함유로 변비 예방 및 다이어트 효과가 있다. • 고추의 캡사이신이 체지방을 연소시키는 효과가 있다.
항암작용	• 김치의 젖산균은 유해균의 생육을 억제하며, 대장암 예방의 효과가 있다. • 베타카로틴의 함량이 높아 폐암 예방에 효과적이다. • 고추의 캡사이신이 니코틴 제거 및 면역 증강에 도움을 준다.
항산화작용	항산화 물질인 폴리페놀, 비타민 C, 비타민 E, 클로로필, 베타카로틴 함량이 높다.
동맥경화 · 혈전증 예방	• 마늘: 혈전을 억제하여 심혈관 질환 예방에 효과적이다. • 혈중 콜레스테롤, 중성지질, 인지질 함량을 감소시켜 동맥경화 예방에 도움을 준다.

02 김치 조리

1 김치 재료의 선별 및 특징

배추	• 배추는 결구 정도가 단단하고 속잎이 노란색이며, 잎의 백색부가 넓고 얇으며 겉잎의 색은 진한 녹색인 것을 선택한다. • 흰 줄기 부분을 눌렀을 때 단단하고 탄력이 있는 것 • 밑동이 달고 고소한 맛이 나는 것 • 배추 저장의 최적 온도: 0~3℃, 상대습도: 95%
무	• 좌우 대칭이 반듯하고 모양이 매끈하며, 잔뿌리가 적고 묵직한 것 • 외상이 없고 광택이 있으며, 무청이 달려 있는 것 • 식이섬유가 풍부하고, 비타민 B_1 · 비타민 B_2 · 비타민 C가 풍부하다. • 소화효소인 디아스타아제와 프로테아제가 많아 위장에 좋다. • 무의 매운맛은 겨자의 매운맛 성분인 시니그린에 미로시네이스가 작용하여 생성된다. • 무의 향기 성분은 메르캅탄과 설파이드 등에 기인한다.
고추	• 붉은 고추: 윤기가 나고 매끈하며 검거나 흰색이 없으며, 씨가 많지 않은 것이 고춧가루로 만들 때 좋다. • 비타민 A, B_1, B_2, C, E가 많고 그중 비타민 C의 함량이 높다. • 고춧가루의 저장: 밀봉한 후 냉동보관, 온도 5~7℃, 습도 50% 이하로 보관 • 고추의 매운맛 성분: 캡사이신
마늘	• 연한 자줏빛의 껍질로 매운 냄새가 강하게 나는 것이 좋다. • 통마늘은 모양이 둥글고 묵직하며, 단단하고 6쪽 골이 분명한 것이 좋다. • 마늘의 매운맛 성분: 알리신 • 알리신은 알린에 효소 알리네이즈가 작용해 생성되며, 비타민 B_1 흡수를 도와준다.
파	• 대파, 쪽파, 실파로 구분한다. • 칼슘·철분·무기질이 많으며, 유황이 풍부하여 산성식품으로 분류된다. • 파의 매운맛 성분인 알리신은 체내에 흡수되어 비타민 B_1 흡수를 높여준다.
생강	• 생강의 발은 6~8개로, 모양과 크기가 고르고 굵은 것이 좋다. • 특유의 향이 강하고 식이섬유가 적고 단단한 것이 좋다. • 생강의 매운맛: 진저론, 진저롤, 쇼가올 • 생강의 향기 성분: 시트랄, 리나울
갓	• 적갓과 청갓으로 구분된다. • 잎이 진한 녹색으로, 윤기가 있고 줄기는 연하고 가는 것이 좋다. • 갓의 매운맛: 이소티오시아네이트
소금	• 천일염(굵은 소금): 바닷물을 건조시켜 얻은 것으로, 배추절임에 많이 사용한다. • 꽃소금: 천일염을 물에 녹여 재결정시켜 얻은 것으로, 채소절임 및 장 만드는 데 사용한다.

젓갈		• 새우젓: 붉은색을 띠며, 살이 통통하고 단단한 것이 좋다.(육젓) • 멸치젓: 검붉은 담홍색으로 비린내가 없고 푹 삭은 것이 좋다.
	젓갈류	• 어패류에 소금만 넣고 2~3개월 발효한 것 • 새우젓, 조개젓, 갈치속젓, 멸치젓 등 • 양념젓갈: 고춧가루·마늘·생강·파 등을 첨가해 양념한 것으로, 오징어젓·어리굴젓·명란젓 등이 있다.
	식해류	• 쌀, 엿기름, 조 등의 곡류와 소금, 고춧가루, 무채 같은 부재료를 혼합하여 숙성 발효시킨 것 • 가자미식해, 명태식해 등
	액젓	• 장기간(6~24개월) 소금으로 발효 숙성시켜 육질이 효소에 의해 가수분해되어 형체가 없어진 상태에서 여과한 것 • 멸치액젓, 까나리액젓 등

2 김치의 숙성 및 변화

김치의 발효 미생물	• 김치의 발효가 진행되면서 젖산과 유기산이 생성된다. • 김치 발효에 관여하는 미생물은 200여 종이 넘는다.
발효 중 발생하는 성분의 변화	• 숙성되면서 생성된 유기산이 산도를 증가시키며 pH는 감소된다. • 숙성 중 가장 많이 생성되는 물질: 젖산, 구연산, 주석산 • 김치의 맛을 좋게 해주는 성분: 아미노산
김치의 과발효	• 오랜 시간 숙성되면 유산균의 젖산발효로 인해 김치의 pH가 생성되며, 유산균의 생육에 사용하는 포도당의 양도 급격하게 감소하면서 산성을 가지는 균들이 자란다. • 유산균들의 번식이 늘어나 김치 조직을 연화시키고, 젖산과 함께 초산을 생성하여 신맛이 강해진다.
김치의 산패 원인	• 김치의 주재료와 부재료가 청결하지 못한 경우 • 김치의 저장 온도가 높거나 소금의 농도가 낮은 경우 • 발효 마지막에 곰팡이나 효모에 오염된 경우

합격 팁

김치 조직에 연부현상(물러짐)이 일어나는 이유
• 오랜 숙성기간으로 인한 유산균 작용이 일어나기 때문이다.
• 용기에 꼭 눌러 담지 않아 내부에 공기가 존재하여 호기성 미생물이 성장 번식하기 때문이다.
• 조직을 구성하고 있는 펙틴질이 분해되기 때문이다.
• 미생물이 펙틴분해효소를 생성하기 때문이다.

SECTION 11 단원문제 : 한식 김치 조리

01 김치의 산패 원인으로 알맞지 않은 것은?
① 김치 주재료 및 부재료가 청결하지 못한 경우
② 배추를 절인 후 수분을 많이 제거한 경우
③ 김치의 저장온도가 높거나 소금농도가 낮은 경우
④ 김치발효 마지막에 곰팡이나 효모에 오염된 경우

02 김치를 담그기 위한 조건으로 옳지 않은 것은?
① 좋은 재료를 선택한다.
② 꽃소금을 사용하여 절인다.
③ 유산균은 산소를 싫어하고 김치를 부패시키는 균은 산소를 좋아하므로 밀폐시켜 보관한다.
④ 저온(4℃ 이하)에서 온도 변화 없이 저장해야 유산균이 맛있는 성분을 만든다.

03 좋은 배추를 고를 때 유의사항으로 알맞지 않은 것은?
① 잎을 씹었을 때 고소한 맛이 나는 것을 고른다.
② 배추 흰 줄기 부분을 눌렀을 때 탄력 있는 것을 고른다.
③ 잎 두께가 얇고 질감이 연한 것을 고른다.
④ 배추의 통이 큰 것을 고른다.

04 김치 조직의 연부현상이 일어나는 이유로 거리가 먼 것은?
① 김치가 국물에 잠겨 수분을 흡수하기 때문에
② 조직을 구성하고 있는 펙틴질이 분해되기 때문에
③ 미생물이 펙틴분해효소를 생성하기 때문에
④ 용기에 꼭 눌러담지 않아 내부에 공기가 존재하여 호기성 미생물이 성장 번식하기 때문에

05 김치의 발효 중 발생하는 성분의 변화로 알맞지 않은 것은?
① 김치가 숙성되면 유기산은 산도를 증가시키며 pH는 감소된다.
② 숙성 중 가장 많이 생성되는 물질은 젖산, 구연산, 주석산 등이 있다.
③ 유산균들의 번식이 늘어나 김치 조직을 연화시키고, 젖산과 함께 초산을 생성하여 신맛이 강해진다.
④ 김치의 맛을 좋게 해주는 성분은 아미노산이 대표적이다.

정답해설

01 김치를 만들기 위해 배추를 절인 후에는 수분을 제거한 뒤 김치를 만들어주는 것이 좋다.
02 배추 등은 천일염(호렴)을 이용해 절인다.
03 중간 크기의 배추가 좋으며 너무 큰 것은 싱거운 맛이 난다.
04 김치 조직의 연부현상(물러짐)이 일어나는 이유
 - 오랜 숙성기간으로 인한 유산균 작용
 - 호기성 미생물의 성장 번식
 - 조직을 구성하고 있는 펙틴질 분해
 - 미생물이 펙틴분해효소를 생성
05 ③은 김치의 과발효 현상이다.

| 정답 | 01 ② | 02 ② | 03 ④ | 04 ① | 05 ③ |

한 식 조 리 기 능 사   필 기

기출 복원 모의고사

기출 복원 모의고사 1회
기출 복원 모의고사 2회
기출 복원 모의고사 3회
기출 복원 모의고사 4회
기출 복원 모의고사 5회
OX 퀴즈

1회 기출 복원 모의고사

01 바지락 속에 들어 있는 독성분은?
① 베네루핀
② 솔라닌
③ 무스카린
④ 아마니타톡신

02 다음 중 잠복기가 가장 짧은 식중독은?
① 황색포도상구균 식중독
② 살모넬라균 식중독
③ 장염비브리오 식중독
④ 장구균 식중독

03 세균성 식중독과 병원성 소화기계 감염병을 비교한 것으로 틀린 것은?

	세균성 식중독	소화기계 감염병
㉠	많은 균량으로 발병	균량이 적어도 발병
㉡	2차 감염이 빈번함	2차 감염이 없음
㉢	「식품위생법」으로 관리	「감염병 예방법」으로 관리
㉣	비교적 짧은 잠복기	비교적 긴 잠복기

① ㉠　② ㉡
③ ㉢　④ ㉣

04 다음 중 이타이이타이병과 관계 있는 중금속 물질은?
① 수은
② 카드뮴
③ 납
④ 주석

05 다음 중 어패류의 선도평가에 이용되는 지표성분은?
① 트리메틸아민
② 헤모글로빈
③ 메탄올
④ 이산화탄소

06 우리나라에서 가장 많이 발생하는 식중독 유형은?
① 화학적 식중독
② 곰팡이 독소
③ 자연독 식중독
④ 세균성 식중독

07 우리나라에서 간장에 사용할 수 있는 보존료는?
① 프로피온산
② 이초산나트륨
③ 안식향산
④ 소브산

08 「식품위생법」상 총리령으로 정하는 식품위생검사기관이 아닌 것은?
① 식품위약품안전평가원
② 지방식품의약품안전청
③ 보건환경연구원
④ 지역보건소

09 1g당 발생하는 열량이 가장 큰 것은?
① 당질　② 단백질
③ 지방　④ 알코올

10 알레르기성 식중독에 관계되는 원인물질 균은?

① 아세토인, 살모넬라균
② 지방, 장염비브리오균
③ 엔테로톡신, 포도상구균
④ 히스타민, 모르가니균

11 나박김치 제조 시 당근을 첨가하지 않는 이유는?

① 라이페이스
② 카탈레이스
③ 폴리페놀레이스
④ 아스코르비나아제

12 우리나라 「식품위생법」 등 식품위생행정 업무를 담당하고 있는 기관은?

① 환경부
② 고용노동부
③ 보건복지부
④ 식품의약품안전처

13 「식품위생법」상 식품 등의 위생적인 취급에 관한 기준이 아닌 것은?

① 식품 등을 취급하는 원료보관실, 제조가공실, 조리실, 포장실 등의 내부는 항상 청결하게 관리해야 한다.
② 식품 등의 원료 및 제품 중 부패·변질되기 쉬운 것은 냉동·냉장시설에 보관 및 관리해야 한다.
③ 소비기한이 경과된 식품 등을 판매하거나 판매의 목적으로 진열·보관해서는 안 된다.
④ 모든 식품 및 원료는 냉장·냉동 시설에 보관 및 관리해야 한다.

14 β-전분이 가열에 의해 α-전분으로 되는 현상은?

① 호정화   ② 호화
③ 산화   ④ 노화

15 일반음식점의 모범업소 지정기준이 아닌 것은?

① 화장실에 1회용 위생종이 또는 에어타월이 비치되어 있어야 한다.
② 주방에는 입식조리대가 설치되어 있어야 한다.
③ 1회용 물컵을 사용해야 한다.
④ 종업원은 청결한 위생복을 입고 있어야 한다.

16 소분업 판매를 할 수 있는 식품은?

① 레트로트 식품
② 빵가루
③ 전분
④ 식초

17 중성지방의 구성성분은?

① 지방산과 글리세롤
② 포도당과 지방산
③ 아미노산
④ 탄소와 질소

18 알칼리성 식품에 대한 설명으로 옳은 것은?

① 곡류, 육류, 치즈 등의 식품
② S, P, Cl이 많이 함유되어 있는 식품
③ Na, K, Ca, Mg이 많이 함유되어 있는 식품
④ 당질, 지질, 단백질 등이 많이 함유되어 있는 식품

19 김치의 산패 원인으로 옳지 않은 것은?
① 초기 발효온도가 높은 경우
② 김치를 소비하면서 외부 균주에 오염된 경우
③ 김치재료가 청결하지 않은 경우
④ 소금농도가 높은 경우

20 식품위생법규상 무상수거 대상 식품은?
① 식품 등을 검사할 목적으로 수거할 때
② 도소매업소에서 판매하는 식품 등을 시험 검사용으로 수거할 때
③ 식품 등의 기준 및 규격 제정을 위한 참고용으로 수거할 때
④ 식품 등의 기준 및 규격 개정을 위한 참고용으로 수거할 때

21 맥아당은 어떤 성분으로 구성되어 있는가?
① 포도당 2분자가 결합된 것
② 포도당과 전분이 결합된 것
③ 과당과 포도당 각 1분자가 결합된 것
④ 과당 2분자가 결합된 것

22 한국인 영양 권장량 중 지방의 섭취량은 전체 열량의 몇 % 정도인가?
① 15~30%
② 30~55%
③ 55~70%
④ 75~90%

23 결합수의 특징이 아닌 것은?
① 자유수보다 밀도가 크다.
② 전해질을 잘 녹여 용매로 작용한다.
③ 식품에서 미생물의 번식과 발아에 이용되지 못한다.
④ 동식물의 조직에 존재할 때 그 조직에 큰 압력을 가하여 압착해도 제거되지 않는다.

24 간장, 다시마 등의 감칠맛을 내는 주된 아미노산은?
① 알라닌
② 글루타민산
③ 라이신
④ 트레오닌

25 과실의 젤리화 3요소와 관계없는 것은?
① 당　　　　② 펙틴
③ 산　　　　④ 젤라틴

26 브로멜린(Bromelin)이 함유되어 있어 고기를 연화시키는 데 이용되는 과일은?
① 복숭아　　② 사과
③ 파인애플　④ 귤

27 식품의 변화 현상을 설명한 것으로 옳지 않은 것은?
① 산패 - 유지식품의 지방질 산화
② 발효 - 화학물질에 의한 유기화합물의 분해
③ 변질 - 식품의 품질 저하
④ 부패 - 단백질과 유기물이 부패 미생물에 의해 분해

28 효소적 갈변반응에 의해 색을 나타내는 식품은?
① 분말 오렌지
② 간장
③ 카라멜
④ 홍차

29 단맛 성분에 소량의 짠맛 성분을 혼합할 때 단맛이 증가하는 현상은?
① 맛의 억제현상
② 맛의 상쇄현상
③ 맛의 대비현상
④ 맛의 변조현상

30 열에 의해 가장 쉽게 파괴되는 비타민은?
① 비타민 A
② 비타민 B
③ 비타민 C
④ 비타민 D

31 어떤 단백질의 질소함량이 18%라면 이 단백질의 질소계수는 약 얼마인가?
① 5.56
② 6.30
③ 6.47
④ 6.67

32 밀가루의 용도별 분류는 어느 성분을 기준으로 하는가?
① 글리아딘
② 글로불린
③ 글루티만
④ 글루텐

33 ppm의 단위에 대한 설명으로 옳은 것은?
① 100분의 1을 나타낸다.
② 10,000분의 1을 나타낸다.
③ 1,000,000분의 1을 나타낸다.
④ 1,000,000,000분의 1을 나타낸다.

34 CA저장에 가장 적합한 식품은?
① 육류
② 과일류
③ 우유
④ 생선류

35 조리기구의 재질 중 열전도율이 커서 열을 전달하기 쉬운 것은?
① 알루미늄
② 유리
③ 도자기
④ 석면

36 어류의 염장법 중 건염법에 대한 설명으로 틀린 것은?
① 품질이 균일하지 못하다.
② 식염의 침투가 빠르다.
③ 선도가 낮은 어류로 염장을 할 경우 생산량이 증가한다.
④ 지방질의 산화로 변색이 쉽게 일어난다.

37 생선의 조리방법에 관한 설명으로 가장 옳은 것은?
① 지방함량이 낮은 생선보다는 높은 생선으로 구이를 하는 것이 풍미가 더 좋다.
② 선도가 낮은 생선은 양념을 담백하게 하여 뚜껑을 닫고 끓인다.
③ 생선은 결체조직의 함량이 많으므로 습열 조리법을 많이 이용한다.
④ 생선찌개를 할 때 생선 자체의 맛을 살리기 위해 찬물에 넣고 은근히 끓인다.

38 소고기의 부위별 용도로 적절하지 않은 것은?

① 앞다리 - 불고기, 육회, 장조림
② 설도 - 탕, 샤브샤브, 육회
③ 목심 - 불고기, 국거리
④ 우둔 - 산적, 장조림, 육포

39 가열용 기구인 프로판가스에 대한 설명 중 옳지 않은 것은?

① 가스용기는 직사광선을 피해서 둔다.
② 가스용기는 세워서 조리대 밑이나 지하에 설치한다.
③ 가스는 누출되면 폭발되기 쉽다.
④ 가스용기 가까이 화기를 두지 않는다.

40 튀김의 특징이 아닌 것은?

① 불미성분이 제거된다.
② 기름의 맛이 더해져 맛이 좋아진다.
③ 표면이 바삭바삭해 입안에서의 촉감이 좋아진다.
④ 고온·단시간 가열로 영양소의 손실이 적다.

41 다음 유지 중 건성유는?

① 참기름   ② 아마인유
③ 면실유   ④ 올리브유

42 다음 중 신선한 달걀은?

① 삶았을 때 난황의 표면이 암녹색으로 쉽게 변하는 것
② 달걀을 흔들 때 소리가 나는 것
③ 껍질이 매끈하고 윤기가 있는 것
④ 깨 보면 많은 양의 난백이 난황을 에워싸고 있는 것

43 밀가루 반죽 시 넣는 첨가물에 대한 설명으로 옳은 것은?

① 소금은 글루텐 단백질을 연화시켜 밀가루 반죽의 점탄성을 떨어뜨린다.
② 설탕은 글루텐 망상구조를 치밀하게 하여 반죽을 질기고 단단하게 한다.
③ 유지는 글루텐 구조형성을 방해하여 반죽을 부드럽게 한다.
④ 달걀을 넣고 가열하면 단백질의 연화작용으로 반죽이 부드러워진다.

44 생균을 사용하는 예방접종으로 면역이 되는 질병은?

① 파상풍   ② 콜레라
③ 폴리오   ④ 백일해

45 계량방법이 잘못된 것은?

① 저울은 반드시 수평한 곳에서 0으로 맞추고 사용한다.
② 된장, 흑설탕은 꾹꾹 눌러 담아 수평으로 깎아서 계량한다.
③ 마가린은 실온일 때 꾹꾹 눌러 담아 평평한 것으로 깎아 계량한다.
④ 우유는 투명기구를 사용하여 액체 표면의 윗부분을 눈과 수평으로 하여 계량한다.

46 닭을 가열 조리할 때 닭뼈 주위의 근육이 짙은 갈색으로 변하는 이유는?

① 병에 걸린 닭의 가열에 의한 변색
② 늙은 닭의 질긴 육질이 가열에 의한 변색
③ 닭의 지방이 가열에 의해 변색
④ 해동한 냉동닭의 가열에 의한 변색

47 편육을 할 때 가장 적합한 삶기 방법은?

① 끓는 물에 고기를 잘게 썰어 넣고 삶는다.
② 끓는 물에 고기를 덩어리째 넣고 삶는다.
③ 찬물에서부터 고기를 넣고 삶는다.
④ 찬물에서부터 고기와 생강을 동시에 넣고 삶는다.

48 한식의 월과채에 해당하는 조리법은?

① 전·적 조리
② 찜 조리
③ 숙채 조리
④ 조림·초 조리

49 다음 중 단체급식 조리장을 신축할 때 우선적으로 고려할 사항 순으로 배열된 것은?

㉠ 위생 ㉡ 경제 ㉢ 능률

① ㉢ → ㉡ → ㉠
② ㉡ → ㉠ → ㉢
③ ㉠ → ㉢ → ㉡
④ ㉡ → ㉢ → ㉠

50 닭고기 20kg으로 닭강정 100인분을 판매한 매출액이 1,000,000원이다. 닭고기 kg당 단가를 12,000원에 구입하고, 총 양념비용으로 80,000원이 들었다면 식재료의 원가 비율은?

① 24%
② 28%
③ 32%
④ 40%

51 공중보건학의 목표에 관한 설명으로 틀린 것은?

① 건강유지
② 질병치료
③ 질병예방
④ 지역사회 보건수준 향상

52 상수처리 과정 중 가장 마지막 단계는?

① 도수
② 급수
③ 정수
④ 취수

53 조리방법 중 '끓이기'의 특징이 아닌 것은?

① 조직의 경화가 일어난다.
② 음식물을 고르게 익힐 수 있다.
③ 영양소의 손실이 비교적 적다.
④ 전분의 호화가 일어난다.

54 다음은 시장조사의 원칙 중 어떤 원칙에 대한 설명인가?

> 시장조사에 소요되는 비용이 최소화되도록 조사비용과 효용성 간에 조화가 이루고자 한다.

① 조사 적시성의 원칙
② 조사 탄력성의 원칙
③ 조사 계획성의 원칙
④ 비용 경제성의 원칙

55 다음 중 안전관리 책임자가 실시해야 할 법정 안전교육에 해당하지 않는 것은?

① 정기 안전교육
② 작업내용 변경 시 교육
③ 신규 채용자 교육
④ 긴급 안전교육

56 식품 검수방법의 연결이 틀린 것은?

① 화학적 방법 – 영양소의 분석, 첨가물, 유해성분 등을 검출하는 방법
② 검경적 방법 – 식품의 중량, 부피, 크기 등을 측정하는 방법
③ 물리학적 방법 – 식품의 비장, 경도, 점도, 빙점 등을 측정하는 방법
④ 생화학적 방법 – 효소반응, 효소활성도, 수소이온 농도 등을 측정하는 방법

57 자색 양배추, 가지 등 적색채소를 조리할 때 색을 보존하기 위한 가장 바람직한 방법은?

① 뚜껑을 열고 다량의 조리수를 사용
② 뚜껑을 열고 소량의 조리수를 사용
③ 뚜껑을 덮고 다량의 조리수를 사용
④ 뚜껑을 덮고 소량의 조리수를 사용

58 죽을 끓일 때 죽에 들어갈 재료를 죽의 형태에 따라 분쇄하여 사용해야 한다. 이렇게 죽 재료를 분쇄하는 목적으로 옳지 않은 것은?

① 분말형태로 만들어 다른 재료와 혼합 또는 조합시킬 경우 균일한 제품을 얻을 수 있다.
② 조직의 파괴로 유용성분의 추출과 분리를 쉽게 한다.
③ 원료의 표면적을 감소시켜 열 전달물질의 이동을 촉진시킨다.
④ 일정한 입자형태로 만들어 맛을 좋게 한다.

59 냉동한 육개장의 해동법으로 가장 좋은 것은?

① 냉동상태 그대로 가열한다.
② 따뜻한 물에서 해동한다.
③ 얼음물에 넣어 해동한다.
④ 온장고에서 해동한다.

60 숙채 재료로 쓸 오래된 건고사리를 부드럽게 데치려고 할 때 넣으면 좋은 것은?

① 설탕
② 식소다
③ 소금
④ 식용유

2회 기출 복원 모의고사

01 우유에 산을 넣으면 응고물이 생기는데 이 응고물의 주체는?

① 유지방
② 카제인
③ 유당
④ 레닌

02 약과를 만들 때 밀가루와 참기름을 손바닥으로 비벼주는 과정은 유지의 어떤 특성을 이용한 것인가?

① 쇼트닝성
② 유화성
③ 크림성
④ 가소성

03 마이야르 반응에 영향을 주는 인자가 아닌 것은?

① 수분
② 온도
③ 당의 종류
④ 효소

04 다음 중 발효식품이 아닌 것은?

① 김치
② 젓갈
③ 콩조림
④ 된장

05 단백질에 관한 설명 중 옳은 것은?

① 지단백질은 단순단백질에 당이 결합한 단백질이다.
② 인단백질은 단순단백질에 인산이 결합한 단백질이다.
③ 핵단백질은 단순단백질 또는 복합단백질이 화학적 또는 산소에 의해 변화된 단백질이다.
④ 당단백질은 단순단백질에 지방이 결합한 단백질이다.

06 다음 중 쌀 가공식품이 아닌 것은?

① 현미
② 강화미
③ 팽화미
④ 알파미

07 달걀의 조리 특성과 요리의 상호관계로 가장 거리가 먼 것은?

① 응고성 - 달걀찜
② 기포성 - 스펀지케이크
③ 유화성 - 마요네즈
④ 가소성 - 수란

08 해조류 가공제품이 아닌 것은?

① 카라기난(Carrageenan)
② 한천(Agar)
③ 알긴산(Arginic Acid)
④ LBG(Locust Bean Gum)

09 소독의 지표가 되는 소독제는?
① 크레졸 ② 포르말린
③ 석탄산 ④ 과산화수소

10 다음 중 신체에 열량을 공급하는 급원식품은?
① 시금치 ② 설탕
③ 생강 ④ 고춧가루

11 한천의 용도가 아닌 것은?
① 훈연제품의 산화방지제
② 유제품, 청량음료 등의 안정제
③ 곰팡이, 세균 등의 배지
④ 푸딩, 양갱 등의 겔화제

12 다음 중 「식품위생법」상 영업신고를 하지 않는 업종은?
① 즉석판매제조·가공업
② 식품운반업
③ 양곡가공업 중 도정업을 하는 경우
④ 식품소분·판매업

13 간장에 대한 설명으로 옳지 않은 것은?
① 간장은 원료나 메주 발효방법에 따라 종류가 다르다.
② 간장의 검은색은 아미노산과 당의 캐러멜화 반응으로 인한 생성물에 의한 것이다.
③ 간장은 메주를 소금물에 담가 발효 숙성시키는 과정에서 아미노산, 당분, 지방산, 방향물질 등이 생성된다.
④ 개량식 간장은 찐 탈지대두에 밀과 황국균을 번식시킨 후, 소금물을 붓고 발효시켜 간장을 짜서 살균한 것이다.

14 라면류, 건빵류, 비스킷 등은 상온에서 비교적 장시간 저장해 두어도 노화가 잘 일어나지 않는데, 주된 이유는?
① 낮은 pH
② 높은 pH
③ 낮은 수분함량
④ 높은 수분함량

15 찹쌀과 멥쌀의 성분상 큰 차이는?
① 아밀로펙틴 함량
② 단백질 함량
③ 지방 함량
④ 회분 함량

16 식품위생법령상 영업자의 지위를 승계할 수 없는 경우는?
① 영업법인이 합병한 경우
② 영업장이 도산한 경우
③ 영업자가 영업을 양도한 경우
④ 영업자가 사망한 경우

17 신맛 성분에 유기산인 아미노기($-NH_2$)가 있으면 어떤 맛이 가해진 신맛이 되는가?
① 쓴맛 ② 단맛
③ 짠맛 ④ 떫은맛

18 김치의 숙성에 관여하지 않는 미생물은?
① Lactobacillus plantarum
② Leuconostoc mesenteroides
③ Aspergillus oryzae
④ Pediococcus pentosaceus

19 대표적인 콩단백질인 글로불린이 가장 많이 함유하고 있는 성분은?

① 알부민(Albumin)
② 글루텐(Gluten)
③ 글리시닌(Glycinin)
④ 제인(Zein)

20 장기간의 식품보존방법과 가장 관계가 먼 것은?

① 염장법
② 배건법
③ 산저장법(초지법)
④ 냉장법

21 「식품 등의 표시·광고에 대한 법률」에 따른 식품의 표시사항이 아닌 것은?

① 소비기한 또는 품질유지기한
② 상표·로고
③ 용기 및 포장의 재질
④ 식품유형 및 영양성분

22 매운맛을 가장 잘 느끼는 온도는?

① 5~25℃
② 25~30℃
③ 30~40℃
④ 50~60℃

23 젤라틴의 응고에 관한 내용으로 틀린 것은?

① 설탕의 농도가 높을수록 빨리 응고된다.
② 젤라틴의 농도가 높을수록 빨리 응고된다.
③ 단백질 분해효소를 사용하면 응고력이 약해진다.
④ 염류는 젤라틴이 물을 흡수하는 것을 막아 단단하게 응고시킨다.

24 완두콩을 조리할 때 정량의 황산구리를 첨가하면 특히 어떤 효과가 있는가?

① 비타민이 보강된다.
② 냄새를 보유할 수 있다.
③ 녹색을 보유할 수 있다.
④ 무기질이 보강된다.

25 달걀을 이루는 세 가지 구조에 해당되지 않는 것은?

① 난각
② 난황
③ 난백
④ 기공

26 유지의 발연점에 영향을 주는 인자와 거리가 먼 것은?

① 불순물의 함량
② 용해도
③ 유리지방산의 함량
④ 노출된 유지의 표면력

27 복어독 중독의 치료법으로 적합하지 않은 것은?

① 위세척
② 호흡촉진제 투여
③ 진통제 투여
④ 최토제 투여

28 pH 3 이하의 산성에서 검정콩의 색깔은?

① 검은색
② 청색
③ 적색
④ 녹색

29 육류, 생선류, 알류 및 콩류에 함유된 주된 영양소는?
① 단백질
② 지방
③ 비타민
④ 탄수화물

30 난백으로 거품을 만들 때의 설명으로 옳은 것은?
① 지방은 거품 형성을 용이하게 한다.
② 소금은 거품의 안정성에 기여한다.
③ 묽은 달걀보다 신선란이 거품 형성을 용이하게 한다.
④ 레몬즙을 1~2방울 떨어트리면 거품형성을 용이하게 한다.

31 조리장의 기계설비 배치 시 우선 고려해야 하는 것은?
① 미관상 좋은 순서
② 동력의 종류별
③ 조리의 순서
④ 크기의 순서

32 육류 조리과정 중 색소의 변화단계가 바르게 연결된 것은?
① 미오글로빈 – 메트미오글로빈 – 옥시미오글로빈 – 헤마틴
② 미오글로빈 – 옥시미오글로빈 – 메트미오글로빈 – 헤마틴
③ 메트미오글로빈 – 옥시미오글로빈 – 미오글로빈 – 헤마틴
④ 옥시미오글로빈 – 메트미오글로빈 – 미오글로빈 – 헤마틴

33 복합조리법을 이용한 음식이 아닌 것은?
① 장조림
② 완자탕
③ 신선로
④ 두부전골

34 다음 개인 재해의 발생원인 중 불안전한 행동(안전요인)에 속하지 않는 것은?
① 고기 절단기의 고장
② 불안전한 속도 조작
③ 감독 및 연락 불충분
④ 불안전한 자세와 동작

35 떡의 노화를 방지할 수 있는 방법이 아닌 것은?
① 급속냉동시켜 보관한다.
② 수분함량을 30~60%로 유지한다.
③ 찹쌀가루의 함량을 높인다.
④ 설탕의 첨가량을 높인다.

36 개인위생을 설명한 것으로 가장 적절한 것은?
① 식품종사자들이 사용하는 비누나 탈취제의 종류
② 식품종사자들이 작업 중 항상 장갑을 끼는 것
③ 식품종사자들이 일주일에 목욕하는 횟수
④ 식품종사자들이 건강, 위생복장 착용 및 청결을 유지하는 것

37 다음 중 간장의 지미성분은?
① 포도당
② 전분
③ 아스코브산
④ 글루타민산

38 고체화한 지방을 여과처리하는 방법으로 샐러드유 제조 시 이용되며, 유화상태를 유지하기 위한 가공 처리 방법은?

① 경화처리
② 동유처리
③ 정제처리
④ 용출처리

39 불고기를 만들어 파는 비용으로 1kg 기준 등심은 18,000원, 양념은 3,500원이 소요되었다. 1인분에 200g을 사용하고 식재료 비율을 40%로 하려고 할 때 판매가격은?

① 9,000원
② 8,600원
③ 10,750원
④ 17,750원

40 기생충과 인체감염원인 식품의 연결로 적절하지 않은 것은?

① 유구조충 - 돼지고기
② 동양모양선충 - 민물고기
③ 무구조충 - 소고기
④ 아니사키스 - 바다생선

41 과실주스에 설탕을 섞은 농축액 음료수는?

① 스쿼시
② 시럽
③ 탄산음료
④ 젤리

42 달걀을 삶은 직후 찬물에 넣어 식히면 노른자 주위에 암녹색의 황화철(FeS)이 적게 생기는데 그 이유는?

① 찬물이 스며들어 철분을 희석하기 때문
② 황화수소가 난각을 통하여 외부로 발산되기 때문
③ 찬물이 스며들어 황을 희석시키기 때문
④ 외부의 기압이 낮아 황과 철분이 외부로 빠져나오기 때문

43 주방의 바닥조건으로 맞는 것은?

① 바닥 전체의 물매는 1/20이 적당하다.
② 조리작업을 드라이 시스템화할 경우의 물매는 1/100 정도가 적당하다.
③ 고무타일, 합성수지타일 등이 잘 미끄러지지 않으므로 적합하다.
④ 산·알칼리에 약하고, 습기·열에 강해야 한다.

44 곰팡이에 의해 생성되는 독소가 아닌 것은?

① 아플라톡신
② 시트리닌
③ 엔테로톡신
④ 파툴린

45 일반적으로 맛있게 지어진 밥은 쌀 무게의 약 몇 배 정도의 물을 흡수하는가?

① 0.5~1.0배
② 1.2~1.4배
③ 2.2~2.4배
④ 3.2~3.5배

46 다음 ( ) 안에 차례대로 들어갈 알맞은 내용은?

> 생물화학적 산소요구량(BOD)은 일반적으로 ( )을 ( )에서 ( )간 안정화시키는 데 소비한 산소량을 말한다.

① 유기물질, 20℃, 5일
② 유기물질, 20℃, 7일
③ 무기물질, 15℃, 5일
④ 무기물질, 15℃, 7일

47 다음 중 규폐증과 관계가 먼 것은?

① 유리규산
② 암석가공업
③ 폐조직의 섬유화
④ 골연화증

48 감염병 발생의 3대 요인이 아닌 것은?

① 환경
② 병인
③ 숙주
④ 예방접종

49 매월 고정적으로 포함해야 하는 경비는?

① 수당
② 복리후생비
③ 감가상각비
④ 지급운임

50 물의 자정작용에 해당하지 않는 것은?

① 산화작용
② 탄소동화작용
③ 침전작용
④ 희석작용

51 좋은 무를 고르는 기준은?

① 가볍고 잔뿌리가 많은 것
② 껍질이 거칠어 보이는 것
③ 굵지 않고 촉감이 부드러운 것
④ 무겁고 모양이 곧으며 윤택한 것

52 안전한 작업환경에 대한 설명으로 적절하지 않은 것은?

① 조리작업장의 권장 조도는 50~100Lux이다.
② 작업장 온도는 겨울에는 18.3~21.1℃ 사이, 여름에는 20.6~22.8℃ 사이를 유지한다.
③ 적정한 상대습도는 40~60% 정도이다.
④ 적재물은 사용시기와 용도별로 구분하여 정리하고 먼저 사용할 것은 하부에 보관한다.

53 일반적으로 신선한 우유의 pH는?

① 3.0~4.0
② 4.0~4.5
③ 5.5~6.0
④ 6.5~6.7

54 닭튀김을 했을 때 살코기 색이 분홍색을 나타내는 것은?

① 변질된 닭이므로 먹지 못한다.
② 병에 걸린 닭이므로 먹어서는 안 된다.
③ 근육성분의 화학적 반응이므로 먹어도 된다.
④ 닭의 크기가 클수록 분홍색이 더 선명하게 나타난다.

55 찌개에 쓸 생선 손질에 대한 내용 중 옳지 않은 것은?

① 생선을 씻을 때 소금물보다는 흐르는 물을 사용하는 것이 좋다.
② 민물생선의 비린내 성분인 피페리딘은 내장부분에 많다.
③ 생선을 용도에 맞게 자른 뒤에는 물로 씻지 않아야 한다.
④ 비린내를 없애기 위해 흐르는 물에 표피, 아가미, 내장 순으로 씻는다.

56 「감염병의 예방 및 관리에 관한 법률」상 제2급 감염병에 해당하는 것은?

① 신종인플루엔자   ② 디프테리아
③ A형간염   ④ 페스트

57 밥 조리 시 주의사항으로 옳지 않은 것은?

① 돌솥밥 위에 고명을 올릴 때는 밥이 보이지 않게 올린다.
② 돌솥밥의 청포묵과 흰 지단에 고추장물이 흐르지 않도록 약고추장을 충분히 볶아서 올려놓는다.
③ 오곡밥이 고슬고슬하게 지어지면 주격으로 위아래로 잘 섞는다.
④ 콩나물밥은 콩나물이 잘 익도록 밥 먹기 두어 시간 전에 해두는 것이 좋다.

58 간접구이에 대한 설명으로 틀린 것은?

① 복사열을 위에서 내려 직화로 식품을 조리하는 방법이다.
② 그릴링을 위한 식재료를 준비하는 동안 그릴을 적당하게 달궈놓아야 한다.
③ 그릴링은 비교적 빨리 조리할 수 있는 연한 식재료를 조리하는 건열 조리방법이다.
④ 그릴링 시 석쇠가 아주 뜨거워야 고기가 잘 달라붙지 않는다.

59 당류 가공품 중 결정형 캔디는?

① 퐁당
② 캐러멜
③ 마시멜로
④ 젤리

60 다음은 동물성 색소 중 무엇에 대한 설명인가?

- 육류의 혈액색소이며 공기 중에서 쉽게 산화되어 부패를 일으키기도 한다.
- 산화되면 적갈색으로 변하고 가열하면 갈색이나 회색으로 변화한다.

① 카로티노이드
② 미오글로빈
③ 헤모글로빈
④ 쿠쿠르비타신

3회 기출 복원 모의고사

01 세균성 식중독의 일반적인 특성이 아닌 것은?
① 감염 후 면역성이 획득된다.
② 주요 증상은 발열, 두통, 구역질, 구토, 복통, 설사 등이다.
③ 살모넬라균, 장염비브리오균, 포도상구균 등이 원인균이다.
④ 일반적으로 균량이 다량이어야 발병한다.

02 덜 익은 매실, 살구씨, 복숭아씨 등에 들어 있으며, 인체의 장내에서 청산을 생산하는 것은?
① 무스카린(Muscarine)
② 고시폴(Gossypol)
③ 시큐톡신(Cicutoxin)
④ 아미그달린(Amygdalin)

03 웰치균에 대한 설명으로 옳지 않은 것은?
① 혐기성 균주이다.
② 발육 최적온도는 37~45℃이다.
③ 단백질성 식품에서 주로 발생한다.
④ 아포는 60℃에서 10분 가열하면 사멸한다.

04 식품제조 공정 시 거품이 많이 날 때 거품 제거 목적으로 사용되는 식품첨가물은?
① 용제
② 피막제
③ 소포제
④ 보존제

05 감미재료와 거리가 먼 것은?
① 사탕무
② 생강
③ 사탕수수
④ 스테비아

06 육류의 발색제로 사용되는 아질산염이 산성 조건에서 식품성분과 반응하여 생성되는 발암성 물질은?
① 벤조피렌
② 황산제일철
③ 나이트로사민
④ 폼알데하이드

07 식품의 부패과정에서 생성되는 불쾌한 냄새물질과 거리가 먼 것은?
① 인돌
② 아민류
③ 황화수소
④ 포르말린

08 포도상구균 식중독을 예방하기 위한 대책으로 보기 어려운 것은?
① 조리된 식품은 상온에서 보관한다.
② 식품 취급자는 손을 깨끗이 씻는다.
③ 조리된 식품은 빨리 먹는다.
④ 식품 취급자가 화농성 질환이 있으면 식품 취급에 종사하지 않는다.

09 식품안전관리인증기준(HACCP) 적용업소는 이 기준에 따라 관리되는 사항에 대한 기록을 최소 몇 년 이상 보관해야 하는가? (단, 관계 법령에 특별히 규정된 것은 제외)

① 1년
② 2년
③ 5년
④ 10년

10 조리사가 타인에게 면허를 대여하여 사용하게 한 경우, 2차 위반 시 행정처분 기준은?

① 업무정지 1개월
② 업무정지 2개월
③ 업무정지 3개월
④ 면허취소

11 「식품위생법」상 일반음식점의 영업신고는 누구에게 하는가?

① 보건소장
② 동사무소장
③ 시장·군수·구청장
④ 식품의약품안전처장

12 조리사의 보수교육을 위임받은 집단은 교육실시 결과를 누구에게 보고해야 하는가?

① 교육청
② 시·도지사
③ 관할 시장
④ 식품의약품안전처장

13 식품 등의 위생적 취급에 관한 기준으로 틀린 것은?

① 어류·육류·채소류를 취급하는 칼과 도마는 구분해서 사용해야 한다.
② 소비기한이 경과된 식품 등을 판매하거나 판매의 목적으로 진열·보관해서는 안 된다.
③ 식품원료 중 부패·변질되기 쉬운 것은 냉동·냉장시설에 보관 및 관리해야 한다.
④ 식품의 조리에 직접 사용되는 기구는 사용 전에만 세척 및 살균하는 등 항상 청결하게 유지·관리해야 한다.

14 총리령으로 정하는 위생등급 기준에 따라 위생관리 상태 등이 우수한 집단급식소를 우수업소 또는 모범업소로 지정할 수 없는 자를 고르면?

① 시장
② 구청장
③ 보건환경연구원장
④ 특별자치도지사

15 효소적 갈변반응과 관련이 없는 것은?

① 홍차   ② 감자
③ 사과   ④ 된장

16 영양결핍 증상과 그 원인이 되는 영양소의 연결이 잘못된 것은?

① 야맹증 – 비타민 A
② 괴혈병 – 비타민 C
③ 구순구각염 – 비타민 B_{12}
④ 혈액응고 지연 – 비타민 K

17 게, 가재, 새우 등의 껍질에 다량 함유된 다당류는?
① 녹말
② 키틴
③ 펙틴
④ 셀룰로스

18 시금치를 오래 삶으면 갈색이 되는데, 이때 변하는 색소는 무엇인가?
① 클로로필
② 안토잔틴
③ 플라보노이드
④ 카로티노이드

19 전분가루를 물에 풀어두면 금방 가라앉는데 주된 이유는?
① 전분의 호화현상 때문에
② 전분의 유화현상 때문에
③ 전분이 물에 완전히 녹으므로
④ 전분의 비중이 물보다 무거우므로

20 감칠맛 성분과 소재식품의 연결이 잘못된 것은?
① 베타인(Betaine) - 버섯, 죽순
② 크레아티닌(Creatinine) - 어류, 육류
③ 카노신(Carnosine) - 육류, 어류
④ 글루타민산(Glutamic Acid) - 간장, 다시마

21 생선의 자기소화 원인은?
① 염류
② 질소
③ 세균의 작용
④ 단백질 분해효소

22 다음 중 수분활성도가 가장 낮은 것은?
① 생선
② 소시지
③ 과자류
④ 과일

23 요오드값에 의한 식물성 기름의 분류로 맞는 것은?
① 건성유 - 올리브유, 콩기름, 땅콩기름
② 반건성유 - 참기름, 채종유, 면실유
③ 불건성유 - 아마인유, 면실유, 종유
④ 경화유 - 미강유, 야자수, 옥수수유

24 옥수수, 토마토, 난황에 주로 함유되어 있는 색소는?
① 클로로필
② 안토시아닌
③ 카로티노이드
④ 플라보노이드

25 어류를 가열 조리할 때 일어나는 변화와 거리가 먼 것은?
① 지방의 용출
② 열응착성 약화
③ 근육섬유 단백질의 응고수축
④ 콜라겐의 수축 및 용해

26 아가미 색깔이 선홍색인 생선의 상태로 가장 적당한 것은?
① 부패한 생선
② 초기부패의 생선
③ 점액이 많은 생선
④ 신선한 생선

27 유지의 산패에 영향을 미치는 인자에 대한 설명으로 옳은 것은?

① 유지의 불포화도가 낮을수록 산패가 활발하게 일어난다.
② 광선 중 자외선은 산패에 영향을 미치지 않는다.
③ 구리, 납, 알루미늄 등 금속은 유지 및 지방산의 자동산화를 촉진시킨다.
④ 저장온도가 0℃ 이하가 되면 산패가 방지된다.

28 나무 등을 태운 연기에 훈제한 육가공품이 아닌 것은?

① 햄
② 베이컨
③ 육포
④ 소시지

29 단백질과 탈취작용의 관계를 고려할 때 생선 조리 시 생강 사용의 가장 적합한 방법은?

① 처음부터 생강을 함께 넣는다.
② 생강을 먼저 끓여낸 후 생선을 넣는다.
③ 생선이 거의 익은 후에 생강을 넣는다.
④ 생강즙을 내어 물에 혼합한 후 생선을 넣고 끓인다.

30 달걀을 삶을 때 녹변현상을 방지하기 위한 방법으로 적절한 것은?

① 달걀의 pH를 알칼리성으로 조정한다.
② 삶는 시간을 15분 이상으로 한다.
③ 달걀을 삶은 후 즉시 찬물에 담근다.
④ 기실(공기주머니)이 큰 달걀을 사용한다.

31 채소류를 취급하는 방법으로 옳지 않은 것은?

① 샐러드용 채소는 냉수에 담갔다가 사용한다.
② 쑥은 소금에 절여 물기를 꼭 짜낸 후 냉장 보관한다.
③ 도라지의 쓴맛을 빼내기 위해 소금물에 주물러 절인다.
④ 배추나 셀러리, 파 등은 세워서 밑동이 아래로 가도록 보관한다.

32 안토시아닌 색소가 함유된 채소를 알칼리성 용액에서 가열하면 어떻게 변하는가?

① 푸른색
② 황갈색
③ 무색
④ 붉은색

33 다음의 당류 중 영양소를 공급할 수는 없으나, 식이섬유소로서 인체에 중요한 기능을 하는 것은?

① 전분
② 설탕
③ 펙틴
④ 맥아당

34 다음 중 계량방법으로 옳지 않은 것은?

① 액체(기름, 물, 우유 등): 투명한 계량컵을 이용하며 눈높이에서 맞추어 읽는다.
② 가루(밀가루, 백설탕 등): 계량컵에 담고 살짝 흔들어 수평이 되게 맞춘 다음 측정한다.
③ 고체(버터, 마가린 등): 저울로 계량하는 것이 바람직하나, 실온에서 부드러워진 후 계량스푼으로 눌러 담고 윗면을 깎아 계량한다.
④ 다진파, 다진마늘: 알맞게 눌러서 수평으로 깎아 계량한다.

35 동결 중 식품의 변화가 아닌 것은?

① 단백질의 변성
② 지방의 산화
③ 비타민의 손실
④ 탄수화물의 호화

36 콩밥은 쌀밥에 비하여 특히 어떤 영양소의 보완에 좋은가?

① 지방
② 단백질
③ 무기질
④ 수분

37 식품을 삶는 방법에 대한 설명으로 옳지 않은 것은?

① 연근을 엷은 식촛물에 삶으면 하얗게 삶아진다.
② 시금치를 저온에서 오래 삶으면 비타민 C의 손실이 적다.
③ 가지를 백반이나 철분이 녹아 있는 물에 삶으면 색이 안정된다.
④ 완두콩은 황산구리를 적당량 넣은 물에 삶으면 푸른빛이 고정된다.

38 영양소에 대한 설명으로 옳지 않은 것은?

① 영양소는 식품의 성분으로, 생명현상과 건강을 유지하는 데 필요한 요소이다.
② 탄수화물, 지방, 단백질은 체내에서 화학반응을 거쳐 에너지를 발생한다.
③ 물은 체조직 구성요소로서, 보통 성인 체중의 3분의 1을 차지하고 있다.
④ 조절소란, 신체의 생리적 기능을 조절하는 무기질과 비타민을 말한다.

39 구매한 식품의 재고관리 시 적용되는 방법 중 최근에 구입한 식품부터 사용하는 것으로, 가장 오래된 물품이 재고로 남게 되는 것은?

① 총평균법
② 최소 - 최대관리법
③ 선입선출법
④ 후입선출법

40 하루 필요열량이 2,700kcal일 때 이 중 24%에 해당하는 열량을 지방에서 얻으려 한다. 이때 필요한 지방의 양은?

① 52g
② 62g
③ 72g
④ 82g

41 바다에서 잡히는 어류(생선)를 먹고 기생충증에 걸렸다면 이와 가장 관계 깊은 기생충은?

① 선모충
② 유구조충
③ 동양모양선충
④ 아니사키스충

42 다음 중 감염병을 관리하는 데 있어 가장 어려운 대상은?

① 건강보균자
② 식중독환자
③ 급성감염병환자
④ 만성감염병환자

43 다음 중 돼지고기에 의해 감염될 수 있는 기생충은?

① 편충
② 간흡충
③ 선모충
④ 아니사키스충

44 역성비누와 일반비누를 사용할 때 사용방법으로 옳은 것은?

① 일반비누로 먼저 씻어낸 후 역성비누를 사용한다.
② 일반비누와 역성비누를 섞어서 거품을 내며 사용한다.
③ 역성비누를 먼저 사용한 후 일반비누를 사용한다.
④ 일반비누와 역성비누와 사용순서는 살균력과 무관하다.

45 대기오염물질로 산성비의 원인이 되며 달걀이 썩는 자극성 냄새가 나는 기체는?

① 이산화황
② 일산화탄소
③ 이산화질소
④ 이산화탄소

46 다음 중 소독에 대하여 가장 잘 설명한 것은?

① 모든 미생물을 사멸시킨다.
② 오염된 물질을 깨끗이 닦아낸다.
③ 미생물의 발육을 저지시켜 분해 또는 부패를 방지한다.
④ 병원성 세균은 사멸시키고 비병원성 세균은 정지시킨다.

47 비타민에 관한 설명 중 잘못된 것은?

① 카로틴은 비타민 B_1에 해당한다.
② 비타민 C가 결핍되면 괴혈병이 발생한다.
③ 비타민 E는 토코페롤이라고도 한다.
④ 비타민 B_{12}는 코발트(Co)와 인(P)을 함유한다.

48 호화된 전분을 상온에서 방치하면 β-전분으로 되돌아가는 현상을 무엇이라 하는가?

① 호화현상
② 노화현상
③ 산화현상
④ 호정화현상

49 다음 중 조리기구의 소독에 사용하는 약물은 무엇인가?

① 석탄산수, 크레졸수, 포르말린수
② 염소, 표백분, 차아염소산나트륨
③ 석탄산수, 크레졸수, 생석회
④ 역성비누, 차아염소산나트륨

50 다음 중 간장과 청량음료 등에 사용하는 착색제로 옳은 것은?

① 치자색소
② 타르색소
③ 캐러멜색소
④ 클로로필색소

51 건강진단을 받지 않아도 되는 사람은?

① 식품을 가공하는 자
② 식품첨가물의 제조자
③ 완전 포장된 식품의 판매자
④ 식품 및 식품첨가물의 채취자

52 마늘의 매운맛과 향을 내는 성분으로 비타민 B_1의 흡수를 도와주는 성분은?

① 알라닌
② 알리신
③ 마이로신
④ 아스타신

53 두부 응고제로 사용할 수 없는 것은?

① 탄산칼륨
② 황산칼슘
③ 염화칼슘
④ 염화마그네슘

54 다음 과일 중 저장온도가 가장 낮은 것은?

① 사과
② 바나나
③ 수박
④ 복숭아

55 칼을 칼끝 모양에 따라 나눌 때 다음은 어떤 칼에 대한 설명인가?

> 칼날 길이를 기준으로 18cm 정도이며, 칼등이 곡선 처리되어 있고, 칼날이 직선인 안정적인 모양이다. 칼이 부드럽고 똑바로 자르기에 좋다.

① 아시아형
② 서구형
③ 다용도칼
④ 과도

56 다음은 식재료 썰기법 중 어떤 방법에 대한 설명인가?

> 둥근 재료의 가장자리를 잘라내어 직사각형으로 만들어 얇게 써는 방법이다.

① 편 썰기
② 깍둑 썰기
③ 채 썰기
④ 골패 썰기

57 죽을 담아내는 과정에 대한 설명으로 가장 적절한 것은?

① 죽상에는 개운하고 매운 반찬을 올린다.
② 죽 그릇을 중앙에 놓고, 오른편에는 조금씩 덜어 먹을 수 있도록 공기를 놓는다.
③ 찌개는 함께 올리지 않는 것이 좋다.
④ 잣죽에 올릴 잣은 고깔채로 올린다.

58 전, 적에 쓸 재료를 고를 때 주의사항으로 옳지 않은 것은?

① 어류는 눈이 불룩하고 눈알이 선명한 것이 좋다.
② 어류의 비늘은 광택이 있고 단단히 부착된 것이 좋다.
③ 패류는 겨울철에는 산란시기로 맛이 없기 때문에 봄철 재료가 더 좋다.
④ 달걀은 표면이 꺼칠꺼칠하고 광택이 없는 것이 좋다.

59 장조림에 쓸 메추리알을 삶을 때는 가끔 저어 주어야 한다. 그 이유로 알맞은 것은?

① 노른자를 가운데에 위치시키기 위해
② 흰자의 탄력을 유지하기 위해
③ 껍질이 잘 벗겨지게 하기 위해
④ 흰자와 노른자를 잘 분리시키기 위해

60 숙채 조리법의 특징으로 옳지 않은 것은?

① 채소를 데칠 때에는 나물로 적합한 질감을 가질 정도로 데쳐야 한다.
② 찌기는 끓이거나 삶기보다 수용성 영양소의 손실이 많다.
③ 볶기는 지용성 비타민의 흡수를 돕고, 수용성 영양소의 손실은 적다.
④ 찌기는 식품 모양이 그대로 유지되는 것이 장점이다.

4회 기출 복원 모의고사

01 감자의 부패에 관여하는 물질은?

① 솔라닌
② 아코니틴
③ 셉신
④ 시큐톡신

02 다음 중 알칼리성 식품의 성분에 해당하는 것은?

① 유즙의 칼슘(Ca)
② 곡류의 염소(Cl)
③ 생선의 황(S)
④ 육류의 인(P)

03 다음에서 설명하는 곰팡이 독소물질은?

> 1960년 영국에서 10만 마리의 칠면조가 간장 장해를 일으켜 대량 폐사한 사고가 발생했다. 원인을 조사한 결과 땅콩에서 번식한 아스퍼질러스플라버스가 생성한 독소가 원인물질로 밝혀졌다.

① 아플라톡신
② 에르고톡신
③ 오크라톡신
④ 루브라톡신

04 「식품위생법」상 총리령으로 정하는 식품위생검사기관이 아닌 것은?

① 지방식품의약품안전청
② 보건환경연구원
③ 식품의약품안전평가원
④ 지역 보건소

05 우리나라에서 간장에 사용할 수 있는 보존료는?

① 이초산나트륨(Sodium Diacetate)
② 안식향산(Benzoic Acid)
③ 소브산(Sorbic Acid)
④ 프로피온산(Propionic Acid)

06 세균의 장독소에 의해 유발되는 식중독은?

① 살모넬라 식중독
② 황색포도상구균 식중독
③ 복어 식중독
④ 장염비브리오 식중독

07 조리사 면허의 취소처분을 받을 때 면허증 반납은 누구에게 하는가?

① 보건복지부장관
② 보건소장
③ 특별자치시장, 특별자치도지사, 시장·군수·구청장
④ 식품의약품안전처장

08 식육 및 어육제품의 가공 시 첨가되는 아질산염과 제2급 아민이 반응하여 생기는 발암물질은?

① PCB
② 말론다이알데하이드
③ 벤조피렌
④ N-니트로사민

09 알레르기성 식중독과 연관이 있는 원인물질과 균은?

① 히스타민, 모르가니균
② 아세토인, 살모넬라균
③ 지방, 장염비브리오균
④ 엔테로톡신, 포도상구균

10 식품 등을 제조·가공하는 영업을 하는 자가 제조·가공하는 식품 등이 「식품위생법」 규정에 의한 기준 및 규격에 적합한지 여부를 검사한 기록서를 보관해야 하는 기간은?

① 6개월
② 1년
③ 2년
④ 3년

11 식육 및 어육 등의 가공육제품의 육색을 안정하게 유지하기 위하여 사용하는 식품첨가물은?

① 아황산나트륨
② 질산나트륨
③ 몰식자산프로필
④ 이산화염소

12 「농산물의 원산지 표시 등에 관한 법률」상 원산지 표시 등의 위반에 대한 처분을 하는 주체가 아닌 것은?

① 식품의약품안전처장
② 관세청장
③ 시장, 군수, 구청장
④ 해양수산부장관

13 라이코펜은 무슨 색이며, 어떤 식품에 많이 들어 있는가?

① 노란색 - 옥수수, 고추, 감
② 노란색 - 새우, 녹차, 노른자
③ 붉은색 - 당근, 호박, 살구
④ 붉은색 - 토마토, 수박, 감

14 조리장에서 식용유 사용과 관련한 화재 발생 시 해당하는 것은?

① A급 화재
② B급 화재
③ C급 화재
④ K급 화재

15 다음 중 함유된 주요 영양소가 잘못 짝지어진 것은?

① 우유 - 칼슘, 단백질
② 북어포 - 당질, 지방
③ 두유 - 지방, 단백질
④ 밀가루 - 당질, 단백질

16 식품의 단백질이 변성되었을 때 나타나는 현상이 아닌 것은?

① 소화효소의 작용을 받기 어려워진다.
② 폴리펩타이드 사슬이 풀어진다.
③ 용해도가 감소한다.
④ 점도가 증가한다.

17 동물이 도축된 후 화학변화가 일어나 근육이 긴장되어 굳어지는 현상은?

① 산화
② 팽화
③ 자기소화
④ 사후경직

18 생선 육질이 소고기 육질보다 연한 것은 주로 어떤 성분의 차이에 의한 것인가?

① 글리코겐
② 콜라겐
③ 헤모글로빈
④ 포도당

19 다음 중 이당류에 속하는 것은?

① 설탕
② 전분
③ 과당
④ 갈락토오스

20 탄수화물의 구성요소가 아닌 것은?

① 질소 ② 탄소
③ 산소 ④ 수소

21 다음 중 비타민에 대한 설명으로 틀린 것은?

① 비타민 C 섭취가 부족하면 괴혈병이 발생한다.
② 비타민 E는 토코페롤이라고도 한다.
③ 카로틴은 프로비타민 A이다.
④ 비타민 B_{12}는 망간(Mn)을 다량 함유한다.

22 시금치나물을 조리할 때 1인당 80g이 필요하다면, 식수인원 1,500명에 적합한 시금치 발주량은? (단, 시금치의 폐기율은 5%이다.)

① 100kg ② 122kg
③ 127kg ④ 132kg

23 냉동육류를 해동시키는 방법 중 영양소 파괴가 가장 적은 것은?

① 실온에서 해동한다.
② 40℃의 미지근한 물에 담근다.
③ 냉장고에서 해동한다.
④ 비닐봉지에 싸서 물속에 담근다.

24 조리기구와 그 용도의 연결이 틀린 것은?

① 필러(Peeler) – 채소의 껍질을 벗길 때
② 육류파운더(Meat Pounder) – 육류를 연화시킬 때
③ 믹서(Mixer) – 재료를 혼합할 때
④ 슬라이서(Slicer) – 채소를 다질 때

25 다음 중 전분을 주재료로 이용하여 만든 음식이 아닌 것은?

① 두부   ② 도토리묵
③ 크림수프 ④ 죽

26 오징어 먹물색소의 주요 색소는?

① 안토잔틴
② 클로로필
③ 유멜라닌
④ 플라보노이드

27 육류의 사후경직과 숙성에 대한 설명으로 틀린 것은?

① 사후경직은 근섬유가 미오글로빈을 형성하여 근육이 수축되는 상태이다.
② 도살 후 글리코겐이 혐기적 상태에서 젖산을 생성하여 pH가 저하된다.
③ 사후경직 시기에는 보수성이 저하되고 육즙이 많이 유출된다.
④ 자가분해효소인 카텝신에 의해 연해지고 맛이 좋아진다.

28 다음 중 식품성 유지가 아닌 것은?

① 버터
② 올리브유
③ 면실유
④ 피마자유

29 다음 식품의 감별법 중 틀린 것은?

① 달걀 – 표면이 거칠고 광택이 없는 것
② 생과일 – 성숙하고 신선하며 청결한 것
③ 송이버섯 – 봉오리가 크고 줄기가 부드러운 것
④ 감자 – 병충해, 발아, 외상, 부패 등이 없는 것

30 알칼로이드성 물질로 커피의 자극성을 나타내고 쓴맛에도 영향을 미치는 성분은?

① 탄닌(Tannin)
② 개미산(Formic Acid)
③ 주석산(Tartaric Acid)
④ 카페인(Caffeine)

31 광화학적 오염물질에 해당하지 않는 것은?

① 케톤
② 오존
③ 탄화수소
④ 알데하이드

32 다음 중 냄새나 증기를 배출시키기 위한 환기시설은?

① 트랜치
② 후드
③ 컨베이어
④ 트랩

33 다음 중 공중보건에 대한 설명으로 틀린 것은?

① 주요 사업대상은 개인의 질병치료이다.
② 목적은 질병예방, 수명연장, 정신적·신체적 효율의 증진이다.
③ 공중보건의 최소단위는 지역사회이다.
④ 환경위생 향상, 감염병 관리 등이 포함된다.

34 에너지 전달에 대한 설명으로 틀린 것은?

① 대부분의 음식은 전도, 대류, 복사 등의 복합적 방법에 의해 에너지가 전달되어 조리된다.
② 물체가 열원에 직접적으로 접촉됨으로써 가열되는 것을 전도라고 한다.
③ 열의 전달속도는 대류가 가장 빠르고, 복사와 전도보다 효율적이다.
④ 대류에 의한 열의 전달은 매개체를 통해서 일어난다.

35 쌀을 지나치게 문질러서 씻을 때 가장 손실이 큰 비타민은?

① 비타민 A
② 비타민 B₁
③ 비타민 C
④ 비타민 E

36 육류 조리에 대한 설명으로 옳은 것은?

① 목심, 양지, 사태 등은 건열조리에 적당하다.
② 안심, 등심, 염통, 콩팥 등은 습열조리에 적당하다.
③ 편육은 고기를 냉수에서 끓이기 시작한다.
④ 탕류는 고기를 찬물에 넣고 끓이고 끓기 시작하면 약한 불에서 끓인다.

37 다음 중 신체의 근육이나 혈액을 합성하는 구성 영양소는?

① 무기질　　② 물
③ 비타민　　④ 단백질

38 다음 중 난백의 기포성에 관한 설명으로 옳은 것은?

① 수양난백이 농후난백보다 기포 형성이 잘 된다.
② 실온에 둔 것보다 냉장고에서 꺼낸 난백의 기포 형성이 쉽다.
③ 신선한 달걀의 난백이 기포 형성이 잘 된다.
④ 난백거품을 낼 때 다량의 설탕을 넣으면 기포 형성이 잘 된다.

39 히스타민 함량이 많아 알레르기 식중독을 가장 일으키기 쉬운 어육은?

① 대구　　② 넙치
③ 가다랑어　　④ 도미

40 다음 중 온열요소가 아닌 것은?

① 기온
② 기습
③ 기류
④ 기압

41 일반적으로 생선의 맛이 좋아지는 시기는?

① 산란기 때
② 산란기 몇 개월 전
③ 산란기 직후
④ 산란기 몇 개월 후

42 감염병의 병원체를 내포하고 있어 감수성 숙주에게 병원체를 전파시킬 수 있는 근원이 되는 모든 것을 의미하는 용어는?

① 감염원
② 병원소
③ 감염경로
④ 미생물

43 식품 구입 시 감별방법으로 틀린 것은?

① 육류가공품인 소시지는 담홍색을 띠며 탄력성이 없는 것
② 밀가루는 잘 건조되고 덩어리가 없으며 냄새가 없는 것
③ 감자는 굵고 상처가 없으며 발아되지 않은 것
④ 생선은 탄력이 있으며 아가미는 선홍색이고 눈알이 맑은 것

44 과일이 성숙함에 따라 일어나는 성분 변화가 아닌 것은?

① 과육은 점차로 연해진다.
② 탄닌이 증가한다.
③ 엽록소가 분해되면서 푸른색은 점점 옅어진다.
④ 비타민 C와 카로틴 함량이 증가한다.

45 생선 조리방법으로 적합하지 않은 것은?

① 탕을 끓일 경우 국물을 먼저 끓인 후에 생선을 넣는다.
② 생선조림은 양념장을 끓이다가 생선을 넣는다.
③ 생선 표면을 물로 씻으면 어취가 감소된다.
④ 생강은 처음부터 넣어야 어취 제거에 효과적이다.

46 박력분에 대한 설명 중 옳은 것은?

① 우동 제조에 쓰인다.
② 마카로니 제조에 쓰인다.
③ 단백질 함량이 10% 이하이다.
④ 글루텐의 탄력성과 점성이 강하다.

47 사시, 동공확대, 언어장애 등 특유의 신경마비 증상을 나타내며 비교적 높은 치사율을 보이는 식중독 원인균은?

① 클로스트리디움보툴리눔균
② 황색포도상구균
③ 병원성 대장균
④ 바실러스 세레우스균

48 화재예방에 대한 설명 중 옳지 않은 것은?

① 뜨거운 오일이나 유지 등 화염원 근처에 물건을 적재하지 않는다.
② 화재 위험성이 있는 화기나 설비 주변은 정기적으로 점검한다.
③ 정기적으로 화재예방에 대한 교육을 실시한다.
④ 전기 사용지역은 불이 났을 때를 대비해 물 사용이 많은 곳으로 하는 것이 좋다.

49 다음에서 설명하는 영양소는?

- 원소기호는 (I)이다.
- 인체의 미량원소. 주로 갑상선 호르몬인 타이록신과 트리요오드티로닌의 구성원소로 갑상선에 들어 있다.

① 요오드
② 철
③ 마그네슘
④ 셀레늄

50 다음 중 독버섯이 아닌 것은?

① 알광대버섯
② 차가버섯
③ 끈적버섯
④ 독우산광대버섯

51 HACCP의 7가지 원칙에 해당되지 않는 것은?

① 개선조치 방법 수립
② 회수명령의 기준 설정
③ 중요관리점(CCP) 결정
④ 위해요소 분석

52 동물성 식품에서 유래하는 식중독 유발 독성분은?

① 아마니타톡신
② 솔라닌
③ 베네루핀
④ 시큐톡신

53 감자는 껍질을 벗겨두면 색이 변하는데 이를 막기 위한 방법은?

① 냉장고에 보관한다.
② 냉동시킨다.
③ 물에 담근다.
④ 공기 중에 방치한다.

54 한 가지 맛을 본 직후에 다른 맛을 정상적으로 느끼지 못하는 맛의 현상은?

① 대비현상　　② 상쇄현상
③ 억제현상　　④ 변조현상

55 육류의 부패과정에서 pH가 약간 저하되었다가 다시 상승하는 데 관계하는 것은?

① 암모니아　　② 글리코겐
③ 비타민　　　④ 지방

56 다음 중 식물성 색소가 아닌 것은?

① 클로로필
② 카로티노이드
③ 미오글로빈
④ 플라보노이드

57 육회 재료준비에 대한 내용으로 적절하지 않은 것은?

① 육회에 사용하는 고기는 살코기인 우둔 부위를 쓴다.
② 소고기는 일정한 굵기로 결 방향으로 채 썬다.
③ 소고기는 핏물을 제거하고 힘줄이나 기름기 등을 제거한다.
④ 채를 썬 배는 변색을 방지하기 위해 설탕물에 담갔다가 건진다.

58 식품 취급자가 손을 씻는 방법으로 적합하지 않은 것은?

① 팔에서 손으로 씻어 내려온다.
② 살균효과를 증대시키기 위해 역성비누액에 일반 비누액을 섞어 사용한다.
③ 역성비누 원액을 손에 받아 30초 이상 문지르고 흐르는 물로 씻는다.
④ 손을 씻은 후 비눗물을 흐르는 물에 충분히 씻는다.

59 죽 조리방법에 대한 설명으로 옳은 것은?

① 죽을 쑤는 냄비나 솥은 얇은 재질의 것이 좋다.
② 간은 처음부터 하는 것이 좋다.
③ 죽을 쑤는 동안에는 자주 저어주는 것이 좋다.
④ 죽의 물 양은 쌀 용량의 5~6배가 적당하다.

60 다음 중 찌개의 국물과 건더기의 비율로 알맞은 것은?

① 2:1
② 1:2
③ 6:4
④ 4:6

5회 기출 복원 모의고사

01 「식품위생법」상 집단급식소의 조리사 직무로 옳은 것은?
① 급식설비 및 기구의 위생·안전실무
② 종업원에 대한 식품위생교육
③ 집단급식소에서의 검식 및 배식관리
④ 구매식품의 검수 및 관리

02 알칼리성 식품에 속하는 것은?
① 곡류
② 채소류
③ 어패류
④ 육류

03 식품 및 축산물 안전관리인증기준(HACCP) 수행단계에서 가장 먼저 실시하는 것은?
① 관리기준 결정
② 기록유지 방법의 설정
③ 식품의 위해요소 분석
④ 중요관리점 규명

04 「식품위생법」상 조리사가 식중독이나 그 밖에 위생과 관련한 중대한 사고발생에 직무상 책임이 있을 때 1차 위반 시의 행정처분 기준은?
① 업무정지 15일
② 업무정지 1개월
③ 업무정지 2개월
④ 면허취소

05 카드뮴이나 수은 등의 중금속 오염 가능성이 가장 큰 식품은?
① 육류
② 식용유
③ 통조림
④ 어패류

06 과채류의 품질유지를 위한 피막제로만 사용되는 식품첨가물은?
① 인산나트륨
② 만니톨
③ 실리콘수지
④ 몰포린지방산염

07 식품의 조리 또는 가공 시 생성되는 유해물질과 그 생성원인을 잘못 짝지은 것은?
① N-니트로사민은 육가공품의 발색제 사용으로 인한 아질산과 아민의 반응 생성물
② 다환방향족탄화수소는 유기물질을 고온으로 가열할 때 생성되는 단백질이나 지방의 분해생성물
③ 아크릴아마이드는 전분식품 가열 시 아미노산과 당의 열에 의한 결합반응 생성물
④ 헤테로사이클릭아민은 주류 제조 시 에탄올과 카바밀기의 반응에 의한 생성물

08 소독의 지표가 되는 소독제는?
① 석탄산
② 과산화수소
③ 크레졸
④ 포르말린

09 화학성 식중독의 원인이 아닌 것은?
① 환경오염 물질에 기인하는 식품의 유독성분
② 설사성 패류 중독
③ 중금속에 의한 중독
④ 유해성 식품첨가물에 의한 중독

10 식중독 중 해산어류를 통해 많이 발생하는 식중독은?
① 살모넬라균 식중독
② 클로스트리디움보툴리눔
③ 장염비브리오균 식중독
④ 황색포도상구균 식중독

11 색소를 함유하고 있지는 않지만, 식품 중의 성분과 결합하여 색을 안정화시키면서 선명하게 하는 식품첨가물은?
① 발색제 ② 착색료
③ 보존료 ④ 산화방지제

12 세균으로 인한 식중독 원인물질에 해당하지 않는 것은?
① 아플라톡신
② 장염비브리오균
③ 살모넬라균
④ 보툴리눔독소

13 식품에 존재하는 물의 형태 중 자유수에 대한 설명으로 틀린 것은?
① 100℃에서 증발하여 수증기가 된다.
② 식품을 건조시킬 때 쉽게 제거된다.
③ -20℃에서도 얼지 않는다.
④ 식품에서 미생물의 번식에 이용된다.

14 식품의 수분활성도(Aw)란?
① 자유수와 결합수의 비
② 식품의 수증기압과 그 온도상 물의 수증기압의 비
③ 식품의 상대습도와 주위 온도와의 비
④ 식품의 단위시간당 수분증발량

15 「식품위생법」에 명시된 목적이 아닌 것은?
① 국민 건강의 보호·증진에 이바지
② 식품으로 인한 위생상의 위해 방지
③ 식품영양의 질적 향상 도모
④ 건전한 유통·판매 도모

16 먹다 남은 찹쌀떡을 보관하려고 할 때 노화가 가장 빨리 일어나는 보관방법은?
① 온장고 보관   ② 냉동고 보관
③ 냉장고 보관   ④ 상온 보관

17 판매를 목적으로 식품 등을 제조·가공·소분·수입 또는 판매한 영업자가 식품 등의 위해와 관련이 있는 규정을 위반하여 유통 중인 해당 식품 등을 회수하고자 할 때 회수계획을 보고해야 하는 대상이 아닌 것은?
① 시·도지사
② 식품의약품안전처장
③ 시장·군수·구청장
④ 보건소장

18 양갱을 만들 때 필요한 재료가 아닌 것은?
① 한천   ② 설탕
③ 젤라틴 ④ 팥앙금

19 조리방법에 대한 설명 중 틀린 것은?

① 양파를 썬 후 강한 향을 없애기 위해 식초를 뿌려 효소작용을 억제시켰다.
② 무 초절임 쌈을 할 때 얇게 썬 무를 식소다 물에 담가두면, 무의 색소성분인 알칼리에 의해 흰색이 유지된다.
③ 사골의 핏물을 우려내기 위해 찬물에 담가 혈색소인 수용성 헤모글로빈을 용출시켰다.
④ 모양을 내어 썬 양송이에 레몬즙을 뿌려 색이 변하는 것을 억제시켰다.

20 하루의 필요열량이 2,700kcal이고, 이 중 14%에 해당하는 열량을 지방에서 얻으려고 할 때 필요한 지방의 양은?

① 36g
② 42g
③ 81g
④ 94g

21 무기질로만 짝지어진 것은?

① 지방, 나트륨, 비타민 A
② 아미노산, 요오드, 지방
③ 칼슘, 인, 철
④ 지방산, 염소, 비타민 B

22 단맛을 갖는 대표적인 식품과 가장 거리가 먼 것은?

① 곤약
② 사탕무
③ 벌꿀
④ 감초

23 철과 마그네슘을 함유한 색소를 순서대로 나열한 것은?

① 미오글로빈, 클로로필
② 안토시아닌, 플라보노이드
③ 클로로필, 안토시아닌
④ 카로티노이드, 미오글로빈

24 생선을 구울 때 일어나는 현상에 대한 설명으로 틀린 것은?

① 식품 자체의 수용성 성분이 표피 가까이로 이동된다.
② 고온으로 가열되므로 표면의 단백질이 응고된다.
③ 식품 특유의 맛과 향이 잘 생성된다.
④ 식품 표면 주위에 수분이 많아져 수용성 물질의 손실이 적다.

25 효소의 주된 구성성분은?

① 지방
② 단백질
③ 탄수화물
④ 비타민

26 다음 중 채소의 가공 시 가장 손실되기 쉬운 비타민은?

① 비타민 A
② 비타민 B
③ 비타민 C
④ 비타민 D

27 채소를 데칠 때 뭉그러짐을 방지하기 위한 가장 적당한 소금의 농도는?

① 1%
② 10%
③ 20%
④ 30%

28 다음 중 복어독의 특징에 관한 설명으로 옳은 것은?
① 복어독은 신경독으로 수족 및 전신의 운동마비, 호흡 및 혈관운동 마비, 지각신경 마비를 일으킨다.
② 테트로도톡신은 알칼리에 강하고 산에 약하다.
③ 열에 대한 저항성이 약해 4시간 정도 가열하면 거의 파괴된다.
④ 복어독은 무색, 무미, 무취이나 물과 알코올에 녹는다.

29 김치의 독특한 맛을 나타내는 성분과 거리가 먼 것은?
① 유기산　② 지방
③ 젖산　④ 아미노산

30 우유 100mL에 칼슘이 180mg 정도 들어 있다면, 우유 250ml에는 칼슘이 약 몇 mg 정도 들어 있는가?
① 450mg　② 540mg
③ 595mg　④ 650mg

31 육류의 가열조리 시 나타나는 현상으로 틀린 것은?
① 풍미의 증진
② 부피의 증가
③ 색의 변화
④ 수축 및 중량 감소

32 편육을 끓는 물에 삶는 이유는?
① 고기 냄새를 없애기 위해
② 육질을 단단하게 하기 위해
③ 지방 용출을 적게 하기 위해
④ 국물에 맛 성분이 적게 용출되도록 하기 위해

33 냉동생선을 해동하는 방법으로 위생적이며 영양 손실이 가장 적은 경우는?
① 냉장고 속에서 해동한다.
② 40℃의 미지근한 물에 담가둔다.
③ 18~22℃ 실온에 방치한다.
④ 흐르는 물에 담가둔다.

34 육류가공품 제조 시 질산염 처리를 한 후 형성되는 것으로 열에도 안전한 선홍색의 주체는?
① 메트미오글로빈
② 나이트로소미오글로빈
③ 헤모글로빈
④ 옥시미오글로빈

35 원가 계산의 목적으로 옳지 않은 것은?
① 경영손실을 제품가격에서 만회하기 위해
② 예산편성의 기초자료로 활용하기 위해
③ 제품의 판매가격을 결정하기 위해
④ 원가절감의 방안을 모색하기 위해

36 다음 조리법 중 비타민 C 파괴율이 가장 작은 것은?
① 시금치국　② 오이지
③ 무생채　④ 고사리무침

37 당근의 구입단가는 kg당 1,300원이다. 10kg 구매 시 표준수율이 86%라면, 당근 1인분(80g)의 원가는 약 얼마인가?
① 51원　② 121원
③ 151원　④ 181원

38 총원가는 제조원가에 무엇을 더한 것인가?

① 제조간접비
② 판매관리비
③ 이익
④ 판매가격

39 생선을 프라이팬이나 석쇠에 구울 때 들러붙지 않도록 하는 방법으로 적절하지 않은 것은?

① 기구는 먼저 달구어서 사용한다.
② 낮은 온도에서 서서히 굽는다.
③ 기구 표면에 기름을 칠하여 막을 만들어 준다.
④ 기구의 금속면을 테플론(Teflon)으로 처리한 것을 사용한다.

40 식혜를 만드는 데 사용되는 주효소는?

① 피테이스(피타아제)
② 라이페이스(라파아제)
③ 프로테이스(프로테아제)
④ 아밀레이스(아밀라아제)

41 에너지 공급원으로 감자 160g을 보리쌀로 대체할 때 필요한 보리쌀의 양은? (단, 감자의 당질함량은 14.4%이고 보리쌀의 당질함량은 68.4%이다.)

① 20.9g
② 27.6g
③ 31.5g
④ 33.7g

42 식단을 작성하고자 할 때 식품의 선택요령으로 가장 적합한 것은?

① 한창 제철일 때보다 한발 앞서서 식품을 구입하여 식단을 구성하는 것이 보다 새롭고 경제적이다.
② 영양보다는 경제적인 효율성을 우선으로 고려한다.
③ 소고기가 비싸서 대체식품으로 닭고기를 선정했다.
④ 시금치의 대체식품으로 값이 싼 달걀을 구매했다.

43 생선 조리에 대한 설명으로 옳은 것은?

① 생선에 식초를 바르거나 석쇠를 달군 후 구이를 하는 것은 지방을 빨리 굳게 하기 위해서이다.
② 생선을 가열 조리할 때는 60℃ 이상에서 가열해야 영양가를 보존할 수 있다.
③ 생강이나 파를 넣을 때는 생선과 함께 넣어 향이 배도록 한다.
④ 처음 10분 정도는 뚜껑을 닫고 끓여야 생선의 제맛을 낼 수 있다.

44 기생충과 중간숙주의 연결이 틀린 것은?

① 십이지장충 – 모기
② 말라리아 – 사람
③ 폐흡충 – 가재, 게
④ 무구조충 – 소

45 다음 중 한식 조리에서 고명으로 사용되지 않는 것은?

① 미나리초대, 석이버섯
② 산초, 후추
③ 황백지단, 은행
④ 잣, 호두, 은행

46 신선한 달걀의 감별법으로 설명이 잘못된 것은?
① 흔들 때 내용물이 잘 흔들린다.
② 햇빛(전등)에 비출 때 공기집의 크기가 작다.
③ 6%의 소금물에 넣으면 가라앉는다.
④ 깨뜨려 접시에 놓으면 노른자가 볼록하고 흰자의 점도가 높다.

47 감염병 중 비말감염과 관계가 먼 것은?
① 백일해
② 디프테리아
③ 중동호흡기증후군
④ 발진열

48 조리 시 일어나는 비타민과 무기질의 변화 중 맞는 것은?
① 비타민 D는 자외선과 접하는 부분이 클수록 혹은 오래 끓일수록 파괴율이 높아진다.
② 과일을 깎을 때 쇠칼을 사용하는 것이 맛, 영양가, 외관상 좋다.
③ 비타민 A는 지방음식과 함께 섭취할 때 흡수율이 높아진다.
④ 색소의 고정효과로는 Ca^{++}이 많이 사용되며 식물 색소를 고정시킨다.

49 다음 중 다시마 표면의 하얀 분말성분은?
① 글루타민산
② 소금
③ 카로틴
④ 만니톨

50 밀감이 쉽게 갈변되지 않는 주된 이유는?
① 비타민 C의 함량이 많으므로
② Cu, Fe 등의 금속이온이 많으므로
③ 섬유소 함량이 많으므로
④ 비타민 A의 함량이 많으므로

51 채소류의 신선도 선별방법으로 옳지 않은 것은?
① 토마토는 만졌을 때 단단하고 무거운 느낌이 드는 것이 좋다.
② 가지는 무거울수록 부드럽고 맛이 좋으며 구부러진 모양이 좋다.
③ 오이는 꼭지가 마르지 않고 색깔이 선명한 것이 좋다.
④ 애호박은 굵기가 일정하고 단단한 것이 좋다.

52 식품에서 대장균이 검출되었을 때 식품위생상 중요한 의미는?
① 대장균은 비병원성이므로 위생적이다.
② 대장균 자체가 병원성이므로 위험하다.
③ 병원미생물의 오염 가능성이 있다.
④ 음식물이 변패 또는 부패되었다.

53 찹쌀의 아밀로오스와 아밀로펙틴에 대한 내용으로 옳은 것은?
① 아밀로오스 함량이 더 많다.
② 아밀로펙틴은 존재하지 않는다.
③ 아밀로스 함량과 아밀로펙틴의 함량이 거의 같다.
④ 아밀로펙틴으로 이루어져 있다.

54 옹근죽에 대한 설명으로 옳은 것은?
① 쌀을 통으로 쑤는 죽
② 곡물을 고아서 체에 받친 것
③ 쌀알을 완전히 곱게 갈아서 만드는 죽
④ 쌀알을 반 정도 갈아서 만드는 죽

55 김치를 저장할 때 김치 조직의 연부현상이 일어나는 이유에 대한 설명으로 가장 거리가 먼 것은?
① 미생물이 펙틴분해효소를 생성하기 때문에
② 조직을 구성하고 있는 펙틴질이 분해되기 때문에
③ 용기에 꾹 눌러담지 않아 내부에 공기가 존재하여 호기성 미생물이 성장 번식하기 때문에
④ 김치가 국물에 잠겨 수분을 흡수하기 때문에

56 칼슘의 흡수를 방해하는 인자는?
① 단백질
② 옥살산
③ 유당
④ 비타민 C

57 실내 공기오염의 지표로 이용되는 기체는?
① 일산화탄소
② 산호
③ 이산화탄소
④ 질소

58 환경위생의 개선으로 발생이 감소되는 감염병과 가장 거리가 먼 것은?
① 장티푸스
② 콜레라
③ 이질
④ 인플루엔자

59 다음 중 제2급 감염병이 아닌 것은?
① 파라티푸스
② 유행성이하선염
③ 디프테리아
④ 세균성이질

60 다음 중 열매를 이용하는 열매채소는?
① 시금치
② 호박
③ 배추
④ 마늘

부록 OX 퀴즈

001 「식품위생법」 제40조 식품영업자 및 종사자는 모두 매년 1회 이상 건강검진을 받아야 한다.
○ / X

002 미생물 중 크기가 가장 큰 것은 '세균'이다.
○ / X

003 미생물의 3대 조건은 영양소, 수분, 온도이다.
○ / X

004 지방(유지)성분이 공기 중에 방치되었을 때 산소, 일광, 금속 등에 의해 산화되어 불쾌한 냄새가 나며 변질되는 현상을 '변패'라고 한다.
○ / X

005 단백질을 주성분으로 하는 식품이 혐기성 미생물에 의해 분해되어 인체에 유해한 성분(트리메틸아민, 암모니아 등)을 생성하여 변질되는 현상을 '부패'라고 한다.
○ / X

006 트리메틸아민은 어류의 부패판정 척도로 100g 중 3~4mg%이면 초기부패로 판정한다.
○ / X

007 초고온순간살균법은 90℃~120℃에서 약 60분간 가열 살균한다.
○ / X

008 CA저장법은 주로 육류의 저장에 사용한다.
○ / X

009 항문에 기생하며 산란하는 기생충은 구충이다.
○ / X

010 동양모양선충은 채소류를 통해 감염되는 기생충이다.
○ / X

011 소를 통해 감염되는 기생충은 유구조충이다.
○ / X

| 001 | ○ | 002 | × | 003 | ○ | 004 | × | 005 | ○ | 006 | ○ | 007 | × | 008 | × | 009 | × | 010 | ○ | 011 | × |

012 돼지를 통해 감염되는 기생충은 선모충이다.
   ○   X

013 유구조충은 돼지를 통해 감염되는 기생충이다.
   ○   X

014 간흡충의 2중간숙주는 민물게와 가재다.
   ○   X

015 폐흡충의 1중간숙주는 다슬기이다.
   ○   X

016 아니사키스충은 고래에서 발견되는 기생충이다.
   ○   X

017 분변오염의 지표균은 장구균이다.
   ○   X

018 말라리아는 인간이 중간숙주이다.
   ○   X

019 미생물의 생활력을 파괴하여 세포를 사멸시키는 것을 '멸균'이라 한다.
   ○   X

020 멸균은 소독력의 크기 중 가장 크다.
   ○   X

021 소독약의 살균력 지표로 사용되는 것은 역성비누이다.
   ○   X

022 간장에 쓰이는 보존료는 안식향산나트륨이다.
   ○   X

023 구연산, 주석산은 감미료 중 하나이다.
   ○   X

| 012 | ○ | 013 | ○ | 014 | × | 015 | ○ | 016 | ○ | 017 | × | 018 | ○ | 019 | × | 020 | ○ | 021 | × | 022 | ○ | 023 | × |

024 아질산나트륨은 육색 발색제로 사용된다. [O]

025 식품 제조공정 중 생기는 거품을 소멸하거나 감소시키기 위해 사용되는 규소수지는 소포제의 종류이다. [O]

026 둘신, 페랄라틴은 유해 착색제이다. [X]

027 육가공품의 발색제 사용으로 인한 아질산과 아민의 결합반응으로 생성되는 발암물질은 N-니트로사민이다. [O]

028 식용유 등의 유지를 발열점 이상으로 가열 시 발생되는 발암성 물질은 아크릴아마이드이다. [X]

029 카드뮴은 미나마타병을 일으킨다. [X]

030 수은은 이타이이타이병을 일으킨다. [X]

031 HACCP의 원칙 1은 식품의 위해요소 분석이다. [O]

032 살모넬라 식중독은 독소형 식중독이다. [X]

033 장염비브리오 식중독의 원인식품은 육류, 난류 등이다. [X]

034 황색포도상구균 식중독은 감염형 식중독이다. [X]

035 황색포도상구균의 독소는 엔테로톡신(장독소)이다. [O]

024	025	026	027	028	029	030	031	032	033	034	035
O	O	X	O	X	X	X	O	X	X	X	O

036 보툴리누스균의 독소는 뉴로톡신(신경독소)이다.

037 복어독의 독소는 테트로도톡신으로 피부에 가장 많이 함유되어 있다.

038 소라, 고동의 독소는 베네루핀이다.

039 섭조개(홍합), 대합 등의 독소는 삭시톡신으로 열에 잘 파괴된다.

040 아마니타톡신은 독버섯의 독소성분이다.

041 독미나리의 독소는 아미그달린이다.

042 알레르기성 식중독의 원인독소는 테트로도톡신이다.

043 히스타민이 많이 함유되어 있는 식품은 흰살 생선이다.

044 아스퍼질러스플라버스 곰팡이가 식품에 증식하여 생성된 독소는 아플라톡신(간장독)이다.

045 보건 수준의 대표적인 지표는 조사망률이다.

046 공중보건의 최소단위는 개인이다.

047 공중보건의 3대 목적은 질병예방 및 치료, 수명연장, 건강증진이다.

---

036 ○ 037 × 038 × 039 × 040 ○ 041 × 042 × 043 × 044 ○ 045 × 046 × 047 ×

048 건강의 3요소는 환경, 유전, 개인의 행동 및 습관이다.
　　　○　**✗**

049 자외선의 살균력이 가장 큰 파장은 2,800~3,200Å이다.
　　　○　**✗**

050 자외선은 비타민 D의 형성에 도움을 준다.
　　　○　✗

051 감각온도의 3요소는 기온, 기습, 기체이다.
　　　○　**✗**

052 공기 중 가장 많이 포함되어 있는 성분은 산소이다.
　　　○　**✗**

053 실내오염의 지표로 산성비의 원인이 되는 오염물질은 일산화탄소이다.
　　　○　**✗**

054 실내공기의 오염지표는 이산화탄소이다.
　　　○　✗

055 다수인이 장시간 밀집한 장소에서 두통, 현기증, 불쾌감이 드는 증상의 원인은 군집독이다.
　　　○　✗

056 장티푸스, 세균성이질, 파라티푸스는 수인성 감염병에 속한다.
　　　○　✗

057 하수 처리과정 중 부패조법, 임호프탱크법에 속하는 처리법은 호기성분해처리이다.
　　　○　**✗**

058 용존산소량(DO)이 낮을수록 깨끗하고 좋은 물이다.
　　　○　**✗**

059 생화학적산소요구량(BOD)은 높을수록 깨끗하고 좋은 물이다.
　　　○　**✗**

| 048 | ○ | 049 | ✗ | 050 | ○ | 051 | ✗ | 052 | ✗ | 053 | ✗ | 054 | ○ | 055 | ○ | 056 | ○ | 057 | ✗ | 058 | ✗ | 059 | ✗ |

060 진개의 분류 중 가정(주방)에서 나오는 동식물성 유기물(가장 많은 부분을 차지)을 '주개'라 한다.

○   X

061 실외공기의 오염지표는 일산화탄소이다.

○   X

062 분진에 의해 발생되는 질병으로는 규폐증, 석면폐증, 진폐증이 있다.

○   X

063 감염원(병원소)은 병원체가 증식 및 생활하면서 다른 숙주에 전파될 가능성을 가지고 저장되어 있는 장소이며, 질병을 일으키는 원인이다.

○   X

064 예방접종으로 생성되는 면역은 자연능동면역이다.

○   X

065 질병감염 후 형성되는 면역은 자연능동면역이다.

○   X

066 모체로부터 얻은 면역은 수동면역이다.

○   X

067 홍역, 백일해, 폴리오는 영구면역이 되는 질병이다.

○   X

068 결합수는 0℃ 이하에서 동결된다.

○   X

069 수분활성도란 임의의 온도에서 식품이 나타내는 수증기압을 그 온도의 순수한 물의 최대 수증기압으로 나눈 것이다.

○   X

070 탄수화물의 구성원소는 탄소(C), 수소(H), 질소(N)이다.

○   X

071 탄저, 신종인플루엔자, 디프테리아는 1급 감염병 종류에 속한다.

○   X

060	061	062	063	064	065	066	067	068	069	070	071
○	×	○	○	×	○	○	○	×	○	×	○

072 결핵, 콜레라, 장티푸스, 세균성이질은 2급 감염병 종류에 속한다.
- ○ / **X**

073 탄수화물은 1g당 9kcal의 에너지를 발생한다.
- ○ / **X**

074 자당, 맥아당, 젖당은 이당류에 속한다.
- **○** / X

075 맥아당은 포도당 + 과당의 결합체이다.
- ○ / **X**

076 젖당은 포도당 + 갈락토오스의 결합체이다.
- **○** / X

077 필수지방산의 종류로는 리놀레산, 리놀렌산, 아라키돈산 등이 있다.
- **○** / X

078 우유, 마요네즈는 수중유적형 식품이다.
- **○** / X

079 참기름, 유채유, 콩기름은 건성유에 속한다.
- ○ / **X**

080 비타민 A의 결핍증상은 구루병이다.
- ○ / **X**

081 비타민 E는 토코페롤이라고도 한다.
- **○** / X

082 비타민 D의 결핍증상은 구순염이다.
- ○ / **X**

083 조리 중 가장 많이 파괴되는 비타민은 비타민 C이다.
- **○** / X

| 072 | ○ | 073 | × | 074 | ○ | 075 | × | 076 | ○ | 077 | ○ | 078 | ○ | 079 | × | 080 | × | 081 | ○ | 082 | × | 083 | ○ |

084 녹색채소에 산성을 가하면 녹갈색으로 변하는데 이 현상은 페오피틴이 발생되기 때문이다. ○ / X

085 동·식물에 널리 분포하는 황색, 주황색, 적색의 색소는 카로티노이드 색소이다. ○ / X

086 과일이나 꽃, 채소 등에 있는 적색, 자색의 색소는 안토잔틴 색소이다. ○ / X

087 동물의 혈액색소는 미오글로빈이다. ○ / X

088 동물의 근육색소는 미오글로빈으로 산소와 결합하면 메트미오글로빈으로 변해 선명한 적색을 띤다. ○ / X

089 오징어와 문어의 먹물에 함유된 색소는 멜라닌이다. ○ / X

090 식품의 갈변 중 감자의 갈변에 영향을 주는 효소는 폴리페놀옥시다아제이다. ○ / X

091 오이의 쓴맛을 내는 성분은 쿠쿠르비타신이다. ○ / X

092 서로 다른 맛성분을 혼합할 경우 주된 맛이 강해지는 현상으로 단맛에 소량의 짠맛을 넣을 때 단맛이 증가되는 현상은 '맛의 상승현상'이다. ○ / X

093 식품구매계약 방법으로 원하는 품질의 물품가격을 합당하게 제시한 업체와 계약을 체결하며, 공식적인 구매방법에 속하는 것은 수의계약이다. ○ / X

094 먼저 구입한 재료부터 먼저 소비하며 가격변동이 있는 상품의 경우, 나중에 들어온 재료의 가격을 기준으로 재고자산을 평가하는 재고자산 평가방법은 선입선출법이다. ○ / X

| 084 | ○ | 085 | ○ | 086 | × | 087 | × | 088 | × | 089 | ○ | 090 | × | 091 | ○ | 092 | × | 093 | × | 094 | ○ |

095 달걀은 표면이 매끄럽고 광택이 있는 것이 신선한 달걀이다.

096 직접원가를 구하는 공식은 직접경비+직접노무비+직접재료비이다.

097 칼날 길이가 18cm 정도로 칼등이 곡선처리되어 있으며 칼날이 안정적인 직선형태로 이루어진 것은 아시아형 칼이다.

098 가루 상태의 식품을 계량할 때 계량컵이나 계량스푼에 채워 계량하고, 빈 공간 없이 꾹꾹 눌러 가득 채워서 평면이 되도록 깎아 계량한다.

099 전분에 물을 넣고 가열 시 전분입자가 물을 흡수하여 팽창하고 점성을 지닌 반투명의 콜로이드 형태의 전분이 되는데, 이 현상을 '전분의 노화'라고 한다.

100 호화된 전분을 상온방지 및 냉장보관 시 수분의 증발 등으로 단단하고 딱딱하게 굳어지며 β전분으로 돌아가는 현상을 '전분의 노화(β화)'라 한다.
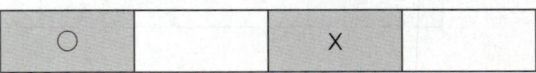

101 물이 없는 상태로 전분을 160~170℃로 가열 시 가용성 전분을 거쳐 덱스트린으로 변하게 되는데 이것을 '전분의 호정화'라고 한다.

102 쌀의 단백질 성분은 글리아딘이다.
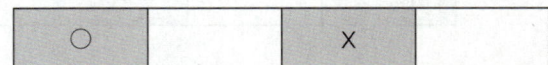

103 강력분은 글루텐 함량이 10% 이상이며 만두피, 국수류를 만들 때 사용한다.
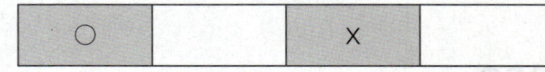

104 박력분은 글루텐 함량이 10% 이하이며 과자류, 케이크, 튀김옷 등을 만들 때 사용한다.
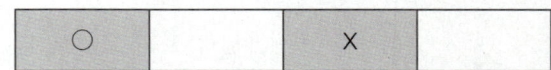

| 095 | × | 096 | ○ | 097 | ○ | 098 | × | 099 | × | 100 | ○ | 101 | ○ | 102 | × | 103 | × | 104 | ○ |

105 밀가루 단백질 중 탄성이 높은 글루테닌(glutenin)과 점성이 높은 글리아딘(gliadin)이 물과 결합하여 점탄성을 갖는 글루텐(gluten)이 형성된다.

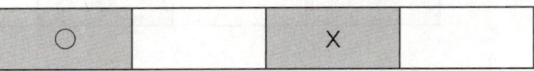

106 두부는 콩의 단백질 성분인 글리시닌이 무기염류에 의해 응고되는 성질을 이용해 만든 것이다.

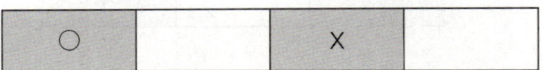

107 두부응고제로 사용되는 물질은 염화칼슘, 염화나트륨, 마그네슘이다.

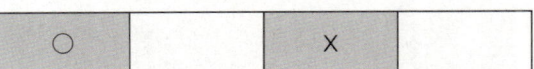

108 젤리의 3요소는 펙틴(1~1.5%), 유기산(pH2.8~3.4), 당분(60~65%)이다.

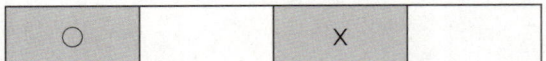

109 미오신과 액틴이 결합 액토미오신을 생성하여 근육이 경직되는 현상을 '사후강직'이라고 한다.

110 파인애플에 들어 있는 단백질 분해효소 효소는 프로테아제이다.

111 동물의 뼈나 가죽에 존재하는 콜라겐의 가수분해로 얻어진 물질을 '젤라틴'이라고 한다.

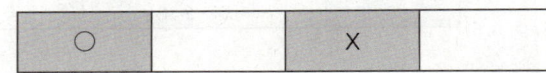

112 달걀의 응고성을 이용하여 만든 식품으로는 케이크, 과자류가 있다.

113 우유로 치즈를 만들 때 사용되는 우유단백질 성분은 레닌이다.

114 생선 비린내를 제거하는 방법으로는 생선을 물로 씻어내지 않기, 조리 시 생강을 처음부터 넣고 조리하기, 뚜껑을 닫고 조리하기 등이 있다.

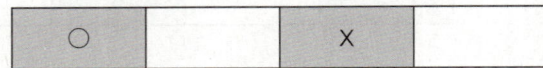

| 105 | ○ | 106 | ○ | 107 | × | 108 | ○ | 109 | ○ | 110 | × | 111 | ○ | 112 | × | 113 | × | 114 | × |

115 어묵은 어류(생선)의 단백질인 팩틴이 소금에 용해되어 엉기면서 응고되는 원리를 이용해 만든다.

○   X

116 건조된 다시마 표면의 흰색가루 성분은 만니톨이다.

○   X

117 한천은 양갱, 유제품의 안정제, 곰팡이 세균 등의 배지에 이용된다.

○   X

118 유화 중 유중수적형은 물속에 기름이 분산된 형태로 우유, 마요네즈, 아이스크림 등의 식품에 해당된다.

○   X

119 유지의 경화는 유지에 질소를 첨가하고 니켈과 백금을 넣고 고체상태로 만든 것으로 마가린, 쇼트닝 등 있다.

○   X

120 건성유는 요오드가 100~130으로 참기름, 유채유, 콩기름 등이 있다.

○   X

121 조미료의 첨가 순서는 설탕, 소금, 식초, 간장, 된장, 고추장 순이다.

○   X

122 마늘(알리신), 고추(캡사이신), 겨자(차비신), 후추(시니그린)는 매운맛 성분을 가지고 있다.

○   X

123 쌀알 그대로 끓여낸 죽을 '옹근죽'이라고 한다.

○   X

124 궁중에서 찌개를 일컫는 말을 '조치'라 한다.

○   X

| 115 | X | 116 | ○ | 117 | ○ | 118 | X | 119 | X | 120 | X | 121 | ○ | 122 | X | 123 | ○ | 124 | ○ |

125 미나리초대는 미나리 줄기부분을 다듬어 꼬치에 끼운 후 밀가루와 계란물을 묻혀 지진 것이다.

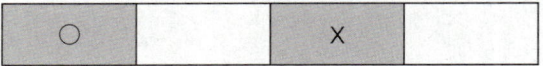

126 수라상은 임금, 대전, 중전, 대비 등 왕실에서 먹는 아침과 저녁상으로 9첩 반상차림이다.

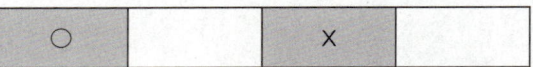

127 고기를 삶을 때 고기국물을 사용하고자 할 때는 끓는 물에 고기를 넣어 가열한다.

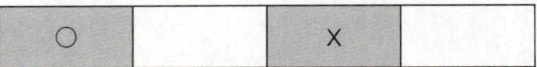

128 식품위생법 제40조에 의거해 식품영업자 및 종사자는 모두 매년 2회 이상 건강검진을 받아야 한다.

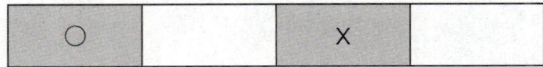

129 가장 적절한 손 씻기 방법은 비누와 역성비누를 함께 사용하는 것이다.

130 미생물 중 크기가 가장 큰 것은 곰팡이다.

| 125 | ○ | 126 | × | 127 | × | 128 | × | 129 | × | 130 | ○ |

한식조리기능사 필기

기출 복원 모의고사 정답과 해설

기출 복원 모의고사 1회 정답과 해설
기출 복원 모의고사 2회 정답과 해설
기출 복원 모의고사 3회 정답과 해설
기출 복원 모의고사 4회 정답과 해설
기출 복원 모의고사 5회 정답과 해설

기출 복원 모의고사 1회 정답과 해설

01	①	02	①	03	②	04	②	05	①
06	④	07	③	08	④	09	③	10	④
11	④	12	④	13	④	14	②	15	③
16	②	17	①	18	③	19	③	20	①
21	①	22	①	23	②	24	②	25	④
26	③	27	①	28	④	29	③	30	③
31	①	32	②	33	②	34	②	35	①
36	②	37	②	38	②	39	②	40	①
41	②	42	④	43	③	44	②	45	④
46	④	47	②	48	③	49	③	50	③
51	②	52	②	53	①	54	②	55	④
56	②	57	②	58	③	59	①	60	②

01 솔라닌 – 감자 발아 부위(녹색 부분), 무스카린 – 독버섯, 아마니타톡신 – 독버섯

02 황색포도상구균(1~6시간), 살모넬라균(12~20시간), 장염비브리오(10~18시간), 장구균(5~10시간)

03 세균성 식중독은 2차 감염이 없고, 소화기계 감염병은 2차 감염이 빈번하다.

04 수은: 미나마타병(지각이상, 언어장애, 전신경련 등), 카드뮴: 이타이이타이병(골연화증, 골다공증)

05 트리메틸아민: 생선의 비린내 성분으로 100g당 3~4mg 이상이면 초기부패로 판정된다.

06 우리나라에서는 세균에 노출된 음식물을 섭취하여 발생하는 세균성 식중독이 가장 많이 발생한다. 쌀(밥)이 주식이기 때문에 포도상구균 식중독의 발생율이 가장 높다.

07 사용 가능한 보존료: 데히드로초산(치즈, 마가린, 버터), 소르빈산(육제품, 절임식품), 프로피온산(빵, 과자, 케이크류), 안식향산(간장)

09 탄수화물(4kcal), 지방(9kcal), 단백질(4kcal), 알코올(7kcal)

10 모르가니균이 알레르기를 일으키는 히스타민을 만든다.

11 당근, 호박 등에 있는 아스코르비나아제에는 비타민 C 파괴효소가 있다.

13 원료 및 제품 중 부패, 변질이 되기 쉬운 것만 냉장 또는 냉동시설에 보관한다.

14 전분에 물을 넣고 가열 시 전분입자가 물을 흡수하며 팽창하고, 점성을 지닌 반투명의 클로이드 형태의 전분이 되는데, 이 현상을 전분의 호화(α)라 한다.

15 1회용 물컵, 1회용 숟가락, 1회용 젓가락 등은 사용하지 않아야 한다.

16 소분업 판매 대상식품: 빵가루, 벌꿀

18 – 알칼리성 식품: 나트륨(Na), 칼슘(Ca), 칼륨(K), 마그네슘(Mg)을 함유한 식품(채소, 과일, 우유 등)
– 산성 식품: 인(P), 황(S), 염소(Cl)를 함유한 식품(곡류, 육류, 어패류, 달걀류 등)

19 김치의 산패 원인: 김치의 주재료와 부재료가 청결하지 못한 경우, 김치의 저장온도가 높거나 소금의 농도가 낮은 경우, 발효 마지막에 곰팡이나 효모에 오염된 경우

20 식품의약품안전처장, 시도지사, 시장·군수·구청장은 식품 등의 위해방지 및 위생관리와 영업질서의 유지를 위하여 필요하면 관계 공무원으로 하여금 검사에 필요한 최소량의 식품 등의 무상수거 조치를 할 수 있다.(식품위생법 제22조 제1항)

21 맥아당은 엿기름에 많은 물엿의 주성분으로 '포도당 + 포도당'으로 결합

22 성인의 3대영양소 섭취량: 탄수화물(55~70%), 지방(15~30%), 단백질(7~20%)

23 결합수의 특징
– 수용성 물질을 녹일 수 없어 용매로 작용이 불가능하다.
– 미생물 생육이 불가능하다.
– 쉽게 건조되지 않는다.
– 0℃ 이하에서도 동결되지 않는다.
– 자유수보다 밀도가 크다.

24 다시마, 된장, 간장의 감칠맛의 성분은 글루타민산 나트륨이다.

25 젤리의 3요소: 펙틴(1~1.5%), 유기산(pH 2.8~3.4), 당분(60~65%)

27 발효: 탄수화물이 미생물의 작용으로 인해 유기산 혹은 알코올 등을 생성하여 인체에 유익한 물질을 만들어내는 현상

28 폴리페놀옥시다아제(사과나 배의 갈변, 홍차의 갈변), 티로시나아제(감자의 갈변)

29 맛의 대비현상: 서로 다른 맛 성분을 혼합할 경우 주된 맛이 강해지는 현상(단맛 + 소량의 짠맛 = 단맛이 증가, 짠맛 + 소량의 신맛 = 짠맛이 증가)

29 질소계수 = $\dfrac{100}{\text{질소함량}} = \dfrac{100}{18} = 5.56$

32 글루텐 함량에 따른 밀가루 종류: 강력분(13% 이상), 중력분(10~13%), 박력분(10% 이하)

34 CA저장법: N(질소), CO_2(이산화탄소)를 이용해서 과채류의 호흡을 억제시킴

35 열전도율이 높은 순서: 은 > 구리 > 금 > 알루미늄 > 텅스텐 > 철 > 백금 > 청동 > 주철 > 스테인리스

36 선도가 높은 어류 사용 시 생산량이 증가한다.

37 – 생선은 건열조리법을 많이 사용한다.
– 국물이 끓은 후 생선을 넣어야 살이 부서지지 않으며 국물이 맑게 나온다.
– 선도가 낮은 생선은 조미를 강하게 하며 비린내를 제거하기 위해 뚜껑을 열고 조리한다.

38 설도: 육포, 육회, 산적, 불고기

39 가스용기는 직사광선을 피하고 환기가 잘 되는 곳에 보관한다.

40 쓴맛, 떫은맛, 아린맛 등의 불미성분은 튀김 조리로 제거되지 않는다.

41 건성유는 요오드가 130 이상으로, 들기름·호두기름·해바라기유·아마인유 등이 있다.

42 신선한 달걀의 조건: 표면에 광택이 없으며 까칠까칠한 것, 흔들었을 때 소리가 나지 않는 것, 농후난백이 많은 것, 6% 소금물에 넣었을 때 누워서 가라앉는 것

43 - 소금: 밀가루 반죽을 매끄럽게 하고 끈기를 생기게 하여 반죽을 쫄깃하게 한다.
   - 설탕: 밀가루 반죽을 연하게 만들어 부드러운 식감을 준다.
   - 달걀: 글루텐 형성을 촉진시켜 단단하게 만든다.

44 생균백신 예방접종의 종류: 두창, 탄저, 광견병, 결핵, 폴리오, 홍역, 수두 등

45 액체식품의 계량: 투명한 계량컵이나 계량스푼에 채워서 계량, 평평한 곳에 놓고 계량컵의 눈금과 눈높이를 맞춰 계량

46 냉동닭으로 가열 조리할 때 닭뼈 주위의 근육이 짙은 갈색으로 변하는데, 이는 냉동과정 중에 적혈구가 파괴된 것을 그대로 가열했기 때문이다.

47 편육은 끓는 물에 덩어리째 넣고 삶아야 육즙이 빠지는 것을 방지할 수 있다. 국물을 먹는 탕 조리 때는 찬물에서부터 끓여준다.

48 월과채는 우리나라 궁중음식 중 하나로, 호박으로 만든 채류의 일종이다.

49 위생, 능률, 경제의 3요소 중 위생을 가장 우선시하며 능률, 경제 순으로 고려한다.

50 - 닭고기 총 구입비용 = 20kg × 12,000 = 240,000원
   - 1인당 양념비용 = 80,000원 / 100 = 800원
   - 인당 구입가 = (240,000원 / 100) + 800원 = 3,200원
   - 1인분 판매가격 = 1,000,000 / 100 = 10,000원
   - 식재료 원가비율 = (3,200 / 10,000) × 100 = 32%

52 상수처리 과정: 취수 → 침사 → 침전 → 여과 → 소독 → 송수 → 배수 → 급수

53 끓이기는 물속에서 가열하는 조리법으로 식품에 함유된 맛성분을 우러내어 국물까지 이용한다. 영양소의 손실은 비교적 적고, 조직의 연화·전분의 호화·단백질의 응고·콜라겐의 젤라틴화 등이 진행되어 소화흡수를 돕는다.

55 법정안전교육 4가지: 정기 안전교육, 신규 채용자 교육, 작업내용 변경 시 교육, 특별 안전교육

56 검경적 방법: 현미경 등을 이용하여 식품의 세포나 조직의 모양, 협잡물, 미생물의 존재를 판정한다.

58 죽 재료의 분쇄는 원료의 표면적을 증가시켜 열 전달물질의 이동을 촉진시킨다.

59 냉동한 찌개, 국류는 냉동된 상태 그대로 가열하여 해동하는 것이 영양소의 손실을 줄이고 오염을 방지할 수 있다.

60 오래된 고사리는 뻣뻣하고 질길 수 있으나, 식소다를 넣으면 고사리를 부드럽게 데쳐낼 수 있다.

기출 복원 모의고사 2회 정답과 해설

01	②	02	①	03	④	04	③	05	②
06	①	07	④	08	④	09	③	10	①
11	①	12	③	13	②	14	③	15	①
16	②	17	①	18	③	19	③	20	④
21	②	22	④	23	①	24	③	25	④
26	②	27	③	28	③	29	③	30	④
31	③	32	②	33	①	34	①	35	②
36	④	37	④	38	②	39	③	40	③
41	①	42	②	43	③	44	③	45	②
46	①	47	③	48	④	49	③	50	②
51	④	52	③	53	④	54	③	55	②
56	③	57	③	58	①	59	③	60	③

01 카제인은 산이나 효소에 의해 응고되며 치즈와 요구르트를 만들 때 이용된다.

02 쇼트닝성: 쿠키나 파이 등이 부서지기 쉽게 하는 성질. 유지가 반죽의 표면을 둘러싸 글루텐 형성을 못하게 층을 형성함으로써 연화시킨다.

03 마이야르 반응: 비효소적 갈변으로 아미노기와 카르보닐기가 공존할 때 일어나는 반응이며 갈색의 멜라노이딘을 생성한다.(간장, 된장, 홍차, 식빵, 커피, 누룽지, 쿠키 등의 반응)

05 - 인단백질 = 단순단백질 + 인
   - 지단백질 = 단순단백질 + 지질
   - 당단백질 = 단순단백질 + 당질
   - 핵단백질 = 단순단백질 + 핵산

06 쌀을 가공한 제품으로는 알파미, 팽화미, 강화미, 즉석미 등이 있다. 현미는 수확한 벼를 건조하고 탈곡하여 왕겨를 벗긴 상태의 쌀이다.

07 달걀의 조리 특성
   - 응고성: 달걀찜, 커스터드, 푸딩, 수란 등
   - 기포성: 스펀지케이크, 머랭 등
   - 유화성: 마요네즈, 수프 등

08 해조류 성분을 추출하여 만드는 해조류 가공품에는 한천, 알긴산, 카라기난 등이 있으며, LBG는 천연 검의 한 종류이다.

09 석탄산은 소독약 살균력의 지표로, 소독 시 3% 수용액을 사용하며, 오물소독 등에 사용된다.

10 열량 영양소: 탄수화물, 지질, 단백질. 시금치는 단백질, 비타민, 철분, 칼슘 등의 영양소가 풍부하다.

11 한천의 용도: 양갱의 응고제, 유제품 등의 안정제, 곰팡이·세균 등의 배지에 이용

12 영업신고를 해야 하는 업종
   - 즉석판매제조·가공업
   - 식품운반업
   - 식품소분·판매업

- 식품냉동·냉장업
- 용기·포장류제조업
- 휴게음식점영업, 일반음식점영업, 위탁급식영업, 제과점영업

13 간장의 검은색은 비효소적 갈변으로 마이야르 반응에 의해 일어난다.

14 노화의 억제 방법
- 수분함량을 15% 이하로 유지
- 환원제나 유화제의 사용
- 보수성이 강한 설탕의 다량 첨가
- 0℃ 이하로 급속냉동(냉동법) 또는 80℃ 이상에서 급속건조

15 - 멥쌀: 아밀로오스(20%) + 아밀로펙틴(80%)
- 찹쌀: 아밀로펙틴(100%)

16 영업승계(「식품위생법」 제39조 제1항)
영업자가 영업을 양도하거나 사망한 경우 또는 법인이 합병한 경우에는 그 양수인·상속인 또는 합병 후 존속하는 법인이나 합병에 따라 설립되는 법인은 그 영업자의 지위를 승계한다.

17 신맛 성분에 아미노기가 있으면 쓴맛이 더해진 신맛이 된다.

18 누룩곰팡이속(Aspergillus oryzae): 황국균이라고도 하며, 전분 당화력과 단백질 분해력이 강하여 간장·된장·탁주·약주 제조에 이용된다.

19 글리시닌: 콩단백질 글로불린이 가장 많이 함유하고 있는 성분

20 냉장법은 단기저장 이용법이다.

21 표시: 식품, 식품첨가물, 기구, 용기·포장, 건강기능식품, 축산물 및 이를 넣거나 싸는 것에 적는 문자·숫자 또는 도형. 상표나 로고는 해당되지 않는다.

22 맛을 느끼는 최적의 온도
- 단맛: 20~50℃
- 신맛: 25~50℃
- 짠맛: 30~40℃
- 쓴맛: 40~50℃
- 매운맛: 50~60℃

23 설탕은 젤라틴 분자의 망상구조 형성을 방해하기 때문에 농도가 증가하면 젤리 강도가 감소된다.

24 적당량의 황산구리를 넣어 완두콩을 삶으면 선명한 초록색을 유지할 수 있다.

25 달걀은 껍질(난각), 노른자(난황), 흰자(난백)로 구성되어 있다.

26 발연점이 낮아지는 요인
- 기름에 이물질이 많은 경우
- 유지가 분해되어 유리지방산 함량이 높아진 경우
- 튀김용기의 표면적이 넓을 때(1인치 넓을 때마다 발연점 2℃ 저하)
- 사용횟수가 많은 경우(1회 사용 시 발연점 10~15℃ 저하)

27 복어독 중독 시 진통제, 소화제 등은 투여하지 않는다.

28 검정콩에는 안토시안계 색소가 함유되어 있다. 안토시안 색소는 산성에서는 적색, 알칼리성에서는 청색을 띤다.

29 단백질식품군: 육류, 생선류, 달걀, 콩류, 우유 등

30 기포성을 높이는 방법
- 수양난백이 많은 달걀 사용 시 거품성 높음
- 냉장고 보관보다 실온(30℃) 보관된 달걀이 거품성 높음
- 설탕 첨가 시 거품의 안정도 높아짐(단, 거품을 어느 정도 낸 후 설탕을 조금씩 첨가한다.)
- 산(식초, 레몬즙 등) 첨가 시 거품성 높아짐
- 소금 첨가 시 거품성이 낮아짐

31 조리의 동선을 최우선적으로 고려해야 한다.

32 미오글로빈(적자색) → 산소와 만나 옥시미오글로빈(선홍색) → 가열 시 메트미오글로빈 (갈색) → 헤마틴(회갈색)

33 장조림은 조림 조리로 습열조리에 해당된다.

34 고기 절단기의 고장은 불안정한 상태(물적 결함)에 속한다.

35 노화를 방지하기 위해서는 수분함량을 15% 이하로 낮춘다.

36 위생관리: 쓰레기·분뇨·하수와 폐기물 처리·공중위생, 접객업소와 공중이용시설 및 위생용품의 위생관리, 조리·식품 및 식품첨가물과 이에 관련된 기구·용기 및 포장의 제조와 가공에 관한 위생관련 업무를 말한다.

37 글루타민산은 다시마, 간장, 된장 등에 함유된 감칠맛 성분이다.

38 액체상태의 기름이 온도가 낮아지면 고체가 되는데, 고체상태에서 지방을 걸러내는 방법을 동유처리라고 한다.

39 1kg을 만드는 데 드는 총비용은 21,500원이다. 그중 200g의 식재료비는 4,300원인데, 이때 식재료비를 40%로 한다면 4,300원(40%) + 6,450원(60%)으로 10,750원이다.

40 동양모양선충: 채소류, 간흡충(간디스토마): 민물고기(붕어, 잉어)

41 스쿼시는 과실주스에 설탕을 섞은 농축음료이다.

42 달걀을 삶은 직후 찬물에 넣어 식히면 달걀 내부의 황화수소가 난각을 통해서 발산되므로 황화철의 생성을 방지할 수 있다.

43 주방의 바닥조건
- 물매는 1/100 이상이어야 한다.
- 산, 알칼리에 강해야 한다.
- 드라이 시스템화는 조리장의 바닥을 항상 건조한 상태로 유지하는 시스템을 말한다.

44 엔테로톡신은 황색포도상구균의 독소이다.

45 쌀이 흡수하는 물의 양은 평균 쌀 중량의 약 1.2~1.4배 정도이다.

46 생화학적 산소요구량(BOD): 20℃에서 5일간 유기물 분해에 의한 용존산소량의 손실량을 측정한다.

47 분진에 의한 직업병: 규폐증(유리규산), 석면폐증(석면), 활석폐정(활석), 진폐증(먼지)

48 감염병 발생의 3요소: 감염원(병원체, 병인), 감염경로(환경), 숙주의 감수성

49 감가상각: 시간이 지남에 따라 감소하는 자산의 가치를 내용연수에 따라 일정한 비율로 할당하여 비용화한 것으로, 이때 감소한 비용을 감가상각비라고 한다.

50 탄소동화작용은 녹색식물 등이 탄수화물을 만드는 작용이다.

51 무는 중량이 무겁고 모양이 곧으며 윤택한 것이 좋다.

52 조리장의 적정조도는 220Lux 이상이다.

53 신선한 우유의 pH는 6.6(평균 6.5~6.7)이다.

54 닭고기의 미오글로빈이 열과 산소와 만나 결합하면 혈색소가 산화되어 분홍빛을 띠게 되는데, 이 현상을 '핑킹현상'이라 한다.

55 민물생선의 비린내 성분인 피페리딘은 생선의 표피부분에 많이 있다.

56 제2급 감염병 21종: 결핵, 수두, 홍역, 콜레라, 장티푸스, 파라티푸스, 세균성이질, 장출혈성대장균감염증, A형간염, 백일해, 유행성이하선염, 풍진, 폴리오, 수막구균감염증, b형헤모필루스인플루엔자, 폐렴구균감염증, 한센병, 성홍열, 반코마이신내성황색포도알균감염증, 카바페넴내성장내세균속종감염증, E형간염

57 콩나물밥은 조리 후 시간이 지나면 콩나물의 수분이 빠져 가늘어 질겨지므로 먹는 시간에 맞춰 조리한다.

58 ①은 직접구이에 대한 설명이다.

59 - 결정형 캔디의 대표적인 종류: 퐁당, 퍼지, 디비니티 등
 - 비결정형 캔디의 대표적인 종류: 하드캔디, 캐러멜, 마시멜로 등

60 동물성 색소의 종류
 - 미오글로빈: 동물의 육색소
 - 헤모글로빈: 동물의 혈색소
 - 헤모시아닌: 연체류의 파란색 색소

기출 복원 모의고사 3회 정답과 해설

01	①	02	④	03	④	04	③	05	②
06	③	07	④	08	①	09	②	10	③
11	④	12	④	13	④	14	③	15	④
16	③	17	②	18	①	19	④	20	①
21	④	22	③	23	②	24	③	25	②
26	④	27	③	28	②	29	③	30	③
31	②	32	①	33	③	34	②	35	④
36	⑤	37	②	38	③	39	④	40	③
41	④	42	①	43	③	44	①	45	①
46	④	47	①	48	②	49	④	50	③
51	③	52	②	53	①	54	①	55	①
56	④	57	②	58	③	59	①	60	②

01 세균성 식중독은 감염 후 면역성이 획득되지 않는다.

02 무스카린: 독버섯, 고시폴: 목화씨, 시큐톡신: 독미나리

03 웰치균은 열에 강하며, 아포는 100℃에서 가열해도 살아남는다.

04 소포제는 식품의 제조공정에서 생기는 거품이 품질이나 작업에 지장을 줄 경우에 거품의 소멸 및 억제시키기 위해 사용되는 식품첨가물이다.

05 생강은 매운맛을 내는 향신료이다.

06 아질산염이 분해되면서 고기에 있는 아민과 결합하여 나이트로사민(엔-니트로사민)이라는 발암물질이 생긴다.

07 포르말린은 살균, 소독용으로 사용하는 물질이다.

08 조리된 식품은 상온에서 보관하지 않으며, 5℃ 이하의 저온에서 보관해야 포도상구균의 증식을 억제할 수 있다.

09 식품위생법, 건강기능식품에 관한 법률, 축산물 위생관리법에 의해 2년간 보관해야 한다.

10 - 1차 위반: 업무정지 2개월
 - 2차 위반: 업무정지 3개월
 - 3차 위반: 면허취소

11 일반음식점의 영업신고는 특별자치시장, 특별자치도지사, 시장·군수·구청장에게 해야 한다.

12 식품의약품안전처장은 교육에 대한 전반적인 사항을 지시 및 관리한다.

13 사용 후에 세척, 살균해야 한다.

14 모범업소의 지정자: 특별자치시장, 특별자치도지사, 시장·군수·구청장

15 된장은 비효소적 갈변에 의한 현상으로 마이야르 반응에 의한 갈변반응이다.

16 비타민 B_{12}의 결핍증상은 악성빈혈이며, 구순구각염·구순염의 증상은 비타민 B_2의 결핍증상이다.

17 키틴은 갑각류의 표피나 껍데기의 골격을 만들 뿐 아니라 세포벽의 중요한 구성요소이다.

18 시금치의 녹색색소는 클로로필 색소이다.

19 전분은 물에 녹지 않으며 비중이 물보다 무겁다.

20 베타인은 오징어, 새우 등에 많이 함유되어 있다.

21 단백질 분해효소에 의하여 아미노산 및 펩타이드로 가수분해되는 것을 자기소화라 한다.

22 곡류나 건조식품 등은 생선, 과일, 채소류보다 수분활성도가 낮다.

23 요오드값에 의한 식물성 기름의 분류
 - 건성유: 요오드가 130 이상. 들기름, 호두기름, 해바라기유, 아마인유 등
 - 반건성유: 요오드가 100~130. 참기름, 유채유, 콩기름, 면실유, 옥수수유 등
 - 불건성유: 요오드가 100 이하. 올리브유, 땅콩유, 동백유, 피마자유 등
 - 경화유: 마가린, 쇼트닝 등

24 카로티노이드의 특성
 - 동·식물에 널리 분포하는 황색, 주황색, 적색의 색소
 - β-카로틴: 당근, 녹황색 채소, 고구마, 호박, 옥수수 등(황색)
 - 라이코펜: 토마토, 수박, 고추(적색)
 - 루테인: 오렌지, 난황(주황색)

25 생선을 프라이팬이나 석쇠로 조리할 때 음식이 붙는 현상을 열응착성이라고 한다. 약 50℃에서부터 일어나서 온도가 높아질수록 강해진다.

26 신선한 생선은 아가미 색깔이 선홍색이다.

27 ① 유지의 불포화도가 높을수록 산패가 활발하게 일어난다.
② 광선 중 자외선은 산패를 촉진시킨다.
④ 온도가 낮더라도 산패를 완전히 차단할 수는 없다.

28 육포는 양념을 바르고 말리기를 반복하여 만든 음식으로 훈연과는 관계가 없다.

29 생선 조리 시 생강은 생선이 거의 익은 후 넣어야 탈취효과가 좋다.
30 삶은 계란의 녹변현상을 방지하기 위해서는 삶은 후 빨리 찬물에 담근다.
31 쑥은 소금물에 데쳐 사용한다.
32 안토시안 색소는 산성에서는 붉은색, 중성에서는 보라색, 알칼리성에서는 푸른색을 나타낸다.
33 펙틴은 갈락토론산이 주성분인 다당류이자 식이섬유로, 인체의 중요한 기능을 하며 혈관에 쌓이는 콜레스테롤을 없애는 역할을 한다.
34 가루(밀가루, 백설탕 등)는 누르거나 흔들지 말고, 수북하게 담아 윗부분을 수평으로 깎아서 계량한다.
35 전분에 물을 넣고 가열 시 전분입자가 물을 흡수하며 팽창하고 점성을 지닌 반투명의 클로이드 형태의 전분이 된다. 이 현상을 '전분의 호화(α)'라 한다.
36 콩에 많이 함유된 영양분은 단백질이다.
37 시금치를 저온에서 오래 삶으면 비타민 C의 손실이 커진다.
38 물은 체조직 구성요소로서 보통 성인 체중의 2/3를 차지하고 있다.
39 최근에 구입한 재료부터 먼저 사용하는 것은 후입선출법이다.
40 2,700kcal의 24%는 648kcal이다. 지방은 1g당 9kcal의 열량을 내므로 648kcal을 내기 위해서는 지방 72g이 필요하다.
41 아니사키스충은 1중간숙주인 바다새우를 2중간숙주인 해산어류, 오징어, 문어 등이 먹고 마지막 포식자인 고래, 물개 등에 감염시킨다.
42 건강보균자란 병원체를 지니고 있으나 겉으로는 증상이 나타나지 않는 건강한 사람으로, 감염상태를 알 수 없으므로 관리에 어려움이 있다.
43 육류를 통해 감염되는 기생충
  - 무구조충: 소
  - 유구조충: 돼지
  - 선모충: 돼지
44 역성비누는 일반비누와 함께 사용 시 살균력이 감소되므로, 일반비누로 먼저 씻은 후 역성비누를 사용한다.
45 이산화황(아황산가스)은 실외공기 오염(대기오염)의 지표로, 자동차 배기가스가 대표적이며 산성비의 원인이 된다.
46 소독은 병원성 미생물의 병원성을 약화시켜 감염력을 없애는 것이다.
47 카로틴은 녹황색 채소에 많이 함유되어 있으며, 체내에 흡수되면 비타민 A로 작용한다.
48 호화된 전분은 상온방치 및 냉장보관 시 수분의 증발 등으로 딱딱하게 굳어지며, β전분으로 돌아간다. 이 현상을 '전분의 노화(β화)'라 한다.
49 조리기구와 식기의 소독에 적당한 것은 역성비누와 차아염소산나트륨이다.
50 캐러멜색소는 당류나 전분 등을 가열하여 갈변시켜 사용하는 천연색소 중 하나이다. 장류, 청량음료, 양주, 약식, 과자류 등의 착색에 이용된다.
51 완전포장된 식품의 판매자나 식품첨가물을 운반하거나 판매하는 일에 종사하는 사람은 건강진단을 받지 않아도 된다.
52 마늘의 매운맛 성분은 알리신이다.
53 두부 응고제: 염화칼슘, 황산칼슘, 황산마그네슘, 염화마그네슘

54 과일의 저장온도
  - 사과: -1~0℃
  - 바나나: 13.5~22℃
  - 수박: 10~15℃
  - 복숭아: 0~5℃
55 칼의 종류

아시아형 (low tip)	• 칼날 길이를 기준으로 18cm 정도 • 칼등이 곡선 처리됨, 칼이 안정적인 직선형태 • 칼이 부드럽고 똑바로 자르기에 적당함 • 채썰기 등 주로 아시아(동양) 요리에 적합함
서구형 (center tip)	• 칼날 길이를 기준으로 20cm 정도 • 칼등과 칼날이 곡선으로 처리됨 • 자르기에 편하며 힘이 들지 않음 • 모든 서양요리 레스토랑 및 가정용 등 다양하게 사용함
다용도 칼 (high tip)	• 칼날 길이를 기준으로 16cm 정도 • 뼈를 발라내거나 다양한 전처리 작업에 이용함

56 골패썰기: 둥근 재료의 가장자리를 잘라내어 직사각형으로 만들어 얇게 써는 방법
58 패류의 제철은 겨울철이다.
59 가끔 저어주면 노른자를 가운데에 위치시킬 수 있다.
60 찌기는 끓이거나 삶기보다 수용성 영양소의 손실이 적다.

기출 복원 모의고사 4회 정답과 해설

01	③	02	①	03	①	04	④	05	②
06	②	07	③	08	④	09	①	10	③
11	②	12	①	13	④	14	①	15	②
16	①	17	①	18	②	19	①	20	①
21	④	22	③	23	③	24	④	25	①
26	③	27	①	28	①	29	③	30	④
31	①	32	①	33	①	34	③	35	②
36	④	37	①	38	①	39	③	40	④
41	②	42	①	43	①	44	②	45	④
46	③	47	①	48	④	49	①	50	②
51	②	52	①	53	①	54	①	55	①
56	③	57	②	58	②	59	④	60	④

01 감자의 유해성분
  - 셉신: 부패한(썩은) 감자
  - 솔라닌: 감자의 싹튼 부위(녹색부분)
02 - 알칼리성 식품: 나트륨(Na), 칼슘(Ca), 칼륨(K), 마그네슘(Mg)을 함유한 식품(채소, 과일, 우유 등)
  - 산성 식품: 인(P), 황(S), 염소(Cl)를 함유한 식품(곡류, 육류, 어패류, 달걀류 등)

03 아플라톡신: 간장독으로 곡류와 견과류 등에 발생되며, 아스퍼질러스플라버스 곰팡이가 식품에 증식하여 생성된 독소다.

04 총리령으로 정하는 식품위생검사기관: 식품의약품안전평가원, 지방식품의약품안전청, 보건환경연구원

05
- 안식향산: 간장, 청량음료, 과실, 식초에 사용되는 보존료
- 프로피온산: 빵, 과자, 케이크류에 사용되는 보존료
- 소브산(소르빈산): 육제품, 절임식품류에 사용되는 보존료
- 이초산나트륨: 빵, 식용유지, 식육가공품 등에 사용되는 보존료

06 황색포도상구균: 장독소(엔테로톡신)에 의해 발생

07 조리사 면허증의 반납(식품위생법 시행규칙 제82조): 조리사가 면허의 취소처분을 받은 경우에는 지체 없이 면허증을 특별자치시장, 특별자치도지사, 시장·군수·구청장에게 반납해야 한다.

08 N-니트로사민: 육가공품의 발색제인 아질산나트륨이 아민과 결합반응하여 생성되는 발암물질

09 모르가니균은 알레르기를 일으키는 히스타민을 만든다.

10 자가품질검사에 관한 기록서는 2년간 보관해야 한다.

11 육색 발색제: 아질산나트륨, 질산나트륨, 질산칼륨(식육제품, 어육, 햄, 소시지 등에 사용)

12 원산지 표시 등의 위반에 대한 처분(농수산물의 원산지 표시 등에 관한 법률 제9조 제1항): 농림축산식품부장관, 해양수산부장관, 관세청장, 시·도지사, 시장, 군수, 구청장은 제5조(원산지 표시)나 제6조(거짓 표시 등의 금지)를 위반한 자에 대하여 표시의 이행, 변경, 삭제 등 시정명령 및 위반 농수산물이나 그 가공품의 거래행위 금지 처분을 내릴 수 있다.

13 라이코펜은 카로티노이드계 색소로 토마토, 수박, 고추 등의 적색에 해당한다.

14 화재의 분류
- A급 화재: 일반 화재
- B급 화재: 유류가스 화재
- C급 화재: 전기 화재
- D급 화재: 금속 화재
- K급 화재: 주방기구 화재(식용유 화재)

15 북어포에는 단백질이 풍부하다.

16 대부분의 단백질은 단백질 소화효소인 트립신에 의해 소화되기 어렵지만, 변성되면 효소에 의해 쉽게 소화된다.

17 사후경직: 도살 후 산소공급이 중지되면 당질의 호기적 분해가 일어나지 않는다. 이때 젖산이 증가해서 근육 수축이 일어나 경직되는 현상을 말한다.

18 생선의 육질은 콜라겐 함량이 적어 육류에 비해 살이 연하고 부드럽다. 또한 생선의 콜라겐은 저분자 콜라겐으로 육류의 콜라겐에 비해 크기가 작아 육질이 더욱 부드럽다.

19 당류의 분류
- 단당류: 포도당, 과당, 갈락토오스, 만노오스
- 이당류: 자당(설탕), 맥아당(엿당), 젖당(유당)
- 다당류: 전분, 글리코겐, 섬유소, 펙틴 등

20 탄수화물의 구성원소: 탄소(C), 수소(H), 산소(O)

21 비타민 B_{12}는 코발트(Co)와 인(P)을 함유한다.

22 총 발주량 = $\dfrac{정미량}{(100 - 폐기율)} \times 100 \times 인원수 = \left(\dfrac{80}{95} \times 100 \times 1{,}500\right) \div 1{,}000$
= 127kg

23 냉장고에서 해동하는 것이 가장 효과적이다.

24 슬라이서는 햄이나 육류 등을 얇게 저밀 때 사용하는 기구이다.

25 두부는 콩단백질인 글리시닌이 무기염류에 응고되는 성질을 이용해 만든 음식이다.

26 멜라닌색소는 오징어와 문어 등의 검정색 먹물색소이며, 갈변과도 연관이 있다. 유멜라닌색소는 멜라닌색소 중 하나로 식품 착색제로 사용한다.

27 사후경직은 미오신(근섬유)과 액틴(근단백질)이 결합해서 액토미오신을 생성하여 근육이 경직되는 현상이다.(미오글로빈 = 동물의 육색소)

28 버터는 우유 내 지방을 분리하여 크림을 만든 후, 이것을 응고시킨 유제품이다.

29 송이버섯은 봉오리가 자루보다 약간 굵고 크지 않으며, 줄기가 단단해야 좋은 것이다.

30 주석산(신맛), 탄닌(떫은맛), 개미산(시큼한 맛)

31 광화학적 오염물질에는 오존, 알데하이드, 케톤, 아크롤레인, PAN 등이 있다. 탄화수소는 주로 화석연료나 나무 등을 태울 때 발생하는 오염물질이다.

32 기계동력을 이용한 환기법으로는 환풍기(팬), 후드장치 등이 있으며, 후드는 4방 개방형에 경사각은 30도로 하는 것이 가장 효율적이다.

33 공중보건의 최소단위는 개인이나 가족이 아닌 지역사회(시, 군, 구)이며, 더 나아가 국민의 전체가 대상이다.

34
- 열의 전달 속도: 복사 > 전도 > 대류
- 전도(열이 물체를 따라 이동), 대류(밀도 차이에 의한 이동), 복사(열의 직접 전달)

35 곡류(쌀)의 배아에 많이 함유된 비타민은 비타민 B_1이다.

36 고기 부위별 조리법
- 양지, 사태 등 결합조직이 많은 육류: 습열조리법으로 조리한다.
- 편육: 끓는 물에 고기를 넣어야 육즙이 빠지지 않는다.
- 결합조직이 적은 등심, 안심, 채끝 등: 물 없이 조리하는 건열조리법으로 조리한다.

37 단백질은 체조직 및 효소, 호르몬, 항체 등을 구성한다.

38 기포성을 높이는 방법
- 수양난백이 많은 달걀 사용 시 거품성이 높다.
- 냉장고 보관보다 실온(30℃) 보관된 달걀의 거품성이 높다.
- 적당한 설탕 첨가 시 거품의 안정도가 높아진다.
- 산(식초, 레몬즙 등) 첨가 시 거품성이 높아진다.
- 소금은 거품성을 낮춘다.

난백의 종류
- 수양난백: 옆으로 넓게 퍼지는 흰자 형태
- 농후난백: 노른자 주변에 뭉쳐 있는 흰자 형태

39 원인식품: 꽁치, 고등어 등 붉은살 생선 및 그 가공품

40 온열의 3요소: 기온, 기습, 기류

41 생선은 산란기 직전의 것이 가장 살이 오르고 지방함량이 많아 맛이 좋다.

42 감염원: 병원체가 증식 및 생활하면서 다른 숙주에 전파될 가능성을 갖고 저장되어 있는 장소이자 질병을 일으키는 원인이다.(환자, 보균자, 매개동물, 오염토양, 오염식품, 오염식기구 등)

43 육류는 색깔이 곱고 습기가 있으며 탄력이 있는 것이 신선하다.

44 탄닌은 떫은맛을 내는 성분으로 미숙한 과일에 많이 함유되어 있다.

45 생강은 생선이 익은 후에 넣어주는 것이 어취 제거에 효과적이다.

46 박력분은 글루텐 함량이 10% 이하로, 튀김반죽·과자류·케이크 등을 만드는 데 쓰인다.

47 클로스트리디움보툴리눔균은 주로 통조림·병조림·부패된 햄에서 발생되며, 뉴로톡신이라는 신경독소를 생성한다.

48 전기는 가급적 물의 접촉이 없는 곳으로 정하는 것이 좋다.

49 요오드(I): 갑상선 호르몬 성분으로 기초대사를 조절하고 유즙분비를 촉진한다. 결핍증으로는 갑상선종, 크레틴병이 있다.

50 차가버섯은 자작나무에 기생하는 버섯으로 식용이다.

51 HACCP의 7가지 원칙
– 원칙 1: 식품의 위해요소 분석
– 원칙 2: 중점관리점(CCP) 결정
– 원칙 3: 중요관리점에 대한 한계기준 설정
– 원칙 4: 중요관리점 모니터링 체계 확립
– 원칙 5: 개선조치 방법 수립
– 원칙 6: 검증절차 설정 및 방법 수립
– 원칙 7: 기록의 보관유지 방법 및 문서화 절차 확립

52 아마니타톡신: 독버섯, 솔라닌: 감자의 발아부위, 베네루핀: 모시조개, 바지락 등의 조개류, 시큐톡신: 독미나리

53 감자의 갈변에 영향을 주는 성분은 티로시나아제로, 물에 담가 공기와의 접촉을 차단하면 갈변을 예방할 수 있다.

54 맛의 변조
– 한 가지 맛을 본 직후 다른 맛성분이 정상적으로 느껴지지 않는 현상
– 쓴약을 먹은 후 물을 마시면 물이 달게 느껴짐
– 오징어를 먹고 식초나 귤을 먹으면 쓴맛이 느껴짐

55 암모니아는 육류가 부패되는 과정에서 유해균을 생성하여 pH를 상승시킨다.

56 미오글로빈은 동물의 육색소이다.

57 소고기는 결의 반대방향으로 썰어야 한다.

58 역성비누와 일반비누를 섞어서 사용하면 살균력이 떨어지므로, 일반비누로 먼저 세척한 후 역성비누를 사용한다.

59 ① 죽을 쑤는 냄비나 솥은 두꺼운 재질의 것이 좋다.
② 간은 마지막에 해야 죽이 잘 삭지 않는다.
③ 죽을 쑤는 동안에는 나무주걱으로 가끔씩 저어주는 것이 좋다.

60 찌개는 국물과 건더기의 비율이 4:6으로, 건더기가 더 많아야 한다.

기출 복원 모의고사 5회 정답과 해설

01	①	02	②	03	③	04	②	05	④
06	④	07	④	08	①	09	②	10	③
11	①	12	①	13	③	14	②	15	④
16	④	17	④	18	③	19	②	20	②
21	③	22	①	23	②	24	①	25	②
26	③	27	①	28	①	29	③	30	①
31	①	32	①	33	①	34	①	35	①
36	①	37	②	38	②	39	①	40	④
41	④	42	①	43	②	44	①	45	②
46	①	47	④	48	③	49	④	50	①
51	②	52	③	53	④	54	①	55	④
56	②	57	②	58	④	59	③	60	②

01 집단급식소 조리사의 직무(식품위생법 제51조 제2항)
– 집단급식소에서의 식단에 따른 조리업무
– 구매식품의 검수지원
– 급식설비 및 기구의 위생·안전실무
– 그 밖에 조리 실무에 관한 사항

02 – 알칼리성 식품: 나트륨(Na), 칼슘(Ca), 칼륨(K), 마그네슘(Mg)을 함유한 식품(채소, 과일, 우유 등)
– 산성 식품: 인(P), 황(S), 염소(Cl)를 함유한 식품(곡류, 육류, 어패류, 달걀류 등)

03 HACCP의 7가지 원칙
– 원칙 1: 식품의 위해요소 분석
– 원칙 2: 중점관리점(CCP) 결정
– 원칙 3: 중요관리점에 대한 한계기준 설정
– 원칙 4: 중요관리점 모니터링 체계 확립
– 원칙 5: 개선조치 방법 수립
– 원칙 6: 검증절차 설정 및 방법 수립
– 원칙 7: 기록의 보관유지 방법 및 문서화 절차 확립

04 식중독 외에 위생 관련한 중대한 사고발생에 직무상의 책임이 있는 경우: 1차 위반(업무정지 1개월), 2차 위반(업무정지 2개월), 3차 위반(면허취소)

05 카드뮴이나 수은 등의 중금속은 공장폐수 등 수질오염으로 인한 어패류의 오염 가능성이 가장 높다.

06 몰포린지방산염은 감귤류에 사용하는 피막제로, 엷은 담황색·황갈색의 기름 모양이다.

07 헤테로사이클릭아민은 아미노산이나 단백질의 열분해에 의한 생성물이다.

08 석탄산
– 소독약의 살균력 지표
– 하수도, 화장실(분뇨), 진개 등 오물소독에 사용
– 독성이 강하고 냄새가 독함, 금속부식이 있고 피부점막에 자극을 준다.
– 석탄산 계수가 낮으면 살균력도 떨어짐

09 화학적 식중독: 중금속 유해물질에 의한 식중독, 농약에 의한 식중독, 알레르기성 식중독, 메탄올(메틸알코올) 식중독

10 장염비브리오 식중독의 감염식품 및 감염원은 어패류 및 그 가공품이며, 어패류의 생식과 그 어패류를 손질한 조리기구를 통해 2차 감염이 이루어진다.

11 발색제(색소 고정제)
  – 무색이지만 식품 중의 색소성분과 반응해서 그 색을 보존하거나 나타나게(발색) 하는 데 사용하는 첨가물
  – 육색 발색제: 아질산나트륨, 질산나트륨, 질산칼륨(식육제품, 어육, 햄, 소세지 등에 사용)
  – 식물 발색제: 황산 제1,2철(과일류, 채소류에 사용)

12 아플라톡신: 곰팡이 독소로 아스퍼질러스플라버스 곰팡이가 식품에 증식하여 생성된 독소

13 자유수와 결합수의 특징

자유수(유리수)
식품 중에 유리 상태로 존재하는 물
• 수용성 물질을 녹일 수 있다. • 미생물 생육이 가능하다. • 건조로 쉽게 분리할 수 있다. • 0℃ 이하에서 동결된다. • 4℃에서 비중이 가장 크다.

결합수
식품 중의 탄수화물이나 단백질 분자의 일부분을 형성하는 물
• 수용성 물질을 녹일 수 없어 용매로는 작용이 불가능하다. • 미생물 생육이 불가능하다. • 쉽게 건조되지 않는다. • 0℃ 이하에서도 동결되지 않는다. • 유리수보다 밀도가 크다.

14 임의의 온도에서 식품이 나타내는 수증기압을 그 온도상 순수한 물의 최대 수증기압으로 나눈 것

15 식품위생법의 목적
  – 식품으로 인해 생기는 위생상의 위해 방지
  – 식품영양의 질적 향상 도모
  – 식품에 관한 올바른 정보 제공
  – 국민보건 증진에 이바지

16 전분의 노화는 0~4℃일 때 가장 빨리 일어난다.

17 대상자: 특별자치시장, 특별자치도지사, 시장·군수·구청장, 식품의약품안전처장

18 젤라틴의 용도: 젤리, 족편, 마시멜로, 아이스크림, 푸딩 제조 시 응고제, 유화제, 안정제로 사용된다.

19 무는 안토잔틴 색소로 산성(식초물)에 담그면 흰색을 유지할 수 있다.

20 2,700kcal의 14%는 378kcal이다. 지방은 1g당 9kcal의 열량을 내므로, 378kcal를 내기 위해서는 42g의 지방이 필요하다.

21 무기질의 종류: 칼슘, 인, 나트륨, 칼륨, 철분, 요오드, 코발트, 불소, 구리, 마그네슘 등

22 곤약은 구약나물의 알줄기로 만든 가공식품이다.

23 미오글로빈은 철을 함유한 육색소이고, 클로로필은 식물의 잎과 줄기의 녹색색소로 마그네슘의 킬레이트 화합물이다.

24 수용성 성분의 용출이 적으며, 식품 표면의 수분이 감소되면서 독특한 풍미가 난다.

25 효소는 세포 내에 존재하며 고분자의 단백질로 이루어져 있다.

26 비타민 C의 특징
  – 조리 시 가장 많이 파괴되는 영양소
  – 열에 쉽게 파괴되며 물에 잘 녹음
  – 면역력 증진 및 피로회복
  – 철의 흡수촉진 및 항산화제 역할
  – 혈관기능 유지
  – 결핍증: 괴혈병

27 채소를 데칠 때 1~2%의 소금을 넣으면 뭉그러지지 않고, 비타민 C의 산화도 억제되며 색도 선명해진다.

28 복어독(테트로도톡신)
  – 열에 의해 파괴되지 않으며 치사율이 높음
  – 독소량 순서: 난소 > 간 > 내장 > 피부
  – 강력한 동물성 자연독으로 신경계통의 마비증상을 일으킨다.

29 지방은 김치의 맛과 관계없다.

30 $250 \times \dfrac{180}{100} = 450$

31 육류의 가열에 따른 변화
  – 단백질의 변성(응고)으로 인해 수축된다.
  – 중량과 보수성이 감소한다.
  – 결합조직인 콜라겐이 80℃의 온도에서 젤라틴으로 변하며 부드러워진다.
  – 지방에 융해되며 색과 풍미가 좋아진다.
  – 가열 중 지방성분은 근 수축과 수분의 손실을 적게 해주는 역할을 한다.

32 편육은 끓는 물에 삶아야 고기의 맛 성분과 육즙이 빠져나오지 않아 맛이 좋다.

33 해동의 가장 효과적인 방법은 냉장고에서 자연해동시키는 것이다.

34 미오글로빈은 산소와 결합하여 옥시미오글로빈으로 되면서 선홍색으로 변한다.

35 원가 계산의 목적

원가관리의 목적	원가절감 및 원가관리의 기초자료 제공
가격결정의 목적	실제 소비된 원가와 일정이윤을 산출하여 제품의 판매가격 결정
재무제표의 목적	기업이 외부 이해관계자에게 경영활동 결과를 보고하거나 재무제표 작성의 기초자료로 제공
예산편성의 목적	예산편성의 기초자료 제공

36 비타민 C는 열에 약해서 가열조리 시 많이 파괴된다. 생채 조리는 비타민 C의 파괴가 가장 적은 조리방법 중 하나이다.

37 – 당근 구입단가는 1kg당 1,300원이므로, 10kg은 13,000원
  – 10kg의 표준수율 86% = 10,000 × 0.86 = 8,600g
  – 13,000원 : 8,600g = x : 80g
  ∴ x = 13,000원 × 80g / 8,600 = 121원

38 총원가 = 제조원가 + 판매관리비

39 생선은 프라이팬을 미리 뜨겁게 달군 후 센 불에서 재빠르게 익히고 중불로 나머지를 익혀준다. 석쇠가 뜨겁게 달궈져 있어야 생선이 달라붙지 않는다.

40 식혜
- 엿기름 효소성분에 의해 전분이 당화를 일으켜 만들어진 식품
- 엿기름 당화의 적절한 온도는 50~60℃(아밀라아제 활동이 가장 활발함)
- 식혜 제조과정 중 뜨기 시작한 밥알은 헹궈놓은 후 차게 식힌 식혜에 띄움
- 엿기름의 농도가 높을수록 당화속도가 촉진됨

41 대체 식품량 = $\dfrac{\text{원래 식품의 양} \times \text{원래 식품의 해당성분 수치}}{\text{대체하고자 하는 식품의 해당성분 수치}}$
= 160 × 14.4 / 68.4 = 33.7

42 대체식품은 원하는 식품과 비슷한 영양소를 가져서 대체할 수 있는 식품을 말한다.

43 ① 생선에 식초를 바르거나 석쇠를 달군 후 굽는 것은 껍질이 달라붙지 않도록 하기 위함이다.
③ 생강이나 파를 넣을 때는 먼저 익힌 후 넣어야 비린내 제거에 효과적이다.
④ 처음에는 뚜껑을 열고 끓여야 비린내 제거에 효과적이다.

44 십이지장충(구충)은 중간숙주가 없으며 소장에 기생한다.

45 산초와 후추는 양념으로 사용된다.

46 달걀의 신선도 판별법
- 표면에 광택이 없으며 까슬까슬한 것
- 흔들었을 때 소리가 나지 않는 것
- 6%의 소금물에 넣었을 때 누워서 가라앉는 것
- 기실의 크기가 작고, 난황이 중심에 위치하며 윤곽이 뚜렷한 것

47 비말감염: 기침, 재채기, 대화를 통해 감염된다.(디프테리아, 인플루엔자, 성홍열, 백일해, 결핵, 홍역 등)

48 ① 비타민 C의 설명
② 과일을 깎을 때 쇠칼을 사용하면 철 성분이 들어가 맛과 향에 좋지 않은 영향을 미친다.
④ 식물 색소는 소금을 넣으면 선명한 녹색을 유지한다.

49 건조된 다시마 표면의 흰색가루 성분은 만니톨이다.

50 비타민 C는 항산화제 역할을 한다.

51 가지는 가벼울수록 부드럽고 맛이 좋으며 구부러지지 않고 곧은 모양이 좋다.

53 - 멥쌀: 아밀로오스 20% + 아밀로펙틴 80%
- 찹쌀: 아밀로펙틴 100%

54 죽의 종류
- 옹근죽: 쌀알 그대로 사용
- 원미죽: 쌀을 반으로 으깨어 싸라기로 만들어서 사용
- 무리죽: 쌀을 완전히 갈아서 사용

55 김치 조직의 연부현상(물러짐)이 일어나는 이유
- 오랜 숙성기간으로 인한 유산균 작용
- 호기성 미생물의 성장 번식
- 조직을 구성하고 있는 펙틴질의 분해
- 미생물의 펙틴분해효소 생성

56 수산: 시금치에 많은 수산(옥살산)은 칼슘의 흡수를 방해하는 인자로, 끓는 물에 뚜껑을 열고 데치면 제거된다.

57 이산화탄소는 공기 중에 0.03% 가량 존재하며(허용한계 0.1%), 실내 공기오염의 지표로 사용된다.

58 인플루엔자는 병원체에 따른 바이러스성 감염병으로 호흡기 계통을 통해 감염된다.

59 - 제2급 감염병의 종류
결핵, 수두, 홍역, 콜레라, 장티푸스, 파라티푸스, 세균성이질, 장출혈성대장균감염증, A형간염, 백일해, 유행성이하선염, 풍진, 폴리오, 수막구균감염증, b형헤모필루스인플루엔자, 폐렴구균감염증, 한센병, 성홍열, 반코마이신내성황색포도알균감염증, 카바페넴내성장내세균속균종감염증, E형간염
- 디프테리아는 제1급 감염병이다.

60 열매채소는 생식기관인 열매를 식용으로 하는 것으로, 오이·호박·고추·가지·호박·토마토·피망 등이 있다.

MEMO

박문각 자격증 시리즈
한식조리기능사 필기 + 무료특강

초판인쇄	2026. 1. 15
초판발행	2026. 1. 20

저자와의
협의 하에
인지 생략

공 저 자	안정은, 신훈희
발 행 인	박용
출판총괄	김현실
개발책임	이성준
편집개발	김태희, 이보혜
마 케 팅	김치환, 최지희
일러스트	㈜ 유미지

발 행 처	㈜ 박문각출판
출판등록	등록번호 제2019-000137호
주 소	06654 서울시 서초구 효령로 283 서경B/D 6층
전 화	(02) 6466-7202
팩 스	(02) 584-2927
홈페이지	www.pmgbooks.co.kr

ISBN	979-11-7519-339-0
	979-11-7519-338-3(세트)
정가	18,000원

이 책의 무단 전재 또는 복제 행위는 저작권법 제 136조에 의거, 5년 이하의 징역 또는 5,000만원 이하의 벌금에 처하거나 이를 병과할 수 있습니다.